明代外交机构研究

A Study on the Diplomatic Institutions
in the Ming Dynasty

孙 魏 著

中国书籍出版社
China Book Press

图书在版编目（CIP）数据

明代外交机构研究 / 孙魏著. -- 北京：中国书籍出版社，2019.9
　ISBN 978-7-5068-7469-4

　Ⅰ.①明… Ⅱ.①孙… Ⅲ.①外交机构—研究—中国—明代 Ⅳ.①D829.11

中国版本图书馆CIP数据核字（2019）第220219号

明代外交机构研究

孙　魏　著

责任编辑	赵秀村　成晓春
责任印制	孙马飞　马　芝
封面设计	东方美迪
出版发行	中国书籍出版社
地　　址	北京市丰台区三路居路97号（邮编：100073）
电　　话	（010）52257143（总编）　（010）52257140（发行部）
电子邮箱	eo@chinabp.com.cn
经　　销	全国新华书店
印　　刷	北京睿和名扬印刷有限公司
开　　本	710毫米×1000毫米　1/16
字　　数	225千字
印　　张	20.5
版　　次	2019年11月第1版　2019年11月第1次印刷
书　　号	ISBN 978-7-5068-7469-4
定　　价	68.00元

版权所有　翻印必究

前 言

自先秦至明，我国古代外交机构的设置渐趋成熟和完善。先秦时期的大行人、小行人及象胥氏等职官是外交机构的萌芽；秦汉的典客、典属国及大鸿胪等职官已经初具外交机构雏形；魏晋南北朝时期，北齐的外交机构已经成形，确立了尚书主客曹及鸿胪寺在外交事务中的主导地位；至隋唐时期，基本形成了以礼部主客司为主、鸿胪寺为辅，众多外交关涉机构参与的外交运行机制；到了宋元时期，主客司及鸿胪寺等传统外交机构已有名无实；明朝在前几个朝代的基础上进一步完善了外交机构的设置，主客司与鸿胪寺也恢复至隋唐时期的地位，在外交事务中继续发挥着主导作用，形成了比较系统的外交机构运行机制。

本书将明代所有具有涉外职能的机构看成一个大系统，进行整体研究，并将其分为外交决策机构、外交专职机构及外交关涉机构三种类型。同时，从历史发展的纵向视角来分析明代不同阶段外交机构的运行情况，以探究其内政、外交及外交机构三者之间的相互制约关系。本书还论述明代外交机构参与外交决策的方式及过程，以求窥见其运行机制，并从时代背景及统治者个人理政特点两个方面来分析明代外交机构运行的制约因素。本书将中书省、礼部及内阁定义为外交决策机构，并认为这些机构是整个明代外交机构体系的中枢系统。本书认为明代已经形成了外交专职机构，其中，主客司主管外交事务，四夷馆主司翻译事务，鸿胪寺具体负责外交礼仪，会同馆则负责接待外宾；至于外交关涉机构，本书将其分为主要外交关涉机构和辅助外交关涉机构两类。主要外交关涉机构包括负责出使工作的行人司及管理朝贡贸易的市舶司；辅助外交关涉机构则包括光禄寺、国子监等众多机构。本书认为，国力的升降、外交政策的调整直接制约着外交机构的设置及运行，而时代背景及统治者的理政特点则是外交机构运行机制至关重要的影响因素。

感谢为本书最终定稿提出宝贵意见的梁英明教授、范可教授、聂德宁教授、范宏伟教授及施雪琴教授，由于本人学术积累较浅，书中难免存在疏漏之处，欢迎各位专家及读者批评指正！

目 录

前 言 ……………………………………………………………… 1

绪 论 ……………………………………………………………… 1
  一、选题缘起及意义 ………………………………………… 1
  二、研究现状 ………………………………………………… 6
  三、研究内容、创新点及框架结构 ………………………… 26
  四、研究方法 ………………………………………………… 28
  五、概念说明 ………………………………………………… 30

第一章 明代以前的外交机构 …………………………………… 35
第一节 先秦至汉的外交机构 ………………………………… 36
  一、先秦时期外交职官的出现 ……………………………… 36
  二、秦汉时期的外交机构 …………………………………… 38
  三、秦汉时期外交机构的特点 ……………………………… 43
第二节 魏晋南北朝时期的外交机构 ………………………… 44
  一、魏晋南北朝时期的尚书主客曹 ………………………… 44
  二、魏晋南北朝时期的大鸿胪 ……………………………… 46
  三、魏晋南北朝时期的外交关涉机构 ……………………… 48
  四、魏晋南北朝时期外交机构的特点 ……………………… 51
第三节 隋唐时期的外交机构 ………………………………… 53
  一、隋唐时期的主客司 ……………………………………… 53

二、隋唐时期的鸿胪寺……………………………………… 55
　　三、隋唐时期的外交关涉机构……………………………… 60
　　四、隋唐外交机构的特点…………………………………… 68
 第四节　宋元时期的外交机构…………………………………… 69
　　一、宋代的外交机构………………………………………… 70
　　二、元代的外交机构………………………………………… 78
　　三、宋元时期外交机构的特点……………………………… 81

第二章　明代外交决策机构………………………………………… 87
 第一节　明代中书省及其外交决策职能………………………… 88
　　一、明代中书省的设置情况………………………………… 89
　　二、明代中书省的外交决策职能…………………………… 92
 第二节　明代礼部及其外交决策职能…………………………… 96
　　一、明代礼部的设置情况…………………………………… 96
　　二、明代礼部的外交决策职能……………………………… 98
 第三节　明代内阁及其外交决策职能…………………………… 102
　　一、明代内阁的设置情况…………………………………… 102
　　二、明代内阁的外交决策职能……………………………… 106
　　三、明代司礼监对内阁外交职权的侵扰…………………… 108

第三章　明代外交专职机构………………………………………… 110
 第一节　明代主客司及其外交主管职能………………………… 110
　　一、明代主客司的设置及其"职掌"情况………………… 110
　　二、明代主客司的朝贡管理职能…………………………… 111
　　三、明代主客司对会同馆的主管职能……………………… 117
 第二节　明代四夷馆及其外交翻译职能………………………… 119
　　一、明代四夷馆的组成人员及选用方式…………………… 120
　　二、明代四夷馆的管理制度及该馆的财务状况…………… 124
　　三、明代四夷馆的外交翻译职能…………………………… 128

第三节　明代市舶司及其管理朝贡贸易职能……………………… 129
　　一、明代市舶司的设置情况 ……………………………………… 129
　　二、明代市舶司的朝贡贸易管理职能 …………………………… 131
　　三、明代市舶司的特点 …………………………………………… 132
第四节　明代会同馆及其外交接待职能……………………………… 137
　　一、明代会同馆的设置情况 ……………………………………… 138
　　二、明代会同馆的组成人员 ……………………………………… 139
　　三、明代会同馆的外交接待职能 ………………………………… 144

第四章　明代外交关涉机构……………………………………………… 153
第一节　明代行人司及其外交出使职能……………………………… 153
　　一、明代行人司的设置情况 ……………………………………… 154
　　二、明代行人司行人的选授及升迁情况 ………………………… 155
　　三、明代行人司职掌的变化 ……………………………………… 158
　　四、明代行人司的外交出使职能 ………………………………… 162
第二节　明代鸿胪寺及其外交礼仪职能……………………………… 169
　　一、明代鸿胪寺的设置情况 ……………………………………… 169
　　二、明代鸿胪寺的外交礼仪职能 ………………………………… 170
第三节　明代辅助外交关涉机构……………………………………… 174
　　一、明代中央辅助外交关涉机构 ………………………………… 174
　　二、地方辅助外交关涉机构 ……………………………………… 177

第五章　明王朝国力上升时期的外交机构……………………………… 185
第一节　洪武时期的外交机构………………………………………… 186
　　一、明初外交政策确立的背景 …………………………………… 187
　　二、明初外交政策的确立 ………………………………………… 193
　　三、明太祖外交政策的实践及其对外交机构的影响 …………… 198
第二节　永乐时期的外交机构………………………………………… 212
　　一、永乐"外向型"外交政策的确定 …………………………… 213
　　二、永乐时期的外交机构 ………………………………………… 214

第三节　洪熙、宣德时期的外交机构 ………………………… 220
　　一、洪熙、宣德"守成型"外交政策的确立 ………………… 220
　　二、洪熙、宣德时期的外交机构 ……………………………… 222

第六章　明王朝国力趋于下降时期的外交机构 ………………… 231
　第一节　正统、景泰、天顺时期的外交机构 ……………………… 231
　　一、明朝国力的衰退及外交政策的调整 ……………………… 231
　　二、正统、景泰、天顺时期的外交机构 ……………………… 233
　第二节　成化、弘治时期的外交机构 ……………………………… 243
　　一、成化、弘治时期的外交主管机构 ………………………… 244
　　二、成化、弘治时期的外交专职机构 ………………………… 245
　　三、成化、弘治时期的外交关涉机构 ………………………… 249
　第三节　正德、嘉靖、隆庆时期的外交机构 ……………………… 251
　　一、中国与西方各国在非朝贡关系模式下的接触 …………… 251
　　二、正德时期的外交机构 ……………………………………… 254
　　三、嘉靖、隆庆时期的外交机构 ……………………………… 257
　第四节　明代国力全面衰退时期的外交机构 ……………………… 261
　　一、明末的中西交往 …………………………………………… 262
　　二、万历时期的外交机构 ……………………………………… 264
　　三、泰昌、天启、崇祯年间的外交机构 ……………………… 267

第七章　明代外交机构的运行机制及其制约因素 ………………… 269
　第一节　明代外交机构的运行机制 ………………………………… 270
　　一、明代的外交机构及其分工 ………………………………… 270
　　二、明代外交决策机构运行机制 ……………………………… 271
　　三、推动明代外交政策执行机构运行的手段 ………………… 283
　第二节　明代外交机构运行的制约因素 …………………………… 288
　　一、时代背景 …………………………………………………… 288
　　二、明朝历代皇帝的不同理政特点 …………………………… 292

结　语……………………………………………	297
参考文献…………………………………………	302
后　记……………………………………………	318

绪 论

一、选题缘起及意义

（一）选题缘起

本书之所以选择"明代外交机构"作为研究对象，是基于以下三点考虑：

首先，极为丰富的明代原始史籍及有关明代的史学作品为本书的研究提供了大量的第一手资料。明代是中国历史上非常重要的时期，谢国桢先生指出，"有明一代，史学最为兴盛"。[①] 明代原始典籍分为官修实录、起居注、邸钞、皇史宬所存宫廷档案、地方志、文集及稗乘等七大类。《明实录》流传至今并有影印版本，台湾"中央研究院"历史语言研究所于1962年影印的版本较为完整。起居注及邸钞流传于今的已不多见，保存相对比较完整的有《万历起居注》《万历邸钞》及《天变邸钞》等。台湾"中央研究院"历史语言研究所在陈寅恪、傅斯年等学者整理的明代宫廷档案的基础上，先后出版了《明清史料》甲至癸十编，还有徽商账簿、孔府档案等地方保存档案。流传至今的明代地方志、文集及笔记稗乘更是不计其数。在这些浩如烟海的原始资料中挖掘关于明代外交机构的记载，无疑更能全面、真实地了解这些机构的生存及运行情况。另外，明亡以后，无论是清朝学者还是近现代学者都未曾停止对明史的研究工作，而后他们又在遗存明代典籍的基础上重新对明史展开研究。张廷玉等在清统治者支持下

[①] 谢国桢. 史料学概论 [M]. 福州：福建人民出版社，1985：91.

所修的《明史》及其他有关明代的官修、私修史学著作为本书的研究提供了十分丰富的参考资料。

其次，明史研究正处于一个"黄金时代"，研究明史恰逢其时。黄仁宇先生自20世纪60年代开始，先后写成了《明代的漕运》《万历十五年》《十六世纪明代中国之财政与税收》及《中国大历史》等著作，他开创性的以"大历史观"为视角研究明史，对明史研究方法作出了极大突破。① 美国学者费正清的"中国的世界秩序"理论、日本学者滨下武志的"朝贡体系"理论及西岛定生的"东亚世界"理论都是研究明代朝贡关系较好的理论范式，这些独特的视角和研究范式引起了中国学者们的极大兴趣，学者们对这些研究范式或在批判，或在赞同的基础上进一步创新，取得了丰硕的研究成果。② 近年来，大陆学者对明史的研究也颇有成效，学者们根据自身专长对明史展开多角度的研究，使明史逐渐成为一门"显学"。尤其是2010年以来，中国学者对明史的研究愈发深入，越来越多的学者主张突破传统史学的视野，将明代历史放在世界历史发展的大框架内加以

---

① 所谓"macro-history（大历史观）"是黄仁宇先生套用"macro-economics（宏观经济学）"创造出的新概念，就是在研究历史的过程中，注重运用综合归纳法和技术分析法，长时间、宽视野、大环节透视历史结构，把握历史发展的大趋势和变化规律。黄仁宇运用该理论研究明史，认为明亡于制度性缺失，而非官员的腐败，较唐宋而言，明是内向的、非竞争的王朝。参见赵克生.黄仁宇和"大历史观"[J].中国图书评论，2002（3）：21.

② 关于古代朝贡体系的论述离不开明代史料作为重要支撑，对朝贡体系理论持批判态度的学者主要有庄国土先生，他以古代中国与东南亚的朝贡关系为依据，认为明清数百年的"朝贡体制"实质为不作为的自我封闭政策，并无实质影响力，具体参见庄国土.略论朝贡制度的虚幻：以古代中国与东南亚的朝贡关系为例[J].南洋问题研究，2005（3）：1；在赞同朝贡体系理论的基础上进一步创新的主要有以下学者：陈尚胜先生认为，朝贡制度旨在建立"上国"与"属国"之间的主从关系，各个"属国"之间并没有围绕"上国"而形成合作联盟，具体参见陈尚胜.朝贡制度与东亚地区传统国际秩序——以16—19世纪的明清王朝为中心[J].中国边疆史地研究，2015（2）：4；何芳川先生认为，到了明代，"华夷秩序"终于具备了清晰的外缘和日臻完善的内涵，具体参见何芳川."华夷秩序"论[J].北京大学学报，1998（6）：30；程尼娜教授认为，明朝是东北亚内外两种朝贡体系最为完善的时期，具体参见程尼娜.羁縻与外交：中国古代王朝内外两种朝贡体系[J].史学集刊，2014（4）：23.

研究。[①]

这些学者对明史的研究视野不断开阔，提出的一系列具有开拓性的研究范式和观点都为本书的研究提供了宝贵的借鉴。因此，值此如火如荼的研究浪潮，学界呼唤更多富有开创性的研究成果。

最后，与明史研究的热度极不匹配的是对明代外交机构研究的长期忽略。当前，关于明代外交机构的研究成果不仅凤毛麟角，而且现有的成果也大都孤立地考察各机构的职能，缺少从整体上研究各个外交机构的内在联系、整体协调运行机制方等方面的学术成果。外交机构是明代外交政策的执行者和载体，外交政令的起草与实施都需要外交机构完成，迎接来使、伴送来使回国、接受贡物及回赐赏物都离不开外交机构的参与。讨论明代对外关系必须首先了解明代外交机构。明代是中国古代外交机构发展最为完备的时期，不仅出现了中国历史上首个以主司翻译事务为主要业务的涉外机构——四夷馆，还基本形成了礼部主客司主导，鸿胪寺、行人司、会同馆等机构参与的外交运行机制。清末更直接面对西方殖民者的外部压力，很多延续明代制度而设立的外交机构实际上已经名存实亡。到了清末，总理各国事务衙门等具有近代意义的官僚机构建立，标志着传统意义上的封建外交机构彻底退出历史舞台，因此明代外交机构实质上是中国历代外交机构设置史上的分水岭，具有十分重要的历史意义。然而，到目前为止，学界还没有一部全面介绍明代外交机构的著作，针对这一情况，本书拟对明代外交机构进行比较系统的研究，以期填补这一空白。

（二）选题意义

第一，通过研究明代外交机构有助于进一步理解明代的外交政策及对外态度。明代后期，部分开放海禁，私人海商实际上获得了合法地位，但

[①] 陈支平先生认为，明代历史揭开了中国历史与世界历史相互交融的新篇章。赵轶峰先生认为，明史研究仅仅从明史内部着眼是不够的，还需要从基本预设、思考向度、问题设计、理论性话语等具有普遍共性的观念角度来推进。商传先生认为，明文化并没有完成从传统向近代化的蜕变。万明女士则认为明代是古代律令体系发生重大演变的时期。参见陈支平，等.明史在中国历史上的地位[J].学术月刊，2010（6）：116-133.

"海禁政策"的实际执行情况并不理想。因此，少数关注晚明史及明代海外贸易史的学者多倾向于将明代定位为开放的时代，这很明显是依据隆庆开海的历史事实及"禁海令"的实际执行情况得出的结论。①而部分专注明初历史及明清"闭关锁国"政策的学者则往往强调明朝"海禁"政策的负面作用，并认为明代短暂的开海并不能改变其"闭关锁国"的事实，甚至将近代中国落后于西方及日本的原因归结于明代的海禁政策。②这种观点是典型的形而上学的历史观，因为从明初的国内外形势来讲，海禁政策的确起到了维护国防安全、稳定国内秩序的作用。清承明制，一些学者往往将明清史作为一个整体历史时段进行研究，这就导致部分学者在讨论"闭关锁国"问题时将明代和清代混为一谈，甚至将两个王朝均定位为自我封闭的时代。也有学者认为，不能把明代绝对地定位为"开放"或者"闭关"的时代，应该将其定位为"有限开放"的历史时期。③那么，明代到底是一个开放的时代？还是一个闭关的时代？不同的学者根据不同的史料得出的不同结论是否均合乎历史事实？这就需要更多的学者从更深层次对明代原始典籍进行挖掘、提取有效信息，同时结合当时的国内外局势进行更加客观的分析。本书尝试在对明代各个外交机构分析的同时，从微观层面进一步分析明代外交政策与对外态度，这应该是一个比较有意义的探索过程。

第二，在充分考虑当时明代的国家实力、外交政策及对外态度的基础

---

① 认为明代是开放时代的学者以刘军教授为代表，她通过分析明代各皇帝在位期间执行"海禁政策"的情况，认为明代开海时期约占75%，禁海时期约占25%，从而得出结论，明代是开放的时代，当然她将"海禁令"松弛的时代也定位为开放的时代。参见刘军.明清时期"闭关锁国"问题赘述[J].财经问题研究，2012（11）：23.
② 认为明代是闭关时代的学者以薛国中先生为代表，他认为明代是海禁政策下"闭关锁国"的时代，而且这种禁海政策极大损害了中华民族的利益，影响了中国的历史进程，有百害而无一利。参见薛国中.论明王朝海禁之害[J].武汉大学学报，2005（2）：169.
③ 认为明代社会是有限开放社会的学者以赵轶峰先生为代表，他认为明代中国不是停滞的社会，也不是封闭的社会，明初"海禁"是针对倭寇的国防政策，而不是对外总体国策，明代中国与周边多国保持政治、贸易往来，官、私皆有很大对外贸易量，并非是自我封闭的孤立国家。参见赵轶峰.论明代中国的有限开放性[J].四川大学学报，2014（4）：18.

上研究明代外交机构，更有利于透过现象看本质，了解明代外交机构运行的历史背景，为我国处理当下外交事务提供历史参考。有明一代，中国与世界的交往从未间断过。太祖的"不允许片板下海"政策只是为了稳定新生政权的权宜之计；明成祖即位以后，明王朝的统治地位已经相当稳固，因此朱棣积极发展对外关系，并命令中官郑和率领当时世界上技术最先进、规模最庞大的船队遍访亚非各国。郑和船队的人力、物力配备都十分充足。郑和七下西洋，每次都带领包括文职官员、技术人员、庶务人员及武装部队在内的近三万人的庞大队伍出访。他们把从中国携带的精美纺织品、烧造品及铸造器皿或赏赐给造访国，或与其交易，而且是在双方愿意的情况下进行平等的交易。郑和船队积极邀请各国到中国朝贡，并且在回程时带回了很多国家的朝贡使者，但对于那些危害地区和平秩序的国家则是进行惩罚。

第三，通过研究，能够从微观层面了解明代的对外交往情况，从机构设置的角度了解当时的陆路、海路中外交通情况，为今天的"一带一路"倡议提供更多、更有价值的历史参考。汉、唐、宋、元时期，中国的对外交往十分发达；而到了明初，开始实行海禁政策，中国私人海商受到压制，并且这种政策对清王朝的对外政策产生了巨大影响，自郑和下西洋后再无大规模的航海活动。明代历史上两次重大中外交通高潮均为昙花一现，未能持续多久。第一次高潮出现在明成祖时期，郑和足迹遍及亚非各国；第二次高潮出现在隆庆元年（1567）以后，明统治者部分放弃海禁政策，允许私人从事海外贸易。自隆庆元年（1567）至崇祯十七年（1644），中外交往频繁，民间贸易呈现出井喷式的发展面貌，原来游离于体制之外的海盗商人获得了合法经营权，很快主导了海外贸易。当时世界上主要的白银产地是日本和美洲，据统计，自1570年至1644年，日本所产白银的绝大部分及美洲所产白银的50%以上均流入中国。[①] 但这种繁荣的海外贸易景象并未持续很久，究其原因，制度是否缺失？外交机构的设置是否合理？这些都值得深思。

---

① 万明根据中外史料作出的粗略估算。具体参见万明. 明代白银货币化：中国与世界连接的新视角[J]. 河北学刊，2004（3）：151.

2013年，中国领导人先后提出了建设"丝绸之路经济带"和"21世纪海上丝绸之路"的战略构想，并很快将其上升为国家战略。在规划的五条线路中，中线、中心线这两条线路即朝西北陆路方向，沿着古代"丝绸之路"轨迹，建设"新丝绸之路经济带"；南线线路则朝东南方向，沿着古代"海上丝绸之路"的轨迹，建设"21世纪海上丝绸之路"经济圈。这一战略构想，继承了中国历史上延续了两千多年的对外交往传统。今天，我们对明代外交机构进行研究，既有助于理解明代的对外政策，也有助于反思明朝海禁政策的得失。而对主客司、市舶司、四夷馆及鸿胪寺等机构的研究，可以了解明代涉外机构的生存及运行状况，直接为我们今天的"一带一路"倡议提供有益借鉴。庄国土先生指出，"宋元时期及明代后期中国有所发展的海洋意识，为明清高度专制的政权全面扼杀"。[①] 历史上，我们已经错过了宋元时期、明末清初时期这两次向海洋发展的机会，今天我们不能也不会再错失第三次良机！

二、研究现状

本书将明代的外交机构分为三类：一是中书省、内阁、礼部等掌握国家核心权力的外交决策机构；二是礼部主客清吏司、市舶司、会同馆及四夷馆等主司涉外事务的外交专职机构；三是行人司、鸿胪寺、翰林院、礼部仪制司、国子监、尚宝司、光禄寺、太医院等众多具有部分涉外事务职能的外交关涉机构。下面从明代外交机构及礼部主客清吏司、鸿胪寺、行人司、会同馆、四夷馆、市舶司及相关外交关涉机构等几个方面，分别简述一下当前学界在这一领域的研究现状。

---

① 庄国土.中国海洋意识发展反思[J].厦门大学学报，2012（1）：31.

（一）关于中书省①、内阁②、司礼监及礼部等机构外交决策职能的研究成果

在明代，中国与周边少数民族政权及外国处理关系，需要一些强有力的决策部门。由于外交事务的特殊性，一般情况下，最高中央官僚机构同时掌握着国家的外交决策权，其权威仅次于皇帝，甚至在某些时期可以和皇帝相抗衡。明代掌握着国家外交决策权的是中书省、内阁及司礼监等实权部门。目前，张德信的《明代中书省、四辅官、殿阁学士废立述略》重点介绍了明代中书省的设立过程及明代以前中书省的历史沿革，并分析了朱元璋最终废丞相的原因，指出中书省职权之重是导致明代中书省被裁撤的最重要原因。③关于明代内阁的学术成果有很多，但大多数是从内政的角度，研究其在国家机构运行中的核心地位，很少专门论及其外交决策权。专题著作有谭天星的《明代内阁政治》，"内阁的职权范围与结构目标"一章具体介绍了内阁的票拟批答、草拟诏旨、献替可否、会议等职权。④这些职权必然会涉及外交事务，而且经过皇帝的批准，内阁的决议就会演变成国家最高层面的外交决策。王其榘的《明代内阁制度史》比较详细介绍了明代内阁制度的萌芽、建立及发展情况，并分析了制约内阁制的几个因素，认为几乎全是翰林学士出身的内阁大臣却不属于明王朝中枢的一级行政机构，这体现了明代统治者压制权臣出现的用心，并简要叙述了司礼监对内阁的制约。⑤

肖立军的《明代内阁的设立、职掌及地位》一文，比较系统的论述了明代内阁的设立过程、职权及其在明代整个权力结构中的地位，认为内阁

---

① 中书省于洪武十三年被裁撤，因此把其看作外交决策机构要放在特定的历史时期，即洪武十三年之前。
② 有明一代，内阁自始至终都不是一级权力机构，但由于阁臣作为皇帝的近侍官员还具有"票拟"权，内政、外交事务均经其手，有的阁臣还兼任尚书之职位，可谓位高权重，所以明代内阁从形式上看，类似皇帝的秘书机构；从实权上看，又类似于相权，为了研究方便，本书将其定位为一个特殊的外交决策机构。
③ 张德信. 明代中书省、四辅官、殿阁学士废立述略[J]. 史学集刊，1988(1)：14–16.
④ 谭天星. 明代内阁政治[M]. 北京：中国社会科学出版社，1996：43–62.
⑤ 王其榘. 明代内阁制度史[M]. 北京：中华书局，1989：339–350.

的地位取决于阁臣与六部、皇帝的关系，并指出明朝的官僚机构设置非常注意互相分权的特征。①当然，外交决策也同样受此影响，这一方面避免了权臣的出现，另一方面也可能会降低外交决策的效率。方志远的《明代内阁的票拟制度》一文，比较详细介绍了票拟制度的产生及制度化过程，认为票拟权是阁臣行使权力的最重要方式，并指出了皇帝或者代表皇帝的司礼监的"批红""留中""中旨""内批""票上而不发行"及"径自改定"都是制约内阁权力的方式。②另外，还有很多文章从内政的角度，讨论阁臣在整个国家权力系统中的重要地位。③尽管这些成果并未提及内阁在外交决策中的地位，但内政与外交不可分割，内阁实质上也是非常重要的外交决策机构，通过"票拟权"对重大外交事务作出决定，通过为皇帝草拟诏书发布外交政令，通过献纳为皇帝的外交决策提供参考意见，通过参加庭议、阁臣会议、六部会议、礼部会议等方式行使集体外交决策权。

关于明代司礼监的研究成果有欧阳琛的《明代的司礼监》一文，该文首先论述了自洪武至宣德年间司礼监职掌的变化，接着论述了正统以后司礼监权威的逐渐增加，并形成了其与内阁互相颉颃的局面。④黄才庚的《明代司礼监专权对奏章制度的破坏》一文，论述王振、刘瑾及魏忠贤等权阉把持朝政是对国家权力运作的破坏，并指出这种权阉乱政的极大危害性。⑤宋佳的《明代内阁、司礼监与皇权之间的关系》一文指出内阁通过票拟权控制朝政，司礼监则通过代皇帝披红来干预朝政，这样就与皇权形成了一个不等边三角形，实质为皇帝集权的表现，标志着我国的君主专制制度进一步加强。⑥刘宝石的硕士学位论文《明代司礼监对中枢决策之干预》指

---

① 肖立军.明代内阁的设立、职掌及地位[J].历史教学，2005（9）：63-64.
② 方志远.明代内阁的票拟制度[J].江西师范大学学报，1987（4）：68.
③ 梁希哲.明代内阁与明代的官僚政治[J].史学集刊，1992（2）：19-24；陈志刚.论明代中央政府权力结构的演变[J].江海学刊，2006（2）：151；吴建军.明代内阁与中央政权体制演变的互动关系[J].郑州大学学报，2006（3）：112.
④ 欧阳琛.明代的司礼监[J].江西师院学报，1983（4）：12-16.
⑤ 黄才庚.明代司礼监专权对奏章制度的破坏[J].故宫博物院院刊，1982（2）：64-67.
⑥ 宋佳.明代内阁、司礼监与皇权之间的关系[J].黑龙江史志，2011（15）：13-14.

出了明代司礼监对政治决策、经济决策及军事决策的干预，并具体列举了司礼监干政的方式及严重后果，最后还比较了唐代宦官干政与明代宦官干政的异同，认为明代权阉始终受制于皇权是明代没有出现皇帝被宦官废黜的最主要原因。①以上论文虽也都是从内政的角度分析了司礼监在国家权力机构中的重要地位，但如果我们深入思考会发现，司礼监能够控制内政，当然也会在外交决策中居于中心地位。以上列举的文章无疑为本论题深入挖掘司礼监的外交决策职权提供了依据。

目前，笔者尚未发现专门讨论明代中书省、内阁、司礼监及礼部等机构的外交决策职能的学术论文。

（二）关于明代礼部主客清吏司、鸿胪寺、行人司涉外职能的研究成果

目前尚无专题研究明代主客清吏司的成果，笔者只能从对礼部的研究中寻得一些有关主客清吏司涉外职能的蛛丝马迹。但专题研究明代礼部的学术著作也比较少，主要有李日强的博士学位论文《明代礼部教化功能研究》，该文主要论述明代礼部的教化功能，讨论其在控制引导明代社会思想文化、规范约束臣民日常行为方面的作用，强调其在内政建设上的作用，而对礼部主客清吏司的论述则一笔带过，只在该文第二章第二节概述了主客司的职掌，略显简单。②另外，刘悦《明代礼部尚书人数考》一文，注意到《明实录》所载有112位礼部尚书姓名可考，《明史》记载有137位礼部尚书，《明代职官年表》中共记载有136位礼部尚书，《国榷》载有147位礼部尚书，通过对不同的历史典籍进行比对，最终得出结论，包括挂礼部尚书头衔官员在内，共有165位礼部尚书，这样就比较准确地辨明了明代的历任礼部尚书姓名及总数。③礼部尚书领导主客清吏司处理外交事务，并且很多礼部尚书还兼任内阁学士，实质上是仅次于皇帝的外交决策者和执行者。毋庸置疑，该文具有较高的参考价值。

到了明代，鸿胪寺的职权范围大大缩小，已经不是外交的主管机构，

---

① 刘宝石.明代司礼监对中枢决策之干预[D].兰州：西北师范大学，2008：13-47.
② 李日强.明代礼部教化功能研究[D].天津：南开大学，2012：37.
③ 刘悦.明代礼部尚书人数考[J].黑龙江史志，2013（19）：48.

为礼部及其下属主客司所取代，鸿胪寺仅仅职掌外交礼仪事务。所以，关于明代鸿胪寺的研究也比较少。王斌的《明代鸿胪寺制度》一文，认为鸿胪寺职责很重要，既要承担国家礼仪事务，又要参与接待来使等涉外事务。[①]该文认为鸿胪寺负责安排涉外大典礼、主掌朝会仪节及教授朝贡人员仪礼等事务，这是符合历史事实的，但该文又认为鸿胪寺还掌握为朝贡使者安排食宿的事务，这显然不符合历史事实，因为明代由会同馆专职接待使者，并为他们提供食宿服务。肖立军、吴琼的《明代鸿胪寺职掌演变及其对宫廷决策的介入》一文认为鸿胪寺不仅掌管国家礼仪，还参与宫廷决策的某些环节。[②]显然，该文更加强调鸿胪寺在国内事务中的作用，甚至提到了其在宫廷决策上起到的承上启下作用，但并未提及该机构在外交事务中的作用，这也足见随着鸿胪寺在国内事务中扮演越来越重要的角色，其外交职责却日渐萎缩，仅限于在外交礼仪事务中起引导、教习作用。

行人司是专门负责出使任务的礼部下辖机构。学界较早关注明人徐图所编写的《明代行人司书目》一书，早在20世纪40年代，《图书季刊杂志》就在其"图书介绍"栏目中简单介绍了该书的成因、编纂体例及流传情况。[③]另外，孟昭晋《有趣的〈明代行人司书目〉》一文还介绍了行人司的收藏图书功能，行人完成出使任务后，按照惯例都要购书数种，收藏于行人司官署。[④]该文提到的《明代行人司书目》一书按照典部、经部、史部、子部、文部及杂部六大类将历代行人司所购书籍一一列出，所列各书均已失传，但是我们据此可以断定，行人司还具有购买、收藏夷书的职能。以上对行人司所藏书目的研究，至少可以证明行人司在外交事务中的重要性。

对行人司进行单独研究的成果也比较少，目前主要有孙卫国的《试说明代的行人》一文，该文既考察了行人司这一外交出使机构的设置、沿革及职能情况，又指出了明代行人在中外交往中的极大作用，还论述了行人

---

① 王斌.明朝鸿胪寺制度[J].长治学院学报，2010（4）：43-44.
② 肖立军，吴琼.明代鸿胪寺职掌演变及对宫廷决策的介入[J]故宫学刊，2015(2):183.
③ 佚名.《明代行人司书目》介绍[J].图书季刊，1940（1）：76.
④ 孟昭晋.有趣的《明代行人司书目》[J].图书馆杂志，1988（2）：48.

和其他担任出使任务官员的分工及协调机制等问题。[1] 王伟凯《明行人司机构性质辨析》一文，该文着重强调了行人司作为御用出使机构的非外交职能，他认为行人司的非外交职能要大于其外交职能。[2] 行人司确实承担着征聘大臣、出使国内大典礼等国内事务，但并不能据此就说行人司是非外交机构。洪武十三年，朱元璋设立行人司，该机构一设立，就明确了其专门负责出使任务，行人出使礼仪注意事项需要和礼部仪制司协同制定。该文首次以行人司的性质作为研究课题，有一定的意义。李登峰《明代行人司与行人考》一文明确将行人司定位为负责外事工作的外交机构，并且重点考察了行人司行人的职责、升迁、任务及操守，认为该机构为维护明王朝在周边国家中的良好形象立下了汗马功劳。[3] 该文比较准确地描述了行人司的内部人员组成情况，并从行人的仕途、任务繁简及综合素质等角度呈现了明代行人司的运行全貌，具有较高的参考价值。

（三）关于会同馆、四夷馆市舶司涉外职能的研究成果

关于会同馆的研究成果不仅比较多，而且还比较深入，据笔者所见，专题研究会同馆的学术成果有两篇期刊论文和一篇硕士学位论文。王静的《明代会同馆论考》一文，从古代客馆发展史的角度，对会同馆的设置、居住人员、管理制度及该机构的设置意义进行了全面的论述。[4] 该文主要运用了原始资料，以综述的方式对明代会同馆进行了简单的介绍，应该说，比较准确地再现了明代会同馆的运行机制，具有一定的参考价值。但是，任何机构都不可能孤立运行，明代会同馆更是如此，作为专司外交接待事务的外交机构，会同馆的运行受到礼部、兵部等诸多机构的制约，这也更加突出了从整体研究明代外交机构的必要性。王建峰的《明代会同馆职能考述》一文，则重点论述了明代会同馆的外交接待职能，认为会同馆作为中央客馆，既负责接待周边各少数民族政权及外国来使，又为朝贡者提供

---

[1] 孙卫国. 试说明代的行人 [J]. 史学集刊, 1994（1）：11-16.
[2] 王伟凯. 明行人司机构性质辨析 [J]. 北方论丛, 2006（6）：82.
[3] 李登峰. 明代行人司与行人考 [J] 韶关学院学报, 2002（1）：55-59.
[4] 王静. 明朝会同馆论考 [J]. 中国边疆史地研究, 2002（3）：53.

贸易场所，具有促进中外交流的重要作用。[①]该文专门论述会同馆的接待职能，并在此基础上有所升华，认为明代会同馆是周边各夷族了解中华文化的重要场所，这种观点具有一定的创新性，具有重要的参考价值。还有张云飞的《明朝会同馆研究》一文，分章论述了明代以前的客馆设置、明代会同馆的人员组成及职责、明代外交政策影响下的会同馆及会同馆的设置意义。[②]该文作为研究明代会同馆的专题性论文，比较全面介绍了明代会同馆的机构设置及运行情况，具有一定的参考价值。

除了上述专门从整体上介绍明代会同馆的学术成果外，还有很多涉及会同馆职能的某一个方面的学术研究成果。李善洪在《明代会同馆对朝鲜使臣"门禁"问题研究》一文中，具体讨论了明代会同馆的门禁制度。嘉靖以后，明朝开始在会同馆实施较为严格的"门禁"制度，与中国朝贡关系最为紧密的朝鲜也不例外，朝鲜使臣也必须遵守"门禁"管理制度。该文认为自嘉靖开始至明代灭亡一直实施的"门禁"制度，一直未见松弛，并引起了朝鲜使臣的极端不满。[③]王建峰在《明朝"提督会同馆主事"设置探微》一文中，专门探讨了明代会同馆的设官及隶属问题，认为明代会同馆"提督主事"的设置历经多次反复，设置过四次，遭裁撤三次。[④]实际上，明代会同馆"提督主事"夷一职虽然遭多次裁撤，但很快就又恢复设置。不仅如此，会同馆的管理工作也最终从兵部转到了礼部，这也从另一个侧面反映了会同馆的涉外性。陈彝秋在《从朝鲜使臣的中国行纪看明代中后期的玉河馆——以会同馆提督官为中心》一文中，则较为详细地介绍了"提督主事"管理会同馆的具体情形。朝鲜使臣来华朝贡一般安排在会同馆南馆居住，朝鲜使臣也习惯称南馆为玉河馆，通过朝鲜使臣来观察玉河馆的管理及运营状况。[⑤]该文视角独特，以朝鲜使臣的来华记录为史料基础，分析朝鲜使者眼中的会同馆管理情况，具有很高的参考价值。魏华仙在《论明代会

---

① 王建峰.明代会同馆职能考述[J].兰州大学学报，2006（5）：100.
② 张云飞.明朝会同馆研究[D].西安：陕西师范大学，2012：5-45.
③ 李善洪.明代会同馆对朝鲜使臣"门禁"问题研究[J].黑龙江社会科学，2012（3）：146.
④ 王建峰.明朝"提督会同馆主事"设置探微[J].辽宁大学学报，2006（6）：82.
⑤ 陈彝秋.从朝鲜使臣的中国行纪看明代中后期的玉河馆——以会同馆提督官为中心[J].南京晓庄学院学报，2014（3）：57-76.

同馆与对外朝贡贸易》一文中，主要论述了会同馆的朝贡贸易职能，认为一方面会同馆为朝贡使者提供极为周到的生活服务以"怀柔远人"；另一方面又采取极为严格的措施限制朝贡贸易，阻碍了中国与海外世界的交往。①

目前学界对明代四夷馆的研究成果可以分为两类，一类是关于明代四夷馆原始资料的整理、研究成果；另一类是从外语教学史等角度论述四夷馆各分馆及教习等情况所取得的学术成果。早在 20 世纪初，学界就开始对涉及明代四夷馆的原始资料进行整理和研究。罗振玉先生于 1908 年完成了《四夷馆考》的点勘工作，并由东方学会于 1924 年铅印出版。《四夷馆考》是四夷馆译字官生了解朝贡国家概况的必备小册，该书为研究明代四夷馆的重要史料之一。向达先生在《瀛涯琐志——记巴黎本王宗载〈四夷馆考〉》一文中指出巴黎本较罗氏本更完整，罗氏本缺女直馆，无目录序跋，无撰写者姓氏。②张文德在《王宗载及其〈四夷馆考〉》中提到其师刘迎胜先生曾于 1999 年到法国寻找巴黎本《四夷馆考》，但未能找到，③所以今天所见仍为罗振玉点校的东方学会铅印本。

《四译馆则》，是研究明代四夷馆又一重要史料。④目前可见的有两种版本，一种版本被收录在沈云龙主编的《近代中国史料丛刊三编第四辑》中，该版本影印日本京都帝国大学重刊本，由文海出版社于 1985 年出版，字迹非常清晰，比较完整。日本京都帝国大学重刊本由日本学者羽田亨于 1928 年根据流传日本的康熙刻本而重新铅印。另外一个版本被收录在郑振铎所辑《玄览堂丛书三集》中，是由"国立中央图书馆"于 1948 年根据康熙刻本影印。美国学者威立德于 1945 年概述了《四译馆则》的主要内容，并根据该资料介绍了明代四夷馆的机构设置、职能及教学制度等情况。⑤

---

① 魏华仙.论明代会同馆与对外朝贡贸易[J].四川师范学院学报，2000（3）：16.
② 向达.瀛涯琐志——记巴黎本王宗载《四夷馆考》[J].图书季刊，1940（2）：181.
③ 张文德.王宗载及其《四夷馆考》[J].中国边疆史地研究，2000（3）：90.
④ 《四译馆则》由郭鋆于明嘉靖二十二年（1543）创编，洪文衡于万历四十年（1612）补订《续增馆则》，吕维祺于崇祯三年（1630）改订为《增定馆则》20 卷，袁懋德于清康熙十二年（1673）整理明代残留版本，将续增内容分类附于《增定馆则》之后，题为《新增馆则》，即康熙原刊刻本。参见任小波.明代西番馆职司与史事述考[J].西藏大学学报，2012（3）：86.
⑤ WILD, "Materials for the study of the Ssu i Kuan," Bulletin of the School of Oriental and African Stusies, Vol.11, No.3(1945), pp.617—640.

以上就是中外学者对明代四夷馆原始资料的整理、研究成果，《四夷馆考》《四译馆则》等原始资料是后世学者了解明四夷馆运行及生存状况的第一手资料，具有十分宝贵的历史价值。

目前，对明代四夷馆进行整体研究的学术成果比较少，余定邦先生在《庆祝中山大学建校六十周年（1924—1984）：东南亚历史论文集》里面发表了《明代的四夷馆》一文，对明代四夷馆的位置、招生制度及对四夷馆在中国与东南亚国家交往中的作用进行了论述。[①] 与明代四夷馆整体研究缺失的情形不同，关于明代四夷馆某一方面情况的学术成果却比较多，乌云高娃的《明四夷馆"女真馆"和朝鲜司译院"女真语学"》一文，分别对中朝两国的主司翻译事务的外交机构进行了介绍，并着重论述了明代四夷馆女真分馆的教学情况。[②] 乌云高娃、刘迎胜的《明四夷馆"鞑靼馆"研究》一文，简单提到了四夷馆的设立与演变情况，重点介绍了鞑靼分馆翻译外交文书的职能及该馆的蒙古语教学的情况。[③] 特木勒在《迁都前明朝四夷馆方位小考》一文中，专门考证了四夷馆的具体位置，并且认为学界对明代四夷馆的位置产生分歧的根源是忽略了明朝迁都的历史事实，明成祖迁都北京后，南京还保留一整套并无很大实权的官僚机构，四夷馆也同样具有南京四夷馆和北京四夷馆之分，但很多史籍并未将二者明确区分开来，这就导致了不同意见的产生。[④] 任小波在《明代西番馆职司与史事述考》一文中，重点考察了西番馆的情况，并提及了明代四夷馆的设置与变迁情况。[⑤]

综上所述，中外学者对四夷馆的研究为本书提供了极为丰富的研究材料。尽管上述学术成果并未对四夷馆进行专题研究，但却从不同的角度论述了女真馆、鞑靼馆及西番馆的教习夷语情况。很多学者提出的观点虽然

[①] 余定邦.明代的四夷馆[C]//庆祝中山大学建校六十周年（1924—1984）：东南亚历史论文集.广州：中山大学出版社，1985：21.

[②] 乌云高娃.明四夷馆"女真馆"和朝鲜司译院"女真语学"[J].中国史研究，2005(1)：127-129.

[③] 乌云高娃，刘迎胜.明四夷馆"鞑靼馆"研究[J].中央民族大学学报，2002（4）：62.

[④] 特木勒.迁都前明朝四夷馆方位小考[C]//元史及民族史研究集刊.上海：上海古籍出版社，2009：174-175.

[⑤] 任小波.明代西番馆职司与史事述考[J].西藏大学学报，2012（3）：87.

不尽一致，但具有启发意义，引导学者们进行更深入地研究。例如，对明代四夷馆隶属的问题，就存在三种观点，李云泉认为四夷馆设立后，经历了由翰林院管理、内阁委官提督和太常寺官员专管三个阶段；① 余定邦则指出四夷馆属于政府机构，刚开始隶属翰林院，对明代中后期四夷馆隶属并没有明确论述；② 日本学者神田喜一郎在《明代之四夷馆》一文中，对《明史》中四夷馆自明弘治七年以后隶属太常的记载提出质疑，认为当属清代史家之谬，但并没有进一步考证四夷馆真正隶属于哪个机构。③ 以上三种观点都不准确，实际上四夷馆一直隶属于翰林院，只不过是由于内阁的逐渐形成及提督四夷馆官衔的变化迷惑了后世学者，一些个案导致一些学者得出错误结论。刘迎胜先生在《宋元至清初我国外语教学史研究》一文中，提到了明代四夷馆的性质问题，认为该机构实质上是我国最早的亚洲学院。④ 由于他研究的角度是外语教学史，所以将四夷馆定位为教学及研究机构也合情合理。但是，如果对涉及明代四夷馆的原始资料进行整体分析，这种说法显然不合理。因为四夷馆绝非简单的外语教学机构，它还承担着翻译朝贡表文、伴送朝贡使臣回国、差官到边境地区验放进贡夷人、陪祀、参与宴会及编写外国语词典等多项职能。另外，从外语教学史的角度论述明代四夷馆的论文还很多，在这不再一一赘述。⑤

明代的朝贡贸易制度是学者们关注的一个热点，而研究朝贡贸易制度必然会涉及市舶司、督饷馆等朝贡贸易管理机构。民国时期，学者们就开

---

① 李云泉.明代中央外事机构论考[J].东岳论丛，2006（5）：131.
② 余定邦.明代的四夷馆[C]//庆祝中山大学建校六十周年（1924—1984）：东南亚历史论文集.广州：中山大学出版社，1985：20.
③ 神田喜一郎.明について四夷館だ[J].フリント，1927，12（4）：9.
④ 刘迎胜.宋元至清初我国外语教学史研究[J].江海学刊，1998(3):115.
⑤ 相关研究可参见：张美平.明代四夷馆翻译教学述略[J].中国科技翻译，2011（2）：63-65；任萍.明代四夷馆的学生管理模式考证[J].浙江树人大学学报，2014（1）:104-109；周平平.明代四夷馆的设立与海外贸易[J].金田，2014（6）:203；林子.明代的官办语言学校——四夷馆[J].新疆教育学院学报，1989（2）:66-69；葛治伦.我国最早的一所外文学校——明代的四夷馆[J].外语教学与研究，1987（2）：52-53；韩霜，陈光玖，陈鹏.管窥明代四夷馆中的学生评价体系与考核制度[J].兰台世界，2015（27）：42-43；李红梅.明代四夷馆的设立与外语教学活动考辨[J].兰台世界，2015（15）：106-107.

始关注明代的朝贡贸易，并对明代朝贡贸易及市舶司等朝贡管理机构进行了较为深入的研究。翦伯赞先生的《明代海外贸易的发展与中国人在南洋的黄金时代》一文，提到了郑和下西洋后，中国与南洋的贸易已经达到了繁荣的境界了，一些中国商人久居南洋，甚至掌握了当地的经济命脉，建立了自己的政权。还谈到明代后期，内部党派纷争，外部倭寇为患，东南骚然，以致政权无力保护海外商人，接着流寇叛乱，清军入关，以致海外贸易中断。① 该文研读历史的视角非常开阔，有助于理解明代市舶司变迁的时代背景，具有很高的参考价值。张德昌在《明代广州之海舶贸易》一文中，详细论述了浙江、广东、福建三地市舶司的兴废过程，列出了自永乐元年至天顺六年的历任市舶司提举、副提举的姓名，还详细列出了市舶司提举、书办、门子、快手、皂隶、轿伞肩夫、听事吏、铺兵及灯夫等组成人员的俸薪银、遇闰加俸及其他费用。② 朱胜愉的《明代之朝贡贸易制度》一文，明确记载了在市舶司的管辖下，允许朝贡者将附载来的货物与中国贸易，并提到了牙行的作用。他认为牙行实际上没有在洪武年间被裁撤，实际上一直在发挥着重要的作用。由于来自世界各国的商人在风俗、言语及习惯等方面的不同，牙行实为必不可少，明政府实际未能完全革除牙行。③ 另外，还有管照微、内田直作、百濑弘作、梁方仲及秦佩珩等学者分别从不同的角度论述了明代的中外交通及海外贸易情况，④ 一方面，学者们将对明代市舶司、督饷馆的研究和明代的朝贡贸易制度联系起来，这有助于更深刻理解明代的朝贡贸易制度的运作方式；另一方面，这些成果又有助

---

① 翦伯赞.明代海外贸易的发展与中国人在南洋的黄金时代[J].时事类编，1941（63）：39-68.
② 张德昌.明代广州之海舶贸易[J].清华学报，1932（2）：4-7.
③ 朱胜愉.明代之朝贡贸易制度[J].商业月报，1935（10）：4.
④ 相关研究成果参见管照微.明代的朝贡贸易制度[J].贸易，1943（7）：45-62；内田直作著.王怀中译.明代朝贡贸易制度[J].食货，1935（1）：31-39；百濑弘作著.袁干君译.明代之外国贸易[J].中国经济，1936（1-2）：143-153；梁方仲.明代国际贸易与银的输出入[J].中国近代经济史研究集刊，1939（2）：267-277；秦佩珩.明代的朝贡贸易[J].经济研究，1941（2）：161-171；陈昆池.明代中外交通史[J].南风，1935（4）：6-24；李长傅.明代中国满剌加交通史考[J].南洋研究，1941（2）：108-121；陈祖源.明代葡人入居濠镜澳考略[J].历史学报，1936（1）：15-32.

于我们理解明代市舶司职能迥异于前代的原因，弄清楚推动其变革及职能变化的政治局势、经济状况及政治文化等方面的动力。

萨士武及胡寄馨两位先生还对福建市舶司的设置地点、迁移原因及具体职掌进行了比较翔实的考察。萨士武先生的《明成化嘉靖间福建市舶司移置福州考》一文，从福州对外贸易之发达、泉州奸商恶势力之弥漫两方面来分析福建市舶司移置福州的原因，①他大量运用地方志及碑刻史料考证了自明成化二年至明嘉靖元年，明代福建市舶司移置福州的历史事实。胡寄馨先生在《明代福建市舶司及漳州舶税征收机关考》一文中，明确指出了明代市舶司是处理朝贡事务及贡舶事宜的外交机构，并进一步论证了福建市舶司专管琉球入贡及贡舶互市事宜。由于琉球是明朝优待的国家，所以对其附带货物均免抽分，这样福建市舶司不再具有征税职能，但还要负责辨验朝贡使者表文及勘合的真伪、稽验贡物、稽验并钞买贡舶附载商品、监督贡使不得私自与人民进行贸易等具体事务，该文还提到了督饷馆，概述了隆庆开海后漳州征税机关的历史沿革。②

现代学者对明代海外贸易史的研究已经比较成熟，对海外贸易的管理机构市舶司、督饷馆等的研究已经取得相当多的成果。以下几位学者在研究海外贸易史时，兼顾了对明代市舶司及督饷馆的研究。李剑农先生在《宋元明经济史稿》"明代海外贸易"一节中认为，明初海上之商业关系，已呈"变态"，严禁人民下海贸易，受此外交政策的影响，市舶司经历数次罢废和恢复，实质上是为应付番人入贡为目的贡舶机构。③李金明先生在《明代海外贸易史》"市舶司的沿革与市舶司制度的演变"一章中指出，市舶司是明代朝贡贸易的具体管理机构，并认为市舶司是明统治者实行海禁、扼杀私人海外贸易、对海外贸易实行控制和垄断的工具，阻碍了海外贸易的发展。④廖大珂先生在《福建海外交通史》"明代私人海外贸易的管理制度"

---

① 萨士武. 明成化嘉靖间福建市舶司移置福州考[J]. 禹贡，1937（1–3）：247–249.

② 胡寄馨. 明代福建市舶司及漳州舶税征收机关考[J]. 社会科学，1945，1（4）：72–75.

③ 李剑农. 宋元明经济史稿[J]. 北京：生活·读书·新知三联书店，1957：160–166.

④ 李金明. 明代海外贸易史[M]. 北京：中国社会科学出版社，1990：68–78.

一节中，详细地介绍了安边馆、靖海馆及督饷馆等明代私人海外贸易的管理机构，并认为督饷馆虽然存续时间很短，但在管理和控制私人海外贸易方面起了一定的作用，督饷馆所建立的各种饷税制度为清代海关的设置开了先声。①

比较系统论述明代市舶司的学术期刊论文有以下几篇：陈尚胜先生在《论明代市舶司制度的演变》一文中，以明代市舶司在中国古代市舶机构演变史中的地位为线索，通过比较明代市舶司与唐、宋、元市舶司的不同，指出明代市舶司向清代行商制度与海关制度演变的过程。②李庆新的《明代市舶司制度的变态及其政治文化意蕴》一文，则从比较研究的角度对明代市舶司的官员设置、职能及运行机制进行更深层次的分析，认为明代处于封建社会晚期，政治局势、经济体制及政治文化的变化必然导致明代市舶司的"变态"。③一些学者还选取设在某地的一个市舶司进行单独的研究。设在福建、浙江及广东等三地的市舶司存续时间最长，为明代的常设市舶机构。另外，还有一些学者专题考察了设在太仓、交阯等地的市舶司，这两个市舶司在明代不同时期曾经短暂存在，也是非常重要的市舶机构，对其研究也具有比较高的历史价值。

陈尚胜先生的《明代太仓、交阯市舶司考辨》一文，则专篇考察了曾经短暂存续的两个市舶机构，指出设在太仓的市舶司名为黄渡市舶司，设在交阯的市舶司名为云屯市舶司，这就纠正了部分学者错误将古籍中"太仓黄渡"隔断开，误认为是太仓和黄渡两个市舶司的错误。④陈明德的《试论明代福建市舶司移置福州的原因及其影响》一文，认为福州的地理位置、经济总量、与琉球的交往亲密度、造船技术及政治地位都优于泉州，这就导致明代福建市舶司从泉州迁往福州。⑤白斌、王慕民在《明代浙江市舶司废止考》一文中，在参考陈尚胜、陈支平等先生研究成果的基础上，重

---

① 廖大珂. 福建海外交通史 [M]. 福州：福建人民出版社，2002：261-263.
② 陈尚胜. 论明代市舶司制度的演变 [J]. 文史哲，1986（2）：57-63.
③ 李庆新. 明代市舶司制度的变态及其政治文化意蕴 [J]. 海交史研究，2000（1）：72-83.
④ 陈尚胜. 明代太仓、交阯市舶司考辨 [J]. 苏州大学学报，1986（1）：78.
⑤ 陈明德. 试论明代福建市舶司移置福州的原因及其影响 [J]. 福建论坛，1999（6）：59-61.

点论述了明代浙江市舶司先后四次被裁撤的时间。[1]另外，关于明代市舶司领导体制的期刊论文还有邓端本的《明代广东市舶司征税考略》和王川的《论明代市舶太监牛荣走私案》，两篇文章均谈到了广东市舶司的征税情况及太监对市舶司机构的掌控。[2]

可见，李剑农、陈尚胜、廖大珂、李金明、李庆新等先生均看到了明代市舶司与前代市舶机构的不同，其职能较唐、宋、元时期也发生了巨大变化。明代市舶司已经演变为明代统治者控制海外贸易、禁止私人贸易的工具，成为专门为明代的朝贡制度服务的机构，贡舶兴则市舶兴，商舶兴则市舶废。唐、宋、元时期的市舶机构鼓励私人贸易；而明代市舶司却限制私人贸易，仅仅为朝贡贸易服务，强制把一切贸易纳入官方贸易中扼杀了民间商业的健康发展，实质阻碍了中国海外贸易健康发展的步伐。学者们运用历史纵向比较分析法来论证明代市舶司职能的演变，为本书创新研究方法提供了参考。

与明代市舶司研究相关的学位论文主要有几下几篇：张震的硕士学位论文《明朝市舶制度研究》，首先简要介绍了明代以前的海外贸易及唐宋元时期的市舶司设置情况，其次依次介绍了明朝的海禁政策、市舶司的设立和沿革及明代市舶制度的立法情况，最后还对明代市舶司进行了评价。[3]该文比较全面地梳理了明代市舶司的设置、职能、制度及运行情况，对明代市舶司研究具有较高的参考价值。王丹的硕士学位论文《明代对外贸易管理机构的变迁及影响》中"地方系统的管理机构"一节论述了明代初期市舶司的职能；"市舶机构的变迁"一节则论述了随着明代中后期私人海

---

[1] 陈尚胜先生则结合日本史料考证了浙江市舶司的兴废问题，参见陈尚胜. 明代浙江市舶司兴废问题考辨[J]. 浙江学刊，1987（2）：52-54；陈支平先生论证了闽、浙市舶司的废置时间，参见陈支平. 嘉靖年间闽、浙市舶司废置时间考[J]. 厦门大学学报，1981，(S)：15-17；白斌、王慕民在此基础上进一步考证了浙江市舶司的称谓及废止次数及时间，参见白斌，王慕民. 明代浙江市舶司废止考[J]. 海交史研究，2008（1）：52-58.
[2] 相关研究参见邓端本. 明代广东市舶司征税考略[J]. 岭南文史，1991（2）：15-16；王川. 论明代市舶太监牛荣走私案[J]. 海交史研究，2000（1）：84-87.
[3] 张振. 明朝市舶制度研究[D]. 济南：山东大学，2010：1-3.

外贸易的发展，市舶司的职能也随之发生了重大变化，牙行及督饷馆逐渐取代了市舶司的地位。① 该文重点论述了明代市舶司职能在前后两个时期发生的巨大变化。

（四）关于明代其他外交关涉机构涉外职能的研究成果

翰林院、国子监、光禄寺、太医院等都是重要的外交关涉机构，目前已经有部分学者关注了这些机构的涉外职能。明代的翰林院虽然仅仅为五品衙门，但却是非常重要的外交关涉机构之一，其涉外职能主要表现在管理四夷馆、制外交诏书及参与外交决策等方面。当前关于翰林院的研究成果并不多，专题研究翰林院外交职责的成果更未见到。但是，在一些关于明代翰林院的研究成果中，大多会简单提及其外交职能。吴琦、唐金英的《明代翰林院的政治功能》一文，将翰林院的职掌归纳为制诰敕、献纳、经筵、任考官及修史等五个方面。② 该文既漏掉了翰林院管理四夷馆的职能，又未提及翰林院的涉外职能。实际上，如果深入分析一下，该文中所提到的翰林院的制诰敕职能必然涉及对外事务，因为四夷来华奉表朝贡，回还时，皇帝会赐予各国诰敕，这就离不开翰林院官员的参与。另外，翰林院官员的献纳职责也往往会涉及对外事务，在重大外交决策过程中，翰林院官员所献的意见往往被皇帝采纳，从而发挥着极为重要的作用。另外，孙立楠的《论明代的翰林院》、林桦的《略论明代翰林院与内阁的关系》、赵子富的《明代的翰林院与内阁》及梁思立的《明代翰林院制度研究》分别从不同角度论述了翰林院与内阁的关系，认为内阁实质上是从翰林院衍生出来的虚拟机构。③ 上述各文虽然没有提及翰林院的外交职能，却辨明了明代翰林院与内阁的关系，有助于理解内阁和翰林院在处理涉外事务及管理四夷馆上的不同分工，也具有一定参考价值。

---

① 王丹.明代对外贸易管理机构的变迁及影响[D].南昌：南昌大学，2008：14-29.
② 吴琦，唐金英.明代翰林院的政治功能[J].华中师范大学学报，2006（1）：97.
③ 孙立楠.论明代的翰林院[J].东北师范大学报，1998（6）：26；林桦.略论明代翰林院与内阁的关系[J].史学月刊，1990（3）：42-46；赵子富.明代的翰林院与内阁[J].北京师范大学学报，1988（12）：98-100；梁思立.明代翰林院制度研究[D].北京：中国人民大学，2008：15-21.

学界关于国子监的研究起步较早,早在民国时期,于登的《明代国子监制度考略》一文,就从建置、宗旨、职官、学生、课程及藏书六个方面介绍了明代国子监的运行制度,其中,在国子监读书的学生称为监生,又分为举监生、贡监生、荫监生、例监生、秀俊生及夷生。① 所谓夷生,就是指周边少数民族及外国来的留学生,其中琉球生最多。因此,国子监的涉外事务主要是培养周边少数民族及外国的留学生。现代学者对明代国子监的研究并没有停止,黄明光的《明代外国官生在华留学及科考》一文描述了明代国子监内外国留学生在华参加科举考试的状况,并且指出夷生出身于王室或者官宦之家,学成归国后多担任要职,从而传播了中国儒家思想。② 该文不仅论述了国子监留学生参加科举考试的盛况,还首次论及了留学生学成归国后的授职情况,具有很高的历史价值。郭培贵先生的《〈明代外国官生在华留学及科考〉质疑》一文则纠正了黄明光文章中的诸多瑕疵,更全面、准确地呈现了明代国子监外国学生参加科举考试的情况。③ 马炎心的《明代国子监述论》一文提到,土官子弟及来自暹罗、日本、琉球等国的留学生会集于明代国子监,呈现出极为繁荣的盛况。④ 张光莉的硕士学位论文《明代国子监研究》中"明代国子监的学官和学生"一节提到了来自周边少数民族及外国的夷生,自洪武三年高丽开始派遣留学生后,络绎不绝。⑤

明代的光禄寺是专门负责饮食服务的中央官僚机构,其涉外性主要体现在为朝贡使者提供饮食及下程方面,目前对其的研究成果并不多。晓苏的《支费浩繁的明代光禄寺》一文指出,无论是皇帝用膳、礼仪活动饮食,还是宫廷各服务人员的日常饮食,都需要光禄寺提供。除此之外,朝廷赐给大臣的饮食、看望生病大臣的慰问品都需要光禄寺备办。⑥ 该文虽然并没有明确指出光禄寺的涉外职能,但很显然,招待四夷朝贡使者的宴会所

---

① 于登.明代国子监制度考略[J].金陵学报,1936(2):109–113.
② 黄明光.明代外国官生在华留学及科考[J].历史研究,1995(3):181–185.
③ 郭培贵.《明代外国官生在华留学及科考》质疑[J].历史研究,1997(5):155–160.
④ 马炎心.明代国子监述论[J].许昌师专学报,1988(4):88.
⑤ 张光莉.明代国子监研究[D].郑州:河南大学,2006:22.
⑥ 晓苏.支费浩繁的明代光禄寺[J].中国史研究,1985(4):150–156.

需物品及赏赐给他们的米、肉均需要光禄寺提供。李小林、左丰力的《浅析明代光禄寺职能与管理》一文对光禄寺的设置、沿革及职能等情况进行了较为详细的介绍，并指出光禄寺涉及面极广，与明代的政治、经济及外交都有紧密的联系，还负责备办外事用宴和使者归国途中所需茶饭。[①]张博的硕士学位论文《明代光禄寺研究》中"官吏腐败与筵宴质量下降"一节，具体描述了外夷宴的情形。[②]以上这些成果虽然没有专题论述光禄寺的外交职能，但却都提到了其参与外交事务的历史事实，为本书对光禄寺的外交职能进行系统的研究提供了重要参考。

目前，关于明代太医院的研究成果很少，专门论述太医院涉外职能的学术成果更是罕见。郭昌远的《浅析明代太医院的属衙》一文，专门介绍了明代太医院下辖的惠民药局和生药库两个属衙。在谈到生药库时，论及各国进贡的药品经过市舶司、礼部等部门办理接收手续后，最终由太医院生药库来使用和管理。[③]夏逸群的硕士学位论文《明代太医院制度研究》"地方医事制度"一节中，提及了会同馆内的医生具有为外国贡使看病的职能。[④]该文提到会同馆内的医生由太医院指派，所用药品由太医院提供，医疗档案也需要交付太医院保存，可见，会同馆提督主事仅仅负责管理会同馆内医生的日常事务，太医院则是会同馆内医生的业务领导部门，这也是太医院涉外性的体现。

户部、工部、兵部、礼部仪制司、礼部铸印局、尚宝司、六科、中书科及边境地区的地方政府等机构都兼具零星的外交职责，各机构所涉外交事务如下：户部的外交职责主要体现在为四夷使者提供日常所需食材及所献马匹、象只所需要的饲料方面。每年，会同馆都会把其所需要的粮米、草料及豆的数量报给户部，并申请领取。工部的外交职责主要体现在为四夷使者提供冬季取暖用的薪炭等物品方面。兵部的涉外职责主要表现在管理会同馆方面。前文已经提及会同馆的研究情况，故在此主要以礼部与会

---

① 李小林，左丰力.浅析明代光禄寺职能与管理[C]//明长陵营建600周年学术研讨会论文集.北京：社会科学文献出版社，2010：251-252.
② 张博.明代光禄寺研究[D].长春：东北师范大学，2011：29-31.
③ 郭昌远.浅析明代太医院的属衙[J].华人人文论丛，2013（3）：120.
④ 夏逸群.明代太医院制度研究[D].济南：山东中医药大学，2013：16.

同馆的关系为视角探讨兵部的涉外性。尽管礼部最终获得了会同馆的管理权，但是会同馆大使、副使及大通关大使仍隶兵部；礼部仪制司分掌礼文、宗封、贡举及学校之事。无论是派遣使者出使四夷，还是迎接来贡使者，均具有规定的仪式，这些都由仪制司负责，其具体涉外职责则是牵头负责制赐予各藩王的诰命；礼部铸印局是负责铸印信的机构，其涉外职责表现在负责制造赐予各外国王的印宝方面。明王朝赐予外国国王的印信有金印、镀金印及银印三种，印宝铸造完成后，需交付礼部仪制司，然后根据相应等级颁发给各外交使团；尚宝司负责掌宝玺、符牌和印章，旧有宝玺十七枚，明嘉靖十八年又增七枚，其中，"天子行宝"用以封外国及赐劳，"天子信宝"用以招外服，其具体涉外职责是在藩王、藩使朝见天子仪式中，具体负责设置宝案于御座前；工、刑、兵、吏、户、礼六科的外交职责主要表现为充当使者出使外国、谏议外交决策等；中书科的外交职责表现为书写对外诰敕。由于上述机构的涉外职责比较少，所涉外交事务往往被学界所忽略，目前学界尚无对这些机构的涉外职能进行专题研究的学术成果，这便成为本书创新的动力之一。

（五）对明代外交机构进行整体研究的科研成果

目前，对明代外交机构进行整体研究的成果还比较少，可以查到的公开发表于学术期刊的主要有陈伟明、何兰娟的《略论明代中央外交专职机构》和李云泉的《明代中央外事机构论考》两篇文章。前者将部分涉及主客司、会同馆、行人司及鸿胪寺的史料进行了罗列，并认为明朝时期主管外交的中央机构为礼部及其下属的主客司和行人司等。[①]严格来讲，行人司、鸿胪寺等都不是外交专职机构，因为行人司及鸿胪寺同样承担国内事务，只有主客司才勉强称得上外交专职机构。该文在论述主客司及会同馆的职能时，将关于二者的史料糅合在一起，显得比较混乱。尽管该文用语及所涉材料还存在很多失误，但毕竟从整体上论述了明代中央外交机构，仍是一次十分有意义的尝试。李云泉的文章对礼部主客司主要管理职责、会同馆的接待职能、行人司的出使职能、四夷馆的翻译职能及鸿胪寺的礼仪职

---

① 陈伟明，何兰娟.略论明代中央外交专职机构[J].广西社会科学，2004(12):145.

能进行了概述,并认为明代形成了以礼部主客司为主导的外交运行机制,在该机制中,会同馆负责接待外来使者事务,行人司负责出使外国职责,鸿胪寺和四夷馆则分别负责外交礼仪和翻译工作。[①]该文虽然并没有提到地方外事机构及众多中央外交关涉机构,但比较全面、准确地论述了明代的中央外事机构,并尝试从整体上论述明代各中央外交机构,强调各机构的不同外交分工,不能不说是一种创新,具有较高的参考价值。

还有两篇硕士学位论文以明代外交机构作为研究对象。朱欢勋在其《明代外交管理机构述略》一文中,分章论述了明代以前的外交管理机构及对外政策、明代外交机构及明代对外政策的基本格调,简单提及了外交政策与外交机构的互动关系。[②]该文局限于三万字篇幅,只是对历代涉外机构进行了简单的梳理,顺带提及了明代的和平外交政策,史料运用明显不足。刘纪勇在其硕士学位论文《明代外事机构研究》中,分章论述了明代以前的外事机构、明代的外事机构、明代外交政策对外事机构的影响及明代外事机构评价。[③]在该文第三章第二节部分,已经尝试探讨外交政策对外交机构的设置及职能的影响,无疑是一大亮点。[④]然而,在近六万字论文中,作者运用大量的笔墨论述明代的外交政策,对于外交政策影响下的外交机构设置及其职能变化情况却是很少论及。尽管两篇硕士学位毕业论文都仅仅对明代外交机构进行了概述,并没有探讨各个机构之间的联系及其整体运行机制,存在这样或那样的不足,而且创新不够。然而,两篇文章毕竟以崭新的视角来研究明代外交机构的兴废、沿革问题,这些对本书来说,无疑具有非常重要的参考价值。因此可以说,这些科研成果是激发本书尝试从整体上研究明代外交机构的动力源。

当前,国外汉学界仅有几篇专门介绍明代四夷馆的学术论文,并没有专门研究明代外交机构的研究成果。但西方汉学界对明史的研究成果相当丰富:例如,德国著名汉学家傅吾康(Franke Wolfang)对《明实录》等原始资料进行了比较深入的研究,并以这些资料为基础考察了明代中蒙关

---

① 李云泉.明代中央外事机构论考[J].东岳论丛,2006(5):133.
② 朱欢勋.明代外交管理机构述略[D].昆明:云南师范大学,2005:1-27.
③ 刘纪勇.明代外事机构研究[D].济南:山东师范大学,2009:1.
④ 刘纪勇.明代外事机构研究[D].济南:山东师范大学,2009:50-55.

系；①美国远东史专家莫里斯·罗萨比（Rossabi Morris）不仅在蒙古史研究方面成果颇丰，还关注了明代中外关系史，并取得了一定成果；②另外，彼得·格雷纳（Greiner Peter）、泰尔曼·格里姆（Grimm Tilemann）、琳达·格罗夫（Grove Linda）、丹尼尔斯·克里斯琴（Christian Daniels）等学者对明代宦官、内阁及政府运行都取得了重要研究成果。③以上研究成果都和本书的研究主题相关，具有较高的参考价值。

综上所述，现有的学术成果多局限在对某个具体外交机构的研究，关于明代外交机构的整体研究成果仍是凤毛麟角。不但如此，除了对朝贡贸易及其管理机构市舶司的研究比较深入外，对四夷馆、会同馆等众多涉外机构的研究还非常浅显。我们要想真正了解明代外交运行机制，绝不能孤立地研究某一个机构，必须要从整体上研究各外交机构，把握它们之间的联系。鉴于此，亟须系统化的研究成果问世。

---

① 傅吾康（Franke Wolfang）对明代原始资料及中蒙关系的研究成果可参见：WOLFGANG F. Der Kompilation und Uberlieferung der Ming shilu. Sinologische Arbeiten, 1（1943），pp.1-29; WOLFGANG F. An introduction to the sources of Ming history. Kuala Lumpur and Singapore: University of Malaya Press, 1968; WOLFGANG F. The veritable records of the Ming Dynasty（1368-1644）. In Historians of China and Japan, ed. W.B. Beasley and E.G. Pulleyblank. London: Oxford University Press, 1961, pp. 60-87; WOLFGANG F. Chinesische Feldzuge durch die Mongolei im fruhen 15. Jahrhundert. Sinologica, 3（1951-1953），pp.81-88.
② 莫里斯·罗萨比（Rossabi Morris）对明代中国与中亚各国关系的研究成果可参见：MORRIS R. China and Inner Asia from 1368 to the present day. New York: Pica Press, 1975; MORRIS R. Ming China and Turfan, 1406-1517. Central Asiatic Review, 16, No. 3（1972），pp. 106-125; MORRIS R. Ming China's relations with Hami and Central Asia, 1404-1513. Ann Arbor, Mich: University Microfilms International, 1970.
③ 参见：PETER G, Peter. Die Brokatuniform-Brigade(Chin-I wei)der Ming-Zeit von den Anfangen bis zum Ende der T'ien-shun-Periode（1368-1464）. Wiesbaden：Harrassowitz, 1975; TILEMANN G. Das Neiko der Ming-Zeit von den Anfangen bis 1506. Oriens Extremus, 1（1954），pp. 139-178; LINDA G, and DANIELS C.C eds. State and Society in China：Japanese perspectives on Ming-Qing social and economic history. Tokyo University of Tokyo, 1984.

三、研究内容、创新点及框架结构

（一）研究内容及创新点

现有的研究成果基本都是孤立地论述某一个官僚机构的涉外职能，这很难全面、准确反映明代外交机构的整体运行情况。鉴于这种情况，本书的研究内容侧重于将各外交机构放在一起进行整体研究，主要研究内容有以下四个方面：第一，在前人研究的基础上，开篇介绍了明代之前的外交机构，理清明代外交机构发展历史脉络，运用历史比较法了解明代外交机构和历代外交机构的传承关系，并认清明代外交机构的独特性；第二，重点研究礼部主客清吏司、鸿胪寺、会同馆及四夷馆等明代外交专职机构，同时还兼顾行人司、市舶司、翰林院、礼部仪制司、国子监、尚宝司、光禄寺、太医院等众多具有部分涉外事务职能的外交关涉机构，力求全面地呈现明代中央外事机构的设置及运行全貌；第三，考察明代外交机构的设置特点、整体运行机制及时代背景，从政治、经济、文化等方面多角度论述明代外交机构与当时的内政、外交建设情况的互动关系，从而把握推动明代外交机构动态发展的诸多因素；第四，专题考察明代外交机构的运行机制，主要通过研究明代形成的以外交决策机构为核心的外交决策运行机制，了解廷议、部议等外交决策方式。本书还分析了以外交专职机构为核心的互相制衡机制，以外交关涉机构为要素的参与机制等。

本书的创新之处主要在于从整体上研究明代的外交机构，并将其分为外交决策机构、外交专职机构和外交关涉机构三类，在此基础上进一步论述明代外交机构的运行机制及时代背景。具体创新点有以下几个方面：第一，通过分析历朝历代外交机构设置情况，将中书省、内阁、司礼监等都具有外交决策权的权力核心部门也归入明代外交机构体系中，并将这些机构定位为外交决策机构，这样做可以更为全面地了解明代外交机构的整体运行机制；第二，鉴于学界对海外贸易及市舶司等地方涉外机构的研究成果已经相当丰富，本书另辟蹊径，将市舶司放在明代整个外交机构体系内，同时从外交史、制度史等多个角度对其进行研究，以期对之前从海外贸易和经济史的角度获得的研究成果进行补充；第三，本书将明代外交机构的设置及运行情况与明代的内政、外交建设情况联系起来考察，通过探讨明代国家实力变化及外交政策调整对外交机构造成的影响，力图论述三者之间的互动关系；第四，为了力求研究成果全面、准确，本书将明朝分为四个大的历史时期，即将明代276年的历史每隔六十年左右划分为一个阶段，将洪武、建文、永乐、洪熙、宣德五朝划为明代前期，将正统、景泰、天顺、成化、弘治五朝划分为明代中前期，将正德、嘉靖、隆庆三朝划分为明代中后期，将万历、泰昌、天启、崇祯四朝划为明代后期，分别论述明王朝不同阶段的国力变化及外交政策调整对外交机构的影响；第五，本书将明代外交机构的运行机制分为外交决策运行机制、互相制衡机制、参与机制三类，具有一定的创新意义。

（二）本书的框架结构

本书除了绪论和结语外，共分为七章。绪论部分主要是对本书的相关研究情况进行说明，首先介绍了本书的选题缘由及意义，其次概述了学术界的研究现状，再次叙述了本书的研究内容、创新点及写作框架，最后对本书的研究方法及相关概念进行了说明。

第一章　明代以前的外交机构。这一章介绍先秦至元代的外交机构设置情况，有助于了解明代外交机构在中国外交机构设置史上的地位。本章尝试将历代外交机构作为一个有机联系的整体进行研究，运用纵向历史分析法，对不同时代的外交机构进行具体分析、比较，力求比较完整地呈现历代外交机构的全貌，从而更好地理解明代外交机构的设置及运行情况。

第二章　明代外交决策机构。这一部分首先说明把中书省、礼部及内阁定位为外交决策机构的原因，分别论述三个权力核心部门在外交决策中的作用。由于中书省、内阁及礼部三者作用的发挥都不能离开皇帝的支持，因此这一部分还将皇帝对三者的制约关系作了简要说明。本章将重点以古籍史料为支撑，论证中书省、礼部及内阁的涉外职能。

第三章　明代外交专职机构。该部分具体介绍主客司、四夷馆、市舶司及会同馆等明代外交专职机构，对这些部门的机构设置、组成人员、职能等情况作一一介绍，并兼论这些部门在明代的发展情况，以求对这些外交机构有初步的了解。

第四章　明代外交关涉机构。这一章详细介绍行人司、鸿胪寺及铸印局、礼部精膳馆、光禄寺、国子监、太医院、督饷馆、边境地方政府等众多具有部分涉外事务职能的外交关涉机构，具体阐述这些关涉机构的基本设置情况，重点分析它们所具有的零星涉外职能，并将这些涉外职能融入明代整体外交机构系统内进行分析，以求能全面、准确了解这些关涉机构在国家整个外交机构系统内的角色与作用。

第五章　明王朝国力上升时期的外交机构。这一部分主要分析明朝洪武、永乐、洪熙及宣德时期的国力变化、外交政策调整等使其外交机构受到的影响，并试图探讨国力上升对外交机构设置及运行情况的影响。

第六章　明王朝国力趋于下降时期的外交机构。这一部分主要讨论明代中后期国力趋于下降对外交政策及外交机构的影响，并试图解释一些外交机构未能适应形势，最终走向衰落的原因。

第七章　明代外交机构的运行机制及其制约因素。这一部分重点讨论明代外交机构作为一个整体的运行规律和方式，主要通过分析外交决策方式、制衡机制及参与决策机制三个核心要素来呈现明代外交机构运行的规律。同时，通过介绍诸如光禄寺与礼部精膳司职能的分工与重叠、相互协调与矛盾来分析明代机构设置的特点。

四、研究方法

本书的所运用的研究方法主要有历史文献法、比较分析法、统计分析法、历史分析法及其他多种研究方法。

文献法又被称为历史文献法，是一种重要的研究方法。所谓文献法就是指搜集、鉴别和整理文献，并通过对文献的研读而对某一个问题形成全面、科学的认识。本书运用最多的研究方法就是文献法。历史是最讲究证据的，而本书又以明代的外交机构作为研究对象，要想真正了解当时外交机构的运行情况，除了极少数留存至今的实物证据外，大量流传至今的原始文献也是最为重要的参考资料。本书通过认真阅读大量第一手文献，经过思考、加工，逐渐形成对明代外交机构的粗浅认识。明代文献极多，再加上清代、民国及现代学者的研究成果，浩如烟海，只能运用文献法，对这些资料进行搜集和研读，并认真分析筛选，提取有用信息。

比较分析法又被称为对比分析法，是指通过对两个或者两个以上的客观事物进行比较，以达到对所研究对象的本质与客观规律的正确把握。本书运用此方法，通过对比多对具有相近职能的明代外交机构，从而把握明代外交机构的设置及运行特点。

统计分析法是一种定量分析法，虽常用于自然科学学科的研究，但这种分析方法却对本书的研究具有特殊意义。关于明代外交机构的资料非常多，运用这些资料直观、准确地反映出明代外交机构的运行状况是非常困难的，但通过加工、整理、统计原始资料，然后进行分析，很多问题就可以迎刃而解。

历史分析法即用发展、变化的观点分析客观事物及社会现象。运用历史分析法研究问题，不能孤立地分析某一种事物，而要对它的不同发展阶段进行比较，揭示其根源，认清其发展规律。历史分析法作为一种基本的研究方法被学者们广泛运用，本书主要运用此法对明代以前的外交机构进行分析，并谈及明代外交机构在整个外交机构设置史上的作用，这就避免了孤立地看待明代外交机构，能够做到从其产生、发展、变化的全过程进行分析。

另外，本书还穿插运用了"宏观历史分析法""微观历史分析法""纵向分析法"及"横向分析法"等多种分析方法。本书对明代外交机构的分析既采用了长时间、宽视野、大环节的宏观历史分析方法，对整个外交机构系统进行考察，又运用分时段、集中一个角度、具体到某一个环节的微观历史分析法，对某一个外交机构进行单独考察。本书还运用"纵向历史分析法"和"横向历史分析法"，以时间和地域为线索，对不同时代、不同地域的明代外交机构系统进行分析、比较，从而把握其本质和运行规律。

五、概念说明

概念界定是进行科学化、规范化研究的前提。本书选择"明代外交机构研究"为题目，难免会引起一些学者的质疑，因为这一说法易让人误解为近代意义上的民族国家之间的交往，而明代尚无"民族国家"这一概念。"外交"这一词汇应用也实在太过宽泛，从古至今，其含义也千差万别。[①]

---

① 笔者者通过搜索黄山书社版《中国基本古籍库》，含有"外交"这一词汇的记录多达6281条，从先秦至民国，"外交"在不同时代、语境下，具有不同的含义。

为了避免产生歧义，本书首先对明代"外交"的概念进行界定。另外，本文还区别运用"明代"和"明朝"这两个概念。"明朝"是国家政权的概念，是指朱氏家族统治的一个封建王朝。"明代"则是指明王朝存续的一段历史时期，包含横向、纵向两方面的含义，具有动态性、联系性等特点，较"明朝"具有更为广泛的内涵和外延。①本书也以"明代"为视角，从横向、纵向两个纬度入手，既分析外交机构在明代的设置及运行情况，又探讨其在整个外交机构设置史上的地位。

（一）关于"外交""外交机构"及"明代外交机构"概念的说明

史料记载中的"外交"的含义主要有以下四种：第一种含义是指臣子私自结交诸侯。对"外交"这一词汇的最早记载出现在周代姜尚的《六韬》中，该书在叙述如何成为一个贤明的君主时指出，要避免臣子"外交诸侯，不重其主"。②此后春秋战国、秦汉、魏晋南北朝、隋唐及宋元明清时期的典籍中所出现的"外交"，也绝大多数是指臣子背离君主，私自与外部诸侯交往的背德活动；第二种含义是指国家与国家之间的贸易往来活动。如隋代王通所著《元经》中关于倭国的记载提到其位置，"东通交州，西接天竺安息，外交易东西，日有万余商人，珍物无不有"；③第三种含义是指与朋友的交往。如宋儒朱熹《小学集注》记载曾子的话，"亲戚不说，不敢外交，近者不亲，不敢求远"；④第四种含义则指的是国家外交活动的总和，与现代意义上的"外交"含义接近。据赵尔巽《清史稿》记载，"鸿章既平大难，独主国事数十年，内政、外交常以一身当"。⑤本书中"外交"及"外交机构"的含义既不同于上述四种，也不同于纯粹的"朝贡"关系

---

① 万明.明代白银货币化与明朝的兴衰[J].明史研究论丛，2004（0）：395.
② 〔周〕姜尚.毛元佑译注（卷一），[M]//文韬·上贤第九.《白话六韬》，长沙：岳麓书社，1995：26.
③ 〔隋〕王通.元经·卷八[M]//景印文渊阁四库全书本·史部·编年类·第303册.台北：商务印书馆，1986：964.
④ 〔宋〕朱熹.小学集注·卷二·内篇[M]//景印文渊阁四库全书本·子部·儒家类·第699册.台北：商务印书馆，1986：545.
⑤ 〔民国〕赵尔巽.清史稿·卷四一一[M]//列传一百九十八·李鸿章.北京：中华书局，1977：12022.

和"朝贡"机构。本书的"外交"主要是指中原王朝与周边国家交往活动的总和。"外交机构"指参与对外交往活动的一切官僚机构，有的机构涉外职能较多，有的机构涉外职能较少，有的是专职机构，有的是关涉机构，在不同的时代，不尽相同。"明代外交机构"则是指维系明朝与周边各族和平关系的各涉外机构。

明代的具体交往对象包括少数民族和外国两个层次：第一个层次是名义上受明王朝羁縻的北狄各部及西戎各族，这些少数民族政权实际上保持着独立。这个层次的各少数民族政权大多都不通海路，与中国陆地相接，在骑兵是强有力打击型武装的明代，陆上相临夷族对中国的安全威胁最大，因此，各少数民族政权既是明代交往的对象，又是明代重点防御的对象。第二个层次是朝鲜、日本、琉球、安南、真腊、暹罗、占城、爪哇、百花、三佛齐、渤泥、须文达那、苏门答腊、琐里、西洋琐里、览邦、淡巴、苏禄、满剌加、古麻剌、古里、娑啰、阿鲁、小葛兰、榜葛剌、锡兰山、沼纳朴儿、拂菻、柯枝、麻林、吕宋、碟里、日罗夏治、合猫里、古里班卒、打回、忽鲁谟斯、甘把里、嘉裕尔、色佛呀、溜山、阿哇、南巫里、急兰丹、奇剌泥、夏剌比、窟祭尼、乌涉剌踢、哈丹、鲁密、彭加那、捨剌齐、八可意、坎巴夷替、哈克达、白葛达、剌撒、不剌哇、木骨都束、喃渤利、千里达、沙里湾泥等六十二个朝贡国家。①上述这些国家都可以通过海路到达，又可称为海外各国。由于明代航海技术还不够先进，各国还没有现代意义上的海军，海外各国对中国的安全威胁并不大，再加上大多数明朝皇帝都对海外事业不感兴趣，所以早在明太祖初期就把其中的十五个国家列为不征之国，随着交往范围的扩大，明朝也基本上和这些国家以朝贡制度为纽带，或三年一贡，或十年一贡，保持和平关系。需要说明的是，到了明末，西方人纷纷东来，但明朝对葡萄牙、荷兰等国的传教士及商人不遵守朝贡秩序比较反感，对他们基本采取排斥的态度。另外，土官衙门及内附少数民族建立的卫所属于内政的范围。

本书之所以没有采用"明代朝贡机构研究"这一概念，主要基于明代"外

---

① 〔明〕俞汝楫.礼部志稿·卷三十五·主客司职掌[M]// 景印文渊阁四库全书本·史部·职官类（第597册）.台北：商务印书馆，1986：647-656.

交"与"朝贡"不同概念的考虑,二者之间的内涵与外延都有很大区别。"朝贡"并非明代"外交"的全部,庄国土先生以古代中国与东南亚的朝贡关系为依据,认为明清数百年的"朝贡体制"并无实质影响力,[①]笔者也赞同这种观点。但是,以中国为中心的朝贡体制确实存在,尤其在东北亚区域,这种体制还是古代亚洲最为典型的国际交往模式,只不过在不同时期不同地域的影响不同,在中国大一统盛世时期,朝贡体系影响力强,辐射范围广;在中国分裂时期,朝贡体系的影响力则非常弱。另外,到了明代后期,葡萄牙人、西班牙人、荷兰人、俄罗斯人及英吉利人纷纷来到中国。[②]这些人主要是商人及传教士,他们来中国的目的很明确,要么是为了获取商业利益,要么是为了传播天主教教义,绝对不是官方组织的对大明王朝的朝贡。因此,中国与这些国家的交往并非未在朝贡体系框架之内,更不在"朝贡"范畴之内,而应属于"外交"的范畴。

(二)关于明代外交决策机构、外交专职机构、外交关涉机构概念的说明

根据不同的标准,可以将明代外交机构分为不同的类型:如根据业务内容的不同,可分为外交决策机构、专职外交机构和外交关涉机构三类;根据各机构所处权力层级的不同,可分为中央外交机构和地方外交机构两类;根据各机构在外交事务中作用的不同,可分为主导型外交机构和参与型外交机构等。本书主要采用第一种分法,即根据各外交机构在整个外交运行机制内承担职责的不同,分为外交决策机构、外交专职机构和外交关涉机构。采用这种分类法是为了研究的便利,但严格来讲,明代的外交机构还远没有实现专业化分工,各机构在外交事务中扮演的角色还很模糊,

---

① 庄国土.略论朝贡制度的虚幻:以古代中国与东南亚的朝贡关系为例[J].南洋问题研究,2005(3):1.
② 葡人拉斐尔·佩雷斯德罗(rafael perestrello)于正德十一年(1516)乘欧洲船到中国;葡人安拉德(andrade)于正德十二年(1517)至上川岛经商;西班牙人于万历三年(1575)至广州;荷兰船于万历三十二年(1604)到广州;俄使彼得凌(pettLin)于万历四十七年(1619)到北京;英国人威代尔(weddell)于崇祯十年(1637)抵达广州。具体参见陈昆池.明代中外交通史[J].南风,1935(4):13–24.

更谈不上各司其责。为了研究的严谨性，本书将对明代外交决策机构、明代外交专职机构、明代外交关涉机构这三个概念分别进行说明。

关于明代外交决策机构概念的说明。明代并无严格意义上的外交决策机构；但是，外交事务不同于内政，涉及国与国之间的交往，是属于国家层面的事务，因此，一般的中央官僚结构及地方政府机构均无独立的外交决策权。明洪武初期，皇帝和中书省是国家的权力核心，皇帝和宰相都拥有外交决策权，这引起了明太祖朱元璋的反感，明代初期历任宰相均无善终，中书省也在洪武十三年（1680）明政府机构改革中被裁撤。中书省虽然存续时间很短，但却有十分重要的历史意义。因此，本书将中书省定位为具有涉外职能的外交决策机构。朱元璋废除中书省后，礼部成为皇帝直属的一级中央机构，该机构本为主管外事工作的机构，在内阁地位没有崛起之前也具有一定的外交决策权，因此本书也将礼部定位为外交决策机构。内阁初为御用文书房，专门负责拟定朝廷政令文件，内阁成员则从翰林院内选用，凡擅长制诰等文字事务的翰林官员都有可能入阁。内阁在整个明代自始至终都不曾是朝廷中枢的一级行政机构，根本不是政权组织形式。[①]但内阁却掌握着"票拟"大权，尤其是明代中后期，内阁的决议往往就是最终的决策，内阁首辅的权力不亚于历代宰相。因此，作为权力中枢的内阁也掌握着外交决策权，本书也将其定位为外交决策机构。

总之，明代是封建社会的晚期，其国家机构设置还远没有达到内政、外交分离，各机构专业化分工、各司其职的程度；但是，中书省在明代初期具有外交决策权，参与重大外交事务，废除中书省后，相权分割至六部，礼部一度成为最重要的外交决策机构；但是，随着内阁制的逐步完善，明宣德以后，内阁开始通过票拟权掌握外交决策权。然而，无论是宰相、礼部尚书还是内阁首辅，都必须听从于皇帝，而司礼监具有代皇帝批阅奏章的权力，倘若皇帝怠政，司礼监便会以皇帝的名义掌握内政、外交大权。因此，在特定的历史时期。司礼监会以其"批红"权侵袭内阁的"票拟"权。明代外交决策机构是指中书省、礼部及内阁等在某个时期集内政、外交大权于一身的权力核心部门，这些机构在明代不同阶段把持外交决策权。

---

① 王其榘.明代内阁制度史[M].北京：中华书局，1989：1.

关于明代外交专职机构概念的说明。明代外交专职机构这一概念也不是绝对的，从严格意义上来讲，封建社会的所有官僚机构都依附于皇权，为皇帝服务，远没有形成专业性的事务机构。但是，可以根据各部门的业务内容，把以外交业务为主要职责的官僚机构定位为外交专职机构。外交专职机构同样具有外交事务之外的职责，但这些非外交职责处于次要地位。礼部下辖四个清吏司，其中之一为主客清吏司，是总管外交事务的专职机构。四夷馆一直隶属于翰林院，专门负责翻译业务。市舶司则是专门管理朝贡贸易的机构，实质上，该机构并不重视经济利益，而注重政治上"怀柔远人"，该机构的最主要功能是维系明朝朝贡体系的稳定。会同馆原属于兵部，后由礼部主管，是专门负责接待来使的外交机构。

因此，本书所说的明代外交专职机构主要指主客司、四夷馆、市舶司及会同馆等，这些机构都以涉外事务为最主要业务。

关于明代外交关涉机构概念的说明。本书根据各外交关涉机构在对外事务中的作用不同分为主要外交关涉机构和辅助外交关涉机构两类。主要外交关涉机构包括行人司和鸿胪寺，这两个机构均具有较多的涉外职能。之所以没有将行人司和鸿胪寺定位为外交专职机构，是因为这两个机构也参与较多的国内事务。行人司的业务范围比较广，涉及国内事务比较多；鸿胪寺历代均掌外夷事务，但到了明代，鸿胪寺兼掌国内、国外事务，但其职能却逐渐萎缩，仅限于礼仪事务。尽管如此，出使外国仍是行人司最主要的职责之一，典外交礼仪则是鸿胪寺最为主要的职责之一。因此，本书将这两个机构均定位为主要外交关涉机构。辅助外交关涉机构包括两类，一类是以礼部仪制司、光禄寺、国子监及太医院等为代表的中央辅助外交关涉机构，一类是以督饷馆为代表的地方辅助外交关涉机构。因此，明代外交关涉机构是指行人司、市舶司、督饷馆、翰林院、国子监、光禄寺、太医院户部、工部、兵部、礼部仪制司、礼部铸印局、尚宝司、六科、中书科、及边境地区的地方政府等机构。

第一章　明代以前的外交机构

自古就有外交。中国古代的对外交往具有很明显的层次性，"先王之制，邦内甸服，邦外侯服，侯卫宾服，蛮夷要服，戎狄荒服，甸服者祭，侯服者祀，宾服者享，要服者贡，荒服者王"。[①]而《周礼·夏官·职方氏》又将五服扩大到九服，向外每隔五百里分"侯、甸、男、采、卫、蛮、夷、镇、藩"九服。[②]"五服制"是根据宗族和政治关系远近，由里到外形成的朝贡制度，而"九服制"则是根据离天子所在地域的距离远近划分的不同朝贡关系。在古代的科技条件下，通信不发达，中外交往的地域范围还很狭小。历代君主大多奉《诗经》中"普天之下，莫非王土，率土之滨，莫非王臣"为信条，[③]把视野所及之处全部看作自己的国土。随着时代的变迁，中外交往的范围也不断扩大，历代王朝都不断加强与周边政权的联系，自秦汉开始萌芽至明清时期趋于成熟的朝贡体系是古代中外交往的典型模式。到了明代，明朝皇帝渐渐理性看待周边政权，甚至放弃了"征伐之权"。

中外交往从未间断过，只不过交往的地域范围在不断发生变化，涉外机构也在不断演变。早在先秦时期，就出现了大行人、小行人及象胥等多个具有外交职能的职官，这些职官是外交机构的萌芽；秦汉时期，典客、典属国及大鸿胪等都是主管外交事务的职官，这些职官协调各官僚机构参

---

① 〔汉〕司马迁.史记·卷四[M]//周本纪第四.北京：中华书局，1959：136.
② 李云泉.朝贡制度史论[M].北京：新华出版社，2004：8.
③ 〔宋〕朱熹.四书章句集注·孟子集注·卷九[M]//万章章句上.北京：中华书局，1983：306.

与外交事务，外交机构体系已经初具雏形；到了魏晋南北朝时期，我国古代的外交机构基本成形，尚书主客曹与大鸿胪的关系更加协调，各涉外机构也分工明确；隋唐时期，外交机构最终成熟和完善，形成了主客司为主、鸿胪寺为辅，众多涉外机构参与涉外事务的外交机构体系；宋元时期的外交机构处于大变动、大变革时期，自先秦开始萌芽，历经秦汉、魏晋南北朝，至隋唐最终完善的外交机构体系趋于瓦解，宋代的主客司和鸿胪寺有名无实，其外交职权被国信所、都亭西驿、怀远驿、礼宾院及同文馆所分割。元代则裁撤主客司及鸿胪寺，外交机构仅有会同馆及侍仪司等少数几个，关涉机构也只有廪给司、蒙古翰林院及市舶司等。

第一节　先秦至汉的外交机构

我国古代外交机构的出现经历了萌芽、初具雏形、最终成形、成熟和完善、曲折发展及重新完善六个阶段，先秦至汉则是其从萌芽到初具雏形的阶段。先秦时期，尽管没有出现专门负责外交事务的官僚机构，但却出现了众多具有涉外职能的职官。在当时官僚机构建制还极不成熟的情况下，外交职官和外交机构之间的界限还十分模糊。这些外交职官尽管没有一套成熟的官僚机构作为依托，却有自己的属员，同时还承担着很多涉外职责，因此，先秦时期是我国古代外交机构的萌芽期。

一、先秦时期外交职官的出现

在商代卜辞中的"史""史人"多用作动词，而少有作专有名词用者。当时外交大权集中于商王手中，"史人"的派遣，对来使的接待、宴享、遣送均由商王决定。[1]在夏、商、周三代时期，古人对自然界很多现象不理解，转而求助于神，在外交事务方面也同样求助于"超自然力量"。殷商时期的"贞人"实际上是通过占卜来参与外交决策，另外王室贵族及文臣武将也有权派遣"史人"。这一时期的"史人"就是指"使人"，往往由亲信、近臣担任，是最早担任外交出使任务的外交官。

---

[1]　黎虎. 殷代外交制度初探[J]. 历史研究，1988（5）：36–40.

到了周代，不仅出现了具有涉外性质的外交官职，还出现了"象胥"等专业外交人员。据《周礼》记载，掌管四方宾客之礼的官员有大行人、小行人、司仪、行夫、环人、象胥、掌客、掌讶及掌交九类官职。这九类官职分工不同，大行人一职设中大夫二人，掌四方朝聘宾客及使命往来；小行人一职设下大夫四人，掌邦国宾客之礼籍、招待四方使者等；司仪一职设上大夫八人、中士十有六人，掌接待宾客、摈相礼仪；行夫一职设下士三十有二人、府四人、史八人、胥八人、徒八十人，掌邦国传递之小事；环人一职设中士四人、史四人、胥四人、徒四十人，掌迎送宾客并为之守卫、负责人员器物之安全；象胥一职每狄设上士一人、中士二人、下士八人、徒二十人，掌通夷狄之言、理出使蛮夷之国与接待其来使等；掌客一职设上士二人、下士四人、府一人、史二人、胥二人、徒二十人，掌接待宾客；掌讶一职设中士八人、府二人、史四人、胥四人、徒四十人，掌迎接宾客；掌交一职设中士八人、府二人、史四人、徒三十有二人，掌巡行邦国，结好诸侯。① 另外，还有"舌人"一职，"舌人能达异方之志，象胥之官是也"。②以上所述"史人""贞人""大行人""小行人""司仪""行夫""环人""象胥""掌客""掌讶""掌交"及"舌人"等官职均具有处理涉外事务的职能，是我国外交机构之最早萌芽。

夏、商、周三代时期，虽然没有形成专职涉外机构，但却出现了大量具有涉外职能的职官，这些职官在处理对外事务的过程中，分工十分明确，其中，象胥就是最早出现的专业外交人员，"通夷狄之言者曰象胥，其有才知者也，此类之本名，东方曰寄，南方曰象，西方曰狄鞮，北方曰译"。③因为周代与南方民族的交往最早、关系最密切，因此这一时期以"象胥"指代所有通"夷狄之言"的翻译人员。"周公居摄三年，越裳以三象胥重译而献白雉。"④越裳是中国南方古老的民族，也是当时与中原王朝交往

---

① 林尹.《周礼》今注今译[M].台北：商务印书馆，1979：361.
② 〔清〕孙诒让.王文锦，陈玉霞点校.周礼正义·卷六十五·秋官司寇第五[M].北京：中华书局，1987：2734–2737.
③ 〔清〕孙诒让.王文锦，陈玉霞点校.周礼正义·卷六十五·秋官司寇第五[M].北京：中华书局，1987：2736.
④ 〔宋〕王钦若，等.册府元龟·卷九百九十六·外臣部四十一.鞮译[M].北京：中华书局，1960：11689.

最为密切的民族，因此后来就用"象胥"来代指所有翻译人员。由于当时交往地域的限制，夏商周三代时期的交往更多是各民族之间的交往。到了秦汉时期，"封建"已废，邦交之事已不复存在，中外之间的交往更多以朝贡形式进行。

二、秦汉时期的外交机构

先秦是我国古代外交机构的萌芽时期，出现了很多具有涉外职能的职官，但这些职官的涉外职责少而零散，还设废不常，更谈不上形成制度。到了秦汉时期，典客、典属国及大鸿胪等逐渐成为最主要的外交职官，并且形成了一定的制度，初具外交机构的雏形。典客及典属国存续的时间并不长，后来均被裁撤，大鸿胪是秦汉时期最主要的外交职官。历代典籍中并未发现有明确把典客、典属国及大鸿胪定位为行政机构的记载，均将其定位为具有具体职责的职官，然而，这些职官已经具有明确的涉外职责，而且还有相对固定的属官，不可能是单纯的一个职位。鉴于此，有一些学者直接将典客、典属国及大鸿胪等看作外交机构，显然也不合适。[①] 笔者认为，秦汉时期的官僚制度还不完善，仍旧处在职官和机构混为一体的时代，因此，典客、典属国及大鸿胪等这些称谓在不同的语境下既可以被理解为外交机构，也可以被理解为一个官职。

（一）秦代的外交机构

公元前221年，秦统一六国后，废弃了传统的分封制，在全国推行以郡县制为基础的中央集权制度，同时还建立了一套完整的官僚制度。秦代最突出的特点就是形成了以"三公九卿"为权力核心的官僚制度，以丞相、太尉、御史大夫为"三公"辅助皇帝决策，以奉常、郎中令、卫尉、太仆、

---

① 黎虎先生在《汉唐外交管理体制的演进及其特点》一文中指出，"西汉初年，继承秦制，外交管理机构基本上是单一的，只由'典客'一个机构负责，这一机构就是日后汉代主要的外交管理机构'大鸿胪'的前身"。这种说法值得商榷，"典客""大鸿胪"是外交机构还是外交职官，这点必须说明，笔者以为，史籍中将二者都定位为职官，是因为秦汉时期职官和机构往往混为一体，不作区分，实际上它们具有职官和外交机构的双重地位。参见黎虎. 汉唐外交管理体制的演进及其特点[J]. 北京师范大学学报，1998（3）：44.

廷尉、典客、宗正、治粟内史及少府等九卿具体处理政事。同时还有中尉、将作少府、詹师、典属国、内史及主爵中尉等中央其他职官分担朝廷政务。在秦代中央官职中，典客、典属国两职均具有涉外性质。典客、典属国及它们的属官译官令、属官令等职官，实际上由夏商周三代时期的大行人、小行人、司仪、行夫、环人、象胥、掌客、掌讶及掌交等官演变而来。

典属国和典客都处理涉外事务，但具体职能又有所不同。典属国掌周边少数民族及外国归化事务，重点处理与周边政权的关系，明习外国事，并不职掌国内诸侯事宜，同时其属官九译令是重要的外事人员，掌翻译事宜，与周代象胥、舌人的职责相近。据汉书记载："典客，秦官，掌诸归义蛮夷，有丞。"① 又据《通典》记载："秦官有典客，掌诸侯及归义蛮夷。"② 典客的属官有译官令丞及行人，掌管诸侯及周边少数民族朝觐并典其礼仪。"典属国，本秦官，汉因之，掌归义蛮夷，属官有九译令。"③ 上述各条史料中都很明确地记载了典客、典属国是一种官职，但同时又都具有自己的职掌和属员，因此，这些官职也可以看作是我国古代外交机构之雏形。

（二）汉代的外交机构

汉代是我国古代中外交通频繁的时代。自张骞"凿空"以后，中国加强了与周边各国的联系，中国古代外交进入了一个新时期；也正是在汉代，我国的外交机构和外交职官开始趋于分离，尽管还没有完全区别开来，但已经逐渐形成了以中央九卿之一的大鸿胪及诸曹尚书之一的主客曹为主的外交管理机构，以中央垂直领导的边疆行政单位、边防单位、边境镇抚单位分头负责、相互配合的外交管理体制。④ 大鸿胪仍指官职，也可以指代外交机构，但主客曹俨然已经成为一个外交机构。在两汉时期，汉统治者对掌管宾客朝觐及边地各少数民族事务的典客进行了改革，汉景帝时改称

---

① 〔汉〕班固. 汉书·卷十九上·百官公卿表上 [M]. 北京：中华书局，1962：730.
② 〔唐〕杜佑. 王文锦等点校. 通典·卷二十六·职官八·诸卿中 [M]. 北京：中华书局，1988：723.
③ 〔宋〕杨侃. 两汉博闻·卷三·典属国 [M]// 景印文渊阁四库全书本. 史部. 史钞类. 第461册. 台北：商务印书馆，1986：58.
④ 黎虎. 汉唐外交制度史 [M]. 兰州：兰州大学出版社，1998：49.

"大行令"，到了汉武帝时则改称为"大鸿胪"；同时，在汉成帝时将掌管蛮夷归降事务的典属国并入大鸿胪，这样大鸿胪就正式成为两汉时期最重要的外交职官，其主要属官有大行令、大行丞、译官令、译官丞、别火令、别火丞、郡邸令及郡邸丞等。大鸿胪职掌非常广泛，"诸侯归义蛮夷，郊庙行礼、赞导、请行事，既可以命群司，诸王入朝，当郊迎，典其礼仪及郡国上计，匡四方来亦属焉，皇子拜王赞授、印绶及拜诸侯，诸侯嗣子及四方夷狄封者，奏下鸿胪，召拜之，王薨则使吊之及拜王嗣。"① 可见，其涉外职能主要体现在负责归义蛮夷、诸侯及周边少数民族及外国的来朝礼仪等诸多方面。

具体来说，汉代大鸿胪的外交职责主要有以下几方面：

首先，当外国使节到达京城以后，大鸿胪负责接待工作，为其提供食宿，并代为转交文书。大鸿胪属官别火令和别火丞就是专门为外来使者提供特色饮食的官员。"汉武置别火官令、丞，专掌司四取火之事也，此五帝之世设五行之官，火官之职司四时五变之术，是以共工、祝融为火正焉。"② 东汉时裁撤别火令、丞，由郎负责这一工作。"郡邸"和"蛮夷邸"都是具有客馆性质的接待机构："郡邸"主要是安置来朝的诸郡计吏的客馆，而"蛮夷邸"则是接待周边少数民族及外国使者的场所。唐代颜师古认为，"蛮夷邸若今鸿胪客馆"。③ 史籍中明确记载了郡邸是隶属于大鸿胪的机构，却没有明确说明蛮夷邸的归属。有学者认为，蛮夷邸是大鸿胪的隶属机构，④ 笔者也赞同这种观点。另外，及时转交外国文书为大鸿胪属官大行令之职责。汉元封六年（前105），"成安侯韩延年坐为太常，行大行令事，留外国书一月，乏兴，入谷赎完为城旦，师古曰当有所兴发，因其迟留，故

---

① 〔元〕郝经.黎传纪，易平点校.续后汉书·卷八十六中·录第四中[M].济南：齐鲁书社，2000：1633.
② 〔宋〕江少虞.新雕皇朝类苑·卷第五十八·广知博识·论取火[M].日本元和七年活字印本.
③ 〔汉〕班固.汉书·卷九·元帝纪第九[M].北京：中华书局，1962：295.
④ 黎虎先生在《汉唐外交制度史》一书中从接待对象、具体职责、地理位置及历史沿革四个方面论证了蛮夷邸隶属于大鸿胪的历史事实。具体参见黎虎.汉唐外交制度史[M].兰州：兰州大学出版社，1998：66.

阙之"。① 韩延年因为没有及时转递外国文书而获罪。

其次，汉代大鸿胪还负责伴送来使、翻译夷语等工作。大鸿胪负责礼仪工作，具有引导使者赞、拜等职能，"西都旧有上陵、东都之仪，百官、四姓亲家妇女、公主、诸王大夫、外国朝者侍子、郡国计吏会陵，昼漏上水，大鸿胪设九宾随立寝殿前，薛综曰，九宾谓王、侯、公、卿二千石，六百石下及郎、吏、匈奴侍子凡九等"。② 大鸿胪导礼仪包括九等，其中包括外国朝者侍子朝贡礼仪。大鸿胪所做的是全程陪同外国使者，引导其按照中国礼仪参加朝拜、宴飨、祭祀等活动。当使者完成使命回还时也需要大鸿胪官员礼送。据《汉书》记载，汉武帝诏书中说，"大鸿胪等又议，欲募囚徒，送匈奴使者，明封侯之赏"。③ 这是大鸿胪拟定的送匈奴使者人选，请求皇帝批准，可见大鸿胪负责外夷使者的伴送工作。汉安二年(143)六月，"遣行中郎将持节护送单于归南庭，诏太常、大鸿胪与诸国侍子於广阳城门外，祖会享赐作乐角抵百戏，帝幸胡桃宫临观之"。④ 汉顺帝亲自参加欢送会，大鸿胪则负责具体伴送工作。同时，大鸿胪官员还负责翻译外交文书、口译夷语等工作。大鸿胪属官有译官令和译官丞，典属国归并大鸿胪后，九译令也归大鸿胪管理。译官令和九译令本分别隶属于典客和典属国，归并大鸿胪后仍掌翻译之事，在对外交往中起到沟通作用。

最后，大鸿胪的外交职责还表现在主持册封少数民族及外国王侯和官职的仪式方面。中国古代的朝贡体系在汉代已经比较完善，华夷秩序已经基本形成，周边部分少数民族、外国的国王及文武官员都接受汉朝皇帝册封，主持册封仪式的就是大鸿胪官。"大鸿胪卿一人，诸王入朝当郊迎，典其礼仪，及郡国上计余职与汉同，凡皇子拜王，替授印绶及拜诸侯、诸

---

① 〔清〕王先谦.汉书補注·卷二十五·卫青霍去病传·汉书五十五[M].北京：中华书局，1983：1143.
② 〔南朝〕范晔.梁刘昭注补.后汉书·卷九十四·礼仪志第四[M].北京：中华书局，1965：2301.
③ 〔汉〕班固.汉书·卷九十六上·西域传第六十六下[M].北京：中华书局，1962：3880.
④ 〔宋〕王钦若等.册府元龟·卷九百七十四·外臣部一十九·褒異[M].北京：中华书局，1960：11439.

侯嗣子及四方夷狄封者，台下鸿胪召拜之。"① 四方夷狄受封，主管礼仪的大鸿胪官员具体负责教其赞拜之礼仪。汉安二年（143），立兜楼王储呼兰若尸逐就为单于，"天子临轩，大鸿胪持节拜授玺绶，引上殿，赐车盖刀剑什物，给彩布二千匹"。② 天子虽亲临册封，但具体拜授礼节还是由大鸿胪主持，引导夷王按照规定礼仪接受册封。

  尚书主客曹在汉代也逐渐成为重要的外交主管机构。尚书一职在秦代已经出现，隶属于中央列卿之一的少府，而又据《通典》载，"秦置六尚，谓尚冠、尚衣、尚食、尚沐、尚席、尚书"。③ 秦朝少府遣吏四人在殿中主法书，所以称为尚书。汉承秦制，汉武帝时改尚书为中书，以宦官充任。到了汉成帝建始四年罢中书宦者，又重新恢复尚书之称谓，置尚书五人，一人为仆射，四人分为四曹，通掌图书、秘记、章奏之事及封奏宣示内外而已。尚书一职在秦代及西汉时期仅掌收发文书、传达诏令之职，位卑权轻，不受重视。到了东汉光武帝时期，内朝官员及宫官逐渐受到重视，以丞相为首的外朝官逐渐受到皇帝的猜疑。为了加强皇权，刘秀重用其侍从官，提高尚书台的权力。东汉时期的李固上书汉顺帝，"陛下之有尚书，犹天之有北斗，斗为天喉舌，尚书亦为陛下喉舌，斗斟酌元气，运平四时，尚书出纳王命，赋政四海，赋布也，令及左丞总领纲纪，无所不统，仆射及右丞分掌廪假钱谷"。④ 因此，到了东汉时期，尚书权力从轻到重，极受重视，出现了"政归台阁"的政治局面。尚书台在东汉时期是皇帝处理政务的重要辅助机构，其职权不亚于外廷行政系统。东汉时期尚书台的组成人员有主官尚书令一人，副贰官尚书仆射一人，六曹三公曹尚书、吏曹尚书、民曹尚书、二千石曹尚书、南主客曹尚书及北主客曹尚书各一人，还有左右丞、侍郎、令史等丞郎官。随着尚书台地位的提升，尚书主客曹的外交职权也

---

① 〔唐〕李林甫，等.陈仲夫点校.唐六典·卷十八·鸿胪寺[M].北京：中华书局，1992：504.
② 〔元〕马端临.文献通考》，卷三百四十一·四裔考十八[M].北京：中华书局，1986：2678.
③ 〔唐〕杜佑.王文锦等点校.通典·卷二十六·职官八·诸卿中[M].北京：中华书局，1988：742.
④ 〔元〕马端临.文献通考·卷五十一·职官考五[M].北京：中华书局，1986：469.

越来越重。"客曹尚书，主外国夷狄事。"①由于汉代的尚书一职是皇帝的内侍，负责出纳王言，通章奏，沟通皇帝和诸卿之间的联系，因此主客曹尚书的外交职能也体现在起草及颁行外交诏令、保管外交档案等方面。

三、秦汉时期外交机构的特点

秦汉时期是外交机构的成形时期，其主要特点就在于东汉时期形成了以尚书主客曹及大鸿胪为主的中央外交主管机构。皇帝是最高外交决策者，尚书主客曹则负责按照圣意起草或者颁布实施外交诏令，而大鸿胪则是具体执行机构。至于大鸿胪和尚书主客曹的关系，在不同时期有不同的特点：在秦代及西汉时期，先有典客及典属国等涉外机构，尚书则是皇帝个人的侍奉官员，前者具有涉外性质，后者虽然有主客曹尚书一职但其对外职能不明显，更没有形成二者共同处理外交事务的运行机制；到了东汉时期，随着尚书台地位的提高，主客曹又分为南、北两曹，在对外事务中开始发挥巨大的作用，典客及典属国均归属大鸿胪，大鸿胪成为外交事务执行机构，并形成了皇帝决策、尚书台秉承圣意起草诏令、尚书台下大鸿胪执行的外交运行机制。

在汉代，宫官的地位逐渐高于外廷官员，尚书是宫廷内官，其地位也逐渐凌驾于大鸿胪之上，甚至侵夺了很多大鸿胪的外交职权。"客曹掌羌胡朝会，法驾出，护驾。"②可见，主客曹已经超越了仅仅掌握外交文书的权限，还负责具体外交事务。由于外交事务的特殊性，主客曹官员的升迁也较其他职官顺畅，"客曹郎主治羌胡事，剧迁二千石或刺史，其公迁为县令秩满自占县去，诏书赐钱三万与三台祖钱，余官则否，治严一月，准谒公卿陵庙，乃发御史中丞"。③

另外，汉代的一些地方机构也参与外交事务，这其中主要有和周边少

---

① 〔宋〕徐天麟. 东汉会要·卷十九·職官一·少府[M]. 上海：上海古籍出版社，1978：287.
② 〔梁〕沈约. 宋書·卷三十九·志第二十九[M]. 北京：中华书局，1974：1235.
③ 〔南朝宋〕范晔. 梁刘昭注补. 后汉书·卷一百十六·百官志第二十六[M]. 北京：中华书局，1965：3598.

数民族及外国政权为邻的沿边州郡及边防关塞等军事机构。汉代在受其统辖的少数民族地区设立的镇抚机构也具有外交职能，在西域地区设立的西域都护府，在北方边境地区设立的度辽将军、护乌桓校尉两营及具有驻外使节萌芽性质的使匈奴中郎将都在中外交往中发挥着巨大的作用。

第二节 魏晋南北朝时期的外交机构

先秦至汉，外交机构经历了从萌芽到初具雏形，到了魏晋南北朝时期，北齐政权设置了较为完善的外交机构体系，标志着我国古代外交机构的最终成形。魏晋南北朝时期的外交管理机构处于两汉到隋唐的过渡和转变阶段，它在两汉的基础上发生了重大变化，为隋唐时期外交管理机构的成熟和完善做了必要准备。[1]在这一时期，尚书主客曹成为外交事务的主导机构，其职责也渐明确，外交事务的主管官员从客曹尚书向主客郎中转变；大鸿胪逐渐向鸿胪寺转变，鸿胪寺地位也渐渐居于尚书主客曹之下。魏晋南北朝时期，政局混乱，各割据政权的机构设置也不尽一致，尽管基本都以尚书主客曹和鸿胪寺为外交主管机构，但外交关涉机构却五花八门，而且地方外交权限也较前代明显增强。

一、魏晋南北朝时期的尚书主客曹

曹魏时期尚书省分为吏部、左民、五兵、度支及客曹五曹分领事务，客曹尚书掌外交事务；到了晋初，则有吏部、三公、驾部、屯田、度支及客曹六曹尚书。晋太康中，尚书省裁撤客曹尚书，"有吏部、殿中及五兵、田曹、度支、左民为六曹尚书，又无驾部、三公、客曹"。[2]客曹尚书被裁撤后，外交事务改由隶属于尚书省的主客曹郎负责。南北朝的主客曹基本延续了魏晋旧制，但更加复杂。

---

[1] 黎虎.汉唐外交制度史[M].兰州：兰州大学出版社，1998：164.
[2] 〔唐〕杜佑.王文锦，等点校.通典·卷二十二·职官四·尚书上[M].北京：中华书局，1988：602.

（一）魏晋时期的客曹尚书及主客曹郎中

在魏晋时期，掌握外交权的职官逐渐从客曹尚书向主客曹郎中转变。曹魏时期设有客曹尚书一职主管外交事务；晋初延续魏制，客曹尚书仍是外交事务的主管官员。客曹尚书在西晋晋武帝太康年间被裁撤后，尚省所辖主客曹郎中逐渐接管外交事务。魏尚书郎有二十三名，除了掌外交事务的南主客郎外，还有殿中、吏部、驾部、金部、虞曹、比部、祠部、度支、库部、农部、水部、仪曹、三公、仓部、民曹、二千石、中兵、外兵、都兵、别兵、考功及定课等另外二十二名尚书郎，魏明帝青龙二年，"尚书陈矫奏置都官、骑兵，合凡二十五郎"。①

晋武帝统治时期，尚书郎的设置更趋于精细化，设置直事、殿中、祠部、仪曹、吏部、三公、比部、金部、仓部、度支、都官、二千石、左民、右民、虞曹、屯田、起部、水部、驾部、车部、库部、左中兵、右中兵、左外兵、右外兵、别兵、都兵、骑兵、左士、右士以及包括左主客、右主客、北主客、南主客在内的四个尚书郎，共计三十四曹郎，后又增加运曹一曹郎，共三十五曹郎。到了东晋时期，裁撤了原来西晋所设的直事、右民、屯田、车部、别兵、都兵、骑兵、左士、右士、运曹等十曹郎，而且精简西晋时期左中兵、右中兵、左外兵、右外兵、别兵、都兵、骑兵七尚书郎为中兵、外兵二尚书郎，精简西晋时期左主客、右主客、北主客、南主客四个尚书郎为一个主客尚书郎，这样东晋时期共计有十七曹尚书郎。晋代康帝、穆帝以后，又裁撤虞曹、二千石二尚书郎，就剩下了殿中、祠部、吏部、仪曹、三公、比部、金部、仓部、度支、都官、左民、起部、水部、驾部、库部、中兵、外兵及主客等十八曹郎，"后又省主客、起部、水部余十五曹"。②

（二）南北朝时期的主客曹

南朝各偏安王朝基本沿袭魏晋旧制，其中刘宋王朝仍是三省官制，尚书省设尚书令一人，左右仆射各一人，还设有吏部、祠部、度支、左民、都官、

---

① 〔唐〕房玄龄，等．晋书·卷二十四·志第十四[M]．北京：中华书局，1988：732.
② 〔梁〕沈约．宋书卷三十九·志第二十九[M]．北京：中华书局，1974：1237.

五兵六尚书，处理外交事务的主客曹隶属左仆射领导。萧齐官制与刘宋大体相同，也有尚书令一人总领尚书台二十曹，处理外交事务的主客曹则归右仆射兼祠部尚书领导，萧梁也设有主客曹郎中。南陈则稍微有所不同，中书省地位较高，甚至高于尚书省地位，并未设置主客郎中，但由于该时期为分裂时期，各政权存续时间非常短，内部战争不断，没有安定的国内环境，根本无法顾及外交，因此南陈没有设处理外事的主客曹郎中也在情理之中。

北朝情况更为复杂，北魏前期胡汉官员杂糅，十分不规范，自太和官制改革后，主客曹分为左、右、南、北四个主客郎中，这也是北魏国力提升、重视与周边各政权关系的标志，其根据方位设立的四曹主客郎中分属于吏部尚书和祠部尚书管理，"吏部管南北主客，祠部管左右主客"。[①]北魏后期政治混乱，分裂为东魏、西魏，其官制和北魏基本一致，仍设有主客曹。北齐官职也仿效北魏，同时又有调整，改左主客为主爵，改南主客为主客，历代主客曹南、北、左、右各有分署，所以没有统一于尚书，而到了北齐时期才开始合为一曹，"领之祠部，则后代主客司之专属礼部，实自北齐始也"。[②]因此，主客司成为专职的外交机构始于北齐。以前，主客曹往往还兼管封爵之事，但自北齐设立主爵一职专司封爵之事后，主客曹的外交职能更加集中。

二、魏晋南北朝时期的大鸿胪

魏晋时期仍设有大鸿胪一职，但到了东晋时期，随着偏安政权外交事务的减少，大鸿胪的设置无常。南朝前期的大鸿胪设置情况和东晋相似，宋、齐两代均根据外交事务需要设置，一旦事毕，就立即裁撤，这种时设时废的状况直到梁武帝天监七年才发生了改变。梁武帝下诏复置鸿胪、宗正、太仆、大匠等十二卿，恢复鸿胪的建制。北朝时期大鸿胪的设置情况比较复杂，据《册府元龟》记载"后魏鸿胪卿第二品，后降为第三品，少卿一

[①] 〔明〕俞汝楫.礼部志稿·卷七·建官小序[M].景印文渊阁四库全书本.史部.职官类.第597册.台北：商务印书馆，1986：105.
[②] 〔清〕纪昀，等.历代职官表·卷九·礼部[M].上海：上海古籍出版社，1989：180.

人第三品，后为正四品，上丞从五品，中后降为第七品"。① 又据《通典》载，"后魏曰大鸿胪，北齐曰鸿胪寺，有卿、少卿各一人，亦掌蕃客朝及吉凶吊祭，后周司寇有蕃部、中大夫，掌诸侯朝觐之叙，有宾部中大夫掌大宾客之仪"。② 南朝梁时才改称鸿胪卿，专掌导护赞拜。

魏晋南北朝时期的大鸿胪虽然在名称和职责上都有所变化，但它仍是各朝主管外交事务的重要职官和机构。南朝时期，大鸿胪的主要下属机构是客馆；北朝时期，大鸿胪所属机构主要有典客、典寺、司仪等。大鸿胪在这一时期的职责有以下几项：一是负责外交接待过程中的礼宾和司仪式工作；二是负责秉承旨意参与册封工作；三是设立专门负责客馆工作的客馆令，为来使提供住宿等生活服务。另外，北魏时期大鸿胪还负责管理在洛阳设立的以收纳"依附"之民为职责的"四夷馆"。③ 在曹魏时期，接待来使的工作还是由大鸿胪负责，但是到了后期，随着尚书主客曹权力的上升，大鸿胪逐渐成为受尚书主客曹领导的辅助机构。

由于外交工作的重要性和特殊性，魏晋南北朝时的鸿胪官员与汉代一样，需要具备更高的个人素质。首先，鸿胪官员必须是雅学达理之人，"鸿胪少卿请用雅学详当，明枢达理者"。④ 其次，鸿胪官员还需要德才兼备，比如北魏时期先后任大鸿胪之职的韩暨和韩宣都具备这样的素质，"南阳韩暨以宿德在宣前为大鸿胪，暨为人贤，及宣在后亦称职，故鸿胪中为之语曰，大鸿胪、小鸿胪前后治行曷相如"。⑤ 最后，由于从事外交工作的官员一定程度上代表着封建王朝的形象，所以鸿胪官员也必须具有比较好

---

① 〔宋〕王钦若，等.册府元龟·卷六百二十·卿监部一[M].北京：中华书局，1960：7451.
② 〔唐〕杜佑.王文锦等点校.通典·卷二十六·职官八·诸卿中[M].北京：中华书局，1988：724.
③ 据《洛阳伽蓝记》载，永桥以南，圆丘以北，伊、洛之间，夹御道，道东有四夷馆，一曰金陵，二曰燕然，三曰扶桑，四曰崦嵫，可见北魏四夷馆是接待归附夷人的四处客馆，北魏四夷馆和和本书要研究的明代四夷馆虽然同名，却不一样。参见杨衒之.洛阳伽蓝记·卷3[M].万历四十六年绿君亭刻本.
④ 〔明〕陈耀文.天中记·卷三十三·鸿胪寺少卿[M].景印文渊阁四库全书本.子部.类书类，第966册.台北：商务印书馆，1986：526.
⑤ 〔晋〕陈寿.陈乃乾点校.三国志·卷二十三·魏书二十三[M].北京：中华书局，1959：675–676.

的形象。魏晋南北朝时期完成了大鸿胪向鸿胪寺的转变，延续了汉代大鸿胪之职能，但也发生了一些重要变化。

三、魏晋南北朝时期的外交关涉机构

魏晋南北朝时期的外交关涉机构较两汉时期明显增多，这一时期的中央外交关涉机构主要有中书省、门下省、符节令、谒者台等。地方关涉机构则包括地方行政、边防与军事以及边境镇抚机构三个系统。①

（一）中央外交关涉机构

在外交工作中，中书省不但参与外交决策，而且还参与具体外交事务，具体表现在以下两个方面：一方面，负责外交文书的起草工作。据《唐六典》记载，"自魏晋诏诰皆中书令及中书侍郎掌之，至梁始舍人为之，其后除通事直曰中书舍人，陈氏置五人，余同梁氏，后魏第六品，上史阙其员，北齐置十人，品同魏氏，并掌诏诰"。②可见中书省掌管诏诰起草工作的官员在不同时期有所变化，总的趋势是职权逐渐归于中书舍人，外交文书的起草当然也由中书省完成；另一方面，中书舍人还参与外交接待及传诏工作。外交接待工作本属于尚书主客曹或者鸿胪，中书舍人却承担了这一职责，这也反映了中书省职权的扩大。据《南史》记载，"魏始连和，使刘善明来聘，敕中书舍人朱异接之，善明彭城旧族，气调甚高，负其才气，酒酣，谓异曰：'南国辩学如中书者几人'，异曰：'异所以得接宾宴，乃分职是司，若以才辩相尚则不容见使'"。③可见，中书舍人朱异能够承担接待来使的任务不是因为他的才华出众，而是因为中书舍人职位的本分职责所定。同时，中书舍人还参与宣诏工作，东魏孝静帝武定三年冬十月，"遣中书舍人尉瑾使于萧衍"。④

---

① 黎虎.汉唐外交制度史[M].兰州：兰州大学出版社，1998：210.
② 〔唐〕李林甫，等.陈仲夫点校.唐六典·卷九·中书省[M].北京：中华书局，1992：276.
③ 〔唐〕李延寿.南史·卷二十三·列传第十三[M].北京：中华书局，1975：640.
④ 〔北齐〕魏收.魏书·卷十二·帝纪第十二[M].北京：中华书局，1974：308.

侍中本为汉代侍奉皇帝的内官，官秩并不高，但是由于侍从皇帝，也间或参与外交事务，晋时则将侍中曹改为门下省。门下省也是魏晋南北朝时期重要的外交关涉机构之一，其外交职掌主要表现在以下两个方面：一方面，门下官员与鸿胪、谒者、太常等官员共同司仪、赞唱、导引外交仪式。据《宋书》记载，"凡遣大使，拜皇后、三公及冠皇太子及拜藩王，帝皆临轩"。[1]其中遣大使及拜藩王均具有涉外性质，皇帝亲自参加的仪式非常隆重，其主要程序有，军校、侍中、散骑常侍、给事黄门侍郎、散骑侍郎升殿夹御座，大鸿胪先陈述九宾，侍中奏外办，皇帝服衮冕之服升太极殿临轩南面，然后由侍中和大鸿胪唱合，谒者负责引导，其他官员各司其职完成仪式。另一方面，门下省还参与接待及出使工作。接待使者也是门下省侍中的职责之一，据《钦定续通典》记载，建炎四年，南平王麌，差广南西路转运副使尹东珣充吊祭使，"赐绢布各五百匹，羊酒、寓钱、寓彩、寓金银等，就钦州授其国，迎接人制赠侍中，进封南越王，封其子为交阯郡王"。[2]在这里，接待使者的迎接人按照惯例被封为侍中，说明接待来使本身就是侍中之职责所在。门下省官员还承担出使任务，据《北齐书》记载，"梁主萧明，遣其子章，兼侍中袁泌、兼散骑常侍杨裕，奉表朝贡"。[3]袁泌兼任侍中一职，陪萧明子萧章出使北齐，表明出使外国也是门下省官员的职责之一。

　　符节令也是魏晋南北朝时期非常重要的外交关涉机构。符节令在秦汉时期隶属于少府，领符玺郎、符节令史，"盖周礼典瑞掌节之任也，汉至魏别为一台，位次御史中丞，掌授节、铜虎符、竹使符，晋武帝太始九年省并兰台，置符节御史掌其事焉"。[4]魏晋南北朝时期的符节令延续秦汉旧制，仍是掌管印符的官员，其涉外性质主要表现为掌管与外交工作有关的玉玺。北齐符节令掌管天子六玺，其中用黄金制作的方一寸二分的螭兽钮玉玺有"天子行玺"、"天子之玺"及"天子信玺"三种，分别在册拜外国、赐诸外国书、发兵和征召外国时使用，这三项均涉及外交工作。符

---

[1] 〔梁〕沈约. 宋书·卷十四·志第四[M]. 北京：中华书局，1974：338.
[2] 〔清〕嵇璜等. 钦定续通典·卷七十·礼[M]. 景印文渊阁四库全书本. 史部. 政书类. 第640册. 台北：商务印书馆，1986：394.
[3] 〔唐〕李百药. 北齐书·卷四·帝纪第四[M]. 北京：中华书局，1972：60.
[4] 〔梁〕沈约. 宋书·卷四十·志第三十[M]. 北京：中华书局，1974：1251.

节令一职虽然在魏晋南北朝时期的隶属有所变化，但其职责却延续了汉制，掌管授节、虎符、竹使符及涉外之玉玺。因此，符节令是魏晋南北朝时期的外交关涉机构之一。

魏晋南北朝时期的谒者台也是重要的外交关涉机构之一。魏设仆射一职，职掌大拜授及百官班次，其属下有谒者十人，晋武帝则裁撤仆射，其下属谒者并入兰台；到了东晋时期，重新设置仆射，但不久又被裁撤。宋武帝大明中又重新设置仆射一人，其职掌与魏同，领谒者十人，"掌小拜授及百官报章，齐因之，梁谒者台仆射一人，掌朝觐宾飨之事，属官谒者十人，掌奉诏出使，拜假朝会，摈赞功高者，一人为假史，掌差次，谒者陈亦有之，后魏北齐谒者台，掌凡诸吉凶公事，导相礼仪仪射二人，谒者三十人"。[①] 南朝谒者台在刘宋时期还沿汉制，同时履行百官报章的职责，到了萧齐以后，则专主朝觐宾飨之仪节，已经逐渐接近隋唐时期的鸿胪寺的职掌。魏晋南北时期谒者台的涉外职能主要有主导外交礼仪、拜授册封以及奉诏出使等，因此，它也是魏晋南北朝时期的重要外交关涉机构之一。

（二）地方外交关涉机构

魏晋南北朝时期战乱不断，政权更迭不休，很难形成强有力的中央权威，而随着中央权威的削弱，地方政权的涉外职能便凸显出来，在这一时期，地方外交关涉机构则更加明确区分为地方行政、边防与军事以及边境镇抚机构三个系统。

魏晋南北朝时期是一个分裂的时期，其地方区划变化不断，而且军事长官往往凌驾于地方行政长官之上。地方行政系统主要包括边境地区的州、郡、县以及北朝的"行台"。延边的地方政权的外交职能主要表现在以下几个方面：首先，延边州郡作为外使的必经之地，承担着接转来使的重任，而一些地方政权还可以直接接受使者来访及派遣使者出访；其次，边境州郡还负责接受贡物，并可与周边政权"移文"，代中央政府"转赐假授"外国等；再次，由于位置的特殊性，边境州郡还是获取周边政权情报及开

---

① 〔唐〕杜佑. 王文锦，等点校. 通典·卷二十一·职官三·中书省[M]. 北京：中华书局，1988：566.

"互市"的重要场所；最后，有些边境州郡还具有与周边政权缔结盟约的权力。"行台"则是魏晋南北朝时期出现的特殊地方机构，因为当时的中央机构往往称为"台"，所以中央政府的派出机构称为"行台"。北魏后期，随着都督制的逐渐式微，"行台"逐渐成为地方上的军政首脑，权力很大，当然也具有一定的外交权，负责接待来使、通文书、通互市等外交事务。

地方边防与军事系统主要包括都督府、十六国北朝军镇以及边境地区的关塞等。都督府是设置在边境地区的军事机构，都督往往统领数州，还兼任州刺史或者郡守，是地方军事和行政的最高领导者。都督的涉外职能主要包括派遣使者出访和接受外国使者来访、转接贡物及来使、与外国互通文书及交涉谈判等。因此，都督较边缘州郡长官有更大的外交权。北周明帝武成元年，改都督诸州军事为总管，北州总管实际上就是都督，因此也具有和都督一样的外交职权。匈奴、鲜卑、羯、氐、羌等少数民族在西晋灭亡后纷纷进入黄河流域，与汉族等其他民族先后在北方建立了十五个政权，连同西南的成国被称为五胡十六国，在这一时期，边境地区有军镇之设，到了北魏时期则达到鼎盛。军镇的编制相当于地方政府的州，镇将是军镇地区的军事和行政首脑。镇将的外交职能主要有通互市、传递情报及互通外交文书等。魏晋南北朝时期延续汉制，也在边境地区设置关塞，关塞作为对外交往的必经之处，具有传递外交信息等职能。

边境镇抚系统的护鲜卑校尉、护乌桓校尉、护羌校尉、护蛮校尉、护东夷校尉、护匈奴中郎将、护羌中郎将、护蛮中郎将、护戎中郎将、护越中郎将及西域长史等也具有互通文书、转接贡物及使者等外交职能。魏晋南北朝时期边境镇抚系统的校尉及中郎将与汉代已有很大的不同，边境镇抚机构的长官往往由相邻州郡长官或者都督所兼，如幽州刺史常常兼任护乌桓校尉。另外，由于这一时期大部分时间处于分裂时期，因此镇抚系统的外交职能严重削弱，甚至演变成纯粹管理少数民族事务的机构。

四、魏晋南北朝时期外交机构的特点

较秦汉时期，魏晋南北朝时期外交机构的最大特点是尚书主客曹地位提高。尚书主客曹和大鸿胪的关系从两汉时期的竞争关系逐渐演变为合作关系，尤其到了南北朝时期，已经基本完成过渡，形成了尚书主客曹负责

外交行政管理和接待，鸿胪寺负责外交接待礼仪的机制，鸿胪寺和尚书主客曹的冲突较东汉少了很多，两个部门逐渐形成分工明确、互相合作的关系。尚书主客曹在外交事务中发挥着越来越重要的作用，原属大鸿胪寺的很多外交职能都被其所取代。

魏晋南北朝时期，"三公九卿"官制逐渐向"三省六部"制转变，"尚书台"已经改称为"尚书省"，并成为独立的行政机构。晋武帝太康十年，刘颂上疏，"古者六卿分职，冢宰为师，秦汉以来，九列执事，丞相都总，今尚书制断，诸卿奉成，於古制为太重"。[①] 刘颂在这里明确指出晋代"尚书"地位之重要程度高于古代的"冢宰"以及秦汉时期的"丞相"，并建议从尚书省分出权力给外衙门，尚书省则统领百官。尚书省的领导人员有尚书令一人，仆射一人或者两人，尚书五到六人，一般被称为"八座"，左、右丞则是辅助尚书令、仆射处理政务的官员，中层领导人员主要是负责各项具体政务的各尚书曹郎，办事人员主要有书吏、书令史、令史及都令史等。

魏晋南北朝时期外交机构的另一个特点是主客尚书郎在外交事务中的地位进一步加强，主客郎中逐渐成为专门的外交官员。在魏晋南北朝时期，政权更迭不断，国家长期处于分裂状态，但历朝尚书省的地位都俨然在九卿之上，而尚书主客曹的地位自然也高于大鸿胪，二者之间随着尚书主客曹主导地位的确立，其职责也渐明确，除了通过奉旨接收外交文书及传达外交决策来管理外交事务外，还直接参与接待朝贡使者、安排朝贡礼仪、伴送使者回还等原属大鸿胪职权的外交事务。在这一时期，尚书省成为凌驾于九卿之上的宰辅机构。因此，这一时期，尤其是在晋武帝太康年间裁撤客曹尚书之后，西晋中后期的左、右主客郎中及南、北主客郎中，东晋时的主客郎中，南北朝时期的左、右、南、北主客郎中已经逐渐在外交事务中居于主导地位，并且趋于专职化。

---

① 〔明〕湛若水.格物通·卷五十三·正百官上[M]//景印文渊阁四库全书本.子部.儒家类.第716册.台北：商务印书馆，1986：466.

第三节 隋唐时期的外交机构

隋唐时期是中国历史上的又一个大一统时期，这一时期国力强盛，中外交往频繁，外交机构设置和管理制度已经比较成熟和完善。在前代的基础上，隋唐时期逐渐形成了掌外交政令的主客司以及掌外交事务的鸿胪寺组成的外交机构核心体系，中央外交关涉机构和地方外交关涉机构组成的外交机构辅助体系。

一、隋唐时期的主客司

唐承隋制，而隋享国祚又甚短，因此，可以将两个朝代的外交机构进行整体研究。尚书省在隋唐两代职责大致相同，均为重要的执行部门。隋代尚书省辖礼部、吏部、兵部、工部、度支部及都官部，唐尚书省下辖礼部、吏部、兵部、工部、户部及刑部，两代尚书省下辖六部的称谓虽不尽相同，但礼部一直是尚书省的重要下属部门。主客司的隶属及职掌也无变化，均为隶属于礼部掌外交政令的中央外交机构。隋炀帝时期至唐初以及唐高宗龙朔二年（662）至咸亨二年（671）这两个时间段，主客司曾经改称司藩。据《旧唐书》记载，主客司有"从五品主客郎中一员、从六品上员外郎一员、从九品上主事二人、令史四人、书令史九人及掌固四人"。[1]

隋唐时期主客司的主要职责是领导外交事务及发布外交政令，具体表现在以下几个方面：

第一，外夷朝贡需要审批及确定接待规格，外夷使者需要经过审批才能进入中国，而审批工作就是由主客司指导延边州郡完成的。由于中外风俗不同，为了便于朝贡管理，避免不必要的外交纠纷，主客司指导延边各州发给外夷使团"边牒"，记载其使团人数，然后进入内地。同时，主客司还负责确定接待规格，对于在朝见聚会之日前来朝贡的藩州都督、刺史则根据其品秩，分别承旨赐予相应的衣冠、袴褶。审批并确定使者使用交通工具之政令，明文规定，"乘传者日四驿，乘驿者六驿"。[2]

---

[1] 〔后晋〕刘昫，等.旧唐书·卷四十三·志第二十三[M].北京：中华书局，1975：1829.

[2] 〔宋〕欧阳修，等.新唐书·卷四十六·志第三十六[M].北京：中华书局，1975：1196.

第二，负责核算供给使者的食料并确定宴飨使者的规格。据《新唐书》记载，"供客食料以四时输鸿胪，季终句会之"。①主客司每年的四个季终都会核算供客食料，而且确定宴飨的规格。使者初至及朝贡结束后，按照朝贡礼仪规定，都会设宴迎送。主客司则负责确定宴会的规格，并将朝贡使者分为第一等、第二等、第三等及藩望非高者等不同类型，规定第一等朝贡使者的接待规格等同于唐朝职事官三品的待遇，第二等朝贡使者则等同于唐朝职事官四品的待遇，第三等朝贡使者则等同于唐朝职事官五品的待遇，而藩望非高者则视散官而减半。主客司还负责管理藩使回还程粮，规定"路由大海者给祈羊豕皆一，西南蕃使还者给入海程粮，西北诸蕃则给度碛程粮"。②

第三，主负责管理"藩客宿卫""藩客市易""藩国袭替"及出使支出等工作。所谓"藩客宿卫"是指与唐朝关系十分友好的国家或者地区派遣王室成员或贵族子弟入朝宿卫，以维系友好的外交关系。主客司负责弄清楚藩客请求宿卫者的状貌、年龄等情况，然后上奏，授予相应的官职。主客司也负责管理藩客的市易活动。据《新唐书》记载，"突厥使置市坊，有贸易，录奏，为质其轻重，太府丞一人涖之"。③可见，主客司负责备案，太府寺则具体监管。主客司还负责管理藩国袭替事务。藩王首领死，子孙承袭其职位，初授官，兄弟子降一品，兄弟子代摄者，嫡年十五还以政。

第四，主客司还负责管理出使人员。凡是出使者回国，必须先上奏其在外国之见闻，同时还要奏明其出使之支出，即《新唐书》所载，"使绝域者还，上闻见及风俗之宜，供馈赠贶之数"。④

另外，主客司在这一时期虽主要掌管外交事务，但也兼掌部分非外交事务。"二王后子孙，视正三品酅公，岁赐绢三百米，粟亦如之，介公减

---

① 〔宋〕欧阳修，等.新唐书·卷四十六·志第三十六[M].北京：中华书局，1975：1196.
② 〔宋〕欧阳修，等.新唐书·卷四十六·志第三十六[M].北京：中华书局，1975：1196.
③ 〔宋〕欧阳修，等.新唐书·卷四十六·志第三十六[M].北京：中华书局，1975：1196.
④ 〔宋〕欧阳修，等.新唐书·卷四十六·志第三十六[M].北京：中华书局，1975：1196.

三之一。"① 酅国公、介国公均为前代隋、周王室后人袭封之号，均有主客司掌管赏赐其米粟等事务，这项工作属于内政，与外交无关。但主客司最核心的工作仍是外交事务，正如刘禹锡《授主客郎中制》所载，"统彼行人之家，绥其外臣之务，朝聘则定位，宴会则辨仪，穆我四门，深于九译，用委藁街之政，克资粉署之贤可"。② 可见，主客司在隋唐时期是主司涉外事务的外交主管机构。

二、隋唐时期的鸿胪寺

隋承北齐制度，设置鸿胪寺，历经几次改革，至唐神龙元年（705）趋于稳定。鸿胪寺设卿一人，"掌宾客、凶仪之事及册诸蕃，少卿本一员，景云二年（711）加一员，领典客、司仪二署，署各有令"。③ 鸿胪寺的外交职能范围与主客司基本一致，两个外交机构的职能虽然互相重叠，但侧重点却不同，主客司侧重于管理和发布政令，是外交事务的管理部门。

（一）鸿胪寺的具体外交职能

鸿胪寺则是外交事务的具体执行者，鸿胪寺的外交职能具体表现为以下几个方面：

其一，负责辨别朝贡使者等位、确定招待规格及参与迎送藩客等外交事务。据《唐六典》记载，"凡四蕃之国，经朝贡已后，自相诛绝，及有罪见灭者盖三百余国，今所在者有七十余蕃"。④ 凡是酋渠首领朝见者，"三品已上准第三等，四品五品准第四等，六品已下准第五等，其无官品者，大酋渠首领准第四等，小酋渠首领准第五等"。⑤ 鸿胪寺辨明来使等级后，

---

① 〔宋〕欧阳修，等. 新唐书·卷四十六·志第三十六[M]. 北京：中华书局，1975：1195–1196.
② 〔宋〕李昉，等. 文苑英华·卷三百八十九·南省五[M]. 北京：中华书局，1966：1983.
③ 〔唐〕杜佑. 王文锦，等点校·通典·卷二十六·职官八·诸卿中[M]. 北京：中华书局，1988：742.
④ 〔唐〕李林甫，等. 陈仲夫点校. 唐六典·卷四·尚书礼部[M]. 北京：中华书局，1992：129.
⑤ 〔清〕阎镇珩. 六典通考·卷一百八十五·宾礼考[M]// 续修四库全书本·史部·政书类·第761册. 上海：上海古籍出版社，2002：62.

确定接待规格，凡藩国遣使奉表币，"其劳及戒见皆如蕃国主，庭实陈于客前，中书侍郎受表置於案，至西阶以表升，有司各率其属，受其币焉，其宴蕃国主及其使皆如见礼"。① 藩客如果回还，鸿胪寺官员则辅佐皇帝完成赏赐工作，在朝堂之上，给予不同等位使者不同的赏赐。例如，唐证圣元年（695）九月五日敕藩国使入朝，其粮料各分等第，"给南天竺、北天竺、波斯、大食等国使宜给六个月粮，尸利佛誓、真腊、诃陵等国使给五个月粮，林邑国使给三个月粮"。②

其二，负责辨验铜鱼符、确定面圣员额及接受贡物等外交事务。在唐代，西藩诸国通唐使处，"悉置铜鱼，雄雌相合，各十二只，皆铭其国名，第一至十二雄者，留在内，雌者付本国，如国使正月来者赍第一鱼，余月准此，闰月赍本月而已，校其雌雄，合乃依常礼待之，差谬则推按闻奏"。③ 唐开元十六年（728），鸿胪卿奏，"蕃国铜鱼多有散失，望令所司改铸制"。④ 唐代鸿胪寺负责确定进京员额，不必要面圣的人员留在边境地区，这就减轻了沿途人民的负担。据史料记载，"若诸蕃献药物、滋味之属，入境州县与蕃使苞匦封印，付客及使，具其名数牒寺，寺司勘讫，牒少府监及市各一官，领识物人定价，量事奏送，仍牒中书，具客所将献物，应须引见、宴劳，别听进止"。⑤ 从中可以看出，鸿胪寺官员首先接收边境州县及藩使呈报的贡物名称和数量，然后协调相关部门对贡物进行勘验，勘验完毕后则发文少府监及市易部门对贡物进行定价，最后上报中书省，很显然，鸿胪寺在这一接收贡物的过程中发挥着核心作用。

其三，负责查明夷狄君臣之子袭官爵者的嫡庶情况并上报尚书省礼部主客司，以给予相应册封。唐宪宗元和三年（808）遣使金力奇来朝，其年七月，力奇上言，"贞元十六年（800），奉诏册臣故主金俊邕为新罗王，

---

① 〔清〕阎镇珩. 六典通考·卷一百八十五·宾礼考[M]// 续修四库全书本. 史部. 政书类. 第761册. 上海：上海古籍出版社，2002：62.
② 〔宋〕王溥. 唐会要·卷一百·杂录[M]. 北京：中华书局，1955：1798.
③ 〔宋〕王溥. 唐会要·卷一百·杂录[M]. 北京：中华书局，1955：1795.
④ 〔宋〕王應麟. 玉海·卷第八十五·器用[M]. 景印文渊阁四库全书本. 子部. 类书类. 第945册. 台北：商务印书馆，1986：343.
⑤ 〔清〕阎镇珩. 六典通考·卷一百八十五·宾礼考[M]// 续修四库全书本. 史部. 政书类. 第761册. 上海：上海古籍出版社，2002：62.

母申氏为太妃，妻叔氏为王妃，册使韦丹至中路知俊邕薨，其册却回，在中书省，今臣还国，伏请授臣，以归勅金俊邕等册，宣令鸿胪寺于中书省受领，至寺宣授，与金力奇令齎归国，仍赐其叔彦升门戟令，本国准例给"。①可见，在国内对周边夷狄封王主要由鸿胪寺负责，并且在鸿胪寺宣授。如果与唐朝保持友好关系的少数民族政权及国家发生王位更替，那么往往需要鸿胪寺官员奉命出使，进行册封。唐开元二十五年（737），新罗王金兴光卒，其子承庆嗣位，"遣赞善大夫邢璹摄鸿胪少卿，往吊祭，册立之"。②

其四，负责宾客礼仪、转接外交文书等涉外事务。宾客礼仪是鸿胪寺最为重要的职能之一。鸿胪寺负责引导礼仪，"蕃主入，鸿胪迎引，诣朝堂，依方北面立，所司奏闻，舍人承勅出，称有勅，蕃主再拜，宣劳讫，又再拜，所司引就馆，如常仪"。③鸿胪寺还负责转接外交文书。据《隋书》记载，"隋炀帝大业三年（607），其王多利思北孤遣使朝贡，使者曰，'闻海西菩萨天子重兴佛法，故遣朝拜，兼沙门数十人来学佛法'，其国书曰，'日出处天子致书日没处天子无恙云云'，帝览之，不悦，谓鸿胪卿曰，'蛮夷书有无礼者，勿复以闻'"。④隋炀帝对日本外交文书中的措辞十分不满，转而告知鸿胪寺卿，以后凡是言语无礼的外交文书均不要再上呈，这就说明鸿胪寺在隋代承担着转接外交文书的重任。到了唐代，"蕃客奏事，具至日月及所奏之宜，方别为状，月一奏，为簿，以副藏鸿胪"。⑤

其五，负责宾客食宿及医药丧葬等事务。藩客来到中国后，一部分留在边境地区，一部分进京朝贡，其在中国停留期间的食物及住宿均由鸿胪寺安排。食料仍是按照藩客等位进行供应，由膳部在四个季节末提供给鸿胪寺，每季末鸿胪寺核算总量，按日供应食物。隋炀帝之前，藩客一般被安置在藩客馆。隋文帝仁寿年间杨素权力很大，"于鸿胪少卿陈延不平，

---

① 〔宋〕王溥.唐会要·卷九十五·新罗[M].北京：中华书局，1955：1714.
② 〔后晋〕刘昫等.旧唐书·卷九·本纪第九[M].北京：中华书局，1975：207.
③ 〔唐〕萧嵩.大唐开元礼·卷七十九·宾礼[M]//景印文渊阁四库全书本.史部.政书类.第646册.台北：商务印书馆，1986：488.
④ 〔唐〕魏征，等.隋书·卷八十一·列传第四十六.东夷[M].北京：中华书局，1973：1827.
⑤ 〔宋〕欧阳修，等.新唐书·卷四十八·志第三十八·百官志三[M].北京：中华书局，1975：1258.

经蕃客馆，庭中有马屎，又庶仆橦上樗蒲，旋以白帝，帝大怒曰'主客令不洒扫庭内，掌固以私戏污败官毡，罪状何以加此'。皆于西市棒杀而榜棰陈延，殆至于毙"。① 鸿胪寺管理的藩客馆是接待外宾的地方，代表着隋朝的形象，因此杨素借此告了鸿胪寺少卿陈延的状，导致鸿胪寺典客署令、典客署掌固于西市被棒杀，而陈延则几乎被打死。鸿胪寺还负责宾客的医药丧葬事务。如果藩使生病，鸿胪寺遣医人给以汤药，若藩使身亡，主副使及第三等以上者，官奏闻其丧事，所需由鸿胪寺量给，欲还藩者则给舆递至境；如果首领为第四等以下者，则不奏闻，但差车牛送至墓所。

其六，负责管理藩客、上奏藩情、管理质子、管理留学生及翻译夷语等事务。藩客到中国后，其活动受到鸿胪寺的管理和监督。开元五年（717）十月，鸿胪寺奏，"日本国使，请谒孔子庙堂礼拜寺观"。② 可见，藩客在华的参观活动需要先上报鸿胪寺，再由鸿胪寺请旨。藩客到京后，都由鸿胪寺安排住宿，并严格限制其活动，但也有些蕃客不遵守约束，擅自出入，违法闹事。例如，大历六年（771）正月，"回纥于鸿胪寺擅出坊市，掠人子女，所在官夺返殴，怒以三百骑犯金光门、朱雀门，是日，皇城诸门尽闭，上使中使刘清潭宣慰，乃止"。③ 鸿胪寺也负责通过藩客了解藩情，凡藩客至，"鸿胪讯其国山川、风土为图，奏之"。④ 鸿胪寺还负责管理质子和留学生，例如，唐文宗开成五年（840）四月，"鸿胪寺籍质子及学生岁满者一百五人，皆还之"。⑤ 这一百零五个质子和留学生均来自新罗国，其为鸿胪寺籍，说明受鸿胪寺管理。据《唐六典》记载，"诸司置直皆有定制，鸿胪寺译语并计二十人"。⑥

---

① 〔唐〕魏征，等. 隋书·卷二十五·志第二十. 刑法 [M]. 北京：中华书局，1973：715-716.
② 〔宋〕王钦若，等. 册府元龟·卷九百七十四·外臣部一十九·褒异 [M]. 北京：中华书局，1960：11445.
③ 〔后晋〕刘昫，等. 旧唐书·卷一百九十五·列传第一百四十五 [M]. 北京：中华书局，1975：5207.
④ 〔宋〕欧阳修，等. 新唐书·卷四十六·志第三十六·百官志一 [M]. 北京：中华书局，1975：1198.
⑤ 〔宋〕欧阳修，等. 新唐书·卷二百二十·列传第一百四十五·东夷 [M]. 北京：中华书局，1975：6206.
⑥ 〔唐〕李林甫，等. 陈仲夫点校. 唐六典·卷二·尚书吏部 [M]. 北京：中华书局，1992：35.

（二）鸿胪寺相关机构的外交职能

四方馆、礼宾院、左右威远营等都可称为鸿胪寺相关机构，因为这些机构和鸿胪寺关系密切，甚至曾经隶属于鸿胪寺，也具有一定的外交职能。隋炀帝设置四方馆，用来安排来自东、南、西、北等不同方向的少数民族及外国使臣。到了唐代，"废谒者台，复以其地为四方馆，改通事谒者为通事舍人，掌通奏引纳辞见承旨宣劳，皆以善辞令者为之，隶四方馆，而文属中书省"。① 可见，到了唐代，四方馆归通事舍人管理，属中书省，已不再具有客馆的性质。唐代藩客数量空前增多，一个外交使团的数量就达到上千人，鸿胪寺安置他们的住宿，工作量空前增加。到了唐后期，礼宾院则具体负责安排藩客的食宿。礼宾院本不属于鸿胪寺。据《唐会要》记载，礼宾院自天宝十三年（754）二月二十七日后，"宜令鸿胪勾当检校，应缘供拟，一物已上，并令鸿胪勾当"。② 因此，自天宝十三载（754）以后，礼宾院才归属鸿胪寺。唐元和九年（814）六月，置礼宾院于长兴里之北，以其作为设宴招待四夷之使者的场所。礼宾院在唐代中后期作为招待和迎送使者的场所发挥了极为重要的作用。

左右威远营作为招待外宾的仪仗军队，在建中元年（780）七月以前属鸿胪寺管理，但建中元年（780）七月以后，"鸿胪寺左右威远营隶金吾"。③ 此外，自隋至唐初，鸿胪寺还有下属机构崇玄署，管理全国的寺庙和道观，每寺、观各设监一人。隋置崇玄署令、丞，到了隋炀帝时期，改佛寺为道场，改道观为玄坛，各置监、丞；唐朝又为崇玄署令，又置诸寺观监，隶鸿胪寺。每寺、观各设的监一人在贞观中遭到裁撤。唐玄宗开元二十五年（737），"则敕以为道本玄元皇帝之教，不宜属鸿胪，自今已后道士女道士并宜属宗正，以光我本根，故署亦随而隶焉，其僧尼别隶尚书祠部"。④ 唐朝皇帝奉老子为师祖，尊崇道教，也不排斥佛教，崇玄署在唐开元二十五年以

---

① 〔唐〕杜佑.王文锦，等点校.通典·卷二十一·职官三·诸卿中[M].北京：中华书局，1988：742.
② 〔宋〕王溥.唐会要·卷六十六·鸿胪寺[M].北京：中华书局，1955：1151.
③ 〔宋〕王溥.唐会要·卷六十六·鸿胪寺[M].北京：中华书局，1955：1152.
④ 〔唐〕李林甫，等.陈仲夫点校.唐六典·卷十六·卫尉宗正寺[M].北京：中华书局，1992：467.

后不再负责管理全国的寺庙及道观，标志着鸿胪寺的外交职能进一步凸显，内政职能逐渐弱化。

三、隋唐时期的外交关涉机构

隋唐时期，在中央及地方官僚系统中还存在一系列外交关涉机构。中央官僚系统的外交关涉机构主要有中书省、门下省、尚书省都省、尚书省另外五部、"九寺"中的另外八寺、五监、秘书省、殿中省及内侍省等；地方官僚系统的外交关涉机构主要有地方行政机构的道、州、县、军事和边防机构以及边境镇抚机构。除此之外，驻扎在地方的部分中央派出机构及使职也具有涉外职能。

（一）中央外交关涉机构

中书省的外交职能有以下几个方面：首先，负责外交文书与政令的起草与传达，接受上奏的涉外公文；其次，负责接受国书与贡物、劳问宣谕来使、册封宣授以及翻译等涉外事务；再次，中书省通事舍人具体负责接受外夷表文、接贡物，而中书省四方馆则属于外交接待客馆；最后，中书省所属客省及史馆也具有一定的外交职能。客省负责接待未上报的藩客，而史馆的外交职能主要表现在两个方面：一方面，按照规定诸司必须将本司的重大事件以文字记录的形式送交史馆，其中，相关所司上报藩国朝贡、蕃夷入寇等事例至史馆就具有明显的涉外性质。另一方面，出使外国的使节也必须将所出使国家的风俗、特产等情况以文字的形式报给史馆，以备修国史之用。

门下省是专司封驳的最高政令审议机构，也是重要的外交关涉机构之一，其外交职能主要体现在以下几个方面：第一，门下省负责审议外交政令、承诺劳问、监制敕书、遣使给符等涉外事务；第二，门下省侍中、典仪及赞者还负责赞相礼仪，以协和万邦。如果有"藩主奉见""受藩国使表及币""皇帝宴藩国王""皇帝宴藩国使"等外事活动，门下省侍中、典仪及赞者和中书省通事舍人等官一起主持礼仪；第三，门下省符宝郎的涉外职能。符宝郎之外交职责主要体现在掌玉玺、颁符节及典礼仪等方面。

在尚书省系统中，除了礼部主客司这一专职外交机构外，尚书省都省及尚书各部均具有涉外职能。据《唐六典》记载，尚书省都省官员主要有尚书令、左右仆射、左右司郎中、员外郎、都事及主事等。尚书省是全国最高的行政机关，"凡都省掌举诸司之纲纪与其百僚之程式，以正邦理，以宣邦教"。①中书、门下奉旨制敕及其他一切公文均由尚书省转发。唐代下发公文有制、敕、册、令、教、符六种，天子所发之公文有制、敕、册三种，皇太子所发公文称为令，亲王、公主所发公文称为教，尚书省下于州、州下于县、县下于乡都称为符。从下往上呈报的公文有表、状、笺、启、牒、辞六种，"表上於天子，其近臣亦为状，笺启于皇太子，然于其长亦为之非公文，所施九品已上公文皆曰牒，庶人言曰辞"。②各机构之间的平行公文有关、刺、移三种，"关谓关通其事，刺谓刺举之，移谓移其事於他司，移则通判之官皆连署"。③凡是外交文书的转发也都经尚书省。另外，尚书省所属六部在隋、唐两代名称虽有所不同，但由于隋代享国祚时间较短，故以唐代为例来反映这一时期尚书省的外交职能。

唐代尚书省六部为工部、刑部、兵部、礼部、户部及吏部。六部及各部所属司均具有一定的外交职能。工部的外交职能主要体现在其所属虞部司的职掌方面。虞部司为工部四司之一，有郎中、员外郎各一人，掌京都衢哄、苑囿山泽草木及百官藩客时蔬、薪炭供吨顿及畋猎之事。换言之，藩客所需要的时蔬、薪炭及肉类等生活必需品均由工部提供。刑部的外交职能主要体现在其所属司门司的职掌方面。司门司为刑部四司之一，有郎中、员外郎各一人，"掌天下诸门及关出入往来之籍赋，而审其政"。④唐代在全国设有二十六关，分为上中下三等，京城四面关有驿道者为上关，余关有驿道及四面关无驿道者为中关，其他皆为下关。藩客经过全国的关卡，必须要有"过所"，而"过所"由司门司负责验证。另外，司门司还

---

① 〔唐〕李林甫，等．陈仲夫点校．唐六典·卷一·尚书都省[M]．北京：中华书局，1992：10．
② 〔唐〕李林甫，等．陈仲夫点校．唐六典·卷一·尚书都省[M]．北京：中华书局，1992：11．
③ 〔唐〕李林甫，等．陈仲夫点校．唐六典·卷一·尚书都省[M]．北京：中华书局，1992：11．
④ 〔后晋〕刘昫，等．旧唐书·卷四十三·志第二十三[M]．北京：中华书局，1975：1839．

负责验证藩客所带行李。

  凡是诸藩首领至，兵部则备威仪郊导。兵部所属有四司，即兵部司、职方司、驾部司及库部司。唐代武官之官衔有二十九阶，其中又分为"职事官"和"散官"两类，授予藩客的一般都是武官散官衔，在大将军、将军、中郎将、朗将、司阶、中候、司戈及执戟长上等前面加"怀化""归德"等称号，这一授予外国及少数民族首领武官散官衔的任务由兵部所属兵部司完成。兵部职方司"掌天下之地图及城隍、镇戍、烽候之数，辨其邦国、都鄙之远迩及四夷之归化者，凡地图委州、府三年一造与板籍偕上省，其外夷每有番官到京，委鸿胪讯其人，本国山川、风土为图，以奏焉，副上于省"。① 可见职方司的外交职能主要体现在两个方面：一方面，职方司掌四夷之归化者；另一方面，每当外夷使者到京，委鸿胪寺记下外夷山川、风土，然后上奏，副本由其保存。

  礼部是唐代中央外交主管机构之一，不仅要参加涉外礼仪活动，而且还要主持有外国人参加的科举考试，其所辖四司，即主客司、礼部司、祠部司、膳部司均具有外交职能，而主客司更是专职外交机构。礼部司的涉外职能主要体现在其职掌礼仪方面。唐代"五礼"共有一百五十二种仪式，其中"吉礼"有仪式五十五种，"宾礼"有仪式六种，"军礼"有仪式二十三种，"嘉礼"有仪式五十种，"凶礼"有仪式十八种。在"五礼"之各仪式中，很多涉及外交事务，以"宾礼"为例，其六种仪式分别为"蕃国王来朝""戒蕃王见""蕃王奉见""受蕃使表及币""燕蕃国王""燕蕃国使"等，均具有明显的涉外性质。祠部司为主管宗教事务及祠祭事务的机构，其对外职能主要体现在对外来宗教的管理方面。唐代不仅是一个大一统的时代，而且还是一个相对开放的时代。唐代传入中国的宗教主要有景教、摩尼教及回教等。外来传教者到达中国后，受到外交使节级别的待遇。武后延载以后，祠部为最主要的宗教事务管理机构，因此祠部也具有涉外职能。膳部的涉外职能主要体现在其对藩客的饮食供应方面。按照规定，供应在馆藩客的食料分为五个等级，膳部司根据藩客的不同等级提供对应的食料。

---

① 〔唐〕李林甫，等.陈仲夫点校.唐六典·卷五·尚书兵部[M].北京：中华书局，1992：162.

户部司的涉外职能主要体现在两个方面：一方面掌管四方外夷进贡事务，另一方面负责管理内附藩胡之户口及征税。据《唐六典》记载，户部司郎中员外郎掌天下户口及贡赋征收之事，"凡天下十道，任土所出而为贡赋之差"。① 户部分关内道、河南道、河东道、河北道、山南道、陇右道、淮南道、江南道、剑南道及岭南道等十道分理天下赋税。其中，关内道兼理突厥等北藩远夷之朝贡事务；河南道兼理新罗、日本之远夷海东之朝贡进献事务；河北道则兼理契丹、奚、靺鞨、室韦等周边少数民族政权的贡献事务；陇右道则兼理西域胡戎等远夷之贡献事务；江南道则兼理五溪之蛮等远夷的朝贡事务；剑南道兼理西洱河群蛮之贡献；岭南道则兼理百越及林邑、扶南之贡献事务。户部还负责征收内附诸国藩胡之税收，规定，"内附者亦定为九等，四等已上为上户，七等已上为次户，八等已下为下户，上户丁税银钱十文，次户五文，下户免之，附贯经二年已上者，上户丁输羊二口，次户一口，下户三户共一口"。② 户部金部郎中负责管理与藩客互市、给藩客提供衣服、锦采等涉外事务。吏部司封司掌管封爵之事，这就包含了对藩王首领、藩国高级官员及三品以上藩官之母、妻的授封之事。

到了唐代，汉代的"九卿"已经逐渐演化为"九寺"，除了外交专职机构鸿胪寺之外，还有太常寺、光禄寺、卫尉寺、宗正寺、太仆寺、司农寺、太府寺及大理寺八寺，这些机构在唐代已经演变成完全的事务机构，接受尚书省及尚书省所属诸司的领导，也具有一定的涉外职能。

太常寺堂官有卿一人、少卿两人，属官有太常博士、太祝、协律郎及奉礼郎等，掌邦国之礼乐、郊庙、社稷等事，以郊社、太庙、诸陵、太乐、鼓吹、太医、太卜及廪牺等八署分理事务。其外交职能主要体现在其掌邦国礼乐方面，"凡国有大礼，则赞相礼仪，有司摄事，为之亚献，率太乐之官属，设乐县以供其事，燕會亦如之"。③ 在藩客朝见、赐藩客宴及藩客陛赐等外交活动中，太常寺太乐令、协律郎等官负责奏乐，赞相礼仪，

---

① 〔唐〕李林甫，等．陈仲夫点校．唐六典·卷三·尚书户部[M]．北京：中华书局，1992：64．
② 〔唐〕李林甫，等．陈仲夫点校．唐六典·卷三·尚书户部[M]．北京：中华书局，1992：77．
③ 〔唐〕李林甫，等．陈仲夫点校．唐六典·卷十四·太常寺[M]．北京：中华书局，1992：394-395．

具有明显的涉外职能。

光禄寺的外交职能主要体现在其在礼部膳部司的指导下为朝贡、宴飨等外事活动提供饮食。光禄寺堂官有卿一人、少卿两人，属官主要有丞、主簿及录事等，领太官、珍羞、良酝及掌醢四署，掌邦国酒醴膳羞之事，储备充足的食材，并且谨其出纳。

卫尉寺堂官有卿一人、少卿两人，还有丞、主簿、录事、府、史、亭长及掌固等属官，掌邦国器械文物之事，领武库、武器、守宫三署，"凡天下兵器入京师者，皆籍其名数而藏之，凡大祭祀大朝会则供其羽仪、节钺、金鼓、帷帟、茵席之属"。① 可见，卫尉寺的涉外职能主要体现在其提供仪仗所需器物方面。在有藩客参加的朝会活动中，卫尉寺在兵部库部司的指导下，提供羽仪、节钺、金鼓、帷帟及茵席等所需物品。

宗正寺堂官有卿一人、少卿两人，还有丞、主簿及录事等属官，"掌皇九族六亲之属籍以别昭穆之序，纪亲疏之列，并领崇玄署"。② 崇玄署本隶属鸿胪寺，自唐开元中期之后改隶属宗正寺，掌管道教、佛教等宗教事务。唐时有很多来自日本等国的藩僧，宗正寺与礼部祠部司协同管理这些藩僧，具有涉外性质。

太仆寺堂官有卿一人、少卿两人，还有丞、主簿及录事等属官，领乘黄、典厩、典牧及车府四署，掌邦国厩牧车舆之政令，"凡国有大礼、大驾、行幸，则供其五辂属车之属，凡监牧所通羊马籍帐则受而会之"。③ 太仆寺的外交职能主要体现在与兵部驾部司协作为藩客提供交通服务及宴会所需牛羊等方面。

司农寺堂官有卿一人、少卿两人，还有丞、主簿及录事等属官，领上林、太仓、钩盾及导官四署，掌邦国仓储委积之政令，"凡朝会祭祀、供御所须及百官常料，则率署监所贮之物，以供其事"。④ 司农寺的外交职能主

---

① 〔后晋〕刘昫，等. 旧唐书·卷四十四·志第二十四[M]. 北京：中华书局，1975：1879.
② 〔唐〕李林甫，等. 陈仲夫点校. 唐六典·卷十六·卫尉宗正寺[M]. 北京：中华书局，1992：465.
③ 〔唐〕李林甫，等. 陈仲夫点校. 唐六典·卷十七·太仆寺[M]. 北京：中华书局，1992：479.
④ 〔唐〕李林甫，等. 陈仲夫点校. 唐六典·卷十九·司农寺[M]. 北京：中华书局，1992：524.

要体现在为藩客提供食蔬及木炭等物。司农寺所辖上林署掌苑囿、园池、植果树及种蔬菜事务，以供应宴会所需，招待藩客的宴会更需要司农寺供应的新鲜果蔬。另外，司农寺所辖钩盾署掌供邦国薪刍之事，凡是前来朝贡的藩客均可以得到最高每天三斤的木炭供应。

太府寺堂官有卿一人、少卿两人，还有丞、主簿及录事等属官，领京都四市、左右藏、常平等七署，掌财货廪藏贸易，其外交职能主要体现在负责接收诸藩进献之物。在皇帝元正、冬至受群臣朝贺的礼仪活动中，其中有一项程式为"太府帅其属受诸州及诸藩贡物出归仁、纳义门，执物者随之"，①诸藩所进献之物藏于太府寺。太府寺所辖右藏署则专门负责收藏四方所献金玉、珠贝等物品。

唐代五监是指国子监、少府监、军器监、将作监及都水监五监，其中国子监和少府监也具有一定的涉外职能。国子监掌儒学训导之政，领国子、太学、广文、四门、律、书、算七学，其外交职能体现在其接纳外国留学生及传播中华文化方面。一方面，国子监接受大批的留学生到中国学习经、史、法律、医学、算术及书法等知识；另一方面，国子监也是传播中华文化、教化四夷的场所。据《唐语林》记载，"国子监有祭酒、司业、丞、簿谓之监官，太学诸生三千员，新罗、日本诸国皆遣子入朝受业"。②国子监也是藩客观礼的重要场所，唐玄宗发布的《令蕃客国子监观礼教敕》中提到，"自今以后，蕃客入朝，并引向国子监，令观礼教"。③国子监通过传播中华文化，以达到使戎狄纳款、日归夕朝、慕我华风的目的。

少府监掌百工技巧之政，领中尚、左尚、右尚、织染及掌冶五署，还有诸冶、铸钱、互市等监。少府监所辖中尚署主要负责供应供郊祀圭璧、天子器玩及后妃服饰等，这些物品有的作为赏赐物赐予蕃客。另外，中尚

---

① 〔宋〕欧阳修，等.新唐书·卷十九·礼乐志第九[M].北京：中华书局，1975：427.
② 〔宋〕王谠.唐语林·卷五·补遗[M]//景印文渊阁四库全书本·子部·小说家类·第1038册.台北：商务印书馆，1986：120.
③ 〔宋〕宋敏求.唐大诏令集·卷一百二十八·蕃夷[M].北京：商务印书馆，1959：689.

署还负责"制鱼袋以给百官、蕃客"。① 互市监掌藩国交易之事,具有明显的涉外职能。但唐代互市监比较特殊,其办公地点设在边境地区,往往受制于地方政府。诸省是指秘书省、殿中省、内侍省,与中书省、尚书省及门下省合计共六省,"尚书省以统会众务,举持绳目,门下省以侍从献替、规驳非宜,中书省以献纳制册、敷扬宣劳,秘书省以监录图书,殿中省以供修膳服,内侍省以承旨奉引"。② 可见,诸省是掌握服侍皇帝、管理图书及承旨奉引的宫廷机构,不同于掌握核心权力的"三省"。诸省中的内侍省也具有一定的涉外职能,主要体现在其所辖内府局的职掌方面,内府局掌朝会赏赐事务,提供赏赐藩客所用的珠宝及丝绸等物。

(二)地方外交关涉机构

唐代地方行政机构、军事和边防机构以及边境镇抚机构具有一定的涉外职能。唐代前期的地方行政机构为州、县两级制,"安史之乱"后,原为监察区和军区的道演变为凌驾于州之上的地方行政机构,形成了道、州、县三级行政体制。

边境地区是四夷使者必经之地,地方行政机构具有涉外职能。延边道、州作为联通中华与四夷的通道,在对外事务中发挥着极为重要的作用,其具体涉外职能主要表现在以下几个方面:其一,迎送藩客。藩客前来朝贡,地方官员要辨验来使,弄清使者情况后,逐级上报;外夷朝贡使团完成任务后回国,相关边境地方政府官员则负责礼送返国,并提供使者回国所需程粮;其二,边境地方政府具有部分外交自主权,对于一些低级别非重大事务的外交活动无须上报朝廷,但大部分外交活动都需要朝廷批准。边境地方政府有权直接接受来使或者派遣使者,但派遣使者需经朝廷批准。边境地方政府还可以和周边政权互通文书、盟誓纳质,以建立稳固的外交关系;其三,由于边境地区位置的特殊性,其还具有接转外交文书、贡物等涉外职能。边境地区直接与境外交通之文书涉及的内容往往是小事务,而涉

---

① 〔宋〕欧阳修,等.新唐书·卷四十八·志第三十八[M].北京:中华书局,1975:1269.
② 〔唐〕杜佑.王文锦,等点校.通典·卷十九·职官一[M].北京:中华书局,1988:473.

及重大问题的外交文书，边境地方政府则无权拆封，必须尽快转交朝廷；其四，边境政府还负责贸易管理。唐代的互市地点多设在陆上边境地区，地方政府负责查禁违禁物品，维持贸易秩序。除了陆上贸易外，唐代的海上贸易也很发达，藩舶管理权掌握在东南沿海地方政府手中；其五，边境地方政府还负责管理辖区内驿馆、辨验通关凭证、翻译及刺探藩情等涉外事务。

此外，边境地区的军事与与边防系统也具有涉外职能。边疆军事区主要有道、军、镇、城及戍等编制。唐代前期，"道"是作为军事区或者监察区而设置的机构。作为军事机构，道下面设有军、守捉、城及镇等。道的长官先后被称为大总管、总管，后来称为大都督、都督，自景云二年（710）设置河西节度使以后，陆续又设置河东道、剑南道、岭南道、安西道、河西道、北庭道、朔方道、范阳道、陇右道及平卢道十节度使，以节制四夷，这样，边疆地区的"道"一级军事机构统帅经历了从总管到都督再到节度使的转变。边境地区军事机构的地位逐渐崛起，尤其在唐后期，"道"逐渐成为凌驾于州县之上的最高级地方行政机构，藩镇节度使具有更大的权力，其外交职责主要有统辖羁縻府州、对外派遣使者、接待来使、直接与周边政权互通文书、翻译外文、刺探夷情、管理藩舶及"过所"等。在与蛮夷接境地区还存在军、镇等边防军事机构，这类机构以防御外敌入侵为首要职责，但也具有一定的涉外职能。边境地区的军、镇等军事机构的主要外交职责有迎接来使、遣送使者归国、接转外交文书及贡物、传旨四夷及转达四夷奏请、勘验过所及刺探夷情等。

隋炀帝大业（605）年间，随着来贡国家的增多，设置西域校尉一职迎接来使。到了唐代，随着中外交往范围的扩大，先后设置了安西、燕然、瀚海、北庭、安东、安南及保宁等数个都护府以管理边境少数民族及对外交往事务。都护府的外交职责主要有管理羁縻府州、引导周边政权前来朝贡、抚慰诸藩、刺探藩情、管理互市、互通往来及转赐俸禄等。另外，押藩使、市舶使、押藩舶使等使职及互市监这一中央派出机构也具有涉外职能。押藩使实际上是在边境诸道设置的专职外交管理机构，节度使往往兼任押藩使，押藩使的外交职能与节度使的外交职能基本一致，负责迎送使者、管理"过所"、接转贡物及刺探藩情等涉外事务。

四、隋唐外交机构的特点

隋唐时期外交机构的第一个特点也是最主要特点是主客司和鸿胪寺的分工已经相当明确，两个机构的设置及运行趋于成熟和完善。尚书省下辖礼部主客司和九卿系统的鸿胪寺主导外交事务，成为专职外交机构，其他中央系统衙门和地方系统衙门参与外交事务，形成众多外交关涉机构。这一时期，主客司与鸿胪寺的关系已经相当协调，不再像前代一样互相侵夺权力，职责不明。此前，在很多古籍中都将主客司的外交职掌省略记载为"朝贡之仪、享宴之数、高下之等、往来之命皆载於鸿胪之职焉"。[①] 其实，主客司和鸿胪寺的外交职掌范围基本重合，二者之间的区别主要是前者主发布政令，后者主执行政令。

隋唐时期外交机构的第二个特点是鸿胪寺、中书省及门下省等外交机构的名称、机构设置及运行情况因时而变。隋承北齐制度，设置鸿胪寺；隋文帝开皇三年（583）废鸿胪寺入太常，开皇十二年（592）复置，领典客、司仪、崇玄三署；隋炀帝置少卿二人；大唐龙朔二年（662）改鸿胪寺为同文寺，咸亨元年（670）复称为鸿胪寺，光宅元年（684）又改鸿胪寺为司宾寺，神龙元年（705）再恢复鸿胪寺称谓。隋初，改中书省为内侍省，隋末改为内书监，武德元年因隋旧制改称内书省，武德三年（620）改为中书省，龙朔二年改为西台，咸亨初复为中书省，光宅初改为凤阁，神龙中复为中书省，开元元年（713）改为紫微省，到了开元五年（717）则又恢复中书省的称谓。

门下省的称谓及属官在隋唐时期也经历了屡次变革。隋门下省有纳言二人、给事黄门侍郎四人及散骑、常侍、谏议大夫等官，"开皇三年，罢门下省员外散骑常侍员，炀帝即位加给事员，废常侍谏议等官，又改殿内省隶门下省，大唐龙朔二年，改门下省为东台，咸亨初复旧，至武太后临朝，光宅初改为鸾台，神龙初复旧，开元元年改为黄门省，开元五年复旧，有侍中二人，黄门侍郎二人，给事中四人，左散骑常侍二人，谏议大夫四人，典仪二人，起居郎、左补阙、左拾遗各郎二人，城门郎四人，符宝郎四人，

[①] 〔后晋〕刘昫等.旧唐书·卷四十三·志第二十三[M].北京：中华书局，1975：1832.

弘文馆校书二人，其余小吏各有差"。①可见，门下省在唐代经历了东台、鸾台、黄门省等称谓的变化，到了开元五年以后形成定制。

隋唐时期外交机构的第三个特点是分工细致，关涉机构多。隋唐时期的外交机构分工很细，例如，省内有内客省，"通鉴上自武德殿入虔化门，擒贾膺福、李猷於内客省，胡注四方馆隶中书省，故客省在焉"。②可见，客省隶属于四方馆。自永泰以来，"或四方奏计未遣者，或上书言事忤旨者，及蕃客未报者，常数百人於客省，给食横费已甚，故罢之"。③客省接待的对象包括国内上书忤逆者和未上奏皇帝的藩客，而鸿胪寺客馆则接待经过奏报的使者。隋唐时期的外交关涉机构很多，还出现了前代未曾设置的新机构。例如，在东南沿海地区，设有市舶使专门管理市舶事务。如果在沿海有市舶贸易地区未设置市舶使，则由地方政府节度使等官负责市舶事务。市舶使是中央派遣到沿海地区专门负责管理海外贸易的专职官员，而押藩舶使则是地方政府负责市舶贸易的官员，往往由节度使兼任。市舶使和押藩舶使都是管理海外贸易的职官，还兼有管理藩商、侨民等职责，尽管职能有诸多重合，但二者是不同的官职，不可混为一谈。互市监是少府的下属部门，驻扎在边境地区办公，并受所在地政府节制，为朝廷派往地方的机构，其外交职能在于执掌边境贸易，尤指陆上对外贸易。

第四节 宋元时期的外交机构

宋元时期是外交机构的曲折发展时期，隋唐时期完善的外交机构体系有名无实。宋统治者为了避免重蹈唐末"尾大不掉"的覆辙，极力限制各官僚机构和地方政府的权力，加强皇权专制统治。宋代仍设有主客司、鸿胪寺等机构，但是，这些原属于"三省六部"系统的机构受到严格限制，

---

① 〔唐〕杜佑.王文锦，等点校.通典·卷二十一·职官三[M].北京：中华书局，1988：544-545.

② 〔清〕徐松.方严点校.唐两京城坊考·卷一·西京·宫城[M].北京：中华书局，1985：3.

③ 〔后晋〕刘昫，等.旧唐书·卷十二·本纪第十二[M].北京：中华书局，1975：322.

往往有名无实。与此同时，国信所、都亭西驿、礼宾院、怀远驿及同文馆等分支机构却逐渐开始在外交事务中发挥主导作用。需要特别说明的是，辽、金、西夏等政权均为我国境内少数民族建立的政权，由于这些政权的存续时间和宋朝多有重叠，而且并无传承关系，因此本书对这一时期，仅选取宋代外交机构作为研究对象。蒙元的崛起结束了中国分裂的局面，忽必烈即位后，在汉族地主官僚的辅佐下，建立了一套仿照唐宋的官僚制度，但是，元代官制又具有自身的特色。元代的外交机构也较前代变化极大，并未设置主客司和鸿胪寺，关涉机构也比较少。

一、宋代的外交机构

宋代官称和实职的分离，导致大批的官员无作为，实际上成为国家财政的寄生阶层。元丰改制之前，主客司和鸿胪寺几乎无外交权可言；元丰改制后，这两个机构外交权力才有所增加，但无论是北宋时期还是南宋时期，主客司和鸿胪寺都未在外交事务中发挥决定性作用，这和前代形成了鲜明的对比。伴随着主客司、鸿胪寺等传统外交机构职能的萎缩，国信所、都亭西驿、礼宾院、怀远驿、同文馆、客省、引进司、四方馆及阁门司等机构的外交权限却不断扩大。

（一）宋代的主客司

北宋前期，"三省六部""九寺五监"虽然延续了唐时的称谓，但已经仅留下躯壳，并无实权。宋代的尚书省又称为都省，其长官名义上是尚书令、左右仆射及左右丞等，但实际上往往不任命，临时委派一名三品以上的官员任权判尚书管理尚书省事务。尚书省仍旧管辖工、刑、兵、礼、吏及户六部，但工部、刑部及兵部所辖各司被划归左司管理，礼部、吏部及户部所辖各司被划归右司管理。宋初设太常礼院，宋真宗时又设礼仪院，主管礼仪之事。皇帝委派"判礼部事"官两人管理礼部事务。礼部下设祠部、膳部及主客等三司，掌管礼乐、祭祀、朝会、宴享、学校及贡举之政令。主客司设判司事一人，令史一人，驱使官一人；元丰改制后，主客司郎中、员外郎才开始管理本司事务。宋哲宗绍圣元年（1094）八月八日，"诏主客膳部互置郎官一员兼领，建炎三年（1129）四月十五日，诏礼部郎官一员兼主客,同日诏主客吏人减半"。①哲宗元祐元年(1086)四月二十六日三省言,"尚书六曹职事闲剧不等,除已减定员事数至简,以主客兼膳部"。②另外,礼部郎官通行设案有一,"曰知杂封袭朝贡案,掌诸蕃国入贡,并每年颁赐交趾国历日及勘会柴氏袭封事,吏额主事一人,本部人吏兼,令史一人,手分二人,贴司二人"。③可见,这一时期主客司不仅掌握朝贡事务,还兼掌袭封等国内职能。主客司的具体涉外职能表现在以下几个方面:

其一,负责以宾礼待四夷之朝贡,"凡郊劳授馆宴,设赐予,辨其等而以式颁之"。④又据《六典通考》载,"宋主客掌诸藩朝贡、宴设、赐予之事"。⑤主客郎中、员外郎参掌诸藩国朝贡,凡本司所治之所事,"契丹国遣使朝贺应接送馆伴,官所用仪物皆预,令有司为之办,具高丽压、契丹,其余蕃国则按其等差以式给之"。⑥宋朝之制,凡外国使至及其君长来朝皆宴于内殿,近臣、刺史、正郎、都虞、侯以上都要参与宴会。当时与宋朝有外交关系的少数民族政权及外国主要有契丹、交阯、夏国、金国、占城、回鹘、大食、于阗、三佛齐、曾檀、日本、大理、注辇、拂菻、真腊、罗殿、渤泥、邈黎、阇婆、甘眉流等国,"入贡或一再或三四不常至"。⑦上述这些国家和地区觐见宋朝皇帝均受到热情接待,不但能免费享受高规格住宿,还能获得丰厚的赏赐。同时,宋代对"外国君长来朝仪""契丹

---

① 〔清〕徐松.刘琳,等校点.宋会要輯稿·职官十三[M].上海:上海古籍出版社,2014:3393.
② 〔清〕徐松.刘琳,等校点.宋会要輯稿·职官十三[M].上海:上海古籍出版社,2014:3393.
③ 〔清〕徐松.刘琳,等校点.宋会要輯稿·职官一三[M].上海:上海古籍出版社,2014:3393.
④ 〔元〕脱脱.宋史·卷一百六十三·职官志第一百一十六[M].北京:中华书局,1977:3854.
⑤ 〔清〕阎镇珩.六典通考·卷三,设官考·秋官沿革[M]//续修四库全书本·史部·政书类·第758册.上海:上海古籍出版社,2002:52.
⑥ 〔清〕徐松.刘琳,等校点.宋会要輯稿·职官一三[M].上海:上海古籍出版社,2014:3393.
⑦ 〔元〕脱脱,等.宋史·卷一百一九·志第七十二·礼二十二[M].北京:中华书局,1977:2813.

夏国使副见辞仪""金国使副见辞仪"及"诸国朝贡仪"等礼仪活动作了一些明文规定,如这些活动由多个部门参与,但主客司负责辨别来朝贡者的等位,然后协调各部门给予外使不同规格的接待礼遇。

其二,外国使者至中国朝贡,主客司"图其衣冠,书其山川风俗",① 这一职责实际上延续了唐朝制度。按照唐制度,主客司具体负责协调鸿胪寺等部门,一旦有入朝进贡者,"图其容状、衣服以闻,此所以诏鸿胪也,宣和画谱则以王会图为阎立德之笔,云又按宋祥符间判鸿胪寺张复亦请,以朝贡诸国绘画其衣冠,采录其风俗为四夷述职图,注輦国王罗茶罗乍遣使娑里三文贡方物,而张复复图其衣冠上之"。② 可见,凡是外国使团到中国进贡,主客司在鸿胪寺等部门的配合下,将来贡之国的山川、风土等情况绘制成图上奏于皇帝。这些介绍外国情况的朝贡图还附有关于各国官职、风俗习惯的介绍,有利于深居皇宫的皇帝在很短时间内了解进贡国的基本情况。

其三,出使外国。主客司掌嵩庆懿陵,祭享崇义公承袭之事,"有封爵礼命则承诏颁付,分案四置吏七"。③ 主客司参与祭享事务,但更主要是负责"承诏颁付"等涉外事务。例如,据《宋史》记载,林冲之为元符三年(1100)进士,"历御史台检法官、大宗正、丞、都官、金部郎滞省寺者十年,出守临江南康,靖康初召为主客郎中,金人再来侵,诏副中书侍郎陈过庭使金,同被拘执"。④ 林冲之长期在其他衙门任职,靖康初年被任命为主客郎中后,担任副使出使金国,足可见主客司还具有出使外国之职能。再如,建炎元年(1127)九月,金帅兀未与夏相约侵略宋,十月,金国代夏国传话于宋,承诺归还自熙宁以来所抢夺的宋朝领土,建炎二年(1128)春正月庚子,主客员外郎谢亮持诏书赐夏国主乾顺,何泽为大学博士偕行,"乾顺见使者礼甚倨,留居几月,始与约和罢兵,亮归而夏兵

---

① 〔元〕脱脱,等.宋史·卷一百六十三·职官志第一百一十六 [M].北京:中华书局,1977:3854.
② 〔清〕张照.石渠宝笈·卷三十二·贮·御书房五 [M]// 景印文渊阁四库全书本·子部·艺术类·第825册.台北:商务印书馆,1986:272.
③ 〔元〕脱脱,等.宋史·卷一百六十三·职官志第一百一十六 [M] 北京:中华书局,1977:3854.
④ 〔元〕脱脱,等.宋史·卷四百四十九·列传第二百八 [M].北京:中华书局,1977:13222.

已蹑其后,袭取定边军"。①可见,主客司官员不仅可以担任副使出使外国,还可以担任正使"承诏颁付"。谢亮虽然没有识破金夏两国的阴谋,但并没有丢失宋朝官员之气节。

(二)宋代的鸿胪寺

鸿胪寺为宋代"九寺"之一。北宋前期,虽然保留了光禄寺、鸿胪寺、太常寺、太仆寺、太府寺、大理寺、司农寺、卫尉寺及宗正寺九寺的名位,但是各寺官员均职权很少,鸿胪寺卿更是被称为"睡卿"。②宋代初期的鸿胪寺由判寺事一人充当主管,并未设置卿、少卿等官员,这也充分反映了宋代开创时期的皇帝极力收拢权力的用心。鸿胪寺判寺事由朝官充任,有官无职,大权归皇帝掌握。元丰改制后,置卿一人,少卿一人,丞、主簿各一人。鸿胪寺掌管"四夷朝贡、宴劳、给赐、送迎之事及国之凶仪、中都祠庙、道、释、籍账除附之禁令"。③

鸿胪寺的具体涉外职能有以下几个方面:第一,与主客司配合,以宾礼接待四夷君长使者。凡是有周边国家来朝贡,鸿胪寺具体负责辨别来贡使者的等位,然后给予外国使团相应的接待规格;第二,参与接待外交使团活动,"授以馆舍而颁其见辞";④第三,协助光禄寺等部门提前安排好招待外夷使者的宴会,并颁布宴会的具体流程;第四,如果四夷使者携带有贡物,则由鸿胪寺具体登记其数量,然后报给四方馆;第五,宋代鸿胪寺还继承了历代鸿胪寺之职,导赞引见诸藩觐见皇帝并进封册。

由于宋代官僚机构职权分离的设置特点,鸿胪寺的涉外职能实际上不

---

① 〔明〕柯维骐.宋史新编·卷一百九十七·列传一百三十九[M]//续修四库全书本·史部·别史类·第311册.上海:上海古籍出版社,2002:231.
② 陈茂同.中国历代职官沿革史[M].天津:百花文艺出版社,2005:319.
③ 〔元〕脱脱等.宋史·卷一百六十五·职官志第一百一十八[M].北京:中华书局,1977:3903.
④ 〔明〕王鸣鹤.登坛必究·卷之二十二·辑译言说[M]//续修四库全书本·子部·兵家类·第961册.上海:上海古籍出版社,2002:101.

断被其下属机构所分割，鸿胪寺本身的外交职权却日渐萎缩。①至建炎初，宋高宗废除鸿胪寺，将其并入礼部，但其下属机构仍保留了下来，继续在外交事务中发挥作用。据《宋史》记载，鸿胪寺的下属机构有十二个，即往来国信所、都亭西驿、管干所、礼宾院、怀远驿、中太乙宫、建隆观、在京寺务司、传法院、左右街僧录寺、同文馆及管勾所等，这些机构各自有其职掌，"往来国信所掌大辽使介交聘之事，都亭西驿及管干所掌河西蕃部贡奉之事，礼宾院掌回鹘、吐蕃、党项、女真等国朝贡、馆设及互市译语之事，怀远驿掌南蕃交州、西蕃龟兹、大食、于阗、甘沙宗哥等国贡奉之事，中太乙宫、建隆观等各置提点所掌殿宇斋宫器用仪物陈设钱币之事，在京寺务司及提点所掌诸寺葺治之事，传法院掌译经润文，左右街僧录司掌寺院僧尼账籍及僧官补授之事，同文馆、管勾所掌高丽使命"。②可见，往来国信所、都亭西驿、礼宾院、怀远驿及同文馆等均具有明显的涉外职能。

宋代典籍中出现的"往来国信所""管勾往来国信所""主管往来国信所"及"国信所"等叫法，实质均指主司辽金事务的宋代国信所。国信所的组成人员有"管勾官二人，以都知、押班充，掌大辽使介、交聘之事"，③还有大通事、小通事、掌仪通事及吏员等。其中，大通事、小通事均负责翻译工作，掌仪通事则负责"使臣指教阅习，应用仪范节次"。④国信所名义上是鸿胪寺的下属机构，但实质上独立运行，直接受枢密院领导，这和宋代整个官僚制度设计有关。作为主管辽金事务的外交主管机构，其具体涉外业务有下面几个方面：首先，出使辽金。例如，隆兴二年（1164）

---

① 朱溢《北宋外交机构的形成与演变》一文认为："元丰改制以前，北宋的对外交往由国信所、都亭西驿、礼宾院、怀远驿和同文馆负责，这些机构并不隶属于权力近乎空心化的鸿胪寺。"笔者并不赞同这种观点，鸿胪寺尽管在不同时期对都亭西驿、礼宾院、怀远驿和同文馆等机构的管理权限不同，但不能因为管理权限的萎缩就主观认定在元丰改制前，这些机构不隶属于鸿胪寺。参见朱溢.北宋外交机构的形成与演变史学月刊[J]，2013（12）：33.
② 〔元〕脱脱，等.宋史·卷一百六十三·职官志第一百一十六[M].北京：中华书局，1977：3903.
③ 〔元〕马端临.文献通考·卷五十六·职官考十[M].北京：中华书局，1986：507.
④ 〔清〕徐松.刘琳等校点.宋会要辑稿·职官三六[M].上海：上海古籍出版社，2014：3922.

十一月丙申,"遣国信所大通事王抃持周葵书,如金帅府,请正皇帝号";①其次,接待来使。例如,天圣五年(1027)三月,管勾国信所上言,"每年接送契丹三番使臣,于在京库务将带物料不少,及至缘路州军,又更取拨钱帛,回日逐番各造账赴当司投下,却从当司移公文取索动经";②最后,整理和收藏外交文书及管理贡物等。

都亭西驿原来叫作上源西驿,其位置在惠宁西坊,掌河西藩都贡奉,大中祥符元年(1008)改称都亭西驿。大中祥符九年(1016)四月七日,"以京城西旧染院为夏州蕃驿,熙宁五年(1072)四月乙亥,命修都亭驿以待夏使"。③西夏对北宋的军事威胁最大,两宋统治者又比较轻视西夏文化,两国之间的交往甚少。因此,作为专理西夏事务的外交机构,都亭西驿的外交事务相对较少。正如吴广成在《西夏书事》中提到,"故事,夏使馆于都亭西驿,夏人久不朝贡,驿中条制繁乱,承用者无所适从,神宗命集贤校理章惇修定之"。④

宋朝礼宾院掌回鹘、吐蕃、党项、女真等国朝贡、馆设及互市译语之事,其位置在归德坊。太平兴国二年(977)九月,"勃泥朝贡,馆于是统,旧有蕃驿院,景德三年(1006)并入,熙宁九年(1076)四月,省礼宾院监官"。⑤宋真宗大中祥符九年(1016)正月,秦州宗歌般次回讫李四等贡玉,送内藏库,玉人估价后进行出售,凡玉大小三十九团,内一团非玉,是杨广石,不中用,外看验除夹石,"腻气古玷内侵石间道,烟腻气内侵烟散,颜色青次及病色深损伤等,各人钗篦腰带用,共估钱四百余千,诏依估价赐钱,非玉者,令礼宾院给还之"。⑥

---

① 〔元〕脱脱,等.宋史·卷三十三·本纪第三十三[M].北京:中华书局,1977:628-629.
② 〔清〕徐松.刘琳,等校点·宋会要辑稿·职官三六[M].上海:上海古籍出版社,2014:3907-3908.
③ 〔宋〕王應麟.玉海·卷第一百七十二·宫室[M].景印文渊阁四库全书本,子部,类书类,第947册.台北:商务印书馆,1986:460.
④ 〔清〕吴广成.西夏书事卷二十三[M]//续修四库全书本·史部·别史类,第334册.上海:上海古籍出版社,2002:479.
⑤ 〔宋〕王應麟.玉海·卷第一百七十二·宫室[M]//景印文渊阁四库全书本,子部,类书类,第947册.台北:商务印书馆,1986:459.
⑥ 〔清〕徐松.刘琳,等校点·宋会要辑稿·食货四二[M].上海:上海古籍出版社,2014:6961.

怀远驿掌南藩交州、西藩龟兹、大食、于阗、甘沙宗哥等国贡奉之事，于景德三年设置，以三班内侍二人监。神宗熙宁七年（1074）十一月十二日，客省言，"怀远驿有提举汴河堤岸霍翔在驿站寓，止续有溪峒蛮人向仕旋等，至翔即离驿，窃谓朝廷馆待四夷不止于怀远一驿，他处率无许容臣僚休舍之例，欲乞应本省所辖诸驿，并不令臣僚安下"。① 同文馆则是专门负责高丽事务的涉外机构。元祐五年（1090）冬十月，宋哲宗所下诏书明文规定，如果同文馆高丽人出外，凡是检查到携带违禁物品者，要采取委婉的方式禁止其带出并通过杂支钱币的方式进行购买，"进奉人到阙关，司录司晓示行人，情愿将物入馆交易，仍具姓名，关本馆照会，监门不得阻，节日听十人番次出馆游看买卖，仍各差亲事官一人随，愿乘马者，余诸司人马内各借一匹，并牧马兵士一人，至申时还，仍则随马人所往处状进奉，使乞差伎艺人教习"。② 由此可见，同文馆门禁制度之严格。

（三）宋代的外交关涉机构

宋代的外交关涉机构虽较前代少，但也分为中央外交关涉机构和地方外交关涉机构两类。中央外交关涉机构包括学士院、中书省、兵部、工部及太常寺等，地方外交关涉机构则包括开封府、临安府、市舶司及边境地方政府等。

学士院实际上是宋代皇帝的秘书机关，"掌制诰赦，敕国书及宫禁所用之文词，凡后妃、亲王、公主、宰相、节度使除拜，则学士草词授待，诏书讫，以进赦降德音，则先进草，大诏命及外国书则具本禀奏，得亦如之"。③ 学士院掌握外国文书的起草，尤其是专门起草针对辽、金等重要邻国的外交文书。中书省也为诏令起草机构，其外交职能同样表现在起草外交政令方面。例如，《宋史》中提到的元绛，"虽在中书，而蕃夷书诏，

---

① 〔清〕徐松. 刘琳等校点. 宋会要辑稿·方域一 [M]. 上海：上海古籍出版社，2014：9468.
② 〔宋〕李焘. 续资治通鉴长编·卷四百四十九·哲宗 [M]. 北京：中华书局，1995：10799.
③ 〔清〕徐松. 刘琳等校点. 宋会要辑稿·职官六 [M]. 上海：上海古籍出版社，2014：3184.

犹多出其手，既得谢帝眷眷，命之曰，卿可营居京师，朕当资金币且便耆宁仕进"。①中书省起草的诏令多针对一些不是很重要的邻邦。因此，外交诏令的起草由学士院和中书省中书舍人分工完成。尚书省系统的兵部及工部等机构也具有一定的外交职能。兵部负责外交活动仪仗事务，还管理内附少数民族政权，"以进四夷归附，则分隶诸州"。②宋代皇帝赏赐给周边各国君主的金银、饰物多由工部文思院提供。太仆寺掌车辂、厩牧之政令，其涉外职能即体现在为外夷使者提供车马等物方面。

北宋的开封府及南宋的临安府均具有一定的外交职能，这两府均为京师要地，是整个国家的权力中心，具体表现在：一方面，"两府"官员充当使者出使外国。据《宋史》记载，张逸曾经以开封府判官的身份出使契丹，并在完成出使任务后获得升迁；③另一方面，作为东道主妥善招待来贡各国的使者。"两府"不仅要参与接待外国使者，还要负责为使者提供食宿并保证其安全。同时，"两府"长官还经常亲自接待来使，宋哲宗十八年正月下诏，"大金使人到阙，今后应临安府排办御筵及观朝，冷泉亭饮食，并要造作如法供应，仍令本府差，愤熟人兵依赤岸例托引，如稍有灭裂不前，仍令国信所奏劾"。④

市舶司掌藩货海舶征榷贸易之事，"以来远人，通达物，元祐初，诏福建路于泉州置司，大观元年复置浙、广、福建三路市舶提举官，建炎初，罢闽、浙市舶司归转运司，未几复置"。⑤宋代市舶司的发展演变既是海外贸易发展的结果，又与宋代政治和财政体制的形成和发展紧紧地拴在一起。⑥宋代市舶司尽管是主管海外贸易的机构，其业务也主要是征收税务等经济业务，但不能忽略其政治属性，怀柔远人是设置市舶司的重要目的

---

① 〔元〕脱脱，等. 宋史·卷三百四十三·列传第一百二[M]. 北京：中华书局，1977：10907.
② 〔元〕脱脱，等. 宋史·卷一百六十三·职官志第一百一十六[M]. 北京：中华书局，1977：3856.
③ 〔元〕脱脱，等. 宋史·卷四百二十六·列传第一百八十五[M]. 北京：中华书局，1977：12699.
④ 〔清〕徐松. 刘琳，等校点. 宋会要辑稿·职官三六[M]. 上海：上海古籍出版社，2014：3913.
⑤ 〔元〕脱脱，等. 宋史·卷一百六十七·职官志第一百二十[M]. 北京：中华书局，1977：3971.
⑥ 廖大珂. 试论宋代市舶司官制的演变[J]. 历史研究，1998(3)：48.

之一。因此，市舶司也是重要的外交关涉机构。

宋代地方政府有路、州、县三级，延边的路级行政机构往往也具有一定的外交职能，主要表现在以下几点：第一，迎送使节。边境州郡是朝贡和出使的必经之地，所以边境地区政府具有迎送来使的职能。除了辽、金使者的接送、伴送工作由中央政府完成外，其他地方外交使节的前期接待工作均由边境地区的地方政府完成。边境地区政府要对来使进行入境核查，然后上报中央政府核定进京员额，护送进京、出境，礼送还国；第二，行使对外权力，执行对外交涉。具体包括派遣使者出使、互通外交文书、代表中央政府处理对外关系、执行盟约条例及负责外交交割等；第三，接转贡物并依例回赐贡物等。宋代由于军事实力较弱，对朝贡各国有贡期的限制，对进京人数也有严格限制，对朝贡过于频繁的国家予以拒绝；第四，参与边境贸易管理。两宋时期，除了对辽、金进行管制型的榷场贸易之外，对于其他的使节贸易则交由地方政府管理；第五，传递外交信息。边境地方政府还经常及时向朝廷传达各个夷族的信息，起到互通情报的作用。[①]

二、元代的外交机构

忽必烈即位以后，改变蒙元旧制，沿袭宋金官制，建立了元代官僚制度。元代的官僚制度兼具宋辽金的特点，一方面继承了宋代的传统官僚制度；另一方面也参考了辽金旧制，实行汉蒙分治。元代中书省的权力极大，兼具前代尚书省的职权，统领六部，率百司，还有御史台、枢密院、大宗正府、大司农、宣徽院、宣政院及通政院等众多中央机构，已经打破了前代"三公九卿""三省六部"的权力格局，同时又保留了诸如太常寺、太仆寺及太医院等前代已经具有的机构。

（一）元代的主要官僚机构及职掌

元代最主要的官僚机构是中书省。自宋代开始，尚书省的权力已经开始受到限制，中书省的地位却逐渐提高。元世祖于至元七年（1270）设置尚书省，八年（1271）废，二十四年（1287）复立，二十九年（1292）再废，

[①] 吴晓萍. 宋代外交制度研究[M]. 合肥：安徽人民出版社，2006：76-86.

元武宗至大二年（1309）复置，至大四年（1311）并尚书省入中书省，自后形成定制。尚书省并入中书省后，以中书令一人，"典令百官，会决庶务"。① 中书省还有左、右丞相辅助中书令处理政务，由于皇太子时常兼任中书令，所以左、右丞往往掌握实际权力。中书省还设有"平章政事""商议省事""同议省事"及"参议中书省事"等加于别官，员额随时增减。② 中书省统领工部、刑部、兵部、礼部、户部及吏部六部，率百司，掌政令及执行，这已经和唐宋尚书省主导政务的情况明显不同。

元代的中央官僚机构主要还有御史台、枢密院、大宗正府、翰林国史院、宣政院、宣徽院、通政院、将作院、太常礼仪院及光禄寺等。御史台是中央监察机关，置御史大夫、中丞及侍御史等官，掌纠察百官善恶、政治得失，元代御史台的权力较宋代明显增加；元代仍按照宋制设置枢密院，掌握兵权；大宗正府掌，"诸王、驸马投下蒙古、色目人等，应犯一切公事，及汉人奸盗诈伪、蛊毒压魅、诱掠逃骗、轻重罪囚及边远出征官吏，每岁从驾分司、上都存留住冬诸事"；③ 翰林国史院掌管教习亦思替非文字④；宣政院掌释教僧徒及吐蕃事务；宣徽院掌供玉食；光禄寺掌起运米曲诸；太常礼仪院掌大礼乐、祭享宗庙社稷及封赠谥号等事；太医院掌医事，领各属医职；将作院掌造宝贝金玉冠帽、系腰束带、金银器皿，并总诸司局事；通政院掌管全国驿站，太仆寺掌阿塔思马匹，受给造作鞍辔之事。

元代的地方机构比较复杂，主要有行中书省、万户府及总管府等。行中书省分掌国家之庶务，统郡县，镇边鄙，与都省为表里；宣慰司，"掌军民之务，分道以总郡县，行省有政令则布于天下，郡县有请则为达于省"。⑤

---

① 〔明〕宋濂，等.元史·卷八十五·志第三十五[M].北京：中华书局，1973: 2120.
② 曾资生.元代政制概略[J]."中央周刊"，1945（4）：10.
③ 〔明〕宋濂，等.元史·卷八十七·志第三十七[M].北京：中华书局，1973: 2187.
④ 中国元代官方对阿拉伯语的称谓。为阿拉伯语 Istifa' 之音译，其意为"选择"，因该词系穆罕默德别称"穆斯塔法"（Mustafa，即被选择者）的词根，故被引申指穆罕默德之文字。
⑤ 〔明〕宋濂，等.元史·卷九十一·志第三十一上[M].北京：中华书局，1973: 2308.

各路设有万户府、总管府，各府分为上、中、下三等，均设有达鲁花赤，以蒙古人任之。万户府除了达鲁花赤外，还设有万户、副万户等职官。总管府则设有总管，与达鲁花赤一起管理事务。州也分为上、中、下三等，均设有达鲁花赤，州还设有知州、同知及判官等职官，县也有上、中、下之分，也设有达鲁花赤，还有县丞、主簿、尉及典史等官。

（二）元代的外交机构

元代国祚较短，又喜征伐，很多问题都用武力解决。前期很多的对外关系都演变为内部民族关系。故而元代的外交机构设置较唐宋时期发生了十分明显的变化：未设置鸿胪寺，尚书省也被合并于中书省。

礼部会同馆和侍仪司是元代最主要的外交机构。礼部会同馆部分延续了前代主客司的涉外职能，侍仪司则完全承袭了前代鸿胪寺的外交礼仪职能。礼部会同馆于至元十三年（1276）始置，二十五年（1288）罢之，二十九年（1292）复置，元贞元年（1294），以礼部尚书领馆，成为定制，秩从四品"掌接伴、引见诸番、蛮夷、峒官之來朝贡者"。[①] 元代会同馆延续了汉唐时期外交客馆的职能，主司接待外夷使者业务，具有明显的涉外性。侍仪司于至元八年（1271）始置，至元十三年（1276）并入太常寺，二十年（1283）又别置侍仪司，至大元年改升院。侍仪司，秩正四品，"掌凡朝会、即位、册后、建储、奉上尊号及外国朝觐之礼"。[②] 可见，侍仪司兼具国内、国外两方面的职能，主要负责礼仪工作，类似于唐宋时期的鸿胪寺。元代侍仪司的外交职能主要体现在职掌外国朝觐之礼方面，凡是外国使者前来朝贡，均由侍仪司负责礼仪工作。

另外，通政院廪给司、蒙古翰林院及市舶司也均有一定的涉外职能，可称之为外交关涉机构。廪给司于至元十九年（1282）始置，隶属于通政院，秩从七品，"掌诸王、诸蕃、各省四方边远使客饮食、供张等事"。[③] 廪给司

---

① 〔明〕宋濂，等.元史·卷八十五·志第三十五[M].北京：中华书局，1973：2140.

② 〔明〕宋濂，等.元史·卷八十五·志第三十五[M].北京：中华书局，1973：2137.

③ 〔明〕宋濂，等.元史·卷八十八·志第三十八[M].北京：中华书局，1973：2230.

是通政院下属机构，专门为包括诸藩使者在内的公务人员供应饮食等必需品，也具有明显的涉外性。蒙古翰林院为从二品衙门，"掌译写一切文字及颁降玺书，并用蒙古新字，仍各以其国字副之"。①元代市舶司始设于至元十四年（1277），"立市舶司一于泉州，立市舶司三于庆元、上海、澉浦"。②元代市舶司后虽经过屡次改革，但都未被裁撤，主要负责管理海外贸易，具有涉外性。

因此，元代的主要外交机构是侍仪司和礼部会同馆，关涉机构主要包括通政院廪给司、蒙古翰林院及市舶司等。

三、宋元时期外交机构的特点

汉承秦制、唐承隋制，因此这两个时期的外交机构往往具有一些共性。相较之下，宋代外交机构已经和隋唐时期明显不同，元代则作了更大的调整。宋元两代的外交机构并无明显的传承性，各具有不同的特色。

（一）宋代外交机构的特点

宋代外交机构的第一个也是最明显的特点是主客司及鸿胪寺外交职权的丧失。元丰改制之前的主客司和鸿胪寺几乎无外交权可言；元丰改制后，这两个机构的外交职权才有所增加。礼部仍旧具有外交决策权，只不过比较分散，体现了宋代分权的机构设置之特点。由于采取官职分离的措施，北宋前期"三省六部""九寺五监"虽然延续了唐时的称谓，但已经仅留下躯壳，并无实权。皇帝集权达到了前所未有的程度，宰相的权力较汉唐时期明显变小。宋朝皇帝为了避免出现唐末"藩镇割据"的局面，极力收拢权力，甚至设官却不让其任职，台省寺监官无定员，无专职，"悉皆出入分莅庶务，故三省六曹二十四司类以他官主判，虽有正官，非别敕不治本司事，事之所寄十亡二三"。③这就导致了宋代官场非常奇怪的现象发生，

---

① 〔明〕宋濂，等. 元史·卷八十七·志第三十七[M]. 北京：中华书局，1973: 2190.
② 〔明〕宋濂，等. 元史·卷九十四·志第四十三[M]. 北京：中华书局，1973: 2401.
③ 〔元〕脱脱，等. 宋史·卷一百六十一·职官志第一百一十四[M]. 北京：中华书局，1977: 3768.

即中书令、侍中、尚书令不能干预朝政，侍郎、给事有官却无职，不能谏议朝政，起居不记注，中书、舍人、门下常缺，常侍、司谏要想议论朝政必须经过皇帝批准才可以。

宋代外交机构的第二个特点是国信所、都廷西驿、礼宾院与怀远驿及同文馆等机构逐渐主导外交事务。元丰改制后，尽管鸿胪寺的外交职权有所恢复，负责管理都廷西驿、礼宾院、怀远驿及同文馆等涉外机构，但在差遣制度下，这些涉外机构具有较大的独立性。宋朝是中国历史上一个别具特色的王朝：虽拥有相对发达的经济、较为繁荣的文化，但其军事力量十分薄弱，经常遭到周边西夏、辽及金等少数民族政权的侵扰，以致几近丧失国土，这与唐代强有力的"天下共主"的形象形成了鲜明对比。随着宋代积贫积弱的国力变化，其外交机构的设置也作出了重大调整，处理与辽、金、夏相关事务的机构逐渐居于主导地位。

宋代外交机构的第三个特点是业务量比较少，外交关涉机构也比较少。宋朝建立之初，中华大地上还有众多割据政权，在北宋统治区域内也存在节度使等地方势力，再加上赵匡胤本身也是通过军事政变夺取后周政权，所以此时统治者关注的焦点是如何集中皇权。为此，宋朝统治者集中力量巩固政权，削减地方政府长官的权力，不允许官员兼任两个或者两个以上州郡的长官，限制宰相权力，官职分离，皇帝总揽大权，增加科举考试录取名额，吸引更多的地主阶级知识分子参政。与极端重视加强皇权相对的是，宋朝统治者对外交事务的冷漠。由于中外交往的地域范围很狭窄，交往频率也不高，所以，这一时期外交机构的业务量很少，外交关涉机构也十分有限。绍兴三十一年(1161)正月，安南献驯象，宋高宗却对臣下说，"蛮夷贡方物乃其职，但朕不欲以异兽劳远人，其令帅臣告谕，自今不必以驯象入贡"。[①] 宋代的国信所、礼宾院等针对不同外交对象所设立的外交机构，实质上是主要处理的和国内分裂政权的关系，这些机构的业务内容是和辽、金、夏等少数民族政权交往。

---

① 〔元〕脱脱，等.宋史·卷一百一十九·礼志第七十二[M].北京：中华书局，1977：2814.

（二）元代外交机构的特点

元代外交机构的特点是没有设置主客司及鸿胪寺。元朝是中国历史上第一个由少数民族建立的大一统政权，疆域之广，前所未有。忽必烈即位后，极力树立蒙元的正统地位，仿效前代制度建立了一套具有传统特色的官僚制度。在中央机构中，设置中书省、枢密院及御史台分掌行政、军事及监察大权，在地方上设立行中书省统辖各路、州、县。某些机构虽然和前代叫法一致，但职掌发生了很大变化，比如中书省，已经和前代的中书省不一样了。尽管元代并未设置主客司，但还保留了会同馆作为外交接待机构。元代也未设鸿胪寺，但有侍仪司，掌外交礼仪。

元代外交机构的另一个特点是外交关涉机构更少。元代统治者崇尚征伐，外交居于次要地位，并没有像前代那样有一套完善的外交出使和接待辅助机构，这就导致了元代仅有廪给司、蒙古翰林院及市舶司等少数几个涉外机构。元代疆域广阔，各级地方政府几乎都设有达鲁花赤统治，原属外交关系领域的事务也成为内政问题，宣政院客省使已经成为管理少数民族的内政机构，不再具有外交职能。

总之，先秦至元，外交机构经历了先秦的萌芽、秦汉的初具雏形、魏晋南北朝的最终成形、隋唐的成熟和完善及宋元的曲折发展等不同时期，虽发展曲折却为明代外交机构设置的重新完善奠定了基础。

明代外交决策机构实际是中枢机构，是国家的权力中心，其起源于历代的宰辅机构。以中书省为例，该机构发端于前代丞相、大司马、大司徒及大司空等官职，最早出现在东汉时期，当时也被称为"尚书台"，到了晋代正式形成了"三省"制，在隋、唐、宋等时期，中书省均为政令起草及决策机构，而到了元代和明代初期，裁撤了尚书省和门下省，中书省成为唯一总理全国政务的机关。在明代，主客司是最主要的外交专职机构，鸿胪寺是主要外交关涉机构之一，它们最早发端于夏商周三代时期的行人、史人、象胥等官职，到了秦汉时期也被称作典属国、典客及大鸿胪。在魏晋南北朝时期，尚书主客曹与鸿胪寺已经成为最主要的外交机构，但二者之间的职能多有重合，实际还处于互相"争权"状态。到了隋唐时期，主客司及鸿胪寺仍旧是最主要的外交机构，不同的是，主客司在外交事务中居于主导地位，鸿胪寺在主客司的领导下执行外交决策。明代鸿胪寺在外交事务中的作用进一步降低，成为主要外交关涉机构。

自夏商周三代至明的外交决策机构、外交专职机构及外交关涉机构的历史沿革情况，参见表1-1：

表1-1　前770-1368年外交机构历史沿革情况[①]

类型 朝代	外交决策机构	外交专职机构及主要外交关涉机构	辅助外交关涉机构	备 注
夏商周三代	相、左相、右相	行人、史人、象胥等	大司令乐、中大夫等	有职官，无机构
秦	左丞相、右丞相、相国府	典属国、典客	太乐令等	职官、机构混杂不分
汉	大司马、大司空、大司徒府	主匈奴营部尚书郎、大鸿胪	协律都尉等	职官、机构混杂不分
后汉	司马、司徒、司空、尚书台	南主客曹、北主客曹、大鸿胪	大司农等	职官、机构混杂不分
三国	尚书、中书两省、相府	魏南主客郎、大鸿胪	客馆等	职官、机构混杂不分
晋	尚书、中书、门下三省、相府	左、右、南、北主客曹郎、大鸿胪	典客署等	职责不明
宋齐梁陈	尚书、中书、门下省、相府	尚书主客曹、大鸿胪	秘书省、集书省等	互相侵权
北魏	尚书、门下、中书三省	主客曹、大鸿胪	曹省等	职权渐明
北齐	尚书、门下、中书三省	尚书主客曹、鸿胪寺	秘书省、中侍中省等	职权渐明
后周	天、地、春、夏、秋、冬六官府	无	无	刻意仿周制
隋	尚书省、门下省、内史省	主客司、鸿胪寺	拜者台、司隶台等	分工明确，运行顺畅

---

① 本表主要将明代以前的外交决策机构、外交专职机构及主要外交关涉机构的沿革情况一一列出，从严格意义上讲，明代及明代以前并没有形成外交专职机构，本书为了研究方便，将主导外交决策的权力中枢机构定义为外交决策机构，将以主司涉外事务的机构定义为外交专职机构，将参与涉外事务的机构定义为外交关涉机构，特此说明。

（续表）

类型 朝代	外交决策机构	外交专职机构及主要外交关涉机构	辅助外交关涉机构	备注
唐	尚书、中书、门下省、文昌台	主客司、鸿胪寺	光禄寺、太仆寺等	分工明确，运行顺畅
五季	尚书、门下、中书三省、崇政院	主客司、鸿胪寺	四方馆等	内乱，运行不畅
宋	尚书、门下、中书三省、宰相府	主客司、鸿胪寺	学士院、太常寺等	分权分职，有名无实
辽	大王府、中书、门下、尚书三省	令史、鸿胪寺	枢密院等	礼部不分曹
金	尚书省	东、西上阁门	大宗正府等	不设中书、门下两省
元	中书省	会同馆、侍仪司	廪给司、市舶司等	以中书省统六部

资料来源：据黄本骥《历代职官表》卷一内阁、礼部、礼部会同四译馆、卷三鸿胪寺，纪昀《历代职官表》卷二、三、四内阁、卷九礼部、卷十一礼部会同馆、卷三十三鸿胪寺的相关资料整理绘制而成。

明代外交机构既传承了历代外交机构的设置特点，又有所创新，并在历代外交机构设置的基础上重新趋于完善。明代外交决策机构和历代一样均为掌握实权的中枢机构，明代外交专职机构仍旧以主客司为主，而鸿胪寺则成为外交关涉机构。先秦时期是我国外交机构的萌芽期，秦汉时期的外交机构则已经初具雏形，魏晋南北朝时期的外交机构设置尽管非常复杂多变，但北齐政权的外交机构设置已经基本成形，确立了主客司为主导、鸿胪寺为辅助的外交机构体系，隋唐时期的外交机构则更加成熟和完善，形成了主客司为主导、鸿胪寺为辅助，众多外交关涉机构参与的外交机构体系，宋元时期的外交机构设置却经历了曲折发展，尤其是宋朝，主客司和鸿胪寺已经有名无实，很少参与外交事务，明代则重新完善了外交机构的设置，重新确立了比较系统的外交机构体系，其发展历程可参见图1-1：

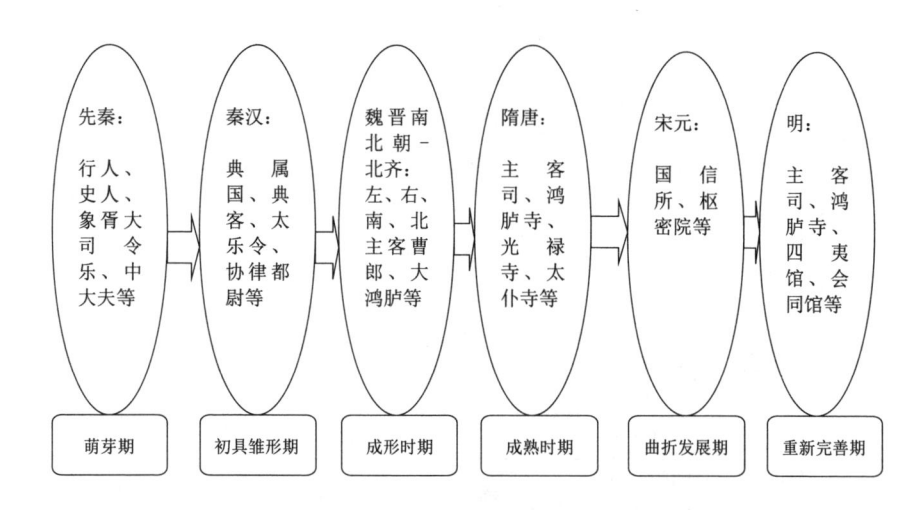

先秦：行人、史人、象胥、司乐、大夫等	秦汉：典国、典客、大令、太乐令、协律都尉等	魏晋南北朝-北齐：左、右、南、北主客曹郎、大鸿胪等	隋唐：主客司、鸿胪寺、光禄寺、太仆寺等	宋元：国信所、枢密院等	明：主客司、鸿胪寺、四夷馆、会同馆等
萌芽期	初具雏形期	成形时期	成熟时期	曲折发展期	重新完善期

图 1-1　前 770–1644 年各阶段外交机构所据历史地位图

第二章　明代外交决策机构

朱元璋于1368年在南京登上皇位，建立明王朝。明朝在制度设计上既参考了前代，又有所创新。关于明代中央决策机构对三省六部制的传承，沈德符有一段话如下：

"唐宋三省之制，本朝不复行，然其职掌自在，如为政本，则阁臣操其大柄，而仍留舍人之名，但降四品为七品，以司诰敕之事，尚书省虽不设令与仆射，而列曹如故，但升三品为二品，而事寄较重，以分中书之权，若通政司则全是门下省，其长官有使，有左右通政，左右参议；郎侍中与散骑常侍谏议大夫之职，其属给事中四人，今特分六科，增至五十员，以封驳兼补阙拾遗之责，视前代独加重焉，但六科今自为内府清华之选，不复肯属通政，而左右参议又以读本故，必由遴选而授班行厌薄之，不肯就鸾台重地，积轻已非一日。"①

但总的来看，明朝的官僚制度和前代有明显不同，更加突出皇帝的权威。封建君主专制权力达到了登峰造极的地步。自洪武元年（1368）至洪武十三年（1380），明王朝官僚机构的权力中枢是中书省，中书省统领六部，协助皇帝处理庶务，外交决策也大部分由中书省秉承皇帝旨意制定和实施。中书省左、右丞相的权力很大，甚至影响到了皇权，这引起了朱元璋的警觉和不满，遂于洪武十三年（1380）裁撤中书省，散中书之权力归六部，这实际上是改由皇帝亲自领导六部。封建社会实行君主专制制度，皇帝处

---

① 〔明〕沈德符. 万历野获编·卷二十·门下省[M]. 北京：中华书局，1997：518.

理事务非常繁忙，需要文官集团辅助皇帝处理庶务。朱元璋废除了"丞相"这一延续一千多年的职务，既标志着皇权和相权斗争的结束，也意味着皇帝政务更加繁忙。据吴晗先生统计，以洪武十七年（1384）九月间的收文为例，从十四日到二十一日的八天中，共收内外诸司奏札一千六百六十件，计三千三百九十一事，他平均每天要看二百多件报告，处理四百多件事。①为此，朱元璋不得不先后设置四辅官及殿阁大学士来辅助他处理政务，这就是内阁的萌芽。

朱棣夺取其侄儿的皇位后，削弱地方藩王势力，进一步加强皇权，选定解缙等七位饱学之士"入直文渊阁"，这就是内阁的雏形。仁宗在位时间不到一年，宣宗登基，宣宗在位的十年，内阁制度正式形成，文渊阁里的"三杨"在国家政务上发挥了极为重要的作用。内阁制度在宣德朝确立后，经历了正统、景泰、天顺、成化、弘治、正德、嘉靖、隆庆八朝，至万历初达到顶峰。内阁首辅的权力不亚于宰相，但内阁本身仅为秘书机构，所决事务只有经过皇帝批准才能生效，于是，当皇帝懒于政务时，代皇帝"批红"的宦官便可趁机控制政务，例如正统朝的王振、正德朝的刘瑾及天启朝的魏忠贤等，这些权阉基本都来自司礼监，因此司礼监在某些特殊时期也具有外交决策职能。

第一节　明代中书省及其外交决策职能

中书省在明初发挥了极为重要的作用，是辅佐皇帝处理政务的最高权力机构。朱元璋在"群雄逐鹿"中即将获胜时就仿效前元建立了中书省制度，但并未设置尚书省、门下省等机构。中书省在明初的外交决策中往往起决定作用，这也日益引起了勤于政务的朱元璋的不满，并最终于洪武十三年（1380）裁撤了该机构。如果说中书省的设立是仿效了元朝的做法，那么裁撤中书省则是延续了宋制，只不过宋代统治者是从制度设计层面限制臣下的权力以加强皇权，而明代统治者则更为直接，即通过裁撤宰相使君主专制制度空前加强。

---

① 吴晗.朱元璋传[M].天津：百花文艺出版社，2000：320.

一、明代中书省的设置情况

洪武元年（1368），朱元璋称帝，重新设计中书省官僚制度：中书省左、右相国被改称为左、右丞相，分别以李善长、徐达任之。同时，左丞相李善长进封韩国公、晋太师，右丞相徐达进封魏国公、晋太傅。中书省还设有从一品平章政事四员，分别以常遇春、胡廷瑞、廖永忠、李伯昇任之；正二品左、右丞各一员，分别以赵庸、王溥任之；从二品参知政事四员，分别以杨宪法、傅瓛、汪广洋、刘惟敬任之。此外，中书省的属官还有正五品左、右司郎中，正六品员外郎，正七品都事检校，从七品照磨管勾，正三品参议府参议，从三品参军断事官，正七品断事经历，正八品知事，正五品都镇抚司都镇抚及正七品考功所考功郎等。

洪武元年八月丁丑，中书省奏定六部官制，各部均设正三品尚书、正四品侍郎、正五品郎中、正六品员外郎、正七品主事。刚开始，中书省仅设四部以掌钱谷、礼仪、刑名、营造等事务。后来，朱元璋命令李善长等仿照前代制度建六部，以分理庶务，于是定置吏部、户部、礼部、兵部、刑部及工部六部。六部首任的尚书、侍郎设置情况如下：吏部以滕毅为尚书，樊鲁璞为侍郎；户部以前司农卿杨思义为尚书，少卿刘诚为侍郎；礼部以钱用壬为尚书，世家宝为侍郎；兵部以陈亮为尚书，朱珍为侍郎；刑部以周祯为尚书，盛原辅、张仁为侍郎；工部以单安仁为尚书，张文为侍郎。朱元璋亲自到奉天殿召见各部官员，并告诫诸官，"朕肇基江左，军务方殷，所以官制未备，今以卿等分任六部，国家之事，总之者中书，分理者六部，至为要职，凡诸政务，须竭心为朕经理，或有乖谬，则贻患于天下，不可不慎"。[①] 这实际上明确了中书省与六部的职责，即中书总揽全局，协助皇帝处理政务，六部在中书省领导下分理事务。可见，在明初，中书省统领百官，六部各衙门均为其下属机构。

中书省虽然存续时间很短，但却经历了多次改革，这也反映了朱元璋的矛盾心理，既需要依靠中书省协助他处理大量政务，又时刻担心该机构会最终侵害皇权。一方面，朱元璋非常重视中书省的作用，凡是遇到军国

---

① 《明太祖实录》，卷三十四，洪武元年八月丁丑．台北："中央研究院"历史语言研究所校印，1962：610.

大事，都首先与中书省商议。洪武元年春正月戊寅，朱元璋更是直接对中书省臣说，"成周之时，治掌于冢宰，教掌于司徒，礼掌于宗伯，政掌于司马，刑掌于司寇，工掌于司空，故天子总六官，六官总百执事，大小相维，各有攸属，是以事简而政不紊，故治；秦用商鞅，变更古制，法如牛毛，暴其民甚，而民不从，故乱，卿等任居宰辅，宜振举大纲，以率百寮，赞朕为治。"①上述言论实际上明确了中书省的中枢地位，也反映了朱元璋希望中书省能够辅佐他治理国家的愿望。另一方面，又鉴于历代相权与皇权矛盾的存在，朱元璋对中书省保持警惕，害怕该机构会祸乱国家，并不间断在不同场合对中书省臣进行诫勉谈话。洪武十年（1377）六月丁巳，朱元璋告诫中书省大臣，"清明之朝，耳目外通，昏暗之世，聪明内蔽，外通则下无壅遏，内蔽则上如聋瞽，国家治否，实关于此，朕常患下情不能上达，得失无由以知，故广言路，以求直言，其有言者，朕皆虚心以纳之，尚虑微贱之人敢言而不得言，疏远之士欲言而恐不信，如此则所知有限，所闻不广，其令天下臣民凡言事者，实封，直达朕前"。②在这段话中，朱元璋强调中书省要畅通上下言路，将天下臣民之事直接上报给他，实质上也告诫中书省臣不能专权，要及时上报政务情况。

朱元璋吴元年（1367），朱元璋命百官礼仪均以左为上，以右为辅，因此，将右相国李善长改任左相国，以示尊崇，将长期在外征战的左相国徐达任命为右相国，"以都镇抚司隶大都督府，吴元年（1367）革参议府，洪武元年（1368）革考功所，二年（1369）革照磨、检校所、断事官，七年（1374）设直省舍人十人，寻改中书舍人，洪武九年（1376）汰平章政事参知政事，十三年（1380）正月诛丞相胡惟庸，遂罢中书省，其官属尽革，惟存中书舍人"。③洪武初年，朱元璋在中书省臣的辅佐下，很快稳定了局势。局势稳定后，朱元璋开始猜忌李善长等一批开国功臣，历届中书省丞相几乎

---

① 《明太祖实录》，卷二九，洪武元年正月戊寅. 台北："中央研究院"历史语言研究所校印，1962：487.
② 《明太祖实录》，卷一一三，洪武十年六月丁巳. 台北："中央研究院"历史语言研究所校印，1962：1864.
③ 〔清〕张廷玉，等. 明史·卷七十二·志第四十八·职官一[M]. 北京：中华书局，1974：1733.

没有一个得以善终。自洪武元年（1368）至洪武十三年（1380）先后担任左、右丞相的仅有李善长、徐达、胡惟庸及汪广洋四人，除了徐达长期在外征战，仅挂右丞相之虚名而得以善终外，另外三人均非正常死亡，具体情况参见表2-1。朱元璋对丞相的奖与罚正是他对中书省矛盾心理的体现。

表2-1　1368—1380年中书省丞相任职情况

姓名	职务	任职时间	任职情况
李善长	中书省左丞相	洪武元年（1368）至洪武四年（1371）	洪武三年（1370）进封韩国公，晋太师，洪武四年（1371）被致仕，后自缢死。
徐达	中书省右丞相	洪武元年（1368）至洪武十三年（1380）	洪武三年（1370）进封魏国公，晋太傅，在外征战，并不预中书省事，有名无实。
胡惟庸	中书省左丞相	洪武十年（1377）至洪武十三年（1380）	洪武六年（1373）升迁为右丞相，特进荣禄大夫，洪武十年（1377）升迁为左丞相，洪武十三年（1380）被赐死、伏诛。
	中书省右丞相	洪武六年（1373）至洪武九年（1376）	
汪广洋	中书省右丞相	洪武四年（1371）至洪武六年（1373）	洪武四年（1371）升迁为右丞相，洪武六年（1373）左迁广东参政，洪武十年（1377）由御史大夫复任右丞相，洪武十二年（1379）谪海南，至太平，赐死。
	中书省右丞相	洪武十年（1377）至洪武十二年（1379）	

资料来源：张德信.明代职官年表[M].合肥：黄山书社，2009：1-15.

从表2-1可以看出，中书省丞相一职虽位高权重、风光无限，但实则暗流汹涌、重重危险。李善长虽为明朝开国元勋，但在此位任职不到四年即被致仕，回家养老。虽于洪武十三年（1380）被再度起用，署御史台事，但最终还是没能再任丞相一职；徐达长期在外征战，回京后也很少干预政务，深得朱元璋欢心，得以善终；胡惟庸、汪广洋两位丞相可谓精明能干，但最终因为权力之争而被赐死。上述种种事实是皇权和相权之争的必然结果。朱元璋害怕这种制度会给他的后世子孙带来威胁，所以从制度上根本废除了中书省制度。然而，朱元璋的后世子孙并不全都像他一样勤政。洪武十三年（1380），中书省及丞相被裁撤后，皇权与相权的矛盾不复存在，明代君主专制权力进一步加强，但也带来了诸多隐患。

二、明代中书省的外交决策职能

中书省上承皇帝旨意，下察百官、臣民诉求，在国内事务中居于主导地位，在外交事务中同样起关键性作用。中书省参与所有的外交事宜，并与皇帝一起商议具体外交措施，其外交决策职能主要体现在以下三个方面：

首先，中书省在外交事务中提出具体建议，供皇帝参考并作出最后决策。例如，洪武三年（1370）冬十月丁巳，高丽使者到中国朝贡，很多使者携带私货到中国进行贸易，中书省大臣出于经济利益考虑，建议皇帝对高丽使者征税。针对中书省的建议，皇帝的答复是，"远夷跋涉万里而来，暂尔鬻货求利，难与商贾同论，听其交易，勿征其税"。[①] 朱元璋出于"怀柔远人"的考虑，并未对高丽使者征税，体现了明朝统治者重政治、轻经济的外交姿态。再如，洪武三年（1370）十二月戊午，中书省臣针对西北归附诸虏提出建议，认为应当迁移诸虏于内地，这样就可以避免他们叛服无常、威胁边境安全，皇帝并未采纳中书省意见，并发表了自己的看法，朱元璋认为，"凡治胡虏，当顺其性。胡人所居，习于苦寒，今迁之内地，必驱而南去寒凉而即炎热，失其本性，反易为乱，不若顺而抚之，使其归就边地，择水草孳牧，彼得遂其生，自然安矣"。[②] 还有，洪武四年（1371）三月己亥，中书省臣奏言，"高丽国郎将李英等因入朝贡，多带物出境，请加禁止"。[③] 针对中书省禁止高丽使者带违禁物品出境的建议，朱元璋再次否决，仍旧允许高丽使者带违禁品出境。尽管中书省的建议很多时候并未被采纳，但仍可体现出其在外交决策中的巨大作用。

中书省的外交决策建议也不是每次都被否决，洪武七年（1374）五月壬申，高丽王王颛遣其监门卫上护军周谊、郑庇等奉表，贡方物，中书省

---

① 《明太祖实录》，卷五十七，洪武三年冬十月丁巳. 台北："中央研究院"历史语言研究所校印，1962：1116.

② 《明太祖实录》，卷五十九，洪武三年十二月戊午. 台北："中央研究院"历史语言研究所校印，1962：1147.

③ 《明太祖实录》，卷六十二，洪武四年三月己亥. 台北："中央研究院"历史语言研究所校印，1962：1197.

臣奏，"往年，高丽入贡白苎布三百匹，具于方物中，今乃称礼送大府监"。①中书省认为，高丽入贡已久，不可能错称前元机构，意涉不诚，皇帝采纳了中书省的建议，追究其责。

其次，中书省的外交决策职能还体现在秉承皇帝旨意，总理外交事务方面。皇帝发布的外交指令既考虑中书省的建议，又通过中书省实施。例如，洪武五年（1372）春正月壬子，上谓中书省臣曰，"西洋琐里，世称远番，涉海而来，难计年月，其朝贡无论疏数，厚往而薄来可也"。②于是，中书省按照皇帝旨意赐予西洋琐里使者卜纳以《大统历》及织金文绮纱罗各四匹，斡的亦刺、丹八儿山等文绮纱罗各二匹，僾从高丽布各二匹。再如，洪武五年（1372）三月壬申，上顾谓中书省臣曰，"高丽欲遣子弟入学，此亦美事，但其涉海远来，离其父母，未免彼此怀思尔。中书宜令其国王与群下熟议之，为父兄者果愿遣弟子入学，为弟子者果听父兄之命，无所勉强，即遣使护送至京。或居一年，或半年，听其归省也"。③中书省秉承皇帝旨意，协调国子监等部门负责接收这些留学生，并为他们提供生活上的服务。还有，洪武七年（1374）三月癸巳，朱元璋下诏书于中书、礼部，"古者，中国诸侯于天子，比年一小聘，三年一大聘，九州之外番邦远国，则每世一朝，其所贡方物不过表诚敬而已，高丽稍近中国，颇有文物、礼乐，与他番异，是以命依三年一聘之礼，彼若欲每世一见，亦从其意"。④中书省秉承皇帝旨意，控制占城、安南、西洋琐里、爪哇、渤泥、三佛齐、暹罗、真腊等新附国的进贡次数，并严格限制其朝贡贡道及贡物。

最后，中书省的外交决策还具有一定的独立性，即可以单独处理外交事务。由于外交事务的重要性和特殊性，皇帝一般都要直接参与其中，中书省则作为最重要的外交决策机构伴随皇帝左右，出谋划策并将外交决策

---

① 《明太祖实录》，卷八十九，洪武七年五月壬申. 台北："中央研究院"历史语言研究所校印，1962：1574.
② 《明太祖实录》，卷七十一，洪武五年正月壬子. 台北："中央研究院"历史语言研究所校印，1962：1313.
③ 《明太祖实录》，卷七十三，洪武五年三月壬申. 台北："中央研究院"历史语言研究所校印，1962：1341.
④ 《明太祖实录》，卷八十八，洪武七年三月癸巳. 台北："中央研究院"历史语言研究所校印，1962：1565.

付诸行动。朱元璋在处理日本问题上，采取降格处理关系的方式，赐予日本的诏书都以中书省的名义发出，这一方面反映了朱元璋对日本的不满态度，另一方面也表明中书省有独立的外交决策权。例如，洪武七年（1374）六月乙未朔，日本使者宣闻溪等赍其国臣之书达中书省而无表文，皇帝命令不接纳其贡品，仍赐宣闻溪等文绮、纱罗各二匹，还赏赐了很多钱帛。朱元璋对中书省臣说，日本国位于东海，崇尚儒家经典，立国时间也不短，以前由于日本国王怀良奉表来贡，误以为怀良是日本正君，所以派遣使者到日本答谢其朝贡之礼，出乎意料，使者却被日本扣留两年，"逆天之道，其国必亡。今日本蔑弃礼法，慢我使臣，乱自内作，其能久乎，尔中书其移书，谕以朕意，使其改过自新，转祸为福，亦我中国抚外夷以礼，导人心以善之道也"。① 这样，在实际交往中，中书省代表皇帝与日本国王交往。洪武八年（1375）五月甲午，以中书省臣的名义，"谕安南、高丽、占城等国，自今惟三年一来朝贡，若其王立则世见可也"。②

自洪武二年（1369）至洪武十二年（1379），中书省的主要外交决策情况，参见表2-2：

表2-2　1369-1379中书省参与外交决策年表

时间	外交事务	外交决策结果
洪武二年（1369）	祭祀安南、高丽山川事宜	皇帝经与中书、礼部议决安南二十一座山、六条河，高丽三座上、三条河与中国山川一体致祭
洪武三年（1370）	高丽使者携带私货入境贸易事宜	中书省意见被皇帝否决，免征朝鲜私货贸易税
	安置西北归附诸虏事宜	中书省意见被皇帝否决，西北归附诸虏仍居其地
洪武四年（1371）	高丽使者携带违禁物品出境事宜	中书意见被皇帝否决，允许朝鲜使者携物出境

---

① 《明太祖实录》，卷九十，洪武七年六月乙未．台北："中央研究院"历史语言研究所校印，1962：1581．
② 《明太祖实录》，卷一百，洪武八年五月壬辰．台北："中央研究院"历史语言研究所校印，1962：1696．

（续表）

时间	外交事务	外交决策结果
洪武五年（1372）	赏赐西洋琐里使者事宜	中书省承旨，后赏使者
	高丽欲遣子弟入中国留学事宜	中书省承旨，允许高丽自愿留学者入国子监
	高丽等国朝贡贡期、贡物事宜	中书省承旨，令高丽三年一贡，远国每世一贡
洪武七年（1373）	追赐占城国王赏物事宜	中书省承旨，至广州加赐酒及金织文绮纱罗等物
洪武七年（1374）	诸藩国朝贡贡期事宜	中书省承旨，令高丽或三年一贡，或每世一贡，其他诸藩贡期随意，但不要频繁
	高丽入贡妄称"大府监"事宜	中书省建议被采纳，皇帝斥责高丽使者所上表文中有称前元机构"大府监"之失
	却日本贡事宜	中书省承旨，斥责日本，仍赏赐其使臣
	日本游方僧来华事宜	中书省承旨，安排住宿，赐予僧衣
洪武八年（1375）	外夷山川附祭于各省山川事宜	皇帝采纳中书省、礼部加意见，以外夷山川附祭于各省山川之次
	安南贡期事宜	中书省承旨，令安南世一贡即可
洪武九年（1376）	安南违制再贡事宜	中书省承旨，告诫安南当守常制
洪武十年（1377）	朝鲜国王王颛被弑事宜	中书省承旨，派遣使者入高丽探听虚实
洪武十二年（1379）	中书不以时奏占城入贡事宜	斥责中书省壅蔽之害，中书省臣叩头谢罪

资料来源：本表根据《明太祖实录》卷三八至卷一二八中的中书省参与外交事务信息整理而成。

第二节 明代礼部及其外交决策职能

明代六部是指中央行政机构吏、户、礼、兵、刑、工六个部的总称，六个机构各自分工负责处理封建国家的各种主要政务。礼部位列六部之一，职责较重。在隋、唐、宋时期，六部是尚书省的下属机构，元朝时改属中书省，明洪武十三年（1380）之前，六部仍隶属中书省。然而，洪武十三年（1380）撤中书省、废丞相后，六部地位提高，从此前的二级行政管理机构一跃成为由皇帝直接领导的一级国家行政管理机构。尽管在明代中后期，部权不断为内阁所侵，但在制度上，六部不是内阁的下属，也不必听命于内阁。

一、明代礼部的设置情况

明朝礼部之设，始于洪武元年（1368），设尚书一人，左、右侍郎各一人。洪武六年（1373）分置四属部，曰总部、祠部、膳部、主客部。洪武十三年（1380）废除中书省后，明朝礼部成为由皇帝直接领导的一级中央行政机构，其职责范围之广，远远超过前代。洪武二十二年（1389）改总部为仪部；洪武二十九年（1396），又改仪部、祠部、膳部分别为仪制、祠祭、精膳，唯主客依旧，均称为清吏司。自此，明朝礼部定制，设仪制、祠祭、精膳、主客四个清吏司。礼部是主要负责国家礼仪、教化等方面事务的机构，非常受重视。

朱元璋受儒学之影响，重视以礼治国，对礼部尚书的人选也格外重视。他强调"礼之为用，表也；法之为用，里也"，他认为"特设官备礼，协和人臣"，他要求"务得通今古，博群书，明于礼而善于周旋者"出任礼部尚书。[①] 明代礼部与前朝礼部相比，十分重视礼部尚书的出身，"崇儒重道"的色彩特别浓厚，礼部尚书一般要由翰林出身者出任，"自弘治后，礼部长非翰林不受，惟席书以言大礼故，由他曹选，万世和不由翰林，然先历侍郎，学谟经拜尚书，廷臣以居正故，莫敢言"。[②] 嘉靖时，席书因

---

① 《明太祖文集》，卷四，《礼部尚书诰》.景印文渊阁四库全书本，集部，别集类，第1223册.台北：商务印书馆，1986：34.

② 〔清〕张廷玉等.明史·卷二百四十三·列传第一百三十一[M].北京：中华书局，1974：6303.

为迎合皇帝议大礼而得宠，由南京兵部侍郎升礼部尚书；万历时期，徐学谟因为与张居正的关系密切，得以由刑部侍郎升礼部尚书，但均受到非议，足见有明一代对礼部的重视程度。

明代礼部官员的品秩以及机构设置的完备程度、职责范围都远远超越了历代。周宗伯之职虽掌邦礼，而司徒既掌邦教，"所谓礼者，仅鬼神祠祀而已，至合典乐典教，内而宗潘，外而诸蕃，上自天官，下逮医师、膳夫、伶人之属，靡不兼综，则自明始也，成、弘以后，率以翰林儒臣为之，其由此登公孤任辅导者，盖冠于诸部焉"。①因此，礼部在明代不仅事权有所扩大，而且礼部尚书得到公孤荣衔、辅导太子、入阁的人数之多，居六部之首。礼部仪制司"居四司之首，一代礼仪典则攸属"。②"仪制分掌诸礼文、宗封、贡举、学校之事。"③精膳司负责藩使的宴飨之事。"精膳分掌宴飨、牲豆、酒膳之事"，④藩使的宴飨事务属于精膳司的职责，"蕃使、土官有宴，有下程，皆辨其等"。⑤主客司负责朝贡事务，祠祭司则主理祭祀事务。礼部四司均参与外交事务，主客司更是专职的外交机构，下面以仪制司为例介绍礼部下属机构的涉外职能。

明朝把各种典礼分为五类，吉礼指祭祀之礼，吉训为福，也就是祀神致福之礼；嘉礼指冠婚、饮食、宾射、燕飨、赈膰、贺庆等礼；军礼指军旅之礼；凶礼指丧葬之礼；而宾礼指接待宾客之礼。所以，仪制司具有规范接待外宾之礼的外交职能。"宾礼以待蕃国之君长与其使者。"⑥"藩王朝贡礼""遣使之蕃国仪""蕃国遣使进表仪"皆属于仪制司之职责所在。

---

① 〔清〕张廷玉等.明史·七十二·志第四十八[M].北京：中华书局，1974：1750.
② 〔明〕焦竑.国朝献征录·卷五十一·工部二·左侍郎杜公谦墓志铭[M]//续修四库全书本·史部·传记类·第527册.上海：上海古籍出版社，2002：628.
③ 〔清〕张廷玉等.明史·卷七十二·志第四十八[M].北京：中华书局，1974：1746.
④ 〔清〕张廷玉等.明史·卷七十二·志第四十八[M].北京：中华书局，1974：1749.
⑤ 〔清〕张廷玉等.明史·卷七十二·志第四十八[M].北京：中华书局，1974：1749.
⑥ 〔清〕张廷玉等.明史·卷五十六·志第三十二[M].北京：中华书局，1974：1421.

凡是给予藩王的封赠命令由仪制司会同吏部请示皇帝决定；仪制司还协助皇帝授予外国国王印，分为金印、镀金银印及银印三等。例如，洪武二年（1369）国王王颛遣使奉表贺即位，请封，贡方物，太祖下沼封其为高丽国王，赐龟钮金印诰命；永乐初、日本再次来中国朝贡，成祖赐龟钮金印诰命；洪武十六年（1383），太祖分别赐予琉球中山王察度、山南王承察度、山北王帕尼芝镀金银印；洪武二年（1369），安南国王陈日煓，遣使朝贡请封，太祖下诏封其为安南国王，赐镀金银印诰命；洪武二年（1369），占城国王阿答阿者，遣使朝贡，太祖下诏封其为占城国王，并赐镀金银印；洪武七年，西域安定王卜烟帖木儿，遣使来朝，贡铠甲刀剑等物，太祖赐予卜烟帖木儿银印。

二、明代礼部的外交决策职能

中书省被裁撤以前，礼部在中书省的领导下参与外交决策，其外交决策职能并不明显；中书省被裁撤后，洪武十三年（1380）至宣德元年（1426），礼部成为最主要的外交决策机构；宣德元年（1426）以后，礼部的外交决策主导地位逐渐被内阁所取代。礼部的外交决策职能主要表现在以下几个方面：

第一，随时向皇帝汇报夷情，为皇帝了解外交形势提供参考。例如，洪武二十七年（1394）二月癸酉，礼部奏，"朝鲜国岁给《大统历》一百本，今李旦数生边衅，既已绝其往来，则岁赐之历亦宜免造"。[①] 皇帝通过礼部的奏折了解到，朝鲜国王李旦数次在中朝边境挑起争端，于是决定同意礼部的意见，下诏取消赐予朝鲜《大统历》的惯例。再如，永乐五年（1407）六月癸卯，上问礼部臣，近四夷之情如何，礼部大臣回答说，蛮夷自古以来叛服不常，难以驾驭，但是陛下怀之以恩，待之以礼，现在都心悦诚服，不再有反侧之意。礼部的回答使朱棣很快了解了他的外交政策实施效果，他很高兴的对礼部大臣说，"朕素待之以诚，彼或不诚亦不与校，故亦有感激愧服者，孔子常曰，言忠信，行笃敬，虽蛮貊之邦行之矣，圣人之言，

---

① 《明太祖实录》，卷二三一，洪武二十七年二月癸酉. 台北："中央研究院"历史语言研究所校印，1962：3379.

万世可行"。①

第二，秉承皇帝旨意，执行外交决策。大部分的外交决策都必须经过皇帝的批准才能生效，尤其是洪武、永乐两帝均颇有作为，礼部绝大部分时间都是秉承他们的旨意处理外交事务。例如，洪武十六年（1383）三月己卯，礼部承旨定，"四夷及诸土官入贺正旦者，无分远迩，务于畿甸近地会集，同入京师朝见"。② 再如，洪武十八年（1385）九月甲申，皇帝明确告诉礼部大臣，诸藩来朝贡，朝廷都会给予赏赐，但必须要有一定的仪式，要求礼部会同仪礼司制定具体的朝贡仪式。于是，礼部很快秉承皇帝旨意，定下了诸藩朝贡礼仪，规定，"凡赐诸蕃金帛等物，皆先陈于庭，引受赐者至前列跪，主客以盘盛所赐授之，先受者俯伏，兴，立俟于傍，余人以次受讫，复序立，置赐物于拜位之前，五拜三叩头，乃退，若一人，则跪于中受赐讫，就俯伏，以物置地，亦五拜三叩头而退"。③

第三，在外交事务中，为皇帝出谋划策。例如，礼部在三佛齐阻碍贡道这一外交事件中为皇帝出谋划策，发挥了极为重要的作用。洪武三十年（1397）秋七月丙午，礼部上奏皇帝，三佛齐阻碍贡道，客旅不通。皇帝认为朝廷对诸藩国不薄，但不知道诸国会不会感恩图报，决定直接给三佛齐的宗主国爪哇下诏，让其管束属国，不要再中途阻碍贡使。但是，礼部认为即使这样，诏书也未必能到爪哇，于是建议皇帝移文暹罗国王，令暹罗国王转达爪哇，这就可以避免三佛齐从中作梗。于是，礼部咨暹罗国王曰："自有天地以来，即有君臣上下之分，且有中国、四夷之礼，自古皆然。我朝混一之初，海外诸番，莫不来庭，岂意胡惟庸造乱，三佛齐乃生间谍，绐我信使，肆行巧诈，彼岂不知大琉球王与其宰臣皆遣子弟入我中国受学，皇上锡寒暑之衣，有疾则命医诊之，皇上之心，仁义兼尽矣。"④

---

① 《明太宗实录》，卷六十八，永乐五年六月癸卯. 台北："中央研究院"历史语言研究所校印，1962：962.
② 《明太祖实录》，卷一五三，洪武十六年三月己卯. 台北："中央研究院"历史语言研究所校印，1962：2396.
③ 《明太祖实录》，卷一七五，洪武十八年九月甲申. 台北："中央研究院"历史语言研究所校印，1962：2661.
④ 《明太祖实录》，卷二五四，洪武三十年七月丙午. 台北："中央研究院"历史语言研究所校印，1962：3672.

礼部的建议为皇帝成功解决三佛齐阻碍贡道这一外交事件奠定了基础。

第四，永乐帝时期，行在礼部在外交事务中发挥了较为重要的作用。例如，永乐十三年（1415）九月庚申，苏门答剌、古里、柯枝、麻林诸藩国朝贡后，准备归国，上谕行在礼部臣曰，"先王柔远人，厚往薄来"。[①] 行在礼部遵照皇帝旨意，盛情送行，不仅在沿途设宴招待，还遣官前往福建诸使登海处设宴饯行，宴会规格也很高。再如，永乐十五（1417）年八月甲申，苏禄西国麻哈剌吒葛剌麻丁故权、苏禄东国巴都葛叭答剌权及苏禄峒者之妻叭都葛巴剌卜各自率领其属员及头目三百四十余人来华朝贡，各使者都奉金缕表来朝贡，"且献珍珠宝石、玳瑁等物"。[②] 行在礼部认为赐予苏禄各使者的赏赐不宜违制，应当与赐予满剌加国王的赏赐相同，这就避免了各夷之间的矛盾，显然，行在礼部在这次外交决策中发挥了决定性作用。

第五，礼部还独立处理涉外事务。例如，永乐元年（1403）夏四月丁未，安南新国王请求册封，并上表称安南王陈日煃率先诸夷，输诚奉贡，蒙恩锡爵，但由于日煃丧，宗嗣继绝，支庶沦灭，无可绍承，由于该事情比较蹊跷，遂下礼部议，礼部言，"远夷荒忽难信，宜遣使廉察"。[③] 由于事情没有弄清楚，不宜直接册封，这实际上是礼部的独立决策，而皇帝同意了礼部的建议。再如，永乐十一年（1413）秋七月丁酉，别失八里王马哈麻遣使臣脱卜儿来贡，使团已经入境，礼部遂命令陕西布政司、陕西行都西司及平凉府设宴款待诸使者，随后上奏皇帝，这实际上也是礼部独立决策典型事例。还有，永乐九年（1411）六月癸巳，榜葛剌国遣使贡至太仓，礼部才上奏皇帝，前期的接待及宴请工作均由其独立完成。太仓已经接近京师南京，朱棣还未迁都，为了让皇帝接见使者，礼部才上报，皇帝并没有怪罪礼部上报太晚，说明他也认可礼部拥有独立处理外交事务的权力。

---

① 《明太宗实录》，卷一六八，永乐十三年九月庚申．台北："中央研究院"历史语言研究所校印，1962：1877．
② 《明太宗实录》，卷一九二，永乐十五年八月甲申．台北："中央研究院"历史语言研究所校印，1962：2021．
③ 《明太宗实录》，卷十九，永乐元年夏四月丁未．台北："中央研究院"历史语言研究所校印，1962：337．

得到礼部奏报使者来贡消息后,"上命遣行人往宴劳之"。①

中书省在洪武十三年(1380)被朱元璋裁撤后,礼部一度成为最主要的外交决策机构,协助皇帝处理外交事务,自洪武十四年(1381)至永乐二十一年(1423),礼部参与外交决策的情况可参见表2-3.

表2-3　1381-1423年礼部参与外交决策年表②

时间	外交事务	决策者及决策结果
洪武十四年(1381)	却日本国王僧如瑶等贡方物事宜	礼部承旨决策,起草诏书,斥责其不守己分
洪武十六年(1383)	四夷及诸土官入贺正旦事宜	礼部承旨决策,令使者在畿甸会集,同入京师朝见
洪武十六年(1383)	赉予朝贡使者物品事宜	礼部承旨决策,赏赐物宜厚,以示朝廷怀柔之意
洪武十八年(1385)	诸藩入贡朝廷礼仪事宜	礼部承旨决策,定诸藩朝贡礼仪
洪武二十年(1387)	高丽王不受马直事宜	礼部承旨决策,敕高丽王偿马直
洪武二十一年(1388)	安南朝贡贡期事宜	礼部承旨决策,令安南三年一贡
洪武二十七年(1394)	赐朝鲜国《大统历》事宜	礼部决策,经上报奏准,免赐朝鲜《大统历》
洪武三十年(1397)	三佛齐阻碍贡道事宜	礼部承旨决策,斥三佛齐尽快改过自新
永乐元年(1403)	琉球山北王攀安知遣使朝贡事宜	礼部承旨决策,赐其国王暨陪臣冠服
永乐五年(1307)	刺探周边夷情事宜	礼部承旨,上报夷情
永乐八年(1410)	赐国子监留学生冬衣靴袜事宜	礼部决策,上报未批准,仍旧赏赐夷生冬衣靴袜

---

① 《明太宗实录》,卷一百十六,永乐九年六月癸巳.台北:"中央研究院"历史语言研究所校印,1962:1475.
② 本表选取洪武十四年至永乐二十一年的主要涉外事务进行统计,以说明礼部的外交决策职能,并未囊括所有的涉外事务。

（续表）

时间	外交事务	决策者及决策结果
永乐十年（1412）	满剌加、榜葛剌遣使朝贡事宜	礼部决议，差人往镇江府宴劳使者
	渤泥国王遐旺偕其母妻朝贡事宜	礼部决议，遣人宴劳使者
永乐十一年（1413）	国子监琉球生奏乞归省事宜	礼部承旨决议，厚赐其归国
永乐十九年（1421）	蛮夷来朝赏例事宜	礼部承旨决议，依品加厚给赐朝贡者
永乐二十一年（1423）	满剌加等十六国使团入贡事宜	礼部决议，宴劳使者并如例赐赏

资料来源：本表根据《明太祖实录》卷一五三至卷二五四、《明太宗实录》卷十九至卷一九二中的礼部参与外交事务信息整理而成。

第三节　明代内阁及其外交决策职能

内阁本属于翰林院，曾经担任翰林院学士的尹直言道："文渊阁本翰林内署，非衙门名，故凡朝廷之宣召，诸司之文移，虽事关机务，亦止称翰林院，或称会同翰林堂上官，初不以内阁名，比年以来，则直称会同内阁大臣，而翰林堂上官不道及矣，后进朝绅之不习事体，大率类是。"[①] 正统六年（1441），翰林院和文渊阁分开办公，内阁逐渐掌握了翰林院的管理权，但由于内阁在内政及外交决策中往往居于主导地位，所以本书将其定位为一个权力中枢机构，并重点分析其外交决策职能。

一、明代内阁的设置情况

永乐、洪熙、宣德三朝是内阁制的确立期，在这一时期，内阁的地位逐渐提高。朱元璋废除丞相后，因皇帝不可能总理所有政务，其子朱棣刚登大位，就提拔解缙为翰林院侍读学士，胡广、黄淮、胡俨三人为侍读，

[①] 尹直. 謇斋琐缀录（卷1）[M]// 原国立北平图书馆甲库善本丛书·第533册. 北京：国家图书馆影印本，2013：338.

杨荣、杨士奇、金幼孜三人为侍讲，这七人的品秩都不高，但却是皇帝的侍从之臣，朝夕伴随，"参与机务"，具有较高的权威。尽管在《明太宗实录》及其他可见的永乐时期的所有典籍中并没有"内阁"这一说法，但是朱棣的七位翰林院近臣"入直文渊阁"，掌制诰，虽然和宰相的"政事堂"不可同日而语，但已经具备内阁的雏形。朱瞻基在位的十年，是内阁的形成和发展期。杨士奇与杨荣早在明成祖时期就入文渊阁办事，杨溥则是明仁宗时期官僚，三人均为四朝元老，是明代内阁制形成的关键人物。"三杨"这一称谓就是指杨士奇、杨荣及杨溥，他们同为内阁大臣，为世人所称道。据张廷玉等所撰《明史》所赞，"是以明称贤相，必首三杨，均能原本儒术，通达事几，协力相资，靖共匪懈，史称房、杜持众美效之君辅，赞弥缝而藏诸用，又称姚崇善应变，以成天下之务，宋璟善守文，以持天下之正，三杨其庶几乎"。① 该史料称"三杨"为贤相，足见内阁权责之重。永乐、洪熙、宣德三朝，先后入阁的有解缙、黄淮、胡广、胡俨、杨荣、杨士奇、金幼孜、杨溥、权谨、张瑛及陈山等十一人，这些人入阁前一般都是翰林院官或者中央各机构长官，入阁后任谨身殿、华盖殿、文华殿、武英殿及文渊阁等殿阁大学士，还往往兼任各部尚书，权责虽重，但仍然和宰相的权力有差距，受到六部长官的压制。

正统、景泰、天顺、成化、弘治、正德六朝是内阁制的曲折发展期。内阁之权在明英宗初期遭到限制，太皇太后和王振先后专权。土木堡之变以后，郕王朱祁钰即皇帝位，进一步完善内阁建制，正式设置诰敕、制敕两房。景泰中，"王文始以左都御史进吏部尚书入内阁，自后，诰敕房、制敕房俱设中书舍人，六部承奉意旨，靡所不领，而阁权益重"。② "夺门之变"以后，明英宗重登皇位，石亨、曹吉祥以功臣自居，专权跋扈，操纵阁臣任免，内阁权力再次受到限制。李自贤掌文渊阁事，内阁权力才有所恢复。然而，明宪宗朱见深即位后，宠信太监汪直，设立西厂，十分

---

① 〔清〕张廷玉等.明史·卷一百四十八·列传第三十六[M].北京：中华书局，1974：4145.
② 〔清〕张廷玉等.明史·卷七十二·志第四十八[M].北京：中华书局，1974：1734.

轻视内阁，在位期间仅仅召见过一次阁臣。[①]朱祐樘即位后，重用贤臣，政治清明，被称为"弘治中兴"。弘治年间，入阁方式进一步规范化，采用"廷推"的方式选择阁臣。弘治十八年（1505），除了首辅刘吉一人为成化旧臣外，徐溥、刘健、丘濬、李东阳及谢迁等五名饱学之士均为被推举入阁，为"弘治中兴"作出了极大的贡献。然而，朱祐樘并不重视内阁，甚至不愿意召见阁臣，更谈不上一起议政，正德皇帝的即位更加剧了内阁的尴尬处境。内阁阁臣与内臣互相抗衡，刘瑾专权，这都影响了内阁作用的发挥。正统、景泰、天顺、成化、弘治、正德六朝先后入阁的殿阁大学士有马愉等四十三人。这些阁臣大部分入阁前都已经官居吏部尚书等职，入阁后职权更重；但是，这些阁臣的实际权责不一，有的阁臣权力比较大，有的阁臣则受到诸多限制，有名无实。例如，景泰时的阁臣李贤等权责较重，而王振专权时期的阁臣则无足轻重。

　　嘉靖、隆庆、万历三朝是内阁制的成熟期。内阁首辅在成化、弘治年间就已经设置，但其权限非常小，仅限于文字工作，并无干政的资格。嘉靖以后，内阁首辅权力已经不亚于前代的宰相，干预政事的能力空前加强。然而，明代的内阁不属于官方的行政机构，始终依附于翰林院，其职能的发挥也受制于司礼监、六科等部门，这也反映了明朝历代皇帝害怕相权威胁皇权的心理。嘉靖、隆庆、万历三朝先后入阁的殿阁大学士有石珤等四十六人，这一时期的内阁大臣是真正的权臣，他们入阁前都已经官居高位，入阁后更是被授予太保、太师等职衔，已经和宰相的权力不相上下，内阁成为真正的权力中枢机构。内阁制在泰昌、天启、崇祯三朝伴随着明王朝的衰落趋于瓦解。万历时期，阁臣与皇帝的矛盾就已经非常突出，皇帝甚至和以阁臣为首的整个文官集团对立起来。这一时期，明王朝的颓废之势已经不可逆转，出现了魏忠贤这样的权阉，内阁之权受到限制。崇祯皇帝想挽回局势，但为时已晚，其在位十七年竟然更换了近五十位内阁首辅，这一方面说明皇帝对阁臣寄予厚望，另一方面也反映了阁臣对危机局势的无能为力。明代不同阶段的内阁大臣名单及内阁大臣实际职权情况见表2-4.

---

① 王其榘.明代内阁制度史[M].北京：中华书局，1989：123.

表2-4 1402-1644年内阁大臣姓名、人数及职权情况

时段	内阁大臣姓名及人数	阁臣职权情况
第一阶段（1402-1435）	解缙、黄淮、胡广、胡俨、杨荣、杨士奇、金幼孜、杨溥、权谨、张瑛及陈山等11人	权责已很重，但仍受制于六部
第二阶段（1435-1521）	马愉、曹鼐、陈循、苗衷、高穀、张益、彭时、商辂、俞纲、江渊、王一宁、萧镃、王文、徐有贞、许彬、薛瑄、李贤、吕原、岳正、陈文、刘定之、万安、刘珝、刘吉、彭华、尹直、徐溥、刘健、丘濬、李东阳、谢迁、焦芳、王鏊、杨廷和、刘宇、曹元、梁储、刘忠、费宏、靳贵清、蒋冕、毛纪及袁宗皋等43人	正统、景泰、天顺、成化、弘治、正德朝阁臣权力很大，有时受到司礼监制约
第三阶段（1521-1620）	石珤、贾咏、席书、翟銮、张璁、桂萼、李时、方献夫、夏言、顾鼎臣、严嵩、许瓒、张璧、张治、李本、徐阶、袁炜、严讷、李春芳、郭朴、高拱、陈以勤、张居正、赵贞吉、殷士儋、高仪、吕调阳、张四维、马自强、申时行、潘晟、余有丁、许国、王锡爵、王家屏、赵志皋、张位、陈于陛、沈一贯、沈鲤、朱赓、于慎行、李廷机、叶向高、方从哲、吴道南等46人	嘉靖、隆庆、万历朝阁臣的权力已经和宰相的权力相差无几，内阁成为真正的权力中枢机构
第四阶段（1620-1644）	史继偕、沈㴶、何宗彦、刘一燝、韩爌、朱国祚、孙如游、孙承宗、顾秉谦、朱国桢、朱延禧、魏广微、周如磐、黄立极、丁绍轼、冯铨、施凤来、张瑞图、李国𣚴、来宗道、杨景辰、周道登、钱龙锡、李标、刘鸿训、成基命、周延儒、何如宠、钱象坤、温体仁、吴宗达、郑以伟、徐光启、钱士升、王应熊、何吾驺、文震孟、张至发、林釬、黄士俊、孔贞运、贺逢圣、刘宇亮、傅冠、薛国观、程国祥、杨嗣昌、方逢年、蔡国用、范复粹、姚明恭、张四知、魏照乘、谢陞、陈演、蒋德璟、黄景昉、吴甡、魏藻德、李建泰、方岳贡、范景文、丘瑜等63人	泰昌、天启、崇祯朝阁臣被寄予厚望，但实际上又常常受到内臣制约，难以发挥权力中枢机构的作用

资料来源：王其榘.明代内阁制度史[M].北京：中华书局，1989：354-377.

二、明代内阁的外交决策职能

内阁阁臣几乎全部出身于翰林院文学之士，其"票拟权"经常受到司礼监的掣肘，因此，仅仅在强势首辅执政时，其外交决策才能被采纳并实施。内阁制萌芽于洪武时期，在永乐时期已经初显雏形，经过仁宗、宣宗两朝得以正式确立。明代内阁制在宣德元年确立后，经历了一个曲折发展过程，其权力屡遭限制，最终于嘉靖年间成为真正的国家权力中枢机构。自严嵩以后，历届内阁首辅不论任期长短，都掌握国家大权。因此，内阁的外交决策权主要体现为内阁首辅在外交决策中的核心作用，其具体职能主要有以下三个方面：

首先，内阁参与管理四夷馆。四夷馆是隶属于翰林院的主司翻译事务的涉外机构。由于内阁衍生于翰林院，所以内阁大臣对四夷馆重大事务往往有最终决策权。例如，弘治十年（1497），暹罗使者朝贡，但由于四夷馆长期疏于管理，并无通晓暹罗语译字官，内阁大臣华盖殿大学士徐溥等请移牒广东，"访取能通彼国言语文字者，赴京备用"。[①] 再如，嘉靖九年（1530），华盖殿大学士李东阳认为四夷馆教师必须要兼通藩字、藩语及汉字文义，教师人选必选在本馆内部推选或者在各边境地区选取，然后令四夷馆提督官从公考试，"优等送内阁覆试，照缺委用"。[②] 万历六年（1578），暹罗国王来华朝贡，但其使者所献金叶表文系用夷语写成，无人能识，礼部根据广东布政司所奏，查取握闷辣等三名暹罗使者为译字官，中极殿大学士张居正等题，"设暹罗国一馆，世业子弟教习，仍增笔墨公费"。[③] 四夷馆是专门从事翻译工作的涉外机构，内阁对四夷馆的管理也反映了内阁在外交事务中的主导作用。

其次，内阁在外交决策中具有关键发言权。大多数内阁大臣由各部尚书升任，实际地位要高于六部尚书，因此，阁臣在外交决策中往往居于主

---

① 〔清〕张廷玉等.明史·卷三百二十四·列传第二百十二[M].北京：中华书局，1974：8400.

② 〔明〕俞汝楫.礼部志稿·卷九十二·选四夷馆教师[M].景印文渊阁四库全书本，史部，职官类，第598册.台北：商务印书馆，1986：686.

③ 〔明〕吕维祺.四译馆则·增定馆则·卷一·建设·提督四夷馆[M].近代中国史料丛刊三编第四辑.第31册.台北：文海出版社，1985：47-48.

导地位。例如，弘治八年（1495），安南侵扰占城，占城请求明朝发兵讨伐安南，内阁大臣华盖殿大学士李东阳针对占城的请求发表了自己的意见，他认为，"春秋王者不遗夷狄，安南虽奉正朔，修职贡，然恃险负固，积岁已久，今遣官至其国，徒掉寸舌，小必掩过饰非，大或执迷抗命，若置而不问，损威已多，即问罪兴师，贻患尤大，宜勿听"。[①] 最终，明朝统治者采纳了内阁的建议，并未干涉安南、占城两国之间的争端。

最后，内阁具有独立的外交决策权。内阁的独立外交决策权主要表现在自主决策、请旨批准方面。例如，内阁大臣武英殿大学士杨一清独立提出安抚四夷策略，他认为，"诸夷易动难驯，故因其酋长有功者，设立为土官，各令统其所部，夷人子孙世袭"。[②] 再如，内阁大臣文华殿大学士朱赓提出了维护周边安全的外交策略，他认为，"国家三处军情，一时告急，其一为广粤交夷乘虚突入城中，失守，其一为左建夷蓄谋甚久，跋扈可知"。[③] 朱赓针对周边的严峻形势，提出了解决的策略，请求皇帝敕旨一道发给兵部，以振法纪，收人心。总之，自宣德元年（1426）以后，内阁在国家政务中逐渐居于主导地位，在外交决策中更是起关键作用，部分内阁大学士参与外交决策情况参见表2-5。

表2-5　1402—1601年部分阁臣参与外交决策情况[④]

大学士姓名	任职时间	所涉部分外交事务	决策结果
商辂	1449年8月 1457年1月 1467年3月至 1477年6月	外夷朝贡贡物事宜	内阁承旨定，不许进贡奇花、异卉、珍禽、异兽、珍珠、宝石、金银器物

---

① 〔明〕陈建.皇明通纪法传全录·卷二十五·孝宗敬皇帝纪[M].续修四库全书本，史部，编年类，第357册.上海：上海古籍出版社，2002：431.
② 〔明〕吴亮.万历疏钞·卷四十二·滇蜀类[M]//续修四库全书本·史部·诏令奏议类·第469册.上海：上海古籍出版社，2002：551.
③ 〔清〕庄廷鑨.明史钞略·显皇帝本纪三[M]//续修四库全书本·史部·别史类·第323册.上海：上海古籍出版社，2002：706.
④ 本表仅仅选取部分阁臣参与的有代表性的外交事务作为统计对象，以突出明代内阁的外交决策职能。

(续表)

大学士姓名	任职时间	所涉部分外交事务	决策结果
徐溥	1487年10月至1498年7月	选暹罗馆译字官事宜	内阁决议，移牒广东访取
李东阳	1495年2月至1512年12月	占城请讨安南事宜	内阁决议，不回应占城所请
		选四夷馆教师事宜	内阁决议，于各边选取
梁储	1510年9月至1521年5月	留暹罗使者肄习夷语事宜	内阁决议，谆选三人留馆习译
杨一清	1531年4月至1532年8月	羁縻四夷策事宜	内阁建言，以册封安抚为主要策略
李春芳	1565年4月至1571年5月	北虏封贡事宜	内阁建言，外示羁縻，内修守备
高拱	1566年3月至1567年5月 1569年12月至1572年6月	外夷袭扰内地事宜	内阁献言，夷性如禽兽，顺其欲，则摇尾乞怜，违其愿则狂顾反噬
张居正	1567年2月至1582年6月	设置暹罗馆事宜	内阁决议，设置四夷馆暹罗分馆
朱赓	1601年9月至1608年11月	交阯夷袭扰边境事宜	内阁决议，请旨一道，以振法纪

资料来源：根据台北"中央研究院"历史语言研究于1962年校印历代《明实录》整理而成。

三、明代司礼监对内阁外交职权的侵扰

宦官机构在明代具有特殊的意义，出现了以王振、汪直、刘瑾及魏忠贤等为代表的权阉，这些宦官利用皇权，代皇帝行"批红"权力，把持朝政，甚至干涉外交事务，严重影响了内阁的决策权。洪武年间，宦官人数不过百人，朱元璋严格限制宦官的权力，"宫门中置铁牌，镌为令曰，内

臣不得干预政事，预者斩，敕诸司毋得与文移相往来"。① 到了永乐年间，增置二十四监，宦官制度也更加完善，宦官人数倍增，宦官更是受到皇帝的重用。明代设置司礼、内官、御用、司设、御马、神宫、尚膳、尚宝、印绶、直殿、尚衣及都知等十二监，钟鼓、惜薪、混堂及宝钞等四司，兵仗、银作、浣衣、巾帽、针工、内织染、酒醋面及司苑等八局，"十二监四司八局，所谓二十四衙门也"。② 另外，还有众多内府供用库。宦官衙门本是为皇帝的私人生活服务的机构，不允许干政。但实际上，由于皇帝个人情况的不同，导致在一些时期出现了宦官左右皇帝意志、干预政务的情况。明代宦官干政为历代之最，究其原因，一方面，因为明代废除宰相，皇帝高度专制；另一方面，也和宦官机构的设置有关。

宦官二十四衙门均是为皇帝个人服务的机构，但司礼监却比较特殊，因为该机构是为皇帝处理政事服务的机构，而不像其他衙门是为皇帝提供衣食住行服务。司礼监设置提督太监一员、掌印太监一员、秉笔太监、随堂太监、书籍画等库掌司、内书堂掌司、六科廊掌司、典簿无定员，"提督掌督理皇城内一应仪礼、刑名及钤束长随当差听事，各役关防门禁，催督光禄供应等事，掌印掌理内外章奏及御前勘合，秉笔随堂掌章奏文书照阁票批硃，掌司各掌所司，典簿典记奏章及诸出纳号簿"。③ 为了减轻皇帝的工作量，司礼监秉笔太监按照皇帝意志批阅奏章，按规定，绝不能夹杂秉笔太监个人的意见。但是，在实际政务处理过程中，尤其是明代中后期皇帝大多怠政，这就为秉笔太监假托皇帝权威、操炳大权提供了机会。司礼监通过其所掌握的"批红权"来对内阁外交职权进行侵扰，"明世宦官之横，自王振始，振之得政，以阁臣权去故也"。④ 因此，只要出现皇帝昏庸、内阁大臣被冷落的情况，权阉就就会把持朝政，主导外交大权。

---

① 〔明〕尹守衡.皇明史窃·卷二十五·宦官传第三[M]//续修四库全书本·史部·别史类·第317册.上海：上海古籍出版社，2002：58.
② 〔清〕张廷玉，等.明史·卷七十四·志第五十[M].北京：中华书局，1974：1820.
③ 〔清〕张廷玉，等.明史·卷七十四·志第五十[M].北京：中华书局，1974：1818–1819.
④ 〔清〕万斯同.明史·卷一百二十八·志一百二[M]//续修四库全书本·史部·别史类·第326册.上海：上海古籍出版社，2002：192.

第三章 明代外交专职机构

古代外交机构萌芽于先秦时期，形成于秦汉时期，成熟于隋唐时期。宋元时期的外交机构设置则一反前代发展趋势，趋于倒退，很多外交机构有名无实。明代外交机构既延续了汉唐外交机构的设置特点，又具有宋元时期的设置特色。先秦至隋唐时期，逐渐形成了以主客司和鸿胪寺为主的外交机构体系，宋元则打破了这一体系，主客司和鸿胪寺形同虚设，一些职责非常明确的分支机构成为最主要的外交机构。明代是古代外交机构发展最为完善的阶段，主客司、鸿胪寺、会同馆、四夷馆都成为主司外交事务的专职外交机构，这四个机构分工很明确，主客司是外交主管机构，鸿胪寺是外交礼仪机构，会同馆是外交接待机构，四夷馆则是外交翻译机构。

第一节 明代主客司及其外交主管职能

主客司这一机构起源于汉代的尚书主客曹，到隋唐时期，该机构已经是最重要的外交主管机构，主管外交政令，地位高于具体执行外交政令的鸿胪寺。明代的主客司则全面负责外事活动，协调各外交机构，主管所有涉外事务。

一、明代主客司的设置及其"职掌"情况

主客司设正五品郎中一人、从五品员外郎一人、正六品主事一人，弘治五年（1492）增设正六品主客司主事一人，专理会同馆事务。主客司虽

以管理外交事务为主，但由于封建社会的机构设置还远没有达到专业化分工的程度，其执掌也包括很多国内职能。就主客司所掌给赐事务而言，就包括登基赐、纂修实录赐、经筵赐、视学赐、耕耤赐、大阅赐、册立赐、节令赐、庆贺赐及给假赐等诸多国内职能。据张廷玉等所编《明史》所载主客司职掌如下：

"诸蕃朝贡，辨其贡道、贡使、贡物远近多寡丰约之数，以定王若使迎送、宴劳、庐帐、食料之等，赏赉之差，凡贡必省阅之，然后登内府，有附载物货，则给值，若蕃国请嗣封，则遣颁册于其国，使还，上其风土、方物之宜，赠遗礼文之节，诸蕃有保塞功，则授敕印封之，各国使人往来，有诰敕则验有勘籍则验勘籍，毋令阑入，土官朝贡，亦勘籍，其返，则以镂金敕谕行之，必与铜符相比，凡审言语，译文字，送迎馆伴，考稽四译馆译字生、通事之能否，而禁饬其交通漏泄，凡朝廷赐赍之典，各省土物之贡，咸掌之。"①

根据上述文字可以知道，主客司具有处理外交关系和民族关系的双重职能，但以对外交往为主要职责。所谓"诸藩"有的指今天的邻国，有的指今天国内少数民族。参照《大明会典》等其他其明代典籍，主客司的外交职责主要是"分掌诸藩朝贡、接待给赐之事，简其译伴，明其禁令"。②

二、明代主客司的朝贡管理职能

隆庆元年（1567）以前，明代实行禁止私人海外贸易政策，把中外交往限定在政治性极强的朝贡贸易框架内，主客司是具体执行这一政策的机构。主客司协调其他官僚结构，通过发放勘合，规定朝贡表文格式，限定朝贡贡道、贡期、贡使数量及贡物数量的多寡对中外交往进行严格的控制。

（一）主客司对朝贡程序的管理

各国来华朝贡，都必须遵守规定的程序，要有表明身份的勘合及朝

---

① 〔清〕张廷玉等.明史·卷七十二·志第四十八[M].北京：中华书局，1974：1749.
② 〔明〕申时行等.大明会典·卷一百五·礼部六十三[M]//续修四库全书本·史部·政书类·第791册.上海：上海古籍出版社，2002：74.

表文，按照规定的贡道、贡期、贡使数量及贡物多寡进行朝贡，享受相应的接待规格，不可提出超越其身份的接待规格。凡此种种，都由主客司负责管理。

首先，主客司通过查验勘合真伪、辨别朝贡表文，以维持朝觐制度和官方贸易，杜绝民间往来。勘合是在符契文书上盖印信，然后分为两半，当事双方各执一半，用时将二符契相并验对骑缝印信作为凭证。勘合制度确立于明代洪武时期，不但应用到政府行政管理的各个主要方面，而且也被用作管理明朝与周边邻国间的关系。[1]生活在正德、嘉靖年间的高岱说，"上以海外诸国进贡，信使往来不实，乃命部置勘合文簿，发给诸国，俾有凭信稽考，以杜奸诈"。[2]可见，明朝统治者出于安定统治秩序的考虑，命令礼部发给各朝贡国勘合，以规范朝贡秩序。自洪武十六年（1393）给暹罗颁发勘合开始，逐渐扩大颁发范围，"每国勘合二百道，号簿四扇"。[3]以暹罗国为例，先把"暹"和"罗"两字分开，"暹"字号勘合一百道，"罗"字号勘合一百道，共计二百道；"暹"字号勘合底簿两扇，"罗"字号勘合底簿两扇，共计四扇。其中"暹"字号勘合一百道，"暹"字号勘合底簿一扇，"罗"字号勘合底簿一扇，存于内府；"罗"字号底簿一扇，存于广东布政司。另把"罗"字号勘合一百道，"暹"字号底簿一扇发往暹罗国。每当暹罗国使者到中国朝贡时，都需要携带勘合并由广东布政司官员核对底簿，再由礼部主客司官员最终审核是否属实。主客司官员出具公文到内府领勘合，比对属实之后，需要将贡使人数、船数、贡物及贸易物品种类、数量等逐一书写于勘合背面，于次日进朝上奏皇帝，同时将贡物进于内府库。明朝改元，则照例送来新勘合和底簿，同时把没有用尽的旧底簿和勘合还给明朝。明朝共向暹罗、日本、占城、爪哇、满剌加、真腊、苏禄国东王、苏禄国西王、苏禄国峒王、柯枝、渤泥、锡兰山、古里、苏门答腊、古麻剌等十五个国家颁发勘合，这些国家里面没有包括朝鲜和琉球，而朝鲜

---

[1] 罗冬阳.勘合制度与明代中央集权[J].东北师大学报，1997（1）：40.
[2] 〔明〕高岱.鸿猷录·卷六·四夷来王[M].上海：上海古籍出版社，1992：128.
[3] 〔明〕申时行等.大明会典·卷一百八·礼部六十六[M]//续修四库全书本·史部·政书类.第791册.上海：上海古籍出版社，2002：106.

和琉球是朝贡最为频繁的国家，这充分说明明朝政府对这两个国家的信任。

其次，主客司官员辨验贡道、贡期及贡使数量，以确定朝贡使团是否遵守朝贡程序规定。明朝统治者对各国朝贡的贡道都有具体的规定：朝鲜贡道由鸭绿江历辽阳广宁，入山海关，达京师。如果发现经海路漂流到中国者，明朝政府则提供衣服和食物，然后遣返回朝鲜；日本贡道由浙江宁波府入；琉球国贡道由福建闽县入；安南国贡道由广西凭祥入；真腊、暹罗、占城、满剌加等国贡道由广东；吕宋国贡道由福建；西域三十八国朝贡皆经哈密。礼部主客司官员负责辨验各国是否按照规定贡道入贡，如果不符合规定，将会被"却贡"。例如，弘治二年（1489），西域撒马尔罕国使臣由满剌加至广东，进贡狮子、鹦鹉等物，当时的礼部尚书耿裕上奏"南海非西域贡道，请却之"，帝曰："珍禽奇兽，朕不受献，况来非正道，其即却还。守臣违制宜罪，姑贷之。"① 可见，明朝对贡道要求十分严格。

明朝对各国的朝贡频率也有明确的规定。由于明朝海外政策的核心是朝贡制度和海禁政策，一定程度上为了营造"万国来朝，四夷咸服"的天朝气势，不同于宋元时期的海外拓殖，"厚往薄来"是朝贡制度的基本原则。② 因此各国朝贡的频率高低也就意味着获得明朝赏赐的多少。一方面，各国为了获得更多的赏赐，尽可能多朝贡，甚至不遵守贡期规定；另一方面，明朝要求各国按照约定贡期朝贡。自永乐初赐印诰之后，朝鲜一年三贡，即分别在皇帝的生日、正月初一、皇太子的生日三个日期奉表朝贺；琉球两年一贡；安南、暹罗、占城、爪哇等绝大部分国家三年一贡；撒马尔罕、鲁迷、天方等国五年一贡；日本则为十年一贡。主客司官员根据规定辨验各国是否按期朝贡，同时，政策具有一定的灵活性。例如，对于一些距离远的国家，贡期不必拘于三年一贡，可以三年以上来朝贡，但不满三年则不许来中国朝贡；对于不愿意来朝贡的国家，明朝不强求；而对于超期朝贡以及额外多贡者则作为确定下次贡期的参考。

---

① 〔清〕张廷玉等.明史·卷三百三十二·列传第二百二十[M].北京：中华书局，1974：8600-8601.
② 庄国土.论郑和下西洋对中国海外开拓事业的破坏[J].厦门大学学报，2005（3）：70.

明朝对部分朝贡国的使团规模也有规定。例如对于日本，嘉靖二十九年（1550）定，"日本贡船每船水夫七十名，三船共计水夫二百一十名，正副使二员，居坐六员，土官五员，从僧七员，从商不过六十人"；① 而对于其他一些距离比较远的朝贡国使团进行规模统计，以确定接待方案。各朝贡国的每次进贡的方物比较固定，基本都是各国的土产，主客司官员按例进行登记，然后移交内府。

再次，主客司负责辨验朝贡使团的级别，以确定接待的规格。洪武二十六年（1393）规定，凡四夷归化人员及朝贡使客初至会同馆，主客部官随即到彼点视正从、定其高下房舍铺陈，一切处分安妥，仍加抚绥，使知朝廷恩泽。凡下程，分豁正从人数，札复膳部、五日一次，照例支送酒肉茶面。主客部官员协调膳部官员确定接待规格，同时还要负责陪宴。主客部官一员或主席、或分左右，随其高下序坐，以礼管待。永乐以后，四夷来朝贡者钦命中官与文武大臣、学士等官待宴，不拘员数。成化初，北房、东夷、西藩，以武职大臣接待；朝鲜、安南、日本等国、并土官，以礼部官员负责接待。而到了万历时期，"本朝赐四夷贡使宴，皆总理戎政勋臣主席，惟朝鲜、琉球则以大宗伯主之"。② 可见，主客司接待贡使的职责范围越来越小，逐渐被中官、武职官员所侵。直到万历时期，仅仅接待朝鲜、琉球两个朝贡最为"恭慎"之国。

最后，主客司协助皇帝应各朝贡国请封之求，行册封之命，维系朝贡制度。明朝建立后，太祖朱元璋奉行和平外交政策，把周边的十五个国家定为"不征之国"，分遣使臣奉诏往谕诸藩以平定四海之意。永乐时期，朱棣派遣中官郑和率近三万人的庞大船队下西洋，加强了明朝与海外诸国的联系。与此同时，周边诸国也源源不断来中国朝贡，请求册封，主客司官员则协助皇帝处理册封事务。洪武二年（1369），高丽国王王颛派遣使者奉表请封，贡方物，明太祖应王颛之求，"诏封为高丽国王，赐龟钮金

---

① 〔明〕申时行，等.大明会典·卷一百五·礼部六十三[M]//续修四库全书本史部·政书类·第790册.上海：上海古籍出版社，2002：76.
② 〔明〕沈德符.万历野获编·卷三十·外国·赐四夷宴[M].北京：中华书局，1997：778.

印诰命"①。洪武二十五年（1392），李成桂代王氏，请更其国号，太祖下诏更国号为朝鲜。永乐初、日本复来朝贡，"赐龟钮金印诰命，封为日本国王，其国镇山曰寿安镇国之山，御製碑文赐之"。②

洪武十年（1377），三佛齐国王怛麻沙那阿者的儿子麻那者巫里嗣立，奉表请封，太祖遣使赍诏印，立三佛齐国王嗣子麻那者巫里为三佛齐国王，印用驼钮银质镀以金。洪武三十年（1397），礼部奏诸番国使臣客旅不通，太祖下诏，"今欲遣使谕爪哇国，恐三佛齐中途阻之，闻三佛齐系爪哇统属，尔礼部备述朕意，移文暹罗国王，令遣人转达爪哇知之，于是礼部咨暹罗国王"。③由此可见，礼部主客司官员在皇帝处理朝贡事务中的重要作用；永乐六年（1408），渤泥国国王麻那惹加那乃率其妃及家属陪臣朝贡，卒于会同馆，成祖封其子遐旺嗣，遣中官及行人护送归国复从其请，而且封后山为长宁镇国之山，并御制碑文赐之。永乐三年（1405），满剌加酋长拜里迷苏剌，遣使奉金叶表朝贡，"其国使者言其王慕义，愿同中国属郡，岁郊职贡，请封其山为一国之镇，上嘉之，谕礼部臣曰，先王封山川奠疆域，分宝玉赐藩镇，所以宠异远人，示无外也，可封其国之西山为镇国之山，立碑其地"。④

（二）主客司对朝贡贡物及私货的管理

主客司负责"给赐"事务，协助皇帝确定赏赐标准，同时省阅贡物，有附载货物，则给值。明朝对外交往更注重政治影响，所以凡诸藩四夷朝贡人员，都会得到大明王朝的丰厚赏赐。赏赐的标准由主客司官员依照惯例或者贡使的高下等第提出初步意见，"凡诸番四夷朝贡人员及公侯官员

---

① 〔明〕申时行，等.大明会典·卷一百五·礼部六十三[M]//续修四库全书本·史部·政书类·第790册.上海：上海古籍出版社，2002：74.
② 〔明〕申时行，等.大明会典·卷一百五·礼部六十三[M]//续修四库全书本·史部·政书类·第790册.上海：上海古籍出版社，2002：76.
③ 《明太祖实录》，卷二五四，洪武三十年八月丙午.台北："中央研究院"历史语言研究所校印，1962：3672.
④ 《明太宗实录》，卷四七，永乐三年十月壬午.台北："中央研究院"历史语言研究所校印，1962：723.

人等，一切给赐，如往年有例者，止照其例，无例者，斟酌高下第等，题请定夺，然后礼部官具本奏闻，关领给赐"。① 最终的赏赐标准由皇帝参照礼部主客司官员的奏本决定。明朝赏赐之物基本上比较固定，主要有《大统历》、纻丝、纱罗等物。而且赏赐给各国的物品皆有惯例，例如，宣德六年，苏门答腊国使臣来贡，"赐国王锦二段，纱罗各四匹，绢十三匹，妃纻丝五匹，纱罗各四匹、绢六匹，进马，回赐綵二十表里，后照此例，正使赏綵五表里，纱罗各一疋，折钞绢四疋，通事头目使臣妻等各赏有差"。② 自宣德六年之后，对苏门答腊国的赏赐标准基本没有变化。明朝对贡使一行按照品级高低进行赏赐。例如，永乐十九年（1421），礼部尚书吕震上书明成祖，请示诸藩四夷朝贡的赏赐标准，当时他的奏本建议，"三品四品，人钞百五十锭，锦一段，纻丝三表里，五品，钞百二十锭，纻丝三表里，六品七品，钞九十锭，贮丝二表里，八品九品，钞八十锭，纻丝一表里，未入流，钞六十锭，纻丝一表里"。③ 皇帝同意了吕震的奏本，同意今后赏赐依照品级确定，并且强调赏赐的目的是"怀柔远人"，赏赐要丰厚。

朝贡者不仅向明朝皇帝进贡方物，而且往往还带有货物，四夷朝贡到京，有物则偿，有贡则赏，明朝政府既接纳方物，又收购部分附带货物。主客司官员负责将一部分朝贡贸易物品由官方收购。洪武二十六年（1393）规定，凡是四夷朝贡者，携带有货物，不论数量多寡，附带到京者，只要愿意入官者，都要根据其价值，由官方付给钞锭。弘治年间规定，"凡蕃国进贡，内国王王妃及使臣人等，附至货物，以十分为率，五分抽分入官，五分给还价值，必以钱钞相兼，国王王妃、钱六分、钞四分，使臣人等、钱四分、钞六分，又以物折还、如钞一百贯、铜钱五串、九十五贯折物，以次加增，皆如其数，如奉旨特免抽分者、不为例"。④ 可见，明政府对

---

① 〔明〕申时行等.大明会典·卷一百十一·礼部六十九[M]// 续修四库全书本·史部·政书类·第791册.上海：上海古籍出版社，2002：125.
② 〔明〕申时行等.大明会典·卷一百十一·礼部六十九[M]// 续修四库全书本·史部·政书类·第791册.上海：上海古籍出版社，2002：128.
③ 《明太宗实录》，卷二二三，永乐十九年正月丙子.台北："中央研究院"历史语言研究所校印，1962：2249.
④ 〔明〕申时行等.大明会典·卷一百十三·礼部七十一[M]// 续修四库全书本·史部·政书类·第791册.上海：上海古籍出版社，2002：144.

朝贡贸易附带货物的收购经历了洪武年间"给价收买"到弘治年间"给价收买"与"抽分"相结合的变化。

明朝统治者对各国私货的征税标准也不一样，具体如下：对于日本朝贡使团带来的货物，明朝政府采取区别对待的措施，除了正贡以外，政府出高价收买使臣附带的货物，对于官方无力收购的附带货物，则允许使者私自贸易，并不征税；对于琉球国使者所带正贡以外的附来货物，明政府明确规定，官抽五分，税负比较重；对于暹罗国使臣所带货物，官府高价收买，而且例不抽分；对于渤泥国所带正贡以外的附带货物，官府俱给价收买；对苏门荅剌国所带正贡以外的使臣人等自进物，官府也都出高价收买；对苏禄国所带货物，政府给价收买，免抽分；永乐元年，对西洋琐里国使者附载胡椒等物，一律免于征税；对满剌加国所带正贡以外的附带货物，政府也一律给价收买，政府不能收买的货物，允许使者私自贸易；对锡兰山国使臣人等自进物，俱给价。① 凡是发现贡船藏有私货者，则照例入关充公，俱不给价。总之，明政府为了"怀柔远人"，并不重视经济利益，对各国私货高价收买，而且几乎不征税，这就导致了很多外国使团为了各自的经济利益争相来贡的局面。

三、明代主客司对会同馆的主管职能

主客司负责管理会同馆以及该馆的翻译人员。主客司对会同馆的管理经历了一个过程，最终从兵部手中接管了该邮传机构，并将该机构变成专门接待外交使团的对外客馆。主客司并不是唯一管理会同馆的行政机构，会同馆本属于封建王朝的邮传机构。明代邮传机构遍布全国，在京师的邮传机构被称为会同馆，在京城外的邮传机构则被称为驿站或者递运所，各邮传机构均以通关符券为通行凭证。而兵部车驾司，"掌卤簿、仪仗、禁卫、驿传、厩牧之事"。② 因此，兵部车驾司也是会同馆的管理机构之一，兵部车驾司所辖会同馆大使一人，正九品副使二人，从九品大通关大使、副

---

① 〔明〕申时行，等. 大明会典·卷一百十一·礼部七十一 [M]// 续修四库全书本·史部·政书类. 第 791 册. 上海：上海古籍出版社，2002：126–132.
② 〔清〕张廷玉，等. 明史·卷七十二·志第四十八 [M]. 北京：中华书局，1974：1753.

使各一人，俱未入流。会同馆是接待诸藩朝贡的场所，因此，掌管朝贡事务的礼部主客司也参与了对会同馆的管理，而且在朝贡频繁时期居于主导地位。

正统以前，每当各处贡夷到京朝贡，主客司员外郎、主事轮流到会同馆，点视所贡方物，谨防出入。朝贡使者离开后，主客司官员仍旧回到礼部工作。随着朝贡事务日繁，正统六年（1441），添设仪制、祠祭二司主事各一员，协理朝贡事务。正统后，添设主客司主事一员，提督会同馆，这也就意味着礼部主客司开始正式主管会同馆。而当朝贡使者锐减，朝贡事务减少，礼部主客司提督会同馆主事也就会被裁撤，一旦朝贡使团重新增多，会同馆"提督主事"重新设置。弘治中，照旧添设礼部主客司主事一员，专一提督，也就意味着该"提督主事"在正统后至弘治中这段时间曾经被废置。弘治五年（1492），"各夷来贡者众多，始添设提督会同馆主事一员，专一在馆提督事务"。①随着朝贡使团的增多，"时有馆夫盗夷人财物"，②亟须设置"提督主事"以加强对会同馆的管理。自弘治五年（1492）后，礼部主客司对会同馆的管理基本固定下来，但兵部仍然参与会同馆的管理，会同馆大使、副使的任免以及四百名馆夫的挑选与管理仍隶属兵部职责，礼部主客司主事的权力受到兵部的掣肘。嘉靖十年（1531），世宗正式下诏，"凡两馆事务、夫役，令俱属提督官管理，兵部该司不许侵扰干预，其大使等官及别衙门，敢有占用夫役，及脱逃负久情弊都听提督官查究"③。这就明确了主客司在会同馆管理工作中的主导地位。

主客司官员对会同馆通事及其他人员的管理。会同馆是接待贡使的场所，自然离不开翻译人员，"提督主事"负责管理通事。首先，礼部官员、主客司提督主事对会同馆通事进行严格考核。礼部对通事的考核以三、六、九年为期，一并严加鉴别考试。嘉靖二十五年（1546），礼部会同吏部将

---

① 〔明〕申时行，等.大明会典·卷一百九·礼部六十七 [M]// 续修四库全书本·史部·政书类.第 791 册.上海：上海古籍出版社，2002：112.
② 《明孝宗实录》，卷六十，弘治五年二月甲子.台北："中央研究院"历史语言研究所校印，1962：1156.
③ 〔明〕申时行，等.大明会典·卷一百九·礼部六十七 [M]// 续修四库全书本·史部·政书类.第 791 册.上海：上海古籍出版社，2002：113.

考核结果分为三等："一等照旧在馆供事，二等量加罚治、姑容习学，三等黜退为民"。①没有被授予"通事"职务的翻译人员，礼部选派资深通事序班照旧教习，每日书写藩汉字语一张，每月朔望责令会同馆的从九品官序班考校，月终由正六品的会同馆提督主事考核，季终礼部将各馆官员通事人等、参错出题、严加考校。如一年三次考居三等，则会受到处罚，足见礼部对通事考核之严格。其次，主客司提督主事对会同馆通事考勤也很严格。例如，"嘉靖三十年（1551）题准，通事今后有患病，至一年，给假违限；至六个月，托病不考；至三次；及不赴画卯；至三个月者，官听本部参革冠带"。②最后，主客司官员提督主事对通事的纪律要求很严。嘉靖十七年（1538）奏准，凡有恣肆旷废、唆诱夷人为非作歹、受贿作弊，以及抗违该主客司提督官者，都要受到严格处理。万历七年（1579）议准，"各馆通伴员役、指称引领交易、替代使用名色、科敛贡夷财物者，礼部悉心体访，责令提督主事，不时呈报，轻则径自处治，重则具奏论罪"。③另外，会同馆提督主事作为主管人员，还负责管理会同馆医生等其他人员。

第二节 明代四夷馆及其外交翻译职能

四夷馆设立于永乐五年（1407），"始设鞑靼、女直、西番、西天、回回、百夷、高昌、缅甸等八馆，正德六年（1511）又增八百馆，万历七年（1579）又增暹罗馆"。④明代四夷馆十馆分别"置译字生、通事，通译语言文字"。⑤

---

① 〔明〕申时行，等.大明会典·卷一百九·礼部六十七[M]//续修四库全书本·史部·政书类·第791册.上海：上海古籍出版社，2002：114-115.
② 〔明〕申时行，等.大明会典·卷一百九·礼部六十七[M]//续修四库全书本·史部·政书类·第791册.上海：上海古籍出版社，2002：116.
③ 〔明〕申时行，等.大明会典·卷一百九·礼部六十七[M]//续修四库全书本·史部·政书类·第791册.上海：上海古籍出版社，2002：116.
④ 〔明〕申时行，等.大明会典·卷二·吏部二·京官[M]//续修四库全书本·史部·政书类·第789册.上海：上海古籍出版社，2002：73.
⑤ 〔清〕张廷玉，等.明史·卷七十四·职官三·太常寺[M].北京：中华书局，1974：1198.

四夷馆一直隶属翰林院，但从永乐年设内阁开始，直到正统六年（1441）内阁制正式形成，内阁逐渐掌握了四夷馆的管理权，名义上四夷馆仍旧是翰林院的下属机构，但实质上主要归内阁管理。

一、明代四夷馆的组成人员及选用方式

四夷馆的组成人员主要有提督官、属官、译字官、通事、教师及译字生，另外还有厨役等勤杂人员。弘治七年（1494）以前，提督官的来源比较广泛，翰林院修撰、通政司右通政等官员都可以提督四夷馆；弘治七年（1494）以后，太常寺卿和少卿提督四夷馆；嘉靖二十五年（1546）以后，只存少卿一人提督。四夷馆提督官这一职位比较特殊，到四夷馆任职后仍旧挂原官衔，其选用主要由吏部考功司会同内阁、翰林院及"九卿"议定后上奏皇帝定夺。在很多情况下，四夷馆人员身份重复，十馆教师中很多是被授予官衔的属官或者是承担翻译任务的通事，译字官中也有很多充任通事，部分通过考试的译字生可以留馆任教、担任通事或者四夷馆官员。为了避免身份重复带来的研究困难，可以把四夷馆内的主要组成人员分为四类，即译字生、未授职译字官、教师和通事。

（一）四夷馆的译字生、译字官及选用方式

四夷馆承担培养翻译人才的任务，译字生是其主要的组成人员。译字生学成毕业后绝大部分留馆担任教师或者通事，还有个别人升迁至其他部门为官。四夷馆的生源主要有三类：一类是国子监监生，一类是官民子弟，还有一类是世业子弟。明代初期，国家缺少翻译人员，主要从年幼俊秀的国子监太学生中选取译字生，后来专门从世业子弟中选取，偶尔补选监生及民间子弟。这三类人都需要通过一定的途径才能进馆习译。第一种途径是"会考进馆"，"如遇译字生缺人太多者，本堂呈阁题请下礼部会题，考试选补"，第二种途径是"继习译业"，"年深教师在任病故，子孙通译无过者，为世业子弟，比例陈情，送馆继业"；第三，途径是"院贴收译"，"世业子孙有奏，奉钦依送馆肄业者，不论会考继习，俱准翰林院

移文，即将发下生徒收译，仍将收到日期具由报院"。① 在不同时期，四夷馆的生源也不断发生变化，永乐年间，朝贡者络绎不绝，译官也备受重视，四夷馆的生源仅限于国子监监生。到了宣德元年（1426），四夷馆也允许官民子弟和监生一起入学习译；但是，官民子弟入学往往别有所图，将习译视为谋求科举出仕的捷径，而教师收受贿赂，私自教人习译，造成了生徒质量严重下降。为此，天顺年间重新从国子监中选拔译字生，到了弘治年间则允许世业子弟入学习译。四夷馆的招生制度到嘉靖四十五年（1566）以后固定下来，即专门从世业子弟中选取，但这时的四夷馆已经十分惨淡，"肄习既废，籍记无征，此馆几为马肆"。② 明代对译字生的选用有规定的日期和录取人数，按照规定，每六年一次收考，每考只取二三十人。但实际上并没有按照规定执行，往往间隔二三十年，在四夷馆极端缺人的情况下才选用新人。未授职译字官的选用方式是考试，凡是连续通过两次会考的译字生，才可以获得官员身份，因此译字官的来源和译字生一致。

（二）四夷馆的教师及选用方式

四夷馆译字生习译离不开教师的指导，教师也是四夷馆的重要组成人员。刚开始，四夷馆的教师是由火源洁、马沙亦黑等通晓汉语、夷语的少数民族人才充任，后来逐渐形成比较规范的选用制度。四夷馆教师的选用主要通过两种途径，一种是从本馆内部推选；另外一种是从各边境少数民族地区及外国"访保"。通过内、外两种方式推荐的教师人选都必须通晓藩字、藩语及汉字文义，同时参加由四夷馆提督官会同礼部主持的考试，成绩优等者，再送内阁复试，最后按照各馆教师缺额，委以任用。从外部"访保"的人选，由内阁会同礼部请"敕陕西、云南镇守等官，访取精晓鞑靼、西番、高昌、西天、百夷等语文字，兼通汉字文义之人，照例起送，

---

① 〔明〕吕维祺.四译馆则·增定馆则·卷二·选授[M]//近代中国史料丛刊三编第四辑，第31册.台北：文海出版社，1985：51-53.
② 〔清〕钱曾.读书敏求记·卷二·史·王宗载〈四夷馆考〉二卷[M].清雍正四年松雪斋刻本.

赴部奏请，量授官职，与本馆教师相兼教习"。①对于通过外部"访保"所选用的来自少数民族及外国的教师，给予格外优待。工部负责提供宿舍及办公地点，光禄寺给每名教师拨厨役一名，并且每天提供饭食，如果离家远而且未成婚者，经本人陈请可以选择京城军民家女结婚。另外，外籍教师病故者还可以埋葬在宛平、大兴两县的荒地上。外籍教师的子孙还可以继承世业，在四夷馆习译。按照惯例，辽东有朝鲜、女直通事送四夷馆以次挂鸿胪寺官衔铨补教师，例如成化年间的东宁卫佟铭挂光禄寺署丞衔充补四夷馆教师。决定内部推选及外部"访保"人员能否取得教师资格的关键是考试成绩，嘉靖九年，明廷就明确规定，成绩"上者收补，次者候缺，下者黜退"。②所谓"访保"是指选取外籍教师还需要边境地方政府官员立文书"保结"，倘若所推非人，则治"保结"官员之罪。

（三）四夷馆的通事及选用方式

四夷馆不仅承担着培养翻译人才的外语教学任务，也承担着翻译朝贡表文等任务。通事在明代主要是指在与周边少数民族及外国交往中的翻译人员，在诸典籍中，可以看到有四夷馆通事、会同馆通事、鸿胪寺通事之记载，还有"御前大通事""一十八处小通事""八馆通事""十馆通事""十三馆通事"之不同说法。实际上，这些不同的说法源自不同机构通事的设置及职责的不同。洪武永乐以来，设立御前答应大通事，有都督、都指挥、指挥等官统属一十八处小通事；嘉靖初年革去御前答应大通事一职，小通事则悉数归会同馆提督官管理。"御前答应大通事"实际上为御用翻译，为皇帝的侍从官；而"小通事"则是指明廷派往十八处边境地区的翻译人员，受当地都督、都指挥等官节制。

四夷馆最初设立时有八馆通事，后来增加了八百馆和暹罗馆，相对应有十馆通事。据记载，"设十三馆通事译其语音，礼部辖之，设四夷馆译其文字，太常寺少卿提督，亦礼部辖之，十三馆曰朝鲜、琉球、日本、暹罗、

---

① 〔明〕俞汝楫.礼部志稿·卷九十四·朝贡备考·译职[M]//景印文渊阁四库全书本·史部·职官类·第598册.台北：商务印书馆，1986：1470.
② 〔清〕孙承泽.春明梦余录·卷五十二·四译馆[M].北京：北京古籍出版社，1992：1088.

安南、满剌加、百夷、鞑靼、女直、委兀儿、西番、占城"。① 而《礼部志稿》记载，"鸿胪寺司宾署主簿、序班皆馆中，十三馆通事考核差遣属本司"。② 又据《鸣玉堂稿》记载，"议得四夷馆译字官生职专辩译番文，鸿胪寺通事官生，职专通达"。③ 刘迎胜先生则指出，"与四夷馆负责培养亚洲语言笔译人才不同的是，明清两代的会同馆的职守则是负责口译番使的话"。④ 鸿胪寺是明代职掌朝贡礼仪的涉外机构，会同馆则是接待朝贡使臣的客馆，两个机构都是直接接触周边少数民族及国家来贡人员的涉外部门，需要大量的口译人员，而四夷馆则主要负责译审表文等，需要笔译人员。因此，我们可以断定，鸿胪寺及会同馆的通事都属于口译人员，负责直接翻译朝贡者的语言，类似于今天的同声翻译人员，而四夷馆的通事则属于笔译人员。但在实际涉外事务中，四夷馆的通事也会伴送外夷人员，负责翻译夷语。

四夷馆的通事也通过内外两种途径选用，其主要来源于通过考试的译字生。在馆习译人员只要通过礼部组织的考试，就可以充任通事，这种从内部挑选通事的方式虽然有利于管理、防止泄露机密，但也存在内部选用人员夷语不精、翻译不准等问题。为了解决这些问题，从外部挑选通事也成为非常重要的选用方式。据《大明会典》载，弘治八年（1495）奏准外籍通事人员的选用标准，"各国世业并土官土人子孙，情愿告充候缺通事，或边方访保生儒人等，该本部考得夷语精通，勘无诈冒者。"⑤ 因此，大量的外国及土司世业子弟、边防地区的访保生及儒人充实到通事队伍中。由于很多少数民族地区及外国通晓汉夷语言人才担任通事一职，所以就有人提出外籍通事人数过多会给对外交往工作带来隐患，当时就有人建议多

---

① 〔明〕王鸣鹤.登坛必究·卷二十二·辑四夷说[M]//续修四库全书本·子部·兵家类·第961册.上海：上海古籍出版社，2002：72.
② 〔明〕俞汝楫.礼部志稿·卷四十三·历官表[M]//景印文渊阁四库全书本·史部·职官类·第597册.台北：商务印书馆，1986：713.
③ 〔明〕张天复.鸣玉堂稿·卷九·疏类[M]//续修四库全书本·集部·别集类·第1348册.上海：上海古籍出版社，2002：581.
④ 刘迎胜.回回馆杂字与回回馆译语研究[M].北京：中国人民大学出版社，2008：6页.
⑤ 〔明〕申时行，等.大明会典·卷一百九·宾客[M]//续修四库全书本·史部·政书类·第791册.上海：上海古籍出版社，2002：37.

培养汉人通事，限制外籍通事数目。嘉靖时期的内阁权臣严嵩就指出，"今通事序班人等俱系色目人，往往视彼为亲，视我为疏，甚至多方教唆，在京师则教其分外求讨，伴回则教其贩卖茶斤违禁货物，肆无忌惮，且使外夷轻中国无人，非其同类不能译其语也，合无于四夷馆内选，令汉人习学番语"。①

二、明代四夷馆的管理制度及该馆的财务状况

明代的四夷馆具有比较规范的管理制度；但是，在不同时期，制度落实情况并不一致。四夷馆的组成人员按照其职位享受不同的待遇。四夷馆的财务状况随着其受重视程度的变化而变化，整体情况每况愈下，"译字生明初甚重，与考者与乡会试额科甲一体出身，后止为杂流"。②

（一）四夷馆的管理制度

其一，四夷馆译字生、译字官的学业考核制度。这种制度分为两类：一类是平时的考核，主要包括季考、月考及日考等，由四夷馆提督官和教师负责，其中，季考由四夷馆提督官任主考，春、夏、秋、冬各考一次，一年四季共考四次；月考由四夷馆教师任主考，每月十六日译字生各带试卷按序就坐，然后听教师出题；日考也由提督官任主考，以抽签的方式考课背书，季考、月考及日考的考试成绩均记录在案，以备参考。另一类是期终考核，由四夷馆提督官会同六部堂上官、都察院堂上官及监察御史等官员共同考核，通过会考的译字生可以成为译字官，准予月食粮一石，通过会考的译字官则可以授予官职。期终考核十分隆重，译字官生皆被引赴午门里，翰林院负责出题，"会同各部并都察院堂上官及谙晓夷子官员考试，监察御史二员监试，锦衣卫量拨官校看守"。③ 从嘉靖元年开始，取

---

① 〔明〕严嵩.南宫奏议·卷二十九·夷情四[M]//续修四库全书本·史部·诏令奏议类·第476册.上海：上海古籍出版社，2002：495.

② 〔清〕纪昀，等.历代职官表·卷十一·礼部会同四译馆[M].上海：上海古籍出版社，1989：211.

③ 〔明〕吕维祺.四译馆则·增定馆则·卷十四·文史·公移类[M]//近代中国史料丛刊三编第四辑，第31册.台北：文海出版社，1985：278.

消了初考不中者再试的机会，除非翰林院特批，满三年初试不中者即被革黜为民。对四夷馆内监生的考核方式与对官民、世业子弟的考核方式一致，考试成绩和其升迁及待遇直接挂钩，而且屡考不中还要被黜为民，这就可以督促译字官生努力习译。

其二，四夷馆译字生、译字官的考勤制度。在四夷馆译字官生中，有一部分是来自京城的仕宦及贵族之家，他们经常无故不到或者装病逃课，为了严治顽懒，四夷馆置旷业簿一本，专门记录考勤，并将考勤结果作为译字官生能否得到食粮及取得会考资格的重要依据。四夷馆设立之初，译字官生每天进馆学习，后改为逢每月的三、六、九日以及朔望日才进馆学习，每月习学时间共计十一天，"诸生每月止十一卯，二卯不到记旷业簿，四卯不到者记旷仍扣食粮，十一卯全不到者即时参呈内阁，停食作旷满日不准收考"，译字官生如果真因病或者因事需请假，必须经所在馆的教师验明，"将假票用一图书或花押呈堂准放，每月五卯不到者，扣饭食一月，全假者扣饭食仍记旷，若真有别故奉准长假者，不在此例"。另外，"诸生有给假毕姻、治丧、迁葬等事，查无欺诈等情，准行给引"，每逢重大节日，译字官生可以放假，"每月放粮价一日，圣旦假三日，清明、七月十五日、十月初一日假各一日，端阳、重阳各假一日，冬节前后假六日，岁暮自二十四日假至新正上旬，择吉赴馆，上元灯节假至二十三日赴馆"。① 旷课的译字官生必须补满三年学习时间，才有资格参加会考。因病、因事请假的译字官生以"搭考"的方式参加会考，考中后必须补满学习时间才可以享受相应待遇。

其三，明代对四夷馆教师及通事也有较为严格的管理制度。四夷馆教师负责教授和管理学生，但不得私自教人习译。由于翻译工作的特殊性，对通事的管理也比较严格，一般不允许通事离开其本职工作，即使得到升迁，也往往还在馆办事。弘治二年（1489），礼部奏，"四夷馆通事序班自有专职，近或夤缘改任鸣赞，似非设置译官初意，自今请勿改任，从之"。②

―――――――
① 〔明〕吕维祺.四译馆则·增定馆则·卷四·训规[M]//近代中国史料丛刊三编第四辑，第 31 册.台北：文海出版社，1985：66-71.
② 〔明〕俞汝楫.礼部志稿·卷九十二·朝贡备考[M]//景印文渊阁四库全书本·史部·职官类·第 597 册.台北：商务印书馆，1986：1471-1472.

对四夷馆堂上官及属官的考核主要由吏部考功司主持，对属官履历的填写需要四夷馆堂上官查勘填注，然后由内阁批准实行，翰林院另定考语转送吏部考功司。如果属官给由考满称职，"序班加升主簿职衔，主簿加升光禄署丞职衔"。① 考满平常者则留本馆暂停例升，不称职者则被罢黜。属官升衔仍需要查勘填注考语，由翰林院转行吏部考功司。

（二）四夷馆的财务状况

四夷馆组成人员的生活补贴由工部、光禄寺、户部及宛平、大兴两县提供，董应举在《崇相集》中说道，"本衙门无钱粮，惟是宛大岁解纸笔朱墨银二百四十九两六钱耳，又直堂二十金，新查房租四十六两二钱，合之共三百十五两八钱，止于如此而已"。② 然而，收入如此之少，该馆支出却不少，"乃本馆各生纸笔银岁额该一百二十余两，止余一百八十金有奇，而上任之费、班皂之糈、随祀之饭、升差之赏及中贵坐资、火房工食，一切杂用不赀，即一堂岁将费二百有奇，若并堂则分为多费二百余金，近且有三堂、四堂并任者"，因此，未到岁末，四夷馆支出费用往往达到四百余两白银，超支一百余两，不得已只能靠借贷填补资金不足，更加雪上加霜的是宛平、大兴两县经常不能按时足额将应交银两解送至四夷馆，再加上借贷资金未按时偿还所付利息，出现"仰屋嵩目，无可奈何，以致委官挂冠，大典停废"的荒废景象。③

（三）四夷馆组成人员的额外生活待遇

四夷馆出于翻译工作的技术性和所理事务的保密性需要，要求其师生和官员长期甚至终生在馆工作。四夷馆还为师生及官员提供生活必需品，免费供应柴、米、盐、肉及纸笔朱墨等日常用品，见表3-1：

---

① 〔明〕吕维祺.四译馆则·增定馆则·卷五·官方[M]//近代中国史料丛刊三编第四辑，第31册.台北：文海出版社，1985：76.
② 〔明〕董应举.崇相集·卷三·议一[M].北京大学图书馆藏明崇祯刻本.
③ 〔明〕吕维祺.四译馆则·增定馆则·卷九·经费[M]//近代中国史料丛刊三编第四辑，第31册.台北：文海出版社，1985：159-160.

表 3-1 明代四夷馆组成人员的生活待遇

待遇	柴	肉	饭米	酒米	食盐	纸笔朱墨
提督官	每月六百斤，折银七钱五分	旧例：每日一斤，月折银七钱四分二厘五毫。新规：月折银四钱九分五厘，连花椒、香油折银五钱	旧例：日八合米，每月合计二斗四升。新规：每月一斗六升	旧例：每日酒一瓶，每五瓶折糯米一斗；一到四月及九到十二月：均每四个月支糯米二石四斗。新规：一到四月：一石六斗；九到十二月：一石二斗。其他月份停止；遇小、闰月分别减增	每年二百六十斤，闰月加三十斤	纸七百张，笔五十支，朱四两，墨三十锭，抄报纸三百张
教师	每月二百斤，折银二钱五分	同提督官	同提督官	旧例：每日酒半瓶；一到四月及九到十二月：均每四个月支糯米一石二斗；新规：一到四月及九到十二月均支米八斗。其他月份停止	同提督官	纸七十五张，笔六支，墨三锭
译字官	与教师同	旧例：每日半斤，月折银三钱六分；新规：每月折银二钱四分	同提督官	与教师同	同提督官	纸七十五张，笔六支，墨三锭
译字生	月一百斤折银一钱二分五厘	同译字官	同提督官	与教师同	每年130斤，闰月加15斤	同译字官

资料来源：此表根据吕维祺：《四夷馆则·增定馆则》卷8《俸廪》第153—157页"柴价""肉价"，"饭米""酒米""年例纸扎"等条绘制。

每年冬季，工部台基厂向四夷馆提供一百五十包木炭，每包折银八分二厘，然后由堂官酌情分给十馆教师；柴薪补贴按惯例由工部台基厂解送至光禄寺主簿厅，四夷馆遣厨役执簿到光禄寺主簿厅领取；肉由四夷馆派遣厨役到光禄寺主簿厅领取；饭米等满六个月零七日积够一石，由光禄寺大官署给票开仓领取；酒米则由光禄寺钱粮良酝署给票开仓随时领取；食盐则根据四夷馆组成人员文册转行户部倒文，到广惠库纳钞关领取；年例纸扎则由通州府、宛平及大兴县提供。到了明末，四夷馆的基本日常生活补贴遭裁减，除了官员及生徒享受的基本生活补贴柴薪、食盐补贴未经裁革外，肉、酒米、饭米等均于天启六年（1626）十二月在原额基础上裁减了三分之一，这就加剧了四夷馆几乎沦为"马厩"的残败景象。

三、明代四夷馆的外交翻译职能

四夷馆的两项基本职能是培养翻译人才和辨译朝贡来文，同时具有书写对外敕谕、伴送朝贡使臣回国、差官到边境地区验放进贡夷人、陪祀、参与宴会及编写外国语词典等职能。天启五年(1625)八月，女直馆教师光禄寺署丞樊于陛称，"本馆世业番书，职专习译、书写敕谕、辨验来文，应对九夷"。① 四夷馆教授译字生习译，这些学生学有所成后，成为明政府与周边少数民族政权及外国沟通的中坚力量。今制，四夷馆有译字生习诸外夷字，历九年于史馆前考试，字法无误升为序班，已官者递进二品，如遇诰敕房及史馆誊录缺人，从四夷馆译字官生中考选起送。② 嘉靖初年，革黜边境地区十八处都督、都指挥、指挥等手下的小通事，全部移交会同馆提督官，"凡在馆钤束番人入贡引领，回还伴送皆通事专职"。③ 据《万历疏钞》记载，"贡夷回日，选拨四夷馆带衔廉谨通事押至山海关交割，亦照伴送员役赏罚，仍谕贡夷以后务要遵照旧规验放，如有故违，限期

---

① 〔明〕吕维祺. 四译馆则·增定馆则·卷十二·文史·题奏类一[M]//近代中国史料丛刊三编第四辑·第31册. 台北：文海出版社，1985：211.
② 孙矿. 书画题跋·卷1·墨迹·外国书旅獒卷[M]//影印文渊阁四库全书·子部·第816册. 台北：商务印书馆1986年影印本，第48页.
③ 〔明〕俞汝楫. 礼部志稿·卷三十六·主客司职掌·四夷馆通事[M]//景印文渊阁四库全书本·史部·职官类·第597册. 台北：商务印书馆，1986：565.

即行"。①

四夷馆还需往大喜峰口、阳和等边境关卡各差译字官一员，"验放进贡夷人，三年一更"，阳和关卡译字官后被裁革。②四夷馆还承担着编纂外国语词典的重要任务。早在四夷馆设立之前的洪武十五年（1392），太祖就命令翰林院主事火源洁及编修马沙亦黑编纂汉蒙双语词典《华夷译语》。到了永乐五年（1407），成祖命令火源洁在南京长安右门外设立四夷馆这一翰林院下属机构，自此以后，双语翻译工作不仅仅限于汉蒙两种语言，四夷馆还编纂了《鞑靼馆译语》《满剌加译语》及《占城译语》等多种双语词典。四夷馆以其所编双语词典为教材，开设了各国语言课程，教习译字生藩汉杂字、书写诰敕及辨验来文，训练外交人员的外国语知识。

第三节　明代市舶司及其管理朝贡贸易职能

市舶司隶属于布政使司，是地方主要外交专职机构。明朝市舶司是掌管海外各国贡使朝贡互市的机构。明朝先后在广州、泉州、明州、交阯设置市舶提举司，置于布政使司领导之下，完全属地方政府机构。

一、明代市舶司的设置情况

明太祖于吴元年（1367）在太仓黄渡设立市舶司，俗称"六国码头"。洪武三年（1370）二月，太仓黄渡市舶司被停罢。学界对于撤销太仓黄渡市舶司的原因有两种观点：一种认为太仓距离京城太近，倘若允许夷人来贡，恐生他变。例如，郑晓的《今言》中记载，明太祖"以海彝黠，勿令近京师，遂罢之"。③傅维麟《明书》中也记载，"以太仓为'六国码头'，

---

① 〔明〕吴亮.万历疏钞·卷四十一·辽建类[M]//续修四库全书本·史部·诏令奏议类·第468册.上海：上海古籍出版社，2002：2495.
② 〔明〕吕维祺.四译馆则·增定馆则·卷三·典制[M]//近代中国史料丛刊三编第四辑，第31册.台北：文海出版社，1985：64-65.
③ 〔明〕郑晓，李致忠点校.今言·卷三·二百八[M]//北京：中华书局，1984：119.

旋以通京师，恐生他变，遂徙至宁波等处"。另一种认为停罢的原因在于加强对海外贸易的直接控制，使"贡品"不必经市舶司中转，以免产生一些不必要的麻烦。① 例如，根据《明太祖实录》记载，"罢太仓黄渡市舶司，凡番舶至太仓者，令军卫有司同封籍其数，送赴京师"。② 可见，加强对海外贸易的直接控制以及维护京师安全是停罢太仓市舶司的最重要两项因素。同年（1370），来中国朝贡的国家不断增多，明太祖不得不于洪武三年（1370）改设浙江、福建、广东三市舶司，"宁波通日本，泉州通琉球，广州通占城、暹罗、西洋诸国"。③ 琉球、占城等国可随时入贡，唯日本有期限限制。明太祖认为日本叛服不常，独限其期为十年，人数二百，舟两艘，以金叶表文为验。

    洪武七年（1374）九月，恐濒海居民及戍守将卒私通海外诸国，并罢市舶司。永乐元年（1403）复设三市舶司。永乐三年（1405）九月，因为外国贡使日益增多，置馆驿，福建称"来远驿"，浙江称"安远驿"，广东称"怀远驿"。永乐六年（1408）正月，又增设交阯云屯市舶司，接待西南各国朝贡使臣。宣德年间弃交阯，遂废云屯市舶司。嘉靖二年（1523），由于在浙江市舶司发生了日本使节"争贡之役"，遂革福建、浙江二市舶司，唯存广东市舶司。嘉靖十四年（1535），指挥黄庆纳葡人之贿，在澳门设立市舶机构。嘉靖三十九年（1560），凤阳巡抚唐顺之议复三市舶司，户部议，从之。嘉靖四十四年（1565），广东市舶司仍存，罢复浙江宁波府市舶司、福建市舶司之设。万历二十七年（1599）二月，明神宗"大榷天下关税"，分遣太监领浙江、福建、广东市舶司，浙江、福建两地市舶机构遂得以恢复。各市舶司设从五品提举一人，从六品副提举一人，从九品吏目一人。

---

① 李金明．明代市舶司的沿革与市舶司制度的演变 [J]．南洋问题研究，1987（2）：43．
② 《明太祖实录》，卷四十九，洪武三年二月甲戌．台北："中央研究院"历史语言研究所印，1962：969．
③ 〔清〕张廷玉，等．明史·卷八十一·志第五十七 [M]．北京：中华书局，1974：1980．

二、明代市舶司的朝贡贸易管理职能

明初设置市舶提举司，基本上沿袭元末体制，职能没有改变，仅仅在官职上适当压缩。随着海禁的实施和贡舶贸易合法地位的确立，商舶贸易被宣布为非法，海外贸易被纳入大明帝国重建国际政治新秩序的外交体制之中，其政治功能被发挥到极致。①"掌海外诸蕃朝贡市易之事，辨其使人表文、勘合之真伪，禁通番，征私货，平交易，闲其出入而慎馆毂之。"② 市舶司自唐代设立，经历宋元两代发展，到了明代其职能发生了变化，可以概括为"辨勘合""征私货""平交易"三个方面。明代市舶司不仅具有唐宋元时期的检查出入海港的贸易船舶、征收关税、管理进出口货物贸易等传统经济职能，而且还具有执行明代海禁政策、限制私人贸易的政治职能。

市舶司负责朝贡事务。外国朝贡船只进港后，市舶司官员会同地方官员查验勘合，辨别真伪，确定无误后，督令有关人员钉封船舱和货物，以防贡品或私货偷漏上岸，并将其运往进贡厂，当货物运进仓库时，市舶司通知地方官员到场监督，候民夫搬扛贮库完毕后封仓，会同当地驻军在仓库四周巡逻，保护贡品和货物的安全，禁止夷人擅自出入私拿货物售卖，将贡使及其随行人员接入驿馆招待住宿，按规定予以筵宴，奏报朝廷，待朝廷命令下达后，市舶司会同地方官员监督贡品的装箱、封钉和起运，并负责造册，开列详细清单，且差人与贡使同行，赴京交割，贡使朝贡完毕，市舶司应作临别饯宴，并在离港之日，将夷人逐一检验上船，然后护送出港。③

执行海禁政策，限制私人贸易。明代市舶司不同于前代之处在于增加执行海禁政策、限制私人贸易的任务。即所谓"禁通藩""抑奸商"等职能。市舶司还负责追捕出海贸易的商人。为了加强市舶司打击走私贸易的力量，明廷甚至一度授予提督浙江市舶司提举太监赖恩调动军队的权力。嘉靖初，

---

① 李庆新.明代市舶司制度的变态及其政治文化意蕴[J].海交史研究，2000（1）：72.
② 〔清〕张廷玉，等.明史·卷七十五·志第五十一[M].北京：中华书局，1974：1848.
③ 彭巧红.明代海外贸易管理机构的演变[J].南洋问题研究，2002（4）：83.

莱恩还"兼提督海道,遇警得调官军"。①

征收关税。海外诸国的朝贡物品由三部分组成,即进贡方物、国王附进物和使臣自进、附进物。各国进贡的方物也称为"贡品",是海外各国朝贡明王朝的物品,市舶司不能对"贡品"征税。明代皇帝出于政治上"怀柔远人"的目的,遵循"厚往薄来"原则,给予使者大量赏赐。各国国王附进物和使臣自进、附进物也称为"私货",在朝贡物品中占绝大多数。明廷对"私货"的处理则以正德年间为界分为两个阶段。明代前期和中前期,对藩货实行由政府以高于货物实际价值的方式进行收买,这种方式也被称为"给价收买"。对外国使者随身所带私货免于征税,凡海外诸国入贡,有附私物者,悉蠲其税。例如,洪武二年(1369)规定,朝贡附至藩货欲与中国贸易者,官抽六分,给价偿之,仍免其税。明成祖则认为对贡使所带私货征税有损天朝颜面,他认为,"商税者,国家以抑逐末之民,岂以为利,今夷人慕义远来,乃欲侵其利,所得几何,而亏辱大体万万矣"。②因此,正德以前,市舶司并未向外来朝贡船只征税,仅仅负责检查伴随朝贡附载的货物有没有违法、违禁的物品。在随后的藩货抽分过程中,又要"给价偿之",即按高于当时的市场价格收买。自正德以后,明廷开始对"私货"征税。因财政困难等原因,市舶司开始实行"抽分"制,即对"私货"征收进口税。税率维持在20%左右。以后又发展到"丈抽",即吨位税。征税亦由实物到货币,由进口到出口。

三、明代市舶司的特点

(一)受到布政司、宦官的控制

明代市舶司是明朝统治者实行海禁、扼杀私人海外贸易、对海外贸易实行控制和垄断的工具。③正因为如此,明代政府不断加强对市舶司的监管,不仅让地方政府管理市舶司,而且还派遣中官直接控制市舶司,市舶司提

---

① 〔明〕王世贞,魏连科点校.弇山堂别集·卷九十九·中官考十[M].北京:中华书局,1985:1880.
② 〔清〕张廷玉,等.明史·卷八十一·志第五十七[M].北京:中华书局,1974:1980.
③ 李金明,廖大珂.中国古代海外贸易史[M].南宁:广西人民出版社,1995:267.

举则因官小权轻处于从属地位。明代市舶司有从五品提举一人，从六品副提举一人，从九品吏目一人。提举品秩相当于散州知州、千户所副千户；副提举品秩相当于州同知、布政司经历、理问、千户所镇抚，为地方中低级官吏。明代市舶司在机构建置上不同于唐宋元时期，受布政司的制约，无法独立行使职权。在明代市舶司管理权力架构中，市舶司实际上处于地方长官与市舶中官的双重领导之下，权力被剥夺殆尽，"其供应之节，控驭之方，掌于郡守，犒待之仪，贡输之数，主于中官，职提司者，不过检视之而已"。①到了正统以后，来华朝贡的国家越来越少，贡舶贸易逐渐衰落，与此同时，非朝贡商舶越来越多，并逐渐取得主导地位。为了弥补财政收入不足，明政府对商舶和贡舶私货开始实施抽分，明代市舶司专掌贡舶，因此对抽分事务并无主导权。蕃舶到达港口后，"遣各府佐县之有廉干者往，抽分货物，提举司官吏亦无所预"。②

自永乐元年（1403）成祖恢复市舶司后，命内臣齐喜提督广东市舶，开创宦官掌管贡舶贸易的先例。市舶中官作为皇帝的内侍，倚仗皇权，权力很大，当然不甘于地方政府对市舶司的控制。市舶中官选任多用正四品太监、从四品少监或者从五品监丞，市舶中官的品级高于或与市舶司提举平级。而且，市舶中官除提督贡舶外，还经常兼管地方军政要务，如镇守、采珠、榷税、采造进奉品物等，权势非常大。市舶中官在地方还拥有独立的办事机构，称为市舶府、市舶中官公馆或者市舶中官衙门，直属内府，"闽、浙、广近海之处，各立市舶府，领之以中官，而又有市舶司，分理其事，每番舶至，则先遣提举阅实其货，藉其入贡之数，有余乃听贸易，而又为之平其物价，治其争讼"。③市舶府实际上与市舶司形成上下级隶属关系，市舶府独立于地方政府，拥有自己的组织体系。广东市舶府位于广州郡西武安街，为南宋来远驿旧址。嘉靖初有正厅五间，穿廊三间，后厅五间，

---

① 〔明〕陈子龙.明经世文编·卷一百四十七·张文定甬川集·西亭饯别诗序[M].北京：中华书局，1962：1465.
② 〔明〕严从简，余思黎点校.殊域周咨录·卷九·西戎·佛朗机[M].北京：中华书局，2000：324.
③ 〔明〕林文俊.方斋存稿·卷四·序·送黄德恭赴广东市舶提举序[M]//景印文渊阁四库全书本·集部·别集类·第1271册.台北：商务印书馆，1986：743.

左右厢房二十二间，仪门厅三间，东、西耳房二间，大门三间，比广东市舶司衙门规模还大，后者仅正厅三间，后厅三间，左、右厢房各三间，吏目厅三间，其余为官吏宿舍及库房。浙江市舶府在杭州城内，原为宋德寿宫后苑，宋时该苑建有大龙池、万岁山，"拟西湖冷泉、飞来峰，若亭榭之盛，御舟之华，则非外间可拟"。[①] 福建提督市舶衙门在福州光泽坊内，旧染织局地，初建于府治西南法光寺东，成化十六年（1480）太监韦眷与织染局互易创建。可见，市舶府一定程度作为皇帝直接派出的机构，监管市舶司。也正因为如此，市舶太监和地方政府在管理市舶司时冲突不断，互相争夺主导权。例如，正德五年（1510），广东发生市舶中官与镇巡三司争夺商舶征税权的事件，广东市舶司太监毕真奏，"旧例泛海诸船俱市舶司专理，迩者许镇巡及三司兼管，乞如旧便，礼部议，市舶职司进贡方物，其泛海客商及风泊番船，非敕书所载，例不当预，奏入，诏以熊宣旧例行，宣，先任市舶太监也，常以不预满剌加等国蕃船抽分，奏请兼理，为礼部所勤而罢，刘瑾私真，谬以为例云"。[②]

（二）职能在不同时期变化较大

自隆庆开海之后，私人海外贸易迅速发展，严重冲击了朝贡贸易体制。同时，在东南沿海地区形成了地方性海上势力，这些地方海上势力往往又和政府官员具有关联。非法私人海外贸易的兴盛促使了市舶司职能的改变。明代前期和中期，市舶司专管朝贡事务，但随着朝贡贸易的衰落，市舶司开始管理部分商舶贸易。广州、澳门两地的市舶司负责管理商船，明代市舶司在明代前期以专门负责朝贡事务为唯一职责，后期则参与管理商舶贸易。在管理外国商船方面，允许外国商船进入的广州和澳门出现了凭"部票"入港贸易的制度。明政府明确规定，凡外国商船进入广州贸易，必须持有政府发给的"部票"，即入港许可证，才能进入澳门和广州贸易。例如，万历四十五年（1617）九月十一日，葡萄牙商船入澳门，市舶司官员负责

---

① 〔宋〕李心传，徐规点校. 建炎以来朝野杂记·乙集卷3·上德三[M]. 北京：中华书局，2000：553.
② 《明武宗实录》，卷六十五，正德五年七月壬午. 台北："中央研究院"历史语言研究所印，1962：1430-1431.

检查其是否持有"部票",否则不允许其进入澳门和广州进行贸易。因此,市舶司职能的变化表现在对非朝贡船只的管理方面,随着私人贸易的兴起,市舶司逐渐也参与了对非朝贡船只的监管工作。当外国商船进港后,地方政府官员会同市舶司官员共同查验外商带来的货物,确认无违禁物品时,才按章征税。市舶司的征税职能在明代前期、中期和后期不断发生变化。明代前期,明太祖确立"厚往薄来"的外交原则。

（三）明朝的对外政策影响市舶司的设置与罢革

明朝开国之初,明太祖奉行和平外交政策,急需告知周边各国中国已经改朝换代。因此,朱元璋于吴元年就在太仓黄渡设置市舶提举司,又称"六国码头",掌管海外各国贡使朝贡事务,以加强中国与周边各国之间的联系。但是,由于太仓黄渡靠近京师,给京师带来了安全隐患,其市舶司于洪武三年(1370)被裁撤。但这一时期的外交政策仍是加强与周边各国联系,招徕各国朝贡,明太祖遂于同年在浙江宁波、福建泉州、广东广州三处设置市舶司,以取代太仓黄渡,其中,宁波通日本,泉州通琉球,广州通占城、暹罗、西洋诸国。但是,由于明太祖时期倭患不绝以及方国珍、张士诚余党势力骚扰不断等原因,明朝逐渐推行海禁外交政策。在海禁外交政策影响下,民间海外贸易被禁止,官方贸易被严格限制。因此,在海禁政策影响下,明廷于洪武七年(1374)撤销了自唐朝以来就存在的福建泉州、浙江明州、广东广州三个市舶司。自洪武七年(1374)朱元璋裁撤市舶司之后,洪武十四年(1381),朱元璋又下诏,"禁濒海民私通海外诸国"。[①] 洪武二十三年(1390),朱元璋再次发布禁外藩交通令。洪武二十七年(1394),为彻底取缔海外贸易,又一律禁止民间使用及买卖舶来的藩香、藩货等。洪武三十年(1397),再次发布海禁令。可见,自洪武七年(1374)以后,明廷都在执行海禁政策,受这一外交政策影响,市舶司在整个洪武年间再也没有复设。

"靖难之役"结束后,朱棣登上皇位。明成祖恢复了明太祖时期的各

---

① 《明太祖实录》,卷一百三十九,洪武十四年十月己巳.台北:"中央研究院"历史语言研究所印,1962:2197.

项制度，继续推行朝贡制度和以海禁政策为核心的外交政策，但更具有外向性。明成祖时期的外交政策最明显地体现在郑和下西洋这一重大历史事件中。郑和下西洋既是为了营造"万国来朝、四夷咸服"的气势，也是中央集权政府打击东南沿海民间贸易和海上流民的措施。[①] 可见，永乐时期的外交政策从本质上并没有变化。但由于这一时期的倭患和洪武年间相比有所收敛，明成祖为了怀柔远人，宣扬大明国威，同时换取海外奇珍供皇室享用，加强了与周边各国的联系。受到明成祖这一外交政策的影响，明廷于永乐元年复设三市舶司。永乐、洪熙、宣德、正统、景泰、天顺、成化、弘治、正德年间，倭寇对中国的侵扰大大减少。一方面是因为日本结束了南北朝分裂的局面，削弱了倭寇产生的社会基础；另一方面是因为明朝加强了海防，同时逐渐和日本建立了正常的朝贡贸易关系。因此，市舶司自永乐元年（1403）至正德十六年（1521）的一百一十九年里，一直是负责管理朝贡事务的重要机构。

到了嘉靖年间，倭寇猖獗，对中国的入侵最为严重。嘉靖初年，在日本战国大名的支持和怂恿下，包括西藩葡萄牙人在内的倭寇在东南沿海肆虐。嘉靖元年，明朝与葡萄牙进行了西草湾之战，该战役对东南沿海的倭患有深刻影响。明朝虽然战胜了，但因为葡萄牙国王唐·曼努埃尔所派出的使团，"是将外交使节、商人和海盗三种身份集于一身的，至于这三种身份的色彩哪一种更加突出，则依时间、地点和条件而异。但从总体上看，不得不认为：商人的贪婪压倒了使节的高雅，而海盗的凶暴又使前两者黯然失色"。[②] 当明廷拒绝了其使节之后，这些人便和中国的海盗串通一气，骚扰中国东南沿海。在广东发生葡萄牙人侵略西草湾事件不到一年的时间里，在浙江又发生了日本两贡使的争贡事件。争贡之役后，日本同明朝的正常贸易渠道被堵塞了，走私活动逐渐猖獗。因此，嘉靖初年的这两次战役促使明廷更加严格地执行海禁政策。明廷认为，本地的海盗商人与倭寇互相勾结，一些内地叛贼"常年于南风汛发时月，纠引日本诸岛、佛郎机、彭享、暹罗诸夷，前来宁波双屿港内停泊，内地奸人，交通接济，习以为常。

---

① 庄国土.论郑和下西洋对中国海外开拓事业的破坏[J].厦门大学学报，2005（3）：73.

② 何芳川.澳门与葡萄牙大商帆[M].北京：北京大学出版社，1996：25.

因而四散流劫,年甚一年,日甚一日"。[①]以朝贡制度和海禁为核心的外交政策并没有变化,但趋于内向,改变了主动"招徕远人"的外交政策。在这一政策的影响下,明朝于嘉靖二年(1523)罢革与日本相邻近的福建、浙江两处二市舶司,唯存广东市舶司。到了嘉靖三十九年(1560),凤阳巡抚唐顺之议复三市舶司,户部议,从之。嘉靖四十四年(1565),再次罢革浙江宁波府市舶司、福建市舶司之设,仍旧保留广东市舶司。

嘉靖年间倭患猖獗,一方面是因为日本处于各大名纷争的战国时期,另一方面也在于明朝内部海盗头子为首的海盗集团的配合。到了隆庆年间,这种情况已经发生变化,日本的战国时期已经趋于终结,逐渐走向统一,以戚继光为代表的民族英雄领导的抗倭斗争取得胜利。隆庆元年(1567),福建巡抚涂泽民上书明穆宗,请开市舶,易"私贩"为"公贩",明穆宗顺水推舟,开放了福建漳州的月港一处口岸,史称"隆庆开关"。这样,私人的海外贸易获得了合法地位。但是,这项政策只开放了一处口岸,而且只允许泉州和漳州的商人对外贸易,并且仍禁止对日贸易。自隆庆开关后,明代的外交政策进入了新的时期,重新加强了与世界的联系,大量进口白银,其外交政策重新趋于外向性。受到这一外交政策影响,浙江、福建两处市舶司于万历二十七年(1599)得以复设。可见,明代市舶司的设置、罢革与其不同时期的周边环境和外交政策密切相关:当朝贡制度趋于外向,朝廷主动招徕远人来华朝贡时,市舶司这一外交机构就会运行正常;当外患威胁朝廷安全,朝贡制度趋于收缩时,市舶司这一朝贡管理机构往往被裁撤。

第四节 明代会同馆及其外交接待职能

会同馆本是邮传机构,明初至正统前期,由兵部车驾司管理。隶属于兵部的会同馆大使、副使是会同馆的主管官员。会同馆是专门接待朝贡使者的机构,具有明显的涉外性。迁都北京后,南京会同馆仍保留,也具有

---

① 〔明〕陈子龙.明经世文编·卷二百五·朱中丞甓余集·海洋贼船出没事[M].北京:中华书局,1962:2161.

接待外宾职能。

一、明代会同馆的设置情况

弘治五年（1492）以前，主客司员外郎、主事仅仅在处理朝贡事务时临时到馆履行职责，事毕则重回礼部工作。随着外来使团的增多，礼部设置"提督主事"专门管理会同馆。提督主事的设置经历了四次变革，中间裁撤过三次，"首次于正统（1436-1449）后期设置，废除时间不明，第二次于弘治五年（1492）重新设置，正德二年（1507）裁革，第三次于正德五年（1510）设置，于万历九年（1581）裁革，万历十一年（1583）第四次设置"。[1] 在明代绝大部分时间里，主客司主要管理会同馆，虽然经过三次裁撤，但都在极短的时间里重新设置。

会同馆是位于京师的具有接待外宾职能的驿馆，是"专以止宿各处夷使及王府公差、内外官员"的外交接待机构。[2] 会同馆还是中央政府与四夷贡使进行经济贸易及四夷贡使了解华夏礼仪文化的场所。[3] 藩夷来使到中国朝贡都会入住会同馆。"国初改南京公馆为会同馆，永乐初设会同馆于北京，三年，并乌蛮驿入本馆。正统六年（1441），"定为南、北二馆，北馆六所，南馆三所，设大使一员、副使二员，内以副使一员，分管南馆"。[4] 可见，明朝建国初就沿袭元制，在京师南京设立会同馆，而当时北京为北平府，依例设水马驿，名燕台驿。永乐元年（1403），明成祖下诏把"北平"改称"北京"，设置"行"中央机构，燕台驿升格为会同馆；永乐三年（1405），馆、驿合并，统称为会同馆。正统六年（1441），在北京盖造南、北两馆。"北会同馆在澄清坊大街东，正统六年（1441）盖造，弘治五年（1492）改作，共房屋三百七十六间，南会同馆在东江米巷玉河桥西街北，亦正统

---

[1] 王建峰.明朝"提督会同馆主事"设置探微[J].辽宁大学学报，2006（6）：82.
[2] 《明孝宗实录》，卷三十五，弘治三年二月己亥.台北："中央研究院"历史语言研究所校印，1962：759.
[3] 王静.明朝会同馆论考[J].中国边疆史地研究，2002（3）：53.
[4] 〔明〕申时行，等.大明会典·卷一百四十五·兵部二十八[M]//续修四库全书本·史部·政书类·第791册.上海：上海古籍出版社，2002：475.

六年（1441）盖造，弘治五年（1492）改作，共房屋三百八十七间"。①北会同馆在澄清坊大街东，南会同馆在东江米巷玉河桥西街北。北馆和南馆有不同的接待任务，"凡各王府公差人员，及辽东建州、毛怜、海西等卫女直，朵颜三卫达子，土鲁番，撒马儿罕，哈密，赤斤、罕东等卫回回，西番法王，洮岷等处，云贵、四川、湖广土官番人等，俱于北馆安顿，迤北瓦剌、朝鲜、日本、安南等国进贡陪臣人等，俱于南馆安顿"。②

二、明代会同馆的组成人员

会同馆是为朝贡使者提供食宿等生活服务的客馆机构，人员设置比较齐全，以"怀柔远人"为中心，既包括提督主事、会同馆大使、副使等官员，又包括通事、医生等专业技术人员；又包括司吏、典吏、馆夫库子及杂役等服务人员；还包括经常居住在会同馆的四夷使者。

（一）提督主事及其主要职责

会同馆又不同于地方的水马驿、递运所等机构，还有国家宾馆的性质。③在绝大部分时间里，由礼部主客司所派"提督主事"主管会同馆事务。纵观明代各朝实录，关于提督会同馆礼部主事的记录很少，但弘治十四年（1501）正月壬申，提督会同馆礼部主事刘纲言："又新例，外夷到馆，凡事有违错，不分轻重，辄参问提督主事及通事伴送人等，且主事在馆提督，不过总其大纲，与通事伴送专职者不同，今一体参问，情既无辜，且不足以示体统于四夷，乞量为处分；礼部议，谓：'前二事宜如纲奏，外夷到馆如有杀人重事，乃参门问提督官，其余事情，止参问通事伴送人等，从之。"④由此可以看出，礼部主客司提督会同馆主事的主要职责是管理会同馆各项事务，并且对管理会同馆的政策条例提出修改意见，定期向皇

---

① 〔清〕余敏中，等.日下旧闻考·卷六十三·官署二[M].北京：北京古籍出版社，1983：1036-1037.
② 〔明〕申时行，等.大明会典·卷一百四十五·兵部二十八[M]// 续修四库全书本·史部·政书类·第791册.上海：上海古籍出版社，2002：476.
③ 王天有.明代国家机构研究[M].北京：北京大学出版社，1992：136.
④ 《明孝宗实录》，卷一百七十，弘治十四年正月壬申.台北："中央研究院"历史语言研究所校印，1962：3086-3087.

帝汇报工作，并且提出具体的建议。

（二）会同馆大使、副使及其职责

会同馆本为兵部所辖，兵部车驾司所属大使、副使是最常设的管理人员。会同馆大使、副使在未设置及裁撤提督会同馆礼部主事之时管理会同馆。会同馆大使、副使的主管职能虽逐渐被会提督会同馆礼部主事所取代，但从未被废置，只是其职权在不断发生变化。会同馆大使、副使设立时间较礼部提督主事早，据《明太祖实录》记载，洪武二年（1369）十二月甲戌，"遣中书省管勾甘桓、会同馆副使路景贤，封占城国王阿答阿者为占城国王"。① 可见，会同馆大使、副使在洪武二年（1369）就已经设置。正统六年（1441）以前，各设会同馆大使、副使一员，车架司主事一员，督理会同馆。自正统六年（1441）开始，增设会同馆副使一员，分管南馆。

会同馆本是在京师的驿馆，具有驿传和朝贡的双重功能，会同馆大使、副使隶属兵部，掌管会同馆馆夫、马驴铺陈、门禁等事务。"凡接待各王府公差进奏人员及四夷朝贡使客，原设马驴馆夫、铺陈什物、俱有定额，兵部委官提督点视，如有马驴倒死、夫役在逃、铺陈不整、照例勾解买补，应合给驿，应得脚力者，填写勘合，发馆起关应付，其南京会同馆、从南京兵部一体委官提督。"② 这段话虽然没有明确指出会同馆大使、副使行使马驴铺陈等职权，但指出由兵部委官提督。然结合其他史料，应主要是会同馆大使、副使行使上述职权。又如正德三年锦衣卫指挥金事、大通事王喜等言，"会同馆大使等官不能钤束夫牌人等，乞俱听各国通事序班等官约束。"③ 夫牌人是指饲马之夫役，可见会同馆大使具有管理马匹的职责。另外，凡马驴铺陈都有定额，"本馆额设马一百七十一匹，派顺天府

---

① 《明太祖实录》，卷四十七，洪武二年十二月甲戌．台北："中央研究院"历史语言研究所校印，1962：936．
② 〔明〕申时行，等．大明会典·卷一百四十五·兵部二十八 [M]// 续修四库全书本·史部·政书类·第791册．上海：上海古籍出版社，2002：476．
③ 《明武宗实录》，卷四十三，正德三年十月乙亥．台北："中央研究院"历史语言研究所校印，1962：991．

五十三匹，镇、常、苏、三府三十二匹，浙江绍兴府四匹，江西南昌、抚、信、饶、袁、五府八十二匹，驴一百三十七头，俱顺天府所属验粮编当，上铺陈一副，银十五两，每年于上马，每匹扣银五两，中铺陈一副，银十二两，每年於中马，每匹扣银四两，下铺陈一副，银九两九钱九分，每年于下马，每匹扣银三两三钱三分。候三年一次行顺天府置买，送部验中，发馆应用。"可见，兵部属官会同馆大使、副使负责会同馆内车马以及被褥卧具等事务，只是后来该职官逐渐脱离兵部，转归礼部主客司管理。

（三）会同馆通事及其职责

明代的通事主要分布在鸿胪寺、会同馆、四夷馆等部门中，会同馆通事由提督会同馆礼部主事管理，主要负责翻译工作。洪武永乐以来，"设立御前答应大通事，有都督都指挥等官，统属一十八处小通事，总理来贡四夷、并来降夷人，及走回人口，凡有一应夷情，译审奏闻，嘉靖初，革去大通事，其小通事悉属提督官"。[①]大通事全称为御前答应大通事，明初设置，直至嘉靖初年革除，由都督、都指挥、指挥等高级武官担任，其政治地位远远高于小通事。成化五年（1469）定制，"计四夷十八处额设通事六十名，遇有病故及为事等项革去职役者，照缺选补，若事繁去处丁忧有过三名者，量补一名"。[②]在这六十名通事中，包括朝鲜国通事五名，日本国通事四名，琉球国通事二名，安南国通事二名，真腊国通事一名，暹罗国通事三名，占城国通事三名，爪哇国通事二名，苏门答腊国通事一名，满剌加国通事一名，达达七名，女直七名，畏兀儿二名，西藩五名，河西一名，缅甸一名，云南百夷各处六名。这十八处通事所任职的地区基本涵盖了所有和中国关系较为密切的周边少数民族政权及藩国。

明中叶以后，真腊、苏门答腊、爪哇等国朝贡活动逐渐减少甚至断绝与明朝的关系，故而缺额亦不增补，而周边少数民族如鞑靼、西藩、女直

---

① 〔明〕申时行，等.大明会典·卷一百九·礼部六十七[M]//续修四库全书本·史部·政书类·第791册.上海：上海古籍出版社，2002：113.
② 〔明〕申时行，等.大明会典·卷一百九·礼部六十七[M]//续修四库全书本·史部·政书类·第791册.上海：上海古籍出版社，2002：113.

等则酌量增补。① 通事属于不入流的基层办事人员,升为序办是其最重要的为官渠道。成化十八年(1482)规定,通事办事三年,满日,本部考中,支米,又办事三年,满日考中,送吏部冠带,又三年,满日考中,实授序班。通事经过九年、三次考核通过,可以授予序班,而序班是在鸿胪寺、光禄寺、会同馆等部门的基层官员,品秩为从九品,也是明代官员十八品中官秩最低的一级,由此可见,会同馆通事升迁之艰难。

会同馆通事的主要职责是伴随使者,负责口译工作。首先,通事负责翻译工作。例如,根据大明会典记载,"凡朝鲜国漂流夷人,至会同馆,即行该馆通事序班,译审明白,日给薪米养赡"。② 又如,弘治七年(1494)九月壬子,"朝鲜国海南夷十一人,以捕鱼为飓风漂其舟至福建漳州府,时无译者,莫知其所自来,福建守臣送至京,大通事译审,乃得其实,上命给之衣食,候其国进贡陪臣还日,归之"。③ 没有通事的翻译,就无法进行对外沟通交流;其次,会同馆通事还参与"入朝引领"工作。该工作十分复杂,会同馆通事往往起引导四夷使者的作用;最后,负责"回还伴送"工作。经过至少九年历练的通事序办往往更受到重用,例如,"嘉靖二十九年(1550)题准,番僧贡回,差通事序班,给批定限,送至四川巡抚衙门交割"。④ 又如,"嘉靖三十三年(1554)题准,暹罗国使臣告称驿递刁难,差通事序班,给批定限,送至福建布政司交割"。⑤ 嘉靖十四年(1535)九月甲申,"诏遣通事序班一人,护送朝鲜国使臣出境,自后岁以为常,防其夹买私货也"。⑥

---

① 李云泉. 明代中央外事机构论考 [J]. 东岳论丛, 2006(5):131.
② 〔明〕申时行,等. 大明会典·卷一百八·礼部六十六 [M]// 续修四库全书本·史部·政书类·第791册. 上海:上海古籍出版社,2002:110.
③ 《明孝宗实录》,卷九十二,弘治七年九月壬子. 台北:"中央研究院"历史语言研究所校印,1962:1699–1700.
④ 〔明〕申时行,等. 大明会典·卷一百九·礼部六十七 [M]// 续修四库全书本·史部·政书类·第791册. 上海:上海古籍出版社,2002:116.
⑤ 〔明〕申时行,等. 大明会典·卷一百九·礼部六十七 [M]// 续修四库全书本·史部·政书类·第791册. 上海:上海古籍出版社,2002:116.
⑥ 《明世宗实录》,卷一百七十九,嘉靖十四年九月甲申. 台北:"中央研究院"历史语言研究所校印,1962:3845.

（四）会同馆司吏、典吏、馆夫、库子、医生、杂役及其职责

明代官职包括官员和吏员两类，吏员为明代政府各级官衙内承办日常具体事务的公务人员。会同馆设司吏一名、典吏两名，都是负责执行会同馆提督、大使、副使等官员决策的办事人员。典吏在各类衙门均有设置，是负责书写、收发、保管文案的最低级吏员，司吏则是主管吏员。由于会同馆具有涉外的特殊性质，是大明皇帝"怀柔远人"的场所，所以各类服务人员配备得相当齐全：首先配备多名厨师，为朝贡使者提供美食服务。凡馆夫，额设四百名，南馆一百名，北馆三百名，专造饭食，以供使客。这四百名厨子由顺天府以及直隶真、保等七府分别提供。其中顺天府所属佥充三百四十七名，俱三年一代；直隶真、保等七府，佥充五十三名，俱一年一代。佥充是明代吏员的主要来源。凡是没有犯过错误、三十岁以下，能够写字者都可以选用。宣德元年具体规定，如果一户有二丁或者三丁，已佥一丁充役，后又有一丁被佥，那么后佥者可免充吏役。馆夫入馆供事者皆悬带官方发给的火印木牌，作为出入会同馆的凭证，接待四夷使节完毕后，会同馆收回火印木牌。

另外，会同馆还设有管理仓库的服役者及医生。会同馆是接待外宾的机构，朝贡者都带有方物，因此会同馆设有库子一职，负责看管各国来使携带之方物。会同馆服役库子共七名，库子由大兴、宛平二县佥充。即"库子七名，俱大兴、宛平二县佥充"。① 会同馆还为朝贡人员提供医疗服务，"凡会同馆医生，遇四夷及伴送人等有疾，即与医药，年终具用药若干，活人若干，开送提督主事处，核实呈部，以稽勤惰，考满升授，仍留本馆办事，其药材，太医院关给"。② 太医院提供药材，会同馆提督主事负责对考核。为了避免会同馆缺医少药的情况发生，嘉靖初年规定：若有一名会同馆医生不能应役，则有另外一名医生兼管医疗事务；若两名医生均不能应役，则由太医院负责借拨一名到馆服务。提督主事对会同馆医生的考核仍以三、六、九年为期，嘉靖五年（1526）四月，"命会同馆医士，如

---

① 〔明〕申时行，等.大明会典·卷一百四十五·兵部二十八[M]//续修四库全书本·史部·政书类·第791册.上海：上海古籍出版社，2002：475.
② 〔明〕申时行，等.大明会典·卷一百九·礼部六十七[M]//续修四库全书本·史部·政书类·第791册.上海：上海古籍出版社，2002：113.

四夷馆通事事例，本馆历役三年给与冠带，又三年给与食粮一石，又三年升授吏目，仍于本馆办事其，各色药材及该支食粮悉于太医院带支，遇缺推补"。[①]另外，会同馆还包括马夫、驴夫、车夫等各类杂役人员。例如，南京会同馆设有提督馆夫五十九名，马四十五匹，马夫四十五名，铺陈四十五副，驴三十头，驴夫三十名，铺陈三十副。

（五）居住在会同馆内的四夷使者

会同馆的首要职责就是接待四夷来贡使者，当然也包括周边部分少数民族使者。根据相关史料记载，明代会同馆的接待对象包括很多国家的使臣。以明朝为中心，按照朝贡体系中心外围结构分为东夷、南蛮、西戎、北狄四类。第一类为东夷，主要是朝鲜、日本、琉球等国；第二类为南蛮诸国，包括安南、占城、真腊、暹罗、满剌加、爪哇、三佛齐、渤泥、琐里、苏门答腊、锡兰、苏禄、麻剌、忽鲁谟斯、佛郎机等国；第三类是西戎诸族，包括吐蕃、拂菻、榜葛剌、默德那、天方、哈密、吐鲁番、赤斤蒙古、安定、阿端、曲先、罕东、火州、撒马儿罕、亦力把力、于阗、哈烈等；第四类为北狄诸族，主要有鞑靼、兀良哈等。例如，洪武十八年（1385）定，藩国初附，遣使奉表进贡方物，先于会同馆安歇，永乐六年（1408），渤泥国王率其妃及家属陪臣来朝，同年渤泥国王卒于会同馆，"明朝皇帝辍朝三日，祭赙甚厚，诏谥恭顺，赐葬南京城外石子冈，以西南夷人隶籍中国者守之"。[②]可见，会同馆的接待对象主要是奉表来贡的外国使者。

三、明代会同馆的外交接待职能

会同馆的外交接待职能主要表现在为四夷朝贡使者提供各种服务方面。会同馆不仅负责朝贡使者的衣食住行，还是他们享受宴飨、售卖私货、中转贡物及学习朝贡礼仪的场所。

---

① 《明世宗实录》，卷六十三，嘉靖五年四月丁巳．台北："中央研究院"历史语言研究所校印，1962：1456.

② 〔明〕申时行，等．大明会典·卷一百五·礼部六十三 [M]// 续修四库全书本·史部·政书类·第791册．上海：上海古籍出版社，2002：82.

（一）提供饮食起居及医疗服务

居住在会同馆的贡使享受明政府提供的饮食起居及医疗服务，其所需粮米先由礼部具体备办，再提供给他们，即"若管待诸番国朝贡等使客，并外国来降土官人等茶饭物料，礼部自行备办"①。而工部支给薪炭，送至会同馆，为贡使提供温暖的居住环境。例如，天顺五年（1461）十一月，"安南国陪臣留京师者诉于礼部，言南人不耐寒，上命工部，月给以炭"。②另外，所贡马匹、象只的饲料，由户部支给，礼部具体备办，送至会同馆，即"凡夷人饭食，用粮米一百石，进贡马匹、象只用草一千束，豆一百石，本馆每年俱申户部支给"③。如前所述，贡使入住会同馆后，精膳司并行文光禄寺支送下程。光禄寺差遣属官一员，管押下程至会同馆。会同馆主事验收后，发放给馆中贡使。下程有常例及钦赐之分，贡使在会同馆内只有一次钦赐下程者，仍支常例下程，或五日、十日即支钦赐下程一次者，常例下程停止支送。下程支送的期限也有明确规定，贡使领赏后，两月仍旧不离开者，光禄寺即停止下程的支送。隆庆元年又规定，凡四夷贡使领赏五日后仍旧不离开，光禄寺即停止支送下程。而所送下程主要是提供给贡使的米、面、肉类、蔬菜等食物。明朝政府给贡使提供饮食服务的同时，也有很严格的规定。宣德五年（1430）二月，"行在光禄寺厨子诉其寺官窃减外夷供给，通政司以闻，上命行在刑部刑郎施礼执而罪之。"④可见，明朝政府对贡使的饮食服务执行之严格。

会同馆馆夫不仅为贡使提供丰盛的美食，而且还提供起居服务。凡接待四夷朝贡使客，原设马驴馆夫、铺陈什物，俱有定额。居住在会同馆的贡使会获得明政府提供的被褥卧具等物品，而贡使的出行也有会同馆马驴车夫来服务。朝贡使者在会同馆还能得到医疗服务，有两名太医院所派医

---

① 〔明〕申时行，等.大明会典·卷一百十四·礼部七十二 [M]// 续修四库全书本·史部·政书类·第 791 册.上海：上海古籍出版社，2002：148.
② 《明英宗实录》，卷三百三十五，天顺五年十一月戊辰.台北："中央研究院"历史语言研究所校印，1962：6846.
③ 〔明〕申时行，等.大明会典·卷一百四十五·兵部二十八 [M]// 续修四库全书本·史部·政书类·第 791 册.上海：上海古籍出版社，2002：476.
④ 《明宣宗实录》，卷六十三，宣德五年二月己卯.台北："中央研究院"历史语言研究所校印，1962：1480.

生专职在馆服务。明朝太医院除了设有医官之外，还设有专业医务人员，称医士、医生。明朝政府还负责保护在馆朝贡人员的人身财产安全。例如，正统四年（1439）十月，"有窃瓦剌贡使银者，获之，命斩于会同馆以徇，行在都察院请于馆门外及贡使往来所经道中揭榜谕众，从之"。①

（二）赐宴场所

热情好客是中华民族的传统美德，明朝十分重视招待四夷朝贡使者，并把赐宴作为"怀柔远人"的重要方式之一。正如利玛窦所言：中国人在每次社交或者宗教活动之后都伴有筵席，并且认为宴会是表示友谊的最高形式。②明朝建国初期，各藩国来朝贡，必受到皇太子及亲王的接见，皇帝还会亲自御殿侍宴。后来，皇帝不再亲自参与宴会，改由礼部以皇帝的名义赐宴于会同馆。洪武二十六年（1393）规定，礼部负责招待诸藩国朝贡使者及外国来降土官。礼部准备齐茶饭物料之后，"其宴之日，赴会同馆管待"。③钦赐朝贡使者筵宴一次或者两次，均有相关人员赴会同馆接待。弘治十年（1497）又明确规定，"令会同馆宴待夷人，礼部属官一员，光禄寺正官一员巡看，务要卓面丰腆、酒味真正，宴毕、待宴大臣宣布朝廷优待至意，回还之后、各守恭顺、管束部落，毋得生事扰边、自取灭亡。"④明代的赐宴分为大宴、中宴、常宴和小宴四种，赐予朝贡使者的上、下马宴属于中宴。下面以会同馆接待朝鲜贡使为例论述其提供赐宴场所的功能。自明朝建立，朝鲜每年都会在万寿圣节、正旦、皇太子千秋节之季遣使奉表朝贺，其他时间也会因谢恩、进贺、陈慰等来朝，这类情况没有固定日期。款待朝鲜贡使的下马宴于贡使到京后的六七天内举行，上马宴于临行前五六天举行。上、下马宴均在会同馆内举行。宴会之日，会同馆馆员在正厅设置桌椅。如前文所述，永乐六年（1408），设北京会同馆，正统六

---

① 《明英宗实录》，卷六十，正统四年十月戊戌．台北："中央研究院"历史语言研究所校印，1962：1150．

② 利玛窦，何高济等译．利玛窦中国札记[M]．北京：中华书局，1983：68．

③ 〔明〕申时行，等．大明会典·卷一百十四·礼部七十二[M]．续修四库全书本·史部·政书类·第791册．上海：上海古籍出版社，2002：148．

④ 〔明〕申时行，等．大明会典·卷一百十四·礼部七十二[M]．续修四库全书本·史部·政书类·第791册．上海：上海古籍出版社，2002：156．

年（1441）扩为南北两馆。北会同馆六所，在澄清坊大街东；南会同馆三所，在东江米巷玉河桥西街北。两馆中原先只有北馆有宴厅和后堂，弘治三年（1490）拆卸永昌寺木料在南馆增造宴厅用以举办款待朝鲜贡使的上、下马宴。宴会在会同馆举行之时，礼仪要求十分严格：宾客在西，侍宴大臣在东，正中间摆放御案；会同馆贡使需要出门迎接侍宴大臣，进入会同馆正厅后，一起向皇宫方向行一拜三叩头礼。皇帝一般不会出席，侍宴大臣一般由礼部尚书、侍郎、中官或者武职官员担任。除了正式的上、下马宴之外，贡使们初到京城向皇帝请安及辞行之时，都有可能获得赐宴的机会，称为见辞酒饭。见辞酒饭的规格小于上、下马宴，行三爵酒礼，礼仪要求相对宽松，甚至出现"馆夫等争攫果肉，盘碟狼藉"的活跃场景。[①] 无论是正式的上、下马宴，还是见辞酒宴均在会同馆内举行，可见，会同馆是明朝政府用以赐宴夷人的重要场所，从而达到"怀柔远人""宣扬国威"的政治目的。

（三）贡物中转站

会同馆是贡物的中转站。四夷使者朝贡的对象是明朝皇帝，其贡物在进内府之前需要于会同馆内中转。首先，对于诸藩国所进马、骡、象、驼，虎、豹、禽鸟之类等贡物需要先在会同馆喂养，等辨验之后移交内府。"凡进马骡，到于会同馆，即令典牧所，差医兽辨验儿騍骟，及毛色齿岁明白，备写手本交收，及令本馆放支草料喂养，仍拨人夫管领，至期进内府，行列于丹墀东，伺候御前牵过，同手本交付御马监官，收领，凡进象驼、到於会同馆、令本馆喂饲、次日早进内府，御前奏进，如候圣节、正旦、冬至、陈设进收，日远先行奏闻，象送驯象所、驼送御马监，收养，至期令进内府陈设，凡进虎豹禽鸟之类，到于会同馆，就令畜养之人喂养，具数奏闻，送所司收领，至期进内府，丹墀内陈设。"[②] 其次，对于诸藩国所进金银器皿、珍宝、段匹之类，须同贡献之人验视明白，然后根据验视结果写出奏本，

---

① 〔明〕徐一夔.明集礼·卷三十一·宾礼二 [M]// 景印文渊阁四库全书本·史部·政书类·第650册.台北：商务印书馆，1986：55.
② 〔明〕申时行，等.大明会典·卷一百八·礼部六十六 [M]// 续修四库全书本·史部·政书类·第791册.上海：上海古籍出版社，2002：105.

验视完毕，仍旧将贡物以器具装盛，或者用黄袱封裹，然后派遣馆夫和进贡的使者一起把贡物收起来保管于会同馆。不同于上述所进活物，金银珍宝等贡物在馆中转时间比较短，一般仅一日，然后就移交内府，"先期一日，关填勘合，开报门单，次日早照进内府，于殿前丹陛等处陈设"。① 最后，对于诸蕃国所进贡物的陈列规定在不断变化中。起初，各国所进方物由会同馆或者运至于内府陈设，或者于殿前丹陛等处陈设。后来，由于手续烦琐，逐渐取消了该规定。对于朝贡最为恭谨的朝鲜，明廷则格外开恩，规定，"凡外国朝贡，惟朝鲜国所进方物陈设奏进，其余俱主客司验过，具题得旨，开具手本，送归极门内府各该衙门交收"。② 但是自万历以后，朝鲜的贡物也不再陈列，即所有贡物都直接从会同馆移交内府各衙门。

（四）开市场所

发展朝贡关系和实行海禁政策构成了明朝对外政策的两大支柱。③ 需要指出的是，明朝的海禁并不意味着断绝与海外诸国的交往，而是表现在限制私人出海贸易，维系官方贸易方面。会同馆是四夷使臣开市交易的场所，其交易流程有严格规定。

首先，会同馆开市需要礼部主客司出给告示。"会同馆开市，礼部出给告示，除违禁物，不许贸易，其段绢布匹，听于街市，与官员军民人等，两平买卖。"④ 没有礼部的允许，其交易就无法进行，这样明政府就牢牢控制了海外贸易，有效防止私人从事海外贸易；其次，对开市的时间有严格的规定。四夷使者来贡领赏后，经过礼部出给告示，允许在会同馆开市三日或者五日。赏毕日，许于会同馆开市三日，"铺行人等，照例将货入

---

① 〔明〕申时行，等．大明会典·卷一百八·礼部六十六[M]// 续修四库全书本·史部·政书类·第791册．上海：上海古籍出版社，2002：105-106.
② 〔明〕申时行，等．大明会典·卷一百八·礼部六十六[M]// 续修四库全书本·史部·政书类·第791册．上海：上海古籍出版社，2002：106.
③ 廖大珂．试论明朝与东南亚各国朝贡关系的性质[J]．南洋问题研究，1989（3）：92.
④ 〔明〕申时行，等．大明会典·卷一百十一·礼部六十九[M]// 续修四库全书本·史部·政书类·第791册．上海：上海古籍出版社，2002：131.

馆，两平交易"。①但对于朝贡最为恭谨的朝鲜、琉球两国仍给予格外照顾，允许其开市时间不受三日或者五日之限。弘治初年，曾经取消对朝鲜、琉球两国的优待，引起了两国使臣的不满。弘治十四年（1501），会同馆提督主事刘纲上奏："旧例，各处夷人朝贡到馆，五日一次放出，余日不许擅自出入，惟朝鲜、琉球二国使臣则听其出外贸易，不在五日之数，近者刑部等衙门奏行新例，乃一概革去，二国使臣颇觖望；又旧例，夷人领赏之后，告欲贸易，听铺行人等持货入馆开市五日，两平交易。而新例凡遇夷人开市，令宛、大兴二县委官选送铺户入馆。铺户、夷人两不相投，其所卖者，多非夷人所欲之物，乞俱仍旧为便。"②刘纲的上奏最终得到皇帝的批准，恢复了对两国的特殊待遇；再次，对开市交易的物品有严格规定，如有代替夷人收买违禁货物者将受到严厉惩罚。明朝政府明确列出禁止收买的史书、玄黄、紫皂、大花、西番莲及缎匹等物品，并规定，"凡会同馆内外四邻军民人等，代替夷人收买违禁货物者，问罪枷号一个月，发边卫充军"；③最后，对违规开市交易的行为有严格的惩罚措施。为了规范会同馆的开市贸易行为，明政府明确列出了对违规交易的惩罚措施。例如，对于赊买、故意拖延时间从而导致夷人久候不得起程的行为以及私相交易的行为，均问罪，于会同馆前枷号一个月。

（五）约束贡使行为、规范贡使朝贡礼仪

各处夷人来朝贡，要约束其行为。通事等外交人员要采取措施，尽量避免夷人之间发生矛盾。例如，天顺四年（1460）十一月戊寅，通事马显等言，"朝鲜国使臣七十余人，毛怜女直来朝者三百人，杂处于会同馆，二处旧有仇隙，恐致争竞，请分馆处之，礼部议迁女直，其头目尚佟哈不

---

① 〔明〕申时行，等.大明会典·卷一百十一·礼部六十九[M]//续修四库全书本·史部·政书类.第791册.上海：上海古籍出版社，2002：132.
② 《明孝宗实录》，卷一百七十，弘治十四年正月壬申.台北："中央研究院"历史语言研究所印，1962:3086-3087.
③ 〔明〕申时行，等.大明会典·卷一百八·礼部六十六[M]//续修四库全书本·史部·政书类.第791册.上海：上海古籍出版社，2002：111.

从，朝鲜使臣请迁，乃命迁于乌蛮驿"。①这样就有效约束了夷人的行为，巧妙地避开了矛盾。

明朝政府对各周边少数民族、各朝贡国贡使的居住期限也有明确规定。如万历七年议准，居住时间分为三等，"朝鲜国、朵颜等卫、女直，限一个月零十日，安南、琉球、暹罗各国，陕西大崇教、大能仁、崇隆、慧济、扯巴等寺、岷洮及庄浪等处、四川金川寺、加渴瓦寺、长河西杂谷、长宁达思蛮等处、各番僧番族，限一个月零二十日，四川乌思臧番王、董卜韩胡、番僧寨官人等、陕西赞善王、弘化、净宁等寺番僧、土鲁番、天方国、鲁米、哈密等夷、罕东等卫，限两个月。"②万历初期的礼部尚书汪浚就曾上疏，"正德年间容令各处回夷在馆四五年住歇，恣意妄为，骄纵特甚，钦蒙皇上御极之初，尽将各犯拿问发遣，今各夷进贡起送，犹不知戒，伴送人员不能钤束，在途迁延隔岁，日费廪给，先到京者日费下程，等候同赏，光禄寺供应无穷，前项夷人一百六十八名，每五日钦赐下程一次，费银一百一十余两；每月六次费银六百余两，二个月一千三百余两，三个月一千九百余两，延住月久，下程益多，旧例相沿，不为限节，委的糜费"。③供应之烦费，使明政府不得不重视贡使的居住期限；再加上大部分贡使来华朝贡的目的很明确，就是尽可能多地获取明朝赏赐，这样就导致大量贡使企图多在中国待一段时间，以求获得更多的利益。

明太祖以"怀柔远人"为外交指导原则之一，优待来华使者。明成祖继承太祖的外交政策，仍然宽待四夷使者。凡是来华朝贡的使者都会得到明政府丰厚的赏赐，因此各国朝贡者纷纷来华，但随着朝贡者人数的增多，也带来了一些安全问题。例如，景泰四年（1453）冬十月，"时四夷入贡者多至千人，所过辄需酒食诸物，凭陵驿传，往往殴击人至死。平江侯陈豫奏：'日本使臣至临清，掠夺居人，及令指挥往诘，又殴之几死。'巡

---

① 《明英宗实录》，卷三百二十一，天顺四年十一月戊寅.台北："中央研究院"历史语言研究所印，1962：6668.
② 〔明〕申时行，等.大明会典·卷一百八·礼部六十六[M]//续修四库全书本·史部·政书类·第791册.上海：上海古籍出版社，2002：112.
③ 〔明〕严从简，余思黎点校.殊域周咨录·卷十五·撒马儿罕[M].北京：中华书局，2000：489.

抚广东侍郎揭稽亦言：'爪哇使臣狡猾，不遵约束，宜重惩之'，于是，礼部请执治其正副使及通事人等，不听"。①贡使在居住会同馆期间，酗酒、闹事时有发生，还因其货物被中国商人赊买，久不还钱，双方发生争执，甚至杀人，而贡使打死打伤人却能得到赦免。为了避免类似事件再次发生，明政府逐渐加强了对贡使的约束，并规范其朝贡礼仪。

首先，明政府规定四夷朝贡使者不能随意出入会同馆，免生是非。明政府规定各处贡使每五日出馆一次，其余时间仅限于会同馆内活动，以达到约束夷人之目的，但此制对于相对遵纪守法的朝鲜贡使未真正实施。例如，嘉靖十三年（1534）十一月，"先是，四夷贡使至京师，皆有防禁，五日一出馆，令得游观贸易，居常皆闭不出，唯朝鲜、琉球使臣防之颇宽，已而，亦令五日一出，至是，朝鲜国土李怿以五日之禁，乃朝廷所以待虏使而已，为冠裳国耻与虏同，因礼部以请，诏弛其禁"。②其次，规定会同馆内的四夷贡使不许带兵器。例如，弘治十四年（1501）正月，提督会同馆礼部主事刘纲上奏，"土鲁番及泰宁等卫来贡夷人，各带小刀在身，乞严加禁约，从之"。③再次，会同馆内的四夷贡使必须受到大明法律的约束。例如，弘治十三年（1500）五月，"间有会同馆安歇女直早哈杀死一般夷人，兵部奉圣旨备由出榜晓谕朝贡夷人，著令，在馆不许出入，并本国一体防禁"。④最后，会同馆还是四夷贡使了解、学习华夏礼仪的场所。四夷贡使入住会同馆后，明政府以宾礼接待。宾礼即接待四夷君王及贡使的礼仪。"三曰宾礼，以待蕃国之君长与其使者。"⑤另外，明政府不仅以宾礼形式接待四夷贡使，而且教授他们朝觐礼仪。在朝见之前，明政府会要求四夷贡使按规定之仪式预习礼仪。例如，洪武二十七年（1394）定

---

① 《明英宗实录》，卷二百三十四，景泰四年十月丙戌．台北："中央研究院"历史语言研究所印，1962：5101-5102．
② 《明世宗实录》，卷一六九，嘉靖十三年十一月己巳．台北："中央研究院"历史语言研究所印，1962：3695-3696．
③ 《明孝宗实录》，卷一百七十，弘治十四年正月丁丑．台北："中央研究院"历史语言研究所印，1962：3099．
④ 〔明〕夏言．南宫奏稿·卷五·遵旧制以便出入疏[M]//清文渊阁四库全书本．
⑤ 〔清〕张廷玉，等．明史·卷五十六·志第三十二[M]．北京：中华书局，1974：1421．

藩国使朝贡之礼，"凡蕃国遣使朝贡，至驿，遣应天府同知礼待，明日至会同馆，中书省奏闻，命礼部侍郎于馆中礼待如仪，宴毕，习仪三日，择日朝见"。① 这反映了明王朝对朝贡礼仪的极端重视，而朝贡者觐见前先学习礼仪，实质上也为周边各国提供了了解、学习华夏礼仪的机会。

---

① 〔清〕张廷玉，等.明史·卷五十六·志第三十二[M].北京：中华书局，1974：1423.

第四章　明代外交关涉机构

明代的外交关涉机构包括行人司、市舶司、督饷馆、国子监、太医院、礼部仪制司、礼部精膳司、礼部铸印局、光禄寺及边境地方政府等众多机构。根据所理涉外事务的多寡可以将这些关涉机构分为两类：一类是主要外交关涉机构，包括中央主要外交关涉机构行人司和主管礼仪的鸿胪寺；另一类是辅助外交关涉机构，包括礼部仪制司、礼部精膳司、督饷馆、国子监、太医院及光禄寺等诸多机构。主要外交关涉机构在外交事务中的作用仅次于外交专职机构。行人司和市舶司都兼掌国内、国外双重事务，而且两者并重；尽管主客司、鸿胪寺、四夷馆及会同馆等机构也具有国内职能，但这些专职机构以国外事务为重。

第一节　明代行人司及其外交出使职能

行人司虽然品秩比较低，却是直属于皇帝的特使机构，其重要性不言而喻。行人在一定程度上代表着皇帝权威，因此，行人所受礼遇要高于其他官吏。明政府在行人与各级官员的礼遇方面作了专门规定，"凡行人公差在外，洪武间定，如遇旦节庆贺，有职者随品序列，若系赍诏敕使臣，则于月台上先行五拜三叩头礼，退；凡行人奉旨公差在外，洪武间定，与本处官东西坐，行人居东。如在州县，则居中靠东坐"。①

---

① 〔明〕申时行，等.大明会典·卷一百十七·礼部七十五[M]//续修四库全书本·史部·政书类·第791册.上海：上海古籍出版社，2002：180.

一、明代行人司的设置情况

洪武十三年（1380），朱元璋以胡惟庸案为契机，废丞相，权散六部，行人司在同年设立，"明初以设官分职，各有攸关司，其在京各衙门郎中，主事等官俱有官守，不宜一时旷废，所以特设行人以通使命往来"。①建文年间，行人司被罢黜，行人改属鸿胪寺。明成祖复旧制，重新恢复行人司，此后行人司一直存续到明末。在行人司设立之初，设行人及左右行人，专门负责出使事务。其中，行人为正九品官，左、右行人则为从九品官。后来改行人为司正，左右行人为司副，行人司的人数也大大增加，达到了三百四十五名。自洪武二十七年（1394）行人司由原来的九品升格为正七品衙门后，该机构的人数却大幅减少，定设行人司官四十员：司正一人，正七品；左、右司副各一人，从七品；行人三十七名，正八品。此后，行人司人数基本保持不变。万历九年（1581），吏部查议裁革在京各衙门官，裁行人司右司副一员，行人五员。万历十一年（1583），行人司复右司副一员，行人五员。行人司是明朝中央机构中品秩最为低下的衙署之一，"不过礼部一末属耳，国初设无定员，尚未入流，最后始升正八品"。②行人司品秩虽然很低，但却是传达皇帝旨意的特殊机构，代表着皇权，受到皇帝重视。因此，行人所到之处，当地官员唯恐怠慢，甚至大肆贿赂。

明太祖为了防止行人利用自己的特使身份接受贿赂并勾结地方官员，规定，"非特旨差使，赍各衙门印信公文，止许投下公文，随即入馆，不许在厅与在职官列坐"。③洪武二年（1369），太祖就派遣行人杨载到日本宣告大一统明王朝的建立，可见行人这一官职的出现要早于行人司的设立。洪武初年，行人多孝廉出身，但后来，"始限员数，因有非科甲不选，

---

① 〔清〕孙承泽. 天府广记. 卷三十一·行人司 [M] 北京：北京古籍出版社，1982：399.
② 〔明〕沈德符. 万历野获编. 卷二十·中书行人 [M]. 北京：中华书局，1997：521.
③ 〔明〕申时行，等. 大明会典·卷一百十七·礼部七十五 [M]// 续修四库全书本·史部·政书类·第791册. 上海：上海古籍出版社，2002：180.

非王命不行之语，其贵之如此"。① 进士出身的行人更加受到朱元璋的信任和重视，朱元璋于洪武十四年（1381）诏谕诸行人曰："凡为使臣，受命而出，四方之所瞻视，不可不谨，孔子曰：'行己有耻，使于四方，不辱君命，可谓士矣。'尔等当服膺是言。若纵情肆欲，假使命而作威作福，虐害下人，为朝廷之辱矣，自今或捧制书，或奉命出使，或崔督庶务，所在官吏淑慝，军民休戚，一一咨询，还日以闻，庶不负尔职也。"②

二、明代行人司行人的选授及升迁情况

行人代表明廷出使国外，"口衔天语，身驾星骖，报聘宜拓传纶绮之温煦，布声灵之赫濯，而使中国常尊，外夷永顺"。③此任务之艰巨可想而知，因此明廷对行人的选拔有严格的规定。明朝任用官员又称为铨选，文职官员归吏部掌管，武职官员由兵部掌管。行人的初授、升迁均由吏部文选司具体经办。铨选之法有大选、急选、远方选、岁贡就教选等。

（一）行人司行人的选授

行人司行人之人选主要通过进士初授和基层官员升任两途确定。一途为进士初授。明朝建国初年，百废待兴，各方面制度尚不完善，科举制度仍在完善之中，进士缺乏。因此，明初行人多出自孝廉或者茂才，仅仅以孝廉人才任使。洪武二十二年（1389）四月规定，"孝廉茂才年四十以下者，于行人司差遣，以试其才"。④但是，孝廉、茂才出身的行人并没有使朱元璋满意，自洪武二十七年（1394）开始，"欲其通达国体，不辱君命，

---

① 〔明〕沈德符. 万历野获编·卷二十·中书行人 [M]. 北京：中华书局，1997：521.
② 《明太祖实录》，卷一百三十八，洪武十四年七月壬戌. 台北："中央研究院"历史语言研究所印，1962：2180.
③ 〔明〕严从简，余思黎点校. 殊域周咨录·卷首·题词 [M]. 北京：中华书局，2000：3.
④ 《明太祖实录》，卷一百九十六，洪武二十二年六月辛亥. 台北："中央研究院"历史语言研究所印，1962：2948.

始专以进士除授"。①自此，进士出身是出任行人一职的最基本条件之一。"京官六部主事、中书、行人、评事、博士，外官知州、推官、知县，由进士选。"②可见行人这一官职的重要性。例如，宣德六年（1431）十月，命广西布政司右参议郑隆致仕，"隆江西浮梁人由进士为行人，升广东按察佥事，再升参议"。③另一途为从基层官员中选授行人。行人司行人除了由进士初授以外，还由基层官员升任以及其他衙门官员转迁。行人司行人自洪武二十七年（1394）后升格为正七品衙门，司正为正七品，司副为从七品，行人为正八品，虽然品级比较低，但不是最低的，而且该衙门升迁比较快，前途无量。因此，许多基层官员和教职官员也乐意出任行人司官员。例如，靖江王府教授张洪于永乐元年被征为行人，出使日本、吐蕃、朝鲜等国。

（二）行人司官员的升迁情况

明制，官员九年任期内要接受三次常规性考核，考核等级分为称职、平常和不称职三类，根据考核等级和所任职务的繁简确定升降等第。明代行人司官员绝大多数都是进士出身，又肩负着出使四方的重任，可谓责任重大，劳苦功高。升迁机会和官员所在衙门在不同时期的事务繁简有着极大关系。因此，在出使任务众多的时期，行人司更加受到重视，行人司官员也更容易获得升迁机会；在出使任务较少的时期，行人司衙门冷清，行人司官员获得升迁的机会相应会减少。总体而言，在明代前期和中前期，大明王朝的国力足以维持东亚朝贡体系。由于有强大的国力作为后盾，由行人等官员组成的外交使团在国外的权威性基本不受挑战。但是，到了明代中后期，尤其是嘉靖以后，明王朝的国力衰退，遭受倭寇侵袭，再加上这一时期西方社会发生的巨大变化，严重挑战着东亚朝贡体系的权威性。

---

① 〔清〕孙承泽.天府广记·卷三十一·行人司 [M].北京：北京古籍出版社，1982：399.
② 〔清〕张廷玉，等.明史·卷七十一·志第四十七 [M].北京：中华书局，1974：1715.
③ 《明宣宗实录》，卷八十四，宣德六年十月己未.台北："中央研究院"历史语言研究所印，1962：1939.

在这一时期，行人出使外国，不仅要克服路途的艰辛，还要极力说服朝贡国服从东亚朝贡体系的游戏规则，可谓事繁职重，这一时期，行人司官员升迁很快，行人司甚至成了升官的"跳板"。

然而，自明初至景泰年间，行人职轻事简，升迁颇慢，出使归来赏赐颇薄，甚至得不到赏赐。例如，洪武三十年（1397）七月己未，"擢行人司正周钧为河南参政，司副相振、施礼为左右参议，升行人郭子卢为行人司正，邹英、黄宗载为左右司副"。① 永乐三年（1405）三月，"擢行人王麟为广西布政司右参政"。② 行人司官员大多转为地方官员，地方官员的品级也大部分是四、五品的中层官员，上述左、右参政均为从三品，左、右参议均为从四品，虽然其品级要比行人司高，但明代品级较低的京官也优越于地方官。因此，明代前期和中前期行人司官员的升迁状况并不理想。再如，正统乙丑进士边永初授行人后，"以景泰庚午使安南，归无赏，盖或以陆行仅比朝鲜也，至壬申又使占城，则泛海，亦终无褒赏，会哈密入贡，又奉命馆伴来使，送至甘肃而还，至天顺间，又遣至楚府行祀礼，又遣至代府掌行丧礼，又使河南、山东、陕西、云南，后以九年再秩满，始得升户部员外郎，以年至乞致仕，永为行人及户郎者凡三十年，其在使署，他劳不待言，而异域两度出疆，竟不占寸赏，岂当时事例固然耶"。③ 边永的遭遇令人感慨，他在当时交通极为不便的情况下完成出使任务，仅仅升为从五品的户部员外郎，却得不到任何赏赐。

明代中后期，行人司官员的升迁状况得到极大改善，而且由于该部门职责的特殊性，其升迁甚至突破常规。万历年间的沈德符这样描述当时行人司官员的升迁状况，"今制，琉球使者每报命，正使给事转四品京堂，副使行人转六品京堂，如取诸案，无一爽者，行人以三差为满，又有两差

---

① 《明太祖实录》，卷二百五十四，洪武三十年七月己未. 台北："中央研究院"历史语言研究所印，1962：3662.
② 《明太宗实录》，卷四十，永乐三年三月壬子. 台北："中央研究院"历史语言研究所印，1962：666.
③ 〔明〕沈德符. 万历野获编·卷三十·外国·两使外国不赏[M]. 北京：中华书局，1997：778.

即转者，俸止四年，更无久任者矣"。① 可见，当时行人升迁以其出使之次数作为标准，打破了九年任期为标准的常规，只要圆满完成三次甚至两次出使任务就可以升官。而对于出使琉球的使者尤给予优待，正使可升为四品京官，副使转为六品京官，行人司成了当时升官的一条捷径。例如，同为嘉靖三十五年（1556）进士的邹应龙、孙丕杨均由行人升迁为御史，分别官至兵部尚书和礼部尚书，可谓行人司官员中升迁的典范。陆容在《寂园杂记》中说，"今九年得升各部员外郎，三年得升御史，行人顿为增重"。② 各部员外郎、御史等官职均为京官，行人比重的增多也意味着其升迁渠道彻底的改善。行人屡次出使却得不到赏赐的状况几乎消失。行人不仅可以升迁为地方官员，而且还可以升为京官，而且越来越受到重视，很多行人出身的官员升为各部尚书。当然，行人司官员的升迁不仅仅和历史大背景有关，也和官员自身素质等综合因素有关。通过历史资料对比，我们不难发现越到明朝后期，行人司官员的升迁越容易，这也说明了行人司越来越受到重视。

三、明代行人司职掌的变化

行人司不是专门的外交机构，其职掌既包括外交职能，也包括国内差使职能。关于行人司的执掌，据张廷玉等所撰《明史》记载，"凡颁行诏赦，册封宗室，抚谕诸蕃，征聘贤才，舆夫赏赐、慰问、赈济、军旅、祭祀，咸叙差焉，每岁朝审，则行人持节传与法司，遣戍囚徒，送五府填情微册，批缴内府"。③ 可见行人司的职能非常广泛，行人是传达皇帝旨意的特使；而据《大明会典》所载，"开读诏赦，奉使四夷，谕劳，赏赐，赈济，征聘贤才，整点大军及军务、祭祀等事，例该本衙门官差遣，不许别衙门侵夺，如临时乏人，方许别官兼差"。④ 孙承泽在《春明梦余录》中也认为行人

---

① 〔明〕沈德符. 万历野获编·卷三十·外国·两使外国不赏 [M]. 北京：中华书局，1997：778.
② 〔明〕陆容. 菽园杂记·卷六. 北京：中华书局，1985：72.
③ 〔清〕张廷玉，等. 明史·卷七十四·志第五十 [M]. 北京：中华书局，1974：1809.
④ 〔明〕申时行，等. 大明会典·卷一百十七·礼部七十五 [M]// 续修四库全书本·史部·政书类·第791册. 上海：上海古籍出版社，2002：180.

职专使命,"凡颁行诏敕,册封宗室,抚谕番夷,征聘才贤及赏赐、慰问、赈济、军旅、祭祀咸叙差焉,凡法司谪戍囚徒送五府者,填精微缴内府"。① 但是,行人司的职掌经历了一个变化过程,国内差事越来越少,外交出使职能也逐渐萎缩,最后几乎沦落为毫无业务的"冷衙门"。

(一)行人司国内职掌

行人司的国内差事主要包括以下几个方面:

第一,颁行诏敕、册封宗室、征聘贤才及谕劳官员。行人司行人经常担负颁行诏敕使命,例如,永乐四年(1406),"江西庐陵县民有啸聚劫掠者,江西三司奏请发兵讨之,上曰:'此无能为患,而官军一出必伤及善良,但遣一使持敕谕之可也',遂遣行人许子谟赍敕谕"。② 再如,洪武十四年(1381)三月,派遣行人召致仕刑部尚书李敬为国子学祭酒,致仕礼部侍郎刘崧为国子学司业;洪武十五年(1382)五月,"遣行人赍敕谕天下郡县,访求经明行修之士,年七十以下三十以上,有司以币聘之,遣送至京,共论治道,以安生民,其见任教授、学正、教谕、训导职专教训,不在举例"。③

第二,赏赐、慰问、赈济及整点大军。例如,宣德七年(1432)八月,"赐云南车里故宣慰使舍人刀、霸羡所遣头目召哀等纻丝、纱罗、绢布有差,仍命霸羡袭其父职,遣行人陆埙往赐冠带及织金袭衣、锦绮纱罗"。④ 又如,洪武二十六年(1393)四月,湖广德安府孝感县言民饥,官有预备仓粮万一千石,请以贷民,即命行人乘驿往给之。

第三,巡禁私茶、监察百官言行。据《天府广记》记载,行人还曾经在西北、西南地区巡禁私茶,"永乐十三年(1415),差御使三员巡督陕西茶马,景泰四年(1453),仍照洪武中例差行人,成化三年(1467),

---

① 〔清〕孙承泽.春明梦余录·卷六十一·行人司[M].北京:北京古籍出版社,1992:1218.
② 《明太宗实录》,卷十一,洪武三十五年八月甲子.台北:"中央研究院"历史语言研究所印,1962:183.
③ 《明太祖实录》,卷一百四十五,洪武十五年五月丁丑.台北:"中央研究院"历史语言研究所印,1962:2281.
④ 《明宣宗实录》,卷九十五,宣德七年九月己未.台北:"中央研究院"历史语言研究所印,1962:2144-2145.

令差御使一员于陕西巡茶，七年（1471），罢差行人四川巡茶，十一年（1475）令取回御使，复差行人，十四年（1478），仍差御使，弘治十六年（1503），令取回御使，命督理马政都御使兼理，正德二年（1507），仍设巡视御使一员，令仍前督理陕西茶马，兼摄川湖等处地方"。① 行人作为皇帝的近臣，还经常向皇帝陈述所闻，监察百官言行等。嘉靖十二年（1533），行人朱隆禧捧诏书前往南直隶地区，他将途中所见所闻上奏给朝廷；明廷还赋予行人一定的司法监察权，以登记的形式对司法过程进行监察。

第四，每有战事，行人往往参加。明廷在战争开始前，往往以行人为使臣警告敌方，希望和平解决。"盖行人奉使条例，其凡有九，而曰军务者有曰整点大军者，则武事乃居其二，非特司礼文之末而已，况国家每有征伐，必以行人为之先谕。"② 朱元璋征伐缅甸之前，先遣李思聪劝对方罢兵言和，明成祖欲讨安南，则先派朱劝许其赎罪。

第五，行人司行人作为接近皇帝的使臣，其国内职权不仅限于以上几个方面，还临时具有很多其他职能，包括处理周边少数民族事务以及承担临时性任务。例如，洪武二十九年（1396）行人陈诚往撒里畏兀儿地面招抚鞑靼，复立安定等卫，其酋长随之入朝，贡马谢恩。永乐八年，"遣行人余炅敕赐凉州都督吴允诚妻綵币，盖虎保赤之变不从叛，且有擒获功"。③ 又如，洪武十六年（1383）六月，遣行人核宁波府海涂田"。洪武二十三年（1390）十月，曾多次命行人"于承天门外"主持新钞的兑换。崇祯六年，遣行人颜继祖、中书孙弘祚往湖广、陕西，守催缺官、变产钱粮及挪借未补银两，仍戒守催官不得耽延取咎。

（二）行人司职掌变化的阶段性特征

行人的国内差使范围不断发生变化，大致可以分为四个阶段。

---

① 〔清〕孙承泽. 天府广记·卷二十三·都察院[M]. 北京：北京古籍出版社，1982：314.

② 〔明〕严从简，余思黎点校. 殊域周咨录·卷首·题词[M]. 北京：中华书局，2000：4.

③ 〔明〕谈迁，张宗祥校点. 国榷·卷十五·成祖永乐八年庚寅至十一年癸巳[M]. 北京：中华书局，1988：1054.

第一阶段,明初到洪武十三年(1380)行人司设立,有官职无机构阶段。明朝刚刚建国之时,虽未设行人司这一机构,但延续前代官制,仍设行人这一官职。行人这一官职最早出现于西周时期,据《周礼·秋官司寇》记载,有大行人、小行人之官职。"大行人掌大宾之礼及大客之仪,以亲诸侯,小行人掌邦国宾客之礼籍,以待四方之使者。"① 春秋时期,各诸侯国均设行人之官职,其职责综合西周时期大行人、小行人之职责。战国时期,齐国设有主客。② 秦朝的典客司以及汉代大鸿胪的属官均有行人令。明代行人与中书、评事、博士,合称"中、行、评、博",一般都由刚入仕的年轻官员担任,很受重视,可谓前途无量。这一阶段,行人往往被派往周边各国宣告大一统明王朝的建立,招徕周边各国来华进行朝贡贸易。例如,"洪武二年(1369),遣行人杨载赍玺书往报即位书"。③

第二阶段,洪武十三年(1380)到洪武二十七年(1394),职责广泛阶段。该阶段行人司的执掌非常广泛,行人数量庞大,承担着众多差事。随着明王朝的统治趋于稳定,各种使节往来剧增,太祖于洪武十三年(1380)设立行人司后,行人人数一度达到三百四十五人,由此可以看出该机构在这一阶段职责的广泛。

第三阶段,洪武二十七年(1394)到天顺年间,职责固定阶段。该阶段行人司的职责已经有明确规定。虽然经历了建文时期短暂的裁撤,但到了永乐年间,重新恢复旧制。洪武二十七年(1394)三月,"升行人司正为正七品,左右司副为从七品,行人为正八品,凡设官四十员,咸以进士为之,先是所任行人多孝廉人材,上以其将命四方,往往不称使指至是始命以进士为之,凡赍捧诏赦、奉使外夷、谕劳、赏赐、祭祀、征聘贤才、赈济、军务整点、军马等事则遣之,余非奉旨,诸司不得擅差,而行人之任重矣"。④ 在这一阶段,行人司品秩得到提高,行人之职责得到重视,

---

① 〔清〕孙承泽. 春明梦余录·卷六十·鸿胪寺 [M]. 北京:北京古籍出版社,1992:1217.
② 李登峰. 明代行人司与行人考 [J]. 韶关学院学报,2002(1):55.
③ 〔明〕严从简,余思黎点校. 殊域周咨录·卷二·东夷·日本 [M]. 北京:中华书局,2000:51.
④ 《明太祖实录》,卷二百三十二,洪武二十七年三月戊申. 台北:"中央研究院"历史语言研究所印,1962:3389.

行人人数减为四十名。

第四阶段，自成化、弘治开始，行人的国内职能逐渐丧失。虽然行人司职责逐渐固定下来，但是该机构毕竟仅为正七品衙门，而且多由初入官场的进士担任官员，早在成化、弘治之前，该机构执掌就受到宦官、朝廷大臣等的严重侵占。鉴于此，正统八年（1443）五月，明廷再次申明行人司照洪武年间事例，如果有出使任务，首要人选是行人，如果行人不足，才以进士为补充。景泰元年，行人司司正李宽以礼部遣违乱旧制，多使他官，不差行人，进行弹劾，给事中张宁也认为，李宽所言确实为明太祖高皇帝旧例，礼部不差行人，多差他官的做法应该治罪，但景泰帝否定了他们的奏议，并下诏，"礼部堂上官姑恕不问，该司官令都察院鞫问"。① 可见，景泰年间，行人司的执掌已经受到严重挑战。以行人巡察禁茶为例，宣德十年（1435），就减差行人，到了成化七年（1471），陕西巡抚马文升奏改差御史巡察四川茶禁，行人司的这一职能此时已经丧失。不仅仅是这项国内职能，其他国内差使也逐渐不再派遣行人，以至于陆容在《菽园杂记》说，"行人非册封亲王使外国赍捧诏之类不差"。② 虽然参照其他明史资料，这句话不够准确，但足以反映行人职权逐渐缩减之事实。

四、明代行人司的外交出使职能

行人司的国内职能仅仅是其执掌的一方面，更重要的是外交职能。行人司的国内职能逐渐丧失，但其外交职能自始至终存在。明廷派遣行人担任出使任务，也会派遣宦官、朝廷大臣等和行人一起完成出使任务。

（一）行人司的具体外交职责

行人司的外交职责主要有奉旨诏谕、奉旨册封、吊祭藩王、奉旨赏赐、护送使者以及考察夷情等五个方面。

第一，行人承担奉旨诏谕任务。从明太祖开始，明朝奉行和平外交政策，以维持朝贡秩序为目标，加强与周边各国的联系，以"厚往薄来"为

---

① 〔清〕孙承泽.天府广记·卷三十一·行人司[M].北京：北京古籍出版社，1982：400.
② 〔明〕陆容.菽园杂记·卷六.北京：中华书局，1985：72.

外交手段，欢迎周边各国来华朝贡。每当有下列重大事件发生时，明廷都会派遣包括行人在内的使团诏谕周边各国：新帝即位。例如，成祖即位，遣使诏谕周边各国，永乐元年又遣使到日本，"左通政赵居任、行人张洪偕僧道成往"，①册立太子。例如，景泰三年（1452）六月，以册立皇太子，遣吏部稽勋郎中陈钝、刑部湖广司郎中陈金为正使、行人司司正李宽、行人郭仲南为副使，携诏书往谕朝鲜、安南二国；调停朝贡国事务。如永乐三年（1405）正月，安南国内因继承问题发生内乱，明朝遣使团调停，"监察御史李琦、行人王枢携诏敕往安南国诏谕"。②又如，万历二十年（1592），日本侵略朝鲜，神宗遣行人薛潘渡江抚谕朝鲜国；对外交涉，维护明朝合法权益。例如，洪武二十一年（1388）四月，皇帝派遣行人董绍前往占城诏谕其国王，指责其破坏以明王朝为中心的朝贡体系，企图自己争霸，而且诈为强寇劫掠贡象、象奴，并对其国王提出警告。

第二，行人参与奉旨册封或者吊祭藩王任务。明代行人参与出外册封藩王的任务，这也是朝贡秩序中明朝主导性的重要体现。例如，洪武十八年（1385）七月，"诏颁诰于高丽国，封王禑为高丽国王，其故王颛赐谥恭愍，以国子学录张溥为诏使，行人段裕副之，国子典簿周倬为诰使，行人雒英副之"。③永乐十三年（1415），"遣行人陈秀芳等赍诏往琉球国，封故山南王汪应祖世子他鲁每为琉球国山南王"。④天顺三年（1459）八月，"遣给事中陈嘉猷为正使，行人彭盛为副使，持节封故满剌加国王子苏丹茫速沙为满剌加国王"。⑤另外，行人还参与奉旨出国吊祭藩王任务。例如，宣德九年（1434）五月，遣行人郭济、朱弼往安南，赐祭黎利。弘治十（1497），

---

① 〔清〕张廷玉等.明史·卷三百二十二·列传第二百十[M].北京：中华书局，1974：8344-8345.
② 《明太宗实录》，卷三十八，永乐三年春正月甲寅.台北："中央研究院"历史语言研究所印，1962：644.
③ 《明太祖实录》，卷一七四，洪武十八年七月甲戌.台北："中央研究院"历史语言研究所印，1962：2648-2649.
④ 《明太宗实录》，卷一六四，永乐十三年五月己酉.台北："中央研究院"历史语言研究所印，1962：1849-1850.
⑤ 《明英宗实录》，卷三百六，天顺三年八月丙寅.台北："中央研究院"历史语言研究所印，1962：6451.

安南国王黎思诚卒，其子黎晖继承王位，遣使向明朝告讣，明朝命行人徐钰往祭。嘉靖二十五年（1546），朝鲜恭僖王李怿卒，世子李峼袭封，亦卒，朝鲜派遣使者来明廷告哀，上遣行人王鹤往谕祭。

第三，行人参与奉旨赏赐任务。为了施恩四夷，维护以明王朝为中心的东亚朝贡体系，明廷还派遣使团前往周边各国赏赐中国物品，行人是重要的使团成员。例如，洪武十九年（1386）九月，遣行人刘敏、唐敬偕内使，赍磁器往赐真腊等国。永乐元年（1403）八月，明廷派遣外交使团前往朝鲜、安南、占城、暹罗、琉球、真腊、爪哇、西洋苏门答腊等国，赏赐诸藩国国王绒绵织金文绮纱罗有差，"行人吕让、丘智使安南，按察副使闻良辅、行人宁善使爪哇、西洋苏门答剌，给事中王哲、行人成务使暹罗，行人蒋宾兴、王枢使占城、真腊，行人边信、刘元使琉球，翰林待诏王延龄、行人崔彬使朝鲜，人赐纻丝衣一袭，钞二十五锭，使朝鲜者加衣一袭及皮裘狐帽"。① 成化元年（1465），宪宗登基，命尚宝卿凌信、行人邵震赐王及妃彩币。

第四，行人承担伴送回还使者的任务。例如，洪武元年（1368），安南遣使随行人杨渤等入朝贡。洪武二十年（1387）七月，"行人唐敬等还自真腊，其国王遣使贡象五十九只、香六万斤，暹罗国贡胡椒一万斤、苏木十万斤，其臣坤思利济剌试职替等献翠羽香物"。② 永乐六年（1408）十二月，中官张谦、行人周航伴送嗣渤泥国王遐旺还国。永乐十六年（1418）四月，行人吕渊自日本还，其国王源义特遣日隅萨三州刺史岛津滕存忠等奉表随来谢罪。永乐十六年（1418）九月，遣中官林贵、行人倪俊等，送占城国王孙舍那挫还国，仍赐占城国王占巴的赖锦绮纱罗。

第五，行人承担考察夷情任务。据《天府广记》记载，"故事，行人差回复命，即纳书一部于司库，掌印者查其书不佳与重见者驳出另易，故京师公署行人司贮书最多"。③ 行人出使周边各国，实地考察诸国风土人情，以书面形式上奏朝廷。"至若各国沿革聘答之外，使职所资者大略有三：

---

① 《明太宗实录》，卷二十二，永乐元年八月癸丑．台北："中央研究院"历史语言研究所印，1962：408．

② 《明太祖实录》，卷一百八十三，洪武二十年七月乙巳．台北："中央研究院"历史语言研究所印，1962：2761．

③ 〔清〕孙承泽．天府广记·卷三十一·行人司[M]．北京：北京古籍出版社，1982：400．

曰道里，曰风俗，曰物产。"①行人主要考察诸国的土产、当地风俗以及交通状况，然后形成文字记录，完成任务后归国，再将文本呈交行人司衙门，形成外交资料库。例如，洪武二十九年（1396），以行人钱古训、李思聪为正使，出使缅甸及百夷，成功阻止了企图谋反的思伦发，"邀思聪等设宴为乐，率其部众送之境上，思聪等还，具奏其事，且著百夷传纪，述其山川、人物、风俗、道路之详以进，上以其奉使不失职，谓其才可用，甚喜之各，赐衣一袭"。②再如，嘉靖四十年（1561），以行人李际春为副使出使琉球，归来后，将所见所闻著成《使琉球录》，成为重要的史料流传至今，明代行人每次出访的文字记录成为明王朝最为重要的外交资料。

（二）行人司官员出使的过程及奖惩情况

行人司官员出使的过程包括出使前准备、出使海外、对出使国外的行人司官员进行奖惩三个阶段。

首先，行人行使外交职能前的准备阶段，朝廷"各给以麒麟、白泽，公、侯、伯、驸马之服，恩荣极矣"③。这样，品级不过七八品的行人司官员竟然因出使海外着补子为麒麟、白泽的公侯官服，可谓恩威之极。出使海外的人选大多为仪表堂堂的年轻官员。嘉靖二十四年（1545）就明确规定，"出使外国官务选仪度修伟，不许一概输差，或所用非人，著该科纠举"。④虽然出使海外是无限风光之差事，但却要时刻面临生命危险。在出使之前，行人司官员首先要认识到路途的艰辛，尤其是通过海路出使海外的行人司官员，甚至要提前备好棺木。例如，洪武、永乐时，出使琉球等国的使团出发前，朝廷都提前为其打造两艘巨舟，舟中有舱数区，贮以器用若干，"又藏棺二副，棺前刻'天朝使臣之柩'，上钉银牌若干两，倘有风波之恶，

---

① 〔清〕孙承泽．天府广记·卷三十一·行人司[M]．北京：北京古籍出版社，1982：400．
② 〔明〕严从简，余思黎点校．殊域周咨录·卷一·东夷·朝鲜[M]．北京：中华书局，2000：48．
③ 《明太祖实录》，卷二百四十四，洪武二十九年二月庚寅．台北："中央研究院"历史语言研究所印，1962：3543．
④ 〔明〕陈侃．使琉球录·使职要务[M]//续修四库全书本·史部·地理类·第742册．上海：上海古籍出版社，2002：520．

知其不免，则请使臣仰卧其中，以铁钉锢之，舟覆而任其漂泊也，庶人见之，取其银物而弃其柩于山崖，俟后使者因便载归"。①

通过陆路出使的国家，皆为接壤国，路途较近；而出使海外各国，路途遥远，还要时刻受到风浪的威胁，"航海之役本亦危道，观陈侃琉球一录，几覆者再"。②因此，在奉旨出使海外的准备阶段，准备好船只仪物和途中所用物资设备以及选定各色随从是最为关键之环节。使者奉旨到海外，首先要有坚固的船只和出使所用的各种仪物。例如，嘉靖三十四年（1555）六月，琉球国中山王尚清薨，其世子尚元于嘉靖三十七年（1558）正月，差正议大夫、长史等官到京，请乞袭封王爵。礼部遂于二月二十六日命刑科给事中吴时来、行人司行人李际春出使琉球。同时，礼部协调各个部门准备出使册封所用仪物，到了三月终，仍没有准备完毕。吴时来由于得罪权臣严嵩遭谪戍横州而未成行，礼部于是重新命令吏科给事中郭汝霖、行人李际春奉使琉球。为避免再次拖延，促日启程。嘉靖三十七年（1558）七月初，抵江西地方，差人至福建布政司，令其迅速伐木造船。可见，坚固的海船是使团完成任务的最基本条件。使团成员往往亲自督建出使所用船只，提前准备好途中所用到的各种物资设备。为了预防触礁等危险，另造小橹船若干用作牵领及逃生之需。要提前备好食物以及各种弓矢器械等。"凡饮食物用弓矢器械之类，与夫驾船执柁观星占风听水察土，以及医卜技艺，例得备带。"③最后，要选定各色随从，既要有熟悉"针路"的老水手随行，又要有通事、医生等各色人才，"最要莫如多长舵工阿班等役，须择惯熟精练之人，毋令通海豪猾得以藏匿至，医卜各带二名则取之所便，天文生一名即就闽中择取"。④行人出使的随从有驾舟水手一百四十余人，护送军百余人，千户一人、百户二人领之，通事、引礼、医生、识字人、

---

① 〔明〕申时行，等.大明会典·卷一百十七·礼部七十五[M]//续修四库全书本，史部，政书类，第791册.上海：上海古籍出版社，2002：180.
② 〔明〕陈侃.使琉球录，使职要务[M].续修四库全书本·史部·地理类·第742册.上海：上海古籍出版社，2002：519.
③ 〔明〕严从简，余思黎点校.殊域周咨录·卷八·南蛮·满剌加[M].北京：中华书局，2000：48.
④ 《明神宗实录》，卷三百八十，万历三十一年正月乙酉.台北："中央研究院"历史语言研究所印，1962：7160.

各色匠役，也有一百多人。

其次，到达海外各国行使外交职能阶段。由行人等组成的外交使团一旦到达海外各国，就成为大明天子的代言人。为了体现华夏礼仪之邦的传统，明初就制定了行人出使的相关仪制。明廷还详细规定了行人到达海外各国行使外交职能时，颁行诏敕，藩王受封等礼仪。行人也大部分都能坚持操守，维护明朝形象。例如，万历年间的行人王士桢，"册封琉球，事竣将行，国王馈宴、金及代议者，人各黄金六斤，固却不受也"。[①] 但也有个别行人贪财渎职，例如，成化十三年（1477）六月，"礼部郎中乐章、行人张朝纲既下西厂狱，鞫其使安南时，多受馈遗诸事，刑部问，拟为民，命俱冠带闲住"。[②] 行人代表明廷出使外国，颇受所到各国尊崇，以朝贡体系中最令明廷满意的朝鲜、琉球为例，这两国对由行人等组成的明朝外交使团格外欢迎，并派专使前去接应，不敢有丝毫怠慢。朝鲜方面为了迎接明使，还设太平馆作为接待馆舍，设置迎接都监都厅负责接待职事。出使琉球使团到达后在距那霸港口约五里的天使馆歇息，"馆中皆官正在事，礼无不肃，用无不周，下逮从人，各有寝台，时给凛汽，亦使之安，每三日遣大臣一员问安"。[③] 可见，由行人组成的外交使团出使与明朝友好的国家，曾受到欢迎和优待。然而，倘若出使敌对国家，其境遇则大不一样。例如，洪武十三年（1380），爪哇国诱杀包括行人在内的中国使者，使者不仅未能完成使命，而且连性命都不保，这和当时爪哇对明廷的敌对态度有关。当时三佛齐为爪哇的属国，明廷册封了三佛齐，这就引起了爪哇的不满，并诱杀了中国使者。

最后，对出使国外的行人司官员进行奖惩的阶段。行人司官员出使国外的任务虽然不同，但总的目标都是传达皇帝旨意。由于交通工具相对落后、气候复杂多变、路途遥远以及对出使各国政局不了解等因素，行人司

---

① 《明神宗实录》，卷三百八十，万历三十一年正月乙酉．台北："中央研究院"历史语言研究所印，1962：7160.
② 《明宪宗实录》，卷一百六十七，成化十三年六月辛丑．台北："中央研究院"历史语言研究所印，1962：3023.
③ 〔明〕陈侃．使琉球录，使事纪略[M]．续修四库全书本·史部·地理类·第742册．上海：上海古籍出版社，2002：508.

官员完成出使任务的过程异常艰辛。明廷则根据行人的出使情况进行相应的奖惩：有的行人司令官员顺利完成任务并受到嘉奖，有的官员未完成任务受到惩罚，还有的官员为国殉职。

（三）行人司外交出使职权的被侵

如前文所述，经历了职责广泛、职责固定甚至职专出使等阶段，行人司的职权逐渐缩小，但即便如此，行人司的职权仍旧不断被其他机构侵袭，"奔竟之徒，肆无忌惮，恃势要求，越职差遣"，[①]行人司官员和御史对这种现象强烈不满。正统六年（1441），礼部郎中叶臻遣进士钱森伴送占城国使臣回还，而未遣行人，行人刘瀚提出质疑，认为叶臻的所为有违祖制。正统八年（1443），叶臻再次派遣进士伴送哈密使臣回还，这不仅引起了行人司官员的不满，而且也引起了督察院御史曹泰的纠劾，他上奏，"差得伴送使臣，终系奉使四夷之事，今郎中叶臻不差行人，却差进士，事属有违"。[②]由于行人司职责不断发生变化，导致下列情况时有发生：一方面，人们认为行人"非进士不除，非王命不差，非馈赆不去"。[③]凡开读诏敕，必先遣行人，行人不敷，方差进士，进士不敷，才差遣各衙门官员；另一方面，则是直接绕过行人差遣其他官员完成使命。尽管御史们多次进言，但这种侵犯行人司职权的事情还是屡屡发生。

为了杜绝侵害行人司职责的行为，景泰六年（1455），行人司司正李宽上疏皇帝请求重审行人司执掌。礼科给事中张宁也支持李宽重审行人司职责，他认为行人司职责之所以被侵，在于自洪武二十七年（1394）以后，其他衙门的官员很喜欢承担奉旨出使的任务。"一应合差事件，俱属行人，间有别项官员，无非一时特旨，或因行人不敷故也，因袭既久，遂以为常，今各衙门官员，一切指此要求，请托苞苴公行。"[④]之所以出现此种情况，

---

① 〔明〕黄训.名臣经济录·卷二十七·礼部·题公差事[M]//清文渊阁四库全书本.
② 〔明〕黄训.名臣经济录·卷二十七·礼部·题公差事[M]//清文渊阁四库全书本.
③ 〔明〕陆容.菽园杂记·卷六.北京：中华书局，1985：72.
④ 〔明〕黄训.名臣经济录·卷二十七·礼部·题公差事[M]//清文渊阁四库全书本.

一方面，因为行人作为皇帝的特使，一路上均受到优待；另一方面，通过奉旨出使而达到自己的目的，所谓"有因亲旧在任而假途营救者，有因离家日久而枉道回还者，有因懒于坐理而托此游逸者，有因有所规避而假此疏释者"①。这样就造成了众官员对易于完成的出使任务趋之若鹜，而那些难以完成的出使任务则落在了行人身上。到了万历年间，行人司衙门冷清，职责被侵所剩无几，当时位于西长安街朝房之西的衙署中有井甚甘，因其"近阛阓中，汲者无虚刻，署中更无隶人可供役使者，有一文士作一告示谑之云，示仰邻居担水妇人，不许擅登公座上缠足，如违，本官亲咬三口，至今传以为笑"②。

第二节　明代鸿胪寺及其外交礼仪职能

自秦汉至唐，鸿胪寺均为主司涉外事务的外交机构。但随着尚书省的崛起，尚书主客曹及主客司逐渐取代了其外交主管机构的地位，鸿胪寺沦为外交事务辅助机构。尽管如此，鸿胪寺在明代仍是以涉外事务为主要业务的主要外交关涉机构，具体负责外交礼仪等涉外事务。

一、明代鸿胪寺的设置情况

鸿胪之名始于汉朝，"鸿"是声，"胪"是传，传声赞导，就是鸿胪。明朝自洪武三十年（1397）始改殿庭仪礼司为鸿胪寺，同时又设外夷通事；建文年间，升少卿以下各官品秩，罢司仪、司宾二署，而以行人隶鸿胪寺；明成祖仍恢复洪武旧制。"鸿胪掌朝会、宾客、吉凶仪礼之事，凡国家大典礼，郊庙、祭祀、朝会、宴飨、经筵、册封、进历、进春、传制、奏捷，各供其事，外吏朝觐，诸蕃入贡，与夫百官使臣之复命、谢恩，若见若辞者，并鸿胪引奏，岁正旦、上元、重午、重九、长至赐假、赐宴，四月赐字扇、寿缕，十一月赐戴暖耳，陪祀毕，颁胙赐，皆赞百官行礼。司仪典陈设、

---

① 〔明〕黄训. 名臣经济录·卷二十七·礼部·题公差事[M]//清文渊阁四库全书本.
② 〔明〕沈德符. 万历野获编·卷二十·中书行人[M]. 北京：中华书局，1997：521.

引奏，外吏入朝，必先演仪于司，司宾典外国朝贡之使，辨其等而教其拜跪仪节，鸣赞典赞仪礼，凡内赞、通赞、对赞、接赞、传赞咸职之。"①可见，鸿胪寺是主管朝仪、接待宾客和官吏引见之事的中央机构，其职能涉及国内、国外两个方面，是重要的外交关涉机构。

明代鸿胪寺设有正四品的鸿胪寺卿一人，从五品的鸿胪寺左、右少卿各一人，从六品的鸿胪寺左、右寺丞各一人。鸿胪寺的内设属衙有主簿厅、司仪署和司宾署。主簿厅有从八品主簿一人；司仪、司宾两署各有正九品署丞一人，从九品的鸣赞四人，后增至九人；从九品的序班五十人，嘉靖三十六年（1557）革八人，万历十一年（1583）复设六人。鸿胪寺选官不拘资格，唯要求"礼节娴熟"，一般于相应品秩内选择声音洪亮、便于言谈者充任。隆庆元年始限，非进士出身者官至少卿而止，虽历三、六、九年考满，只许加俸，不许升卿。到了万历六年，这一规定改变，如果鸿胪寺卿缺员，可于本寺少卿年久习熟礼节者推补，不必另选。

二、明代鸿胪寺的外交礼仪职能

诸藩朝贡均需要遵守朝贡礼仪，鸿胪寺司仪署具体负责陈设及引奏工作。外国朝贡使觐见皇帝前，鸿胪寺司仪署要提前教习其跪拜礼仪。鸿胪寺司宾署在礼部主客司的领导下具体负责辨别朝贡使团的等级，并具体负责其接待规格。鸿胪寺的具体外交礼仪职能表现在以下五个方面：

第一，明代鸿胪寺的最主要职责是引导朝贡使臣按照规定礼仪进行朝拜。凡是遇到大节日及皇帝、皇太子生辰，都会举行大典礼进行庆贺，鸿胪寺则负责具体的礼仪工作。嘉靖十八年（1539）十月六日，皇太子庆贺千秋令节，"查得弘治九年（1496）九月二十四日皇太子令节朝贺仪注，鸿胪寺官设箋案于殿东门外，设文武官拜位于文华门外，设宣箋等官位於殿内东西，是日早，文武官于奉天门常朝毕，各出具朝服赴文华门外，北向立，俟皇太子具冕服于文华后殿，升座，本部官入启朝鲜國王进贡马匹、

---

① 〔清〕张廷玉，等．明史·卷七十四·志第五十[M]．北京：中华书局，1974：1802.

方物数目毕，鸿胪寺官替执事官行礼"。① 在外国贡使受到皇帝接见时，由鸿胪寺官员负责引见、传赞等事务。"凡外夷进贡方物，本寺官引至御前，俟礼部官奏过，赞，叩头，毕，举案至东陛，授内官捧进，凡赏赐外夷人员衣服、彩段等件，本寺官举案引至御前，俟礼部官奏过，赞，叩头，毕，仍举案引出给散。"② 在外国贡使受到皇帝接见前，由鸿胪寺负责辨别他们的身份并教授跪拜之礼仪。外夷使者来华朝贡时遇到大朝贺，由鸿胪寺官员上奏后，先期赴朝天宫等处习仪二日，然后再按照朝贡礼仪觐见皇帝。同时，为了遵循儒家礼仪要求，保证朝贡礼仪，外来朝贡人员还要预先在鸿胪寺演习觐见皇帝之礼仪。

第二，鸿胪寺还具有掌管"外夷通事"的职能。据《吾学编》记载，"鸿胪寺，国初为侍仪司，从六品，洪武九年（1376）改为殿廷仪礼司，设使副、承奉、鸣赞、序班，十三年（1380）革承奉，增司仪，十九年（1386）更使为司，正副为左右司副，三十年（1397）始改鸿胪寺正四品，外夷通事亦隶焉"。③ 所谓"鸿胪寺所属外夷通事"主要指从事"口译"的翻译人才。鸿胪寺的外夷通事不同于四夷馆的通事，是直接和外夷接触的口译人员，并不像四夷馆通事那样，接触外夷文书，从事翻译工作。另外，当会同馆中正额通事缺员时，也会从鸿胪寺候缺通事中递补。

之所以将鸿胪寺翻译人员称为"外夷通事"，是因为其中不少人出身外国和周边少数民族。根据弘治八年（1495）的规定，凡是来自周边各国及少数民族地区的精通夷语的人才，只要通过礼部考试，鸿胪寺就收为充候缺通事，"土官土人子孙，给与养赡食米一石，极边防保者，给食米五斗，通候有缺之日，再考题补"。④ 所谓"防保"，指鸿胪寺召选真正籍贯子弟，取具印信保结，然后由鸿胪寺负责教习，经礼部考试合格，充任候缺通事。

---

① 〔明〕严嵩.南宫奏议·卷五·大庆一·庆贺千秋令节仪[M]//续修四库全书本·史部·诏令奏议类·第476册.上海：上海古籍出版社，2002：299.
② 〔明〕申时行，等.大明会典·卷二百十九·鸿胪寺[M]//续修四库全书本·史部·政书类·第792册.上海：上海古籍出版社，2002：601.
③ 〔明〕郑晓.吾学编·卷六十五·皇明百官述上卷[M]//续修四库全书本·史部·诏令奏议类·第425册.上海：上海古籍出版社，2002：132.
④ 〔明〕申时行，等.大明会典·卷一百九·礼部六十七[M]//续修四库全书本·史部·政书类·第791册.上海：上海古籍出版社，2002：114.

嘉靖十九年（1540）规定，"通事见缺，防保送部收考、转送该寺教习者，俱不得过正额之半，若本国正额止一名者，许收候缺一名，凡遇候缺既尽，正额有缺，许鸿胪寺呈部奏请防保"。① 因此，鸿胪寺的此项外交职能主要表现为管理候缺通事和口译人才。

第三，鸿胪寺官员还参与出使任务。出使外夷本以行人司行人为主，出使的行人如果能被授予鸿胪寺官衔出使，则意味着对其所出使国家的重视。例如，永乐进士潘赐被授予行人出使日本，"回献德化书，永乐大典颂，上览之，称，善，命入史馆转鸿胪少卿再使日本，回，升江西参政，仇家摘其诗句，以为妖言，坐落职，宣德间，复除鸿胪寺少卿，又使日本，朝廷深加奖劳赐"。② 后来，潘赐因为出使有功，深得皇帝赏识，所以先后两次被赋予鸿胪寺官员的身份出使日本。洪熙元年（1425）七月，仁宗皇帝丧，宣宗即位，遣行在鸿胪寺司宾署丞焦循摄礼部郎中，鸣赞卢进摄鸿胪寺少卿，以即位诏颁朝鲜。焦循、卢进两人均为行在鸿胪寺官员，却担任使者出使朝鲜，沈德符称之为"借官出使"。③ 而实际上，明代借官出使的例子还有很多，很多部门都参与出使任务。鸿胪寺官员还向皇帝报告夷情，宣德二年（1427）十月，行在鸿胪寺官员向皇帝上奏安南黎利等写给总兵官安远侯柳升等的书信，为宣宗皇帝了解当时安南的情况提供了重要参考。

第四，除了行使基本职能外，鸿胪寺还参与了伴随朝贡使臣回还的外交任务。礼部题差鸿胪寺序班伴送朝贡使臣，"人等支廪给，应付中马一匹，人夫四名，送至外国者，准带家人一名，支口粮，应付驴一头往回"。④ 成化二十二年（1486）五月，鸿胪寺署丞海滨伴送撒马儿罕地面使臣怕六湾马黑麻至广东。据内官监太监韦洛上奏，海滨沿途教诱怕六湾马黑麻等沿途索要财物，危害地方；总镇两广太监亦奏，怕六湾马黑麻道经山东东昌府买军民子女为妻妾。弘治七年（1494）七月，鸿胪寺通事序班范峻以

---

① 〔明〕申时行，等. 大明会典·卷一百九·礼部六十七[M]//续修四库全书本·史部·政书类·第791册. 上海：上海古籍出版社，2002：114.
② 〔明〕凌迪知. 万姓统谱·卷二十五·潘[M]//清文渊阁四库全书本.
③ 〔明〕沈德符. 万历野获编·卷十一·吏部·借官出使[M]. 北京：中华书局，1997：279.
④ 〔明〕申时行，等. 大明会典·卷一百四十八·兵部三十一[M]//续修四库全书本·史部·政书类·第791册. 上海：上海古籍出版社，2002：524.

纵容安南进贡使臣私自交易以及织造违禁物品而获罪。可见，这一时期鸿胪寺的通事人员整体素质下降，给外交工作带来了很大的麻烦。为了改变这种状况，这一时期加强了对鸿胪寺及其通事人员的管理。

鸿胪寺内各国通事人员设额不超过六十，但到了成化年间，通事的数量远远超过了额定人数。国子监监生往往坐班实习长达十四五年才可以获得官职，而鸿胪寺通事从实习人员到授予官职则只需七年，所以很多人就把鸿胪寺作为走向仕途的捷径，奔竞之风兴起。为了改变这种状况，成化九年（1473）六月，礼部建议补充通事人员皆从鸿胪寺内部查勘可用者，如果需要补充人员，必须事先告知礼部，然后请熟知夷语的官员进行考察，选择精晓夷语、籍贯明白、行止端方、身无役占者送礼部复查，情况属实再送鸿胪寺，"办事六年送部考，中然后支米，办事三年考核身无过犯误事，方送吏部冠带，再办事三年，比与监生出身年月略等，始令实授序班职事，否则径发原籍为民，其有事故者，如原额不缺亦不准补，其丁忧起复到吏部者亦，须查有额定实缺选补，无则仍令听候"。① 这就加强了对鸿胪寺通事的管理，遏制了把鸿胪寺通事一职作为入仕捷径的投机行为，有利于提高通事的素质。

第五，鸿胪寺还是四夷馆译字官的入仕台阶，如果考试成绩优秀，可以授予从九品鸿胪寺序班一职。正统十一年（1446）八月，吏部尚书王直等奏四夷馆译字官14人参加考试，根据考试成绩分为三等，"上命一等授鸿胪寺序班，仍习夷字，二等、三等过二年再试"。② 鸿胪寺的通事来源比较广泛，不限于中国内地，有很多来自交趾等国。正统十四年（1449）九月，鸿胪寺通事阮宗琦言，"臣系交趾人，乞令兵部出榜，招谕交趾归顺土官人等，臣与之同编队伍，操练标牌枪弩杀贼"。③ 承担沟通翻译工作是鸿胪寺通事的一项重要职责，但这一时期的鸿胪寺通事人员承担风险

---

① 《明宪宗实录》，卷一一七，成化九年六月庚申. 台北："中央研究院"历史语言研究所校印，1962：2255-2256.
② 《明英宗实录》，卷一百四十四，正统十一年八月己酉. 台北："中央研究院"历史语言研究所校印，1962：2842.
③ 《明英宗实录》，卷一百八十二，正统十四年九月戊寅. 台北："中央研究院"历史语言研究所校印，1962：3538.

比较大，一旦传达错误的信息，将会受到严惩。景泰七年（1456）五月，满剌加国正使奈霭、副使巫沙等来朝贡。至广东新会时间，奈霭因犯奸罪自杀身亡，而当时副使巫沙等已经回国，鸿胪寺通事马贵听信藩人亚末的话，得知奈霭有夜光珍珠和猫睛石未进朝廷，于是上奏朝廷，朝廷立即派人到广东会馆追取，发现并无此物，遂将马贵移交法司如律惩治。

第三节 明代辅助外交关涉机构

明代辅助外交关涉机构包括两类：一类是以礼部仪制司、光禄寺、国子监及太医院等为代表的中央辅助外交关涉机构，另一类是以督饷馆为代表的地方辅助外交关涉机构。

一、明代中央辅助外交关涉机构

（一）礼部仪制司、铸印局

仪制司居四司之首，"一代礼仪典则攸属，分掌诸礼文、宗封、贡举、学校之事"。[①] 仪制司掌礼文，就是负责有关五礼的礼制仪文。明朝沿袭前朝制度，把各种典礼分为五类，称五礼，即吉礼、嘉礼、军礼、凶礼和宾礼。吉礼指祭祀之礼，吉训为福，也就是祀神致福之礼；嘉礼指冠婚、饮食、宾射、燕飨、赈膰、贺庆等礼；军礼指军旅之礼；凶礼指丧葬之礼；而宾礼指接待宾客之礼。所以，仪制司具有规范接待外宾之礼的外交职能。礼部以"宾礼"接待藩国之君长及其使者。藩王朝贡礼、遣使之藩国仪，藩国遣使进表仪皆属仪制司职责所在。例如，在管待藩夷土官筵宴过程中"仪制司领宴花，人一枝"。[②]

凡是给予藩王的封赠命令由仪制司会同吏部请示皇帝决定，仪制司还会协助皇帝授予外国王印，王印分为三等，"曰金，曰镀金，曰银"，[③]

[①] 〔清〕张廷玉，等.明史·卷七十二·志第四十八[M].北京：中华书局，1974：1746.

[②] 〔明〕申时行，等.大明会典·卷一百十四·礼部七十二[M]//续修四库全书本·史部·政书类·第791册.上海：上海古籍出版社，2002：153.

[③] 〔清〕张廷玉，等.明史·卷七十二·志四十八[M].北京：中华书局，1974：1748.

由铸印局负责制造。例如，洪武二年（1369），高丽国王王颛遣使奉表贺朱元璋即皇帝位，请封，贡方物，太祖下诏封其为高丽国王，赐龟钮金印诰命；永乐初，日本来中国朝贡，成祖赐龟钮金印诰命；洪武十六年（1383），太祖分别赐予琉球中山王察度、山南王承察度、山北王帕尼芝镀金银印；洪武二年（1369），陈日𤋱遣使朝贡请封，太祖下诏封其为安南国王，赐镀金银印诰命；洪武二年（1369），阿答阿者遣使朝贡，太祖下诏封其为占城国王，并赐镀金银印；洪武七年（1374），域安定王卜烟帖木儿遣使来朝，贡铠甲刀剑等物，太祖赐予赐卜烟帖木儿银印。

（二）礼部精膳食司、光禄寺

不同等级的宴飨，所用牲豆、酒醴膳羞不同。"旧制、凡大筵宴、膳司提调光禄寺官供办，其待诸番茶饭及下程、膳司自行办送，后革主事厅一应皆属光禄寺、礼部止行文照会"。① 可见，精膳司的外宾宴请职能离不开光禄寺的配合。据张廷玉等所撰《明史》载，光禄寺卿掌，"祭享、宴劳、酒醴、膳羞之事，率少卿、寺丞官属，辨其名数，会其出入，量其丰约，以听礼部"。② 精膳司负责宴飨事务的总体筹划，光禄寺则掌管宴飨事务的厨料供应等具体事务。"四夷使臣土官人等进贡，例有钦赐筵宴一次二次，礼部预开筵宴日期，奏请大臣一员待宴，及行光禄寺备办，于会同馆管待。"③ 藩使来朝，赐宴。例如，朝鲜国、占城国、琉球国、爪哇国、暹罗国等国来朝贡，各照例钦赐筵宴二次。藩使来朝，发给下程，即朝廷根据藩使等级、人数、居住天数供给不等的酒食、蔬菜、厨料等物。"下程有常例、有钦赐，凡诸藩国及四夷土官使臣人等进贡等项到会同馆，俱有常例，并钦赐下程，礼部奏准、通行光禄寺支送。"④ 洪武二十六年（1393）

---

① 〔明〕申时行，等.大明会典·卷一百十四·礼部七十二[M]//续修四库全书本·史部·政书类·第791册.上海：上海古籍出版社，2002：148.
② 〔清〕张廷玉，等.明史·卷七十四·志第五十[M].北京：中华书局，1974：1798.
③ 〔明〕申时行，等.大明会典·卷一百十四·礼部七十二[M]//续修四库全书本·史部·政书类·第791册.上海：上海古籍出版社，2002：153.
④ 〔明〕申时行，等.大明会典·卷一百十五·礼部七十三[M]//续修四库全书本·史部·政书类·第791册.上海：上海古籍出版社，2002：158.

定,"常例下程,五日,每正一名,猪肉二斤八两。干鱼一斤四两,酒一瓶。面二斤,盐酱各二两,茶油各一两,花椒二钱五分,烛,每房五枝,以上下程,若奉旨优待、不拘此例,又每人日支肉半斤,酒半瓶,米一升,蔬菜厨料,钦此下程,朝鲜国、安南国、占城国、琉球国、爪哇国、暹罗国各下程一次,朝鲜等国每五人、琉球国每十人羊、鹅、鸡各一只,酒十瓶,米五斗,蔬菜厨料,朝鲜国加果子茶食各四盘,柴炭各二百斤,暹罗国加酒十瓶"。①

（三）国子监、太医院

国子监和太医院均具有部分外交职能。明朝国子监既是国家最高学府,又是主管国学政令的机构。设正官祭酒一人,从四品;司业一人,正六品。国子监以师为官,从祭酒到一般教学、管理人员,都是由吏部任命的朝廷命官。明朝对教官约束极为严格,特别是祭酒,要绝对忠于天子和职守。国子监采用分堂积分和拨历的教学制度。监生在监分六堂肄业:通四书未通经书者,入正义、崇志、广业三堂,修业一年半以上;文理通畅者,许升入修道、诚心二堂;又修业一年半以上者,经史兼通、文理俱优者,升入率性堂。生员入率性堂以后,实行积分制。同时,监生还被派往政府各部门历事。国子监具有招收外国留学生的外交职能。南京国子监招收日本、琉球、暹罗诸国官生,"洪武、永乐、宣德间,俱入监读书,赐冬夏衣、钞被靴袜及从人衣服,成化正德中、惟琉球官生有至者,或五名,或三四名,俱入监"②。明代国子监对相对友好的琉球籍学生更为青睐。"琉球国起送陪臣子弟赴南京国子监读书习礼,本部转行各该衙门供给廪米柴炭,及冬夏衣服,回国之日、差通事伴送至福建回还。"③琉球学生不但能在南京国子监内学习到中国先进文化,其待遇还高于一般监生,"授业大司成,

---

① 〔明〕申时行,等.大明会典·卷一百十五·礼部七十三[M]//续修四库全书本,史部,政书类,第791册.上海:上海古籍出版社,2002:158-159.
② 〔明〕申时行,等.大明会典·卷二百二十·国子监[M]//续修四库全书本,史部,政书类,第792册.上海:上海古籍出版社,2002:617.
③ 〔明〕申时行,等.大明会典·卷一百十七·礼部七十五[M]//续修四库全书本,史部,政书类,第791册.上海:上海古籍出版社,2002:176.

处以观光之馆，教以学礼诵诗，而冬裘夏葛，朝饔夕餐，则加内地儒生一等，礼待亦殊厚矣。"①

太医院是掌管医疗卫生事业的机构，设有正五品院使一人、正六品院判二人。下属机构有惠民药局和生药库，各设大使一人、副使一人。太医院还有专业医务人员，称医士、医生。太医院不仅负责为皇帝及其后妃、亲王、文武大臣等看病，还施舍药品，为民诊病，负责外地府、州、县惠民药局及边关卫所医官、医士、医生的选派和考核。太医院的外交职能表现在为外国君长看病。

二、地方辅助外交关涉机构

（一）督饷馆

督饷馆是在隆庆开海之后，明廷逐渐允许私人从事海外贸易的背景下设立的，具有涉外性质。在督饷馆设立之前，漳州府先后设有安边馆、靖海馆、海防馆。嘉靖九年（1530），巡抚都御史胡琏，建议巡海道镇漳州，置安边馆于海沧，岁委各府通判一员，以便管理下海通诸藩。安边馆由地方政府委派通判来管理，是执行海禁政策的地方政府机构，"先是，发舶在南诏之梅岭，后以盗贼梗阻，改道海澄"。②嘉靖二十八年（1549），朱纨为了禁止民间下海贸易，捣毁了诏安梅岭的出海口。于是，民间私人下海出口转移到了月港。"嘉靖三十年（1551），复于月港建靖海馆，通判往来巡缉。"③月港的靖海馆和设在海沧的安边馆一样，都是由地方政府委通判管理，都是执行海禁政策的地方机构。靖海馆设立不久，海寇谢老突至虏掠，摧毁了靖海馆。靖海馆被捣毁之后，倭夷入寇更加猖獗，本土顽民秉机煽乱，自号二十四将等名色，结巢盘据，浸成化外。所以，在嘉靖四十二年（1563），军门谭纶请设海防同知住笞，姑行招抚。这样，

---

① 〔明〕萧崇业，谢杰.使琉球录·卷下·嬴虫录[M]//续修四库全书本，史部，地理类，第742册.上海：上海古籍出版社，2002：580.
② 〔明〕张燮，谢方点校.东西洋考·卷七·饷税考[M].北京：中华书局，1981：132.
③ 〔明〕何乔远.闽书·卷三十·方域志[M].福州：福建人民出版社，1994：718.

在朱纨海禁失败之后，明廷用军事机构代替地方机构，禁止私人下海通诸藩，由海防大夫负责管，这种机构称为海防馆。靖海馆、海防馆和督饷馆是前后相承的机构，衙署都在海澄，海防馆由海防大夫管理，靖海馆与督饷馆则属于地方官员管理。需要特别指出的是，安边馆、靖海馆以及海防馆都是执行明廷海禁政策的政府机构，而督饷馆则是管理民间海外贸易的机构，具有更加明显的涉外性质。

1. 督饷馆的设立时间

督饷馆是明代后期设置的具有外交性质的税收机构。据记载："督饷馆，在县治之右，即靖海馆旧基，嘉靖四十二年（1563），新设海防，改建为海防馆，万历间，舶饷轮管，因改为督饷馆。"[1] 上面这段记载没有明确说明督饷馆始置的时间，只提到"万历年间"。可以确定的是，督饷馆是隆庆开海后，在明廷逐渐放开私人贸易的基础上设置的。由靖海馆、海防馆的终止时间和知府佐贰官执掌督饷两个切入点，并依据张燮的《东西洋考》以及崇祯《海澄县志》等可信度较高的史料，对于督饷馆的设置时间，目前学术界至少存在以下三种观点：一种是模糊定位为万历年间；一种根据首任督饷馆轮署佐贰官上任时间推导出督饷馆的始置时间当在万历二十六年（1598）；[2] 一种是依据最后一任督饷海防同知舒九思遭弹劾的时间推测督饷馆的设置时间为万历二十一年（1593）。[3] 上述第一种观点比较模糊，实际上没有弄清楚督饷馆的设置时间；第二种观点的推测方法较为可取，但时间上稍有偏差。根据《东西洋考》中关于月港督饷职官的记载，将首任督饷馆轮署佐贰官赵贤意上任的万历二十六年（1598）作为督饷馆始置时间。第三种观点的历史推测法值得借鉴，但依据明显有误。因为舒九思担任海防同知的时间为万历二十一年（1593），而非在这一年遭到弹劾；

自隆庆六年（1572）月港开征洋税，直至最后一任督饷海防同知舒九思被罢免，月港征税事宜一直由以海防大夫负责，即由漳州府海防同知兼

---

[1] 〔明〕张燮，谢方点校. 东西洋考·卷七·饷税考[M]. 北京：中华书局，1981：153.

[2] 郑有国. "督饷馆"始置时间考[J]. 漳州师范学院学报，2012（1）：8.

[3] 黄盛樟. 明代后期海禁开放后海外贸易若干问题[J]. 海交史研究，1988（1）：52-55.

领洋税征收。由于"防海大夫在事久，操纵自如，所报不尽实录"，[①]引发了明廷在督饷官制上改革。改革之后，由每年挑选的福建各府知府佐贰官，轮署督饷事务。督饷馆是明廷为了改革督饷官制，为防止督饷官员的贪腐为目的而设置的。因此，把首任督饷馆轮署佐贰官的上任时间作为督饷馆的设置时间符合科学的历史研究方法。但是赵贤意是否就是第一任督饷馆轮署佐贰官，这一点值得考证。关于第一任督饷馆轮署佐贰官的记载主要有两种，且两种记载都出自张燮之手。一种在《东西洋考》中，据该书记载，浙江东阳人赵贤意为邵武府推官，"以能声最诸郡，来漳督响，时万历二十六（1598）"。[②]另一种记载见于崇祯《海澄县志》，根据这个资料，首任督饷馆轮署佐贰官为万历二十五年（1597）上任的延平府通判何其大。可见，史料中对于首任督饷馆轮署佐贰官的记载并不一致。通过比较发现，《东西洋考》刊行于万历四十五年（1617），该书卷记载了隆庆六年（1572）至万历四十五年（1617）间漳州府督饷海防同知七人，督饷馆轮署佐贰官十三人。然而，崇祯《海澄县志》记载了隆庆六年（1572）至崇祯四年（1631）间海防同知七人，督饷馆轮署佐贰官二十五人。因此，崇祯《海澄县志》的记载显然较《东西洋考》更为翔实，我们可以把延平府通判何其大被任命为督响馆轮署佐贰官的万历二十五年（1597）作为督饷馆的设置时间。

2. 督饷馆的职能

督饷馆是管理中国海商出海贸易的机构。自隆庆开海之后，早期西方殖民主义势力与中国航海势力在东南亚和中国东南沿海相遇，使中国的历史发展进程再也不能孤立于世界历史发展之外了。[③]明代后期，区域性商人集团活跃，工商业市镇在江南等先进经济区兴起，农村家庭内小手工业和市镇小手工业都出现了资本主义生产关系的萌芽，中西方经济和文化交流不断加强，尤其是东南沿海的私人海商集团，势力不断增强。随着私人

---

① 〔明〕张燮，谢方点校.东西洋考·卷七·饷税考[M].北京：中华书局，1981：133.
② 〔明〕张燮，谢方点校.东西洋考·卷七·饷税考[M].北京：中华书局，1981：148.
③ 杨国桢，陈支平.明史新编[M].北京：人民出版社，1993：6.

海外贸易的兴盛，明政府对海外贸易管理体制进行改革，饷税制度取代市舶制度，市舶司在海外贸易管理体制中的作用日益弱化，督饷馆应运而生。督饷馆由税务官员一名、饷吏二名、书手四名组成。督饷馆税务官最初由各府选派佐官一人轮流担任，后又改为每年由漳州府佐贰官轮管。督饷馆的职能主要体现在以下几个方面：

首先，对进出口的商船发放商引。明代后期允许私人从事海外贸易，但海商出海贸易需要得到政府的批准，领取商引，明廷根据商引张数征税。起初根据出海距离规定鸡笼、淡水等地每张商引纳税一两，东西洋每张商引税纳三两，后来税银增加一倍，鸡笼、淡水增至二两，东西洋增加到六两。万历二十七年（1599），根据中承周寀的建议，始定东西洋商船额数，每年限船八十一八只，给引也据此为限，以后"随着从事贸易船只的增多，商引数已经不足，因此每年再增发十二张商引，合计一百张。此外，发给去鸡笼、淡水的商引十张，这样月港督响馆每年共发放一百一十张商引。"① 明朝政府还规定："商引填写限定器械、货物、姓名、年貌、户籍、住址、向往处所、回销限期，俱开载明白，商众务尽数填引，毋得遗漏，海防官及各州县仍置循环号簿二扇，照引开器械、货物、姓名、年貌、户籍、住址、向往处所、限期，按日登记，贩番者，每岁给引，回还责道查覆，送院复查，贩广、浙、福州、福宁者，季终食道查覆，送院复查。"②

其次，管理进出口的商船。每年仲夏至仲秋，进港船只经过南澳、浯屿、铜山、濠门及海门等地时，各巡司将进港船只情况报告督饷馆，并先委官封钉，逐程派舟师护送，以防海寇掠夺货物及地方小船出海劫载饷货。商船进港后，要立即报引送院复查缴销，如有越贩漏饷、住冬未回者必治其罪。商船出港时，督响馆负责检查船只的商引，并检查船上是否有各种违禁品及兵器。督饷馆盘验出海上船的地点本来设在厦门岛。万历四十五年（1617），经过通判王起宗的实地考察，认为在厦门验船十分不便，"职诣其地，既无空闲公廨，又难借扰民居，不便者一；况漳州官远涉泉境，既非所辖之地，又无服役之人，势难单骑裹粮，而跟随人役不下数十人，若涣散

---

① 林仁川. 漳州月港督晌馆的功能和性质 [J]. 闽台文化研究, 2010 (1): 36.
② 〔明〕许孚远. 敬和堂集·卷七·公移卷 [M]// 转引廖大珂. 福建海外交通史. 福州：福建人民出版社, 2002: 270.

民居，殊非关防体统，不便者二；自本府至厦门，两经潮汐，衡突波涛，一遇风则轻舟难汛，时日稽迟，商船不无耽阁，不便者三。"① 他认为圭屿更适合作为检验出港船只的地点，建议在此建造公馆，"圭屿一山，浮于海口，环山皆海，适在中央，乃商船必由之路，又澄邑所属之区，且今筑造城堡其上，添制兵船其下，职议于圭屿设立公馆，将来盘验，即驻本屿，船之出洋，既可稽查，船之回港，亦便瞭望，不越出于他境，不阻隔于风涛，虽地不同及，讥察则一，此职目击而身历者"。② 因此，自万历四十五年（1617）以后，督饷馆的官员改在圭屿进行盘验月港的出海船只，如无夹带违禁货物出洋，方许封识开驾。此外，对商船往来程限也有规定：要求前往西洋各国从事贸易的各船必须要于每年的十一、十二月出发，第二年的六月之前必须返回；要求前往东洋各地从事贸易的船只春初发船，五个月之内必须返航。凡是超越返航规定时间的船只，政府拘禁船员家属，严格处罚。

最后，负责征收饷税。督饷馆征收的饷税主要有水饷、陆饷及加增饷三种。水饷即船钞，亦称"丈抽法"。丈抽法类似于吨位税，是根据船只大小征收的船税。衡量船只大小的标准是梁头的尺寸。同时，对东洋、西洋船只征收的标准又各不相同。根据航路的远近具体规定为西洋船面阔1丈6尺以上的，每尺征银5两，一船共抽银80两。每多1尺，每尺加银5钱。东洋船每船照西洋船丈尺税则，量抽十分之七。鸡笼、淡水因地近船小，每船面阔1尺，征铜5钱。船商为了逃避水饷，往往减报尺寸，而官吏为了增加水饷常常重课之。为了避免这两种情况的出现，明政府规定，每年十月修船时，由督饷馆饷税官亲自丈量尺寸，编记天地玄黄字号，"以某船往某处给引，其同澳即照字号规则，依纳水响，不必复量梁头"。③

陆饷即向铺商征收的进口税，这种税是根据进口货物的多寡与价值的高低征收的货物税。明政府规定海商不得擅自卸货，须等铺商上船接买，

---

① 〔明〕张燮，谢方点校.东西洋考·卷七·饷税考 [M].北京：中华书局，1981：153.
② 〔明〕张燮，谢方点校.东西洋考·卷七·饷税考 [M].北京：中华书局，1981：153.
③ 〔明〕张燮，谢方点校.东西洋考·卷七·饷税考 [M].北京：中华书局，1981：136.

由铺商交纳饷税后，方准卸货转运，这样就可以有效防止偷漏饷税。陆税的税率大约为2%，即"每货值一两者，税银二分"，①但是税率并不固定，根据货物的种类及时价高低随时进行调整。万历三年（1575），初定各种舶货的抽税则例；万历十七年（1589），因货物高下、时价不等，又对抽税则例进行厘定，有的按货物多少从量征税，有的按货物价值从价征税，有的按货物等级征税；万历四十三年（1615），为了鼓励海商贸易而量减各种税银，税额普遍比万历十七年（1589）减少13.6%左右。②

加增饷是专门针对前往东洋吕宋的商船而征收的一项特别附加税。中国商人到吕宋贸易带回的货物很少，相应征收的货物税就很少。然而，这些到吕宋从事贸易的商人大多携带墨西哥银元。明廷根据这种情况便制定针对吕宋商船的税制，即行驶吕宋的商船回港时，除征水陆两饷外，每船追征税银150两，称为加增饷。后因商人抗议税额过高，万历十八年（1590）减至120两。

3. 督饷馆的特点及性质

督饷馆的设立标志着明代的外交政策发生了重大变化，标志着海禁政策的失败。自明太祖朱元璋开始，明朝一直推行以朝贡制度和海禁为核心的外交政策。明代初期，海禁政策在打击盘踞在东南沿海岛屿的方国珍、张士诚残余势力，稳定东南沿海的社会秩序方面起到了积极作用，但这种政策也存在种种弊端。一方面，禁海政策断了沿海居民的生路，最终酿成了倭患。正如赵文华所奏，"寇与商同是人，市通则寇转为商，市禁则商转为寇，始之禁禁商，后之禁禁寇，禁之愈严而寇愈盛。片板不许下海，艨艟巨舰反蔽江而来，寸货不许入藩，子女玉帛恒满载而去，于是海滨人人为贼，有诛之不可胜诛者"。③可见，海禁政策是造成倭患始终不绝的重要原因；另一方面，禁海政策背离了时代发展的潮流。自15世纪末西方地理大发现开始，世界性的海上贸易已经是大势所趋，而明政府却终止了自宋元以来中国和东

---

① 《明神宗实录》，卷二百一十，万历十七年四月丙申．台北："中央研究院"历史语言研究所印，1962：3939．

② 彭巧红．明代海外贸易管理机构的演变 [J] 南洋问题研究，2002（4）：78．

③ 〔明〕王鸣鹤．登坛必究·卷三十九·辑奏疏说三 [M]// 续修四库全书本·子部·兵家类·第961册．上海：上海古籍出版社，2002：693．

南亚诸国民间贸易的传统，将自己隔绝于世界之外。这种做法实际上是拒绝了对外来文明的接纳，把自己紧紧锁在封闭的大陆体系中。[①] 到了明代中后期，很多朝臣都已经认识到了海禁政策的错误性，终于在隆庆元年（1567）开海贸易，允许私人通藩贸易。为了管理民间海外贸易，督饷馆应运而生。

督饷馆的成立标志着明朝政府在月港推行了一套新的管理制度，这种制度完全不同于海禁时期的贡舶管理制度，具有以下特点：第一，督饷馆成立后，实际上恢复了宋朝时期的海外贸易政策——不迁界、不海禁，除日本以外任何国家的商船均可到月港停泊，可以随时上岸进行贸易。这和贡舶贸易有明显不同，取消了贡期、贡道等方面的限制，更重要的是允许民间贸易；第二，督饷馆成立后，不论任何商品进出中国的港口，一律课以水饷和陆饷才可以上岸交易。这种做法具有真正意义上的贸易性质，改变了过去贡舶贸易时期以政治目的为重，对进贡物品例不钱钞，随附的货物也往往优免抽分的做法；第三，督饷馆成立后，民间贸易真正放开，改变了过去政府垄断的局面。贡舶贸易期间，大多由政府收买、转卖输入的货物，只有部分劣等货品，政府不要收买者，才能开放交易，而且还要在指定地点、在有关官员的监视下进行互市交易；第四，督饷馆成立后，改变了贡舶贸易时期以物物交换为主的状况，从抽分实物改为征收货币的饷银制，标志着中国关税制度的重大变化。月港督响馆的出现及推行新的关税制度，是从传统的市船舶司管理制度向私人海上贸易管理制度转变的重要契机，它的出现标志着中国新的海关管理制度开始萌芽产生了，也反映出明代海外贸易发生了根本性的转变，月港督饷馆的出现，无论是在中国海外贸易史上，还是中国海关史上均占有重要的地位。[②]

综上所述，督饷馆是具有涉外性质的重要地方政府机构，它兼具有关税征收和管理私人海外贸易双重性质。

（二）边境地方政府

明代外交政策的基本目标是建立以中国为核心的东亚朝贡体系，维系这个体系的重要理论基础是儒家思想。儒家思想以礼为中心，在与外国的

---

① 韩庆.明朝实行海禁政策的原因探究[J].大连海事大学学报，2011（5）：87.
② 林仁川.漳州月港督晌馆的功能和性质[J].闽台文化研究，2010（1）：35.

交往中，凡是外国来使经过的地方政府都以礼相待，尽地主之谊。边境地区政府的一项重要外交职能就是招待朝贡使者。除了皇帝赐宴之外，在贡使回还之日，沿途各地方政府负责备办饭食。地方政府招待贡使有严格的规定，对于茶饭管待不同国家的次数各有不同。允许镇守总兵、或三司、或府卫正官二三员陪席。例如，永乐年间，使臣朝贡，经过府卫茶饭管待。至涿州良乡，令光禄寺办送茶饭接待。使臣回还，自良乡抵陕西布政司经过府州茶饭管待；宣德时期，使臣回还，蓟州永平府茶饭管待占城国、琉球国、爪哇国、暹罗国，各筵宴二次，日本国使臣回还，至宁波府管待一次，锡兰山国使臣回，至广东布政司管待一次；正统年间，使臣回还，至真定府陕西布政司甘肃，各茶饭管待，如果使臣人数少，则由甘肃管待，人数多则由陕西布政司管待。

　　总之，以上所述外交决策机构、外交专职机构及外交关涉机构共同构成了明代外交机构体系，其分工及运行情况如图4-1所示。

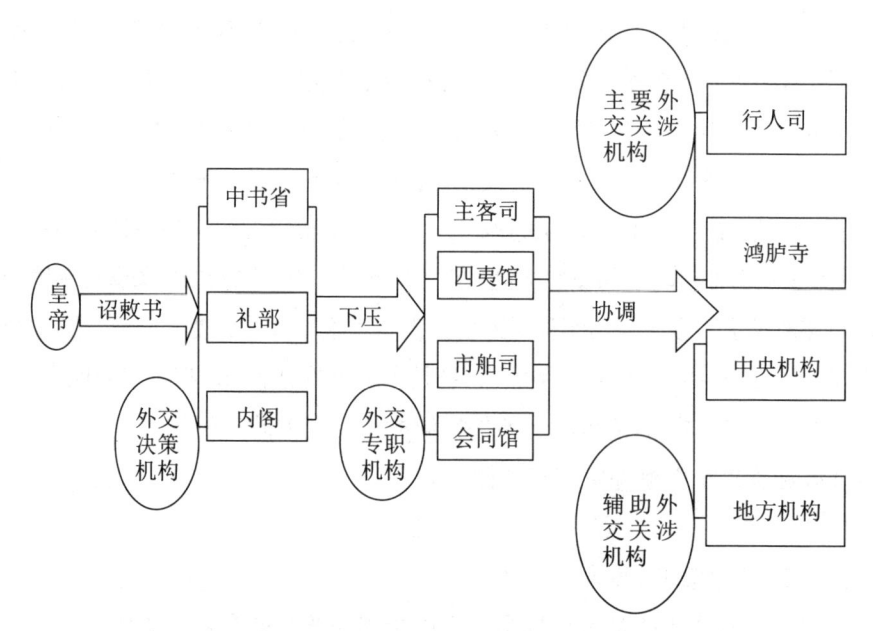

图4-1　1368—1644明代外交机构分工及运行情况

第五章　明王朝国力上升时期的外交机构

无论是现代国际关系学者还是民间人士都认识到了国家实力在国际交往中的巨大作用，"弱国无外交"在今天已经成为共识。在明代，虽然没有现代意义上的国际关系理论，但国家实力变化对外交政策及外交机构却有巨大的影响。从明朝二百多年的历史来看，明朝内政治理的好坏直接影响着其外交政策的制定及外交机构运行的效率。换言之，当内政治理良好，国家实力不断提升时，其外交政策也必定为积极开拓型，外交机构运转效率也较高；当内政治理不好，国家实力下降时，其外交政策必然为内向收缩型，外交机构运转效率也比较低。

自洪武初期至崇祯末年，明王朝的国力变化大致呈现出曲线形，具体参见图 5-1：

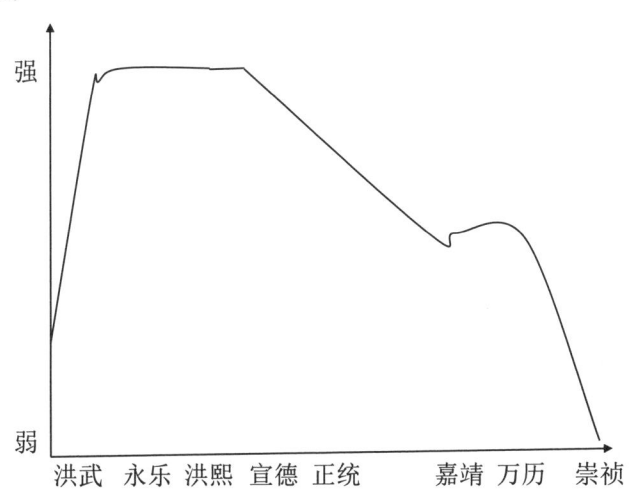

图 5-1　1368–1644 明朝国力变化曲线图

在明代，就有很多官员和学者认识到了内政和外交的紧密联系，认识到不同阶段国力变化直接决定着外交政策及外交机构的状况。明孝宗时的内阁大学士丘濬认为，内治的好坏决定着中国是否能够羁縻四夷少数民族及政权，他说，"地有内外，势有远近，人有华夷，人君为治，先内而后外，始近而终远，内华而外夷，然必内者修而后外者治，近者悦而后远者来，华人安而后夷人服，苟吾德之不修，食之不足，君子不用，小人不远，则近而在吾之内者，有不修矣，内治之不修，而徒外夷之攘，难矣，是故王者之驭夷狄，以自治为上策"。① 因此，内政之修是驾驭四夷的王者之道。明世宗时的黄衷认为，保持自身良好的内德修持是维护华夷秩序的重要依据，他认为，"夫列檄之外，东方曰夷，南方曰蛮，雕题左衽，鸟言而兽行，诸夏利害无与也，然俟德以宾，审势而服于诸夏之盛衰，实始终焉"。② 因此，"蛮夷"对"中国"的态度如何取决于中国的盛衰，有德则朝贡，势强则臣服。万历时王在晋则强调所谓的"葆合腹心之元气"，他说，"东西南北，齿坚距锐，如猛兽狰狞，存在思斗，四面环向窥伺，为我敌国，而吾所以制驭之，惟在葆合腹心之元气，以潜消四肢之症结"。③ 因此，自身内政的振兴、国力的强大是驾驭四夷的基础。从内政的角度来看某个时期的对外政策及外交机构，有助于更深刻理解不同时期外交政策变化的原因以及外交机构运行效率的高低。洪武、建文、永乐、洪熙、宣德五朝内政相对稳定、国家实力稳步提升，朝贡体系持续且行之有效，为国力上升期。

第一节 洪武时期的外交机构

洪武朝是明朝各项制度的开创期，也正是在这一时期，明朝制定了外交政策和完善了外交机构设置。有明一代，其外交政策和外交机构在不同时期虽有所变化，但其主导思想和主要方针并无变化。朱元璋是开国皇帝，他定下了以"不征"为原则的和平外交基调，并写进了《皇明祖训》，要

---

① 〔明〕王鸣鹤.登坛必究·卷十四·辑怀远说[M]//续修四库全书本，子部，兵家类，第960册.上海：上海古籍出版社，2002：551.
② 郑鹤声，郑一均.郑和下西洋资料汇编[M].济南：齐鲁书社，1980：144.
③ 郑鹤声，郑一均.郑和下西洋资料汇编[M].济南：齐鲁书社，1980：144.

他的圣子神孙永远遵守。明太祖时期的外交机构是其外交政策的执行者，因此，考察明太祖时期的外交机构设置及运行情况，要首先了解当时的外交政策。

一、明初外交政策确立的背景

明王朝建立初期，整个中国满目疮痍，一片惨淡景象。经历元末长达20余年的战乱，人口锐减，田地荒芜。一方面，国内政局尚不稳定，存在反明政治势力，这些反明势力主要包括三类：一类是方国珍、张士诚集团的残余势力；一类是盘踞在边境地区的前元势力，云南的梁王和东北的纳哈出，都采用元朝年号，秉承元顺帝旨意，割据一方，给新政权带来直接的威胁；一类是亦盗亦商的沿海海盗商人以及逃往中国的"倭寇"。另一方面，明初的外部形势也比较严峻，既有最为棘手的"北虏南倭"问题，也面对南洋地区三强并立的局面，还有西部逐渐崛起的帖木儿帝国的威胁。

（一）明初严峻的国内形势

战乱破坏严重，经济基础薄弱。以唐宋以来就很发达的扬州城为例，元末明初，扬州也成了一片废墟，据《明太祖实录》记载，地主武装青军元帅张明鉴，"凶暴益甚，日屠城中居民以为食"。[①] 由于城内缺乏粮草，甚至吃人充饥，明军攻打扬州城，张明鉴选择投降，俘获数万人，得到战马两千余匹。太祖遂设置淮海翼元帅府，命元帅张德林、耿再成等守之，改扬州路为淮海府，以李德成知府事，但是却发现户籍中扬州城中居民仅余十八家。扬州城仅仅是众多被战争摧毁的城市之一，全国人烟稀少，土地无人耕作，明政府的赋税收入更无从谈起。大乱急需大治，当时严峻的国内形势使新兴的明王朝需要建立新的统治秩序。人民需要休养生息，社会经济需要尽快恢复，整个社会都渴望有一个和平、安宁和稳定的环境。为此，明太祖奖励垦荒，对新开垦的土地免征赋税，推行屯田政策，改善匠户地位，奖劝桑棉生产。明太祖说，"天下初定，百姓财力俱困，譬犹

---

① 《明太祖实录》，卷五，丁酉岁十月甲申．台北："中央研究院"历史语言研究所印，1962：57.

初飞之鸟，不可拔其羽，新植之木，不可摇其根"。①

明太祖虽然在群雄逐鹿中脱颖而出，取得胜利，但政局不稳定，需要巩固新生的政权。国内还存在多股反明势力，这些势力虽不足以挑战明政权的统治地位，但却给新生的政权带来无穷的困扰。据《明实录》记载，吴元年（1367），上海民钱鹤皋作乱据松江府，"遂结张士诚故元帅府副使韩复春、施仁济，聚众至三万余人，攻府治，开库庚，剽掠财物"。②自南朝以来，中国的经济中心逐渐南移，东南沿海尤其是江浙地区成为全国最重要税源地。明太祖定都南京是经过深思熟虑的，"财赋于东南，而金陵为其会"。③定都南京既可以控制全国最主要的税源地，又可以支援北方的边防。因此，东南沿海地区成为国家的政治中心和经济中心，而该地区又是反明势力重点骚扰的地区。明王朝内部统治集团之间争权夺利，任人唯亲。吴晗先生以官员籍贯为依据，将以李善长为首的淮西籍官员列为淮人官僚集团，将以同为开国元勋的刘伯温为代表的浙东籍官员列为浙东集团，两派斗争不断。④为此，朱元璋对政治制度进行了一系列的改革，实行三司分治，权归中央，废中书省，罢丞相等。同时，严惩贪官，力求政治清明，洪武一朝，"无几时不变之法，无一日无过之人"。⑤

（二）明初面临的外部形势

"北虏南倭"问题伴随着整个明王朝，而在明代初期，这一问题更为严峻。明太祖建国初期，前元顺帝退居北方的上都开平，可以说回到了他们的发源地，其占据的土地仍然非常广阔，同时，前元还保留着相当强大的军事实力，谷应泰说，前元退居漠北部之后，"引弓之士不下百万众也。

---

① 《明太祖实录》，卷二十九，洪武元年正月辛丑. 台北："中央研究院"历史语言研究所印，1962：505-506.
② 《明太祖实录》，卷二十三，吴元年夏四月丙午. 台北："中央研究院"历史语言研究所印，1962：325.
③ 〔明〕章潢. 图书编·卷三十五·皇明南北两都总叙 [M]// 景印文渊阁四库全书本·子部·杂家类·第969册. 台北：商务印书馆，1986：700.
④ 吴晗. 朱元璋传 [M]. 天津：百花文艺出版社，2000：267.
⑤ 〔清〕张廷玉等. 明史·卷一四七·列传第三十五 [M]. 北京：中华书局，1974：4115.

归附之部落不下数千里也，资装铠杖，尚赖而用也，驼马牛羊尚全而有也"。①元末遗兵随时卷土重来，严重威胁明朝边境地区的安全。前元势力是新政权面临的最主要、最严重的威胁。另外，日本自1336开始进入南北朝混战时期，一直到1392年这种南北对立状态才结束。1336年到1392年是中国的元朝末年到明太祖统治末年。日本的战乱状态直接影响到明朝东南沿海的安全问题，因为日本政府也无法控制战败。逃亡的日本破产武士、大名、农民、纷纷到中国劫掠，成为臭名昭著的倭寇。倭寇在明代不同时期含义不同，但明太祖时期的倭寇主要就是来自日本的战败将士、破产的农民。而到了明朝后期，倭寇里面更多的是海盗商人。

在南洋地区国际形势的变化主要是指兴起了爪哇的满者伯夷王朝、暹罗的阿瑜陀耶王朝和占城王朝。如前文所述，由沿海走私商人、倭寇及方、张集团等割据势力的残余势力组成了一股反明势力。其中一部分逃亡海外，给明王朝带来外部威胁。这些人"负海以为讧，东借日本诸岛悍夷以为爪牙，而西南借交趾、占城、阁婆、暹罗为逋薮，而又内结山寇，以为腹心之援"。②当时，侨居在苏门答腊岛的旧港上的居民达数千人，梁道民、郑伯可、施进卿、陈祖义等为著名的华人领袖。逃亡交趾、占城、爪哇岛之杜板、新村、苏鲁马益者也很多。这些人游弋在中国沿海地区，和倭寇勾结，再加上国内的反明势力的配合，给明帝国带来了不安定因素。

西部的主要邻国是中亚的帖木儿汗国，明朝要求帖木儿汗国按元例进贡。帖木儿帝国在明朝建国的前二十年并没有向明朝进贡。在朱元璋统治的前二十年，明朝与帖木儿帝国并无官方往来。洪武二十年（1387），撒马尔罕驸马帖木儿，"遣满剌哈非思等来朝贡，马十五匹、驼二只，诏赐白金一十八锭"。③自此开始至洪武三十年（1397），帖木儿不断向明朝进贡。帖木儿于洪武二十三年（1390），"遣舍怯儿阿里义等以马六百七十匹抵

---

① 〔清〕谷应泰. 明史本末·卷十·故元遗兵[M]. 北京：中华书局，1977：186.
② 〔明〕章潢. 图书编·卷四十一·岭南总论[M]//景印文渊阁四库全书本，子部·杂家类·第969册. 台北：商务印书馆，1986：872.
③ 《明太祖实录》，卷一八五，洪武二十年九月壬辰. 台北："中央研究院"历史语言研究所印，1962：2779-2780.

凉州,互市,守将以闻,诏送舍怯儿阿里义等至京,听自市鬻";①帖木儿于洪武二十八年(1395),"遣回回迭力必失等贡马二百一十二匹,诏赐钞有差";②帖木儿于洪武二十九年(1396),"遣回回阿剌马丹等二十人,来贡马二百四十余匹,赐钞五千九百余锭";③帖木儿于洪武二十九年(1396),"遣回回剳鲁剌等一百九十一人来朝,贡马一千九十五匹,诏赐钞二万五千一百九十锭"。④具体朝贡情况参见表5-1。

表5-1 1387-1396年帖木儿帝国朝贡情况

时间	使者	进献贡品	赏赐物品
洪武二十年(1387)	回回满剌哈非思等	马十五匹、驼二只	白金一十八锭
洪武二十一年(1388)	答术丁等五十九人	马三百匹、驼二只	每人白金六十两、钞若干
洪武二十二年(1389)	回回满剌哈非思等	马二百零五匹	白金四百两及文绮钞锭
洪武二十七年(1394)	酋长迭力必失等	马二百匹	赐钞有差
洪武二十八年(1395)	回回迭力必失等	马二百一十二匹	赐钞有差
洪武二十九年(1396)	阿剌马丹等二十人	马二百四十余匹	钞五千九百余锭
洪武二十九年(1396)	剳鲁剌等	马一千九十五匹	钞二万五千一百九十锭

资料来源:据《明太祖实录》卷一百八十五至二百四十五相关资料整理而成。

可见,帖木儿几乎每年都要派遣使团到中国进贡马、骆驼等物,不仅

---

① 《明太祖实录》,卷一百九十九,洪武二十三年正月乙亥.台北:"中央研究院"历史语言研究所印,1962:2983.
② 《明太祖实录》,卷二百三十九,洪武二十八年七月戊午.台北:"中央研究院"历史语言研究所印,1962:3483.
③ 《明太祖实录》,卷二百四十四,洪武二十九年正月乙酉.台北:"中央研究院"历史语言研究所印,1962:3539.
④ 《明太祖实录》,卷二百四十五,洪武二十九年三月甲寅.台北:"中央研究院"历史语言研究所印,1962:3566.

如此，帖木儿所上朝贡表文也十分"恭谨"。下面是洪武二十七年（1394）帖木儿遣酋长迭力必失等所携带的朝贡表文内容：

> 恭惟大明大皇帝受天明命统一四海，仁德弘布，恩养庶类，万国欣仰，咸知上天欲平治天下，特命皇帝出膺，运数为亿兆之主，光明广大，昭若天镜，无有远近，咸照临之，臣帖木儿僻在万里之外，恭闻圣德宽大，超越万古。自古所无之福，皇帝皆有之，所未服之国，皆服之。远方绝域昏暗之地皆清明之，老者无不安乐，少者无不长遂，善者无不蒙恩，恶者无不知惧，今又特蒙施恩远国，凡□贾之人来中国者，使观览都邑，城池富贵，雄壮如出，昏暗之中忽睹天日，何幸，如之又承敕书恩，抚劳问使，站斥相通，道路无壅，远国之人咸得其济钦仰，圣心如照世之杯。使臣心中豁然光明。臣国中部落。闻兹德音。惟知欢舞感戴，臣无以报恩德，惟仰天祝颂圣寿，福禄如天地远大。①

从上述进贡表文可知，驸马帖木儿表面上极力讨好明朝统治者，甚至不惜以明朝臣属自居。但是，帖木儿绝不会甘心自居于明朝皇帝之下。当时，帖木儿将征服的矛头首先指向尚无强大力量的西南方各国，先后出兵印度、小亚细亚，并远征土耳其。为了解除后顾之忧，不得不采取远交近攻的策略，屈身称臣于明朝。表面上派遣使者来华朝贡，实际上是通过使节探听明王朝的虚实。洪武二十九年（1396），帖木儿扣押包括明帝国与奥斯曼帝国在内的各国使节，并对外宣战。帖木尔称霸的野心由来已久，在稳定内部后，就竭力想对外扩张，作为蒙古贵族，他对蒙元在中原被推翻痛心疾首，屡次声言要为元朝复仇。但在明朝统治初期，朱元璋推行了一系列恢复经济、稳定政局的措施，国家实力蒸蒸日上，同时置重兵于北部边境，对蒙元残余势力防备较严。帖木尔如此时对东方用兵，势必遭到刚摆脱蒙元残酷统治的汉族人民的全力抵抗。到了朱元璋统治末期，帖木儿的妄图征服明朝的野心暴露无遗。

---

① 《明太祖实录》，卷二三四，洪武二十七年八月丙午．台北："中央研究院"历史语言研究所印，1962：3420-3421．

明初外交政策的确立既受当时的国内、国际形势影响，又受到"华夷秩序"思想和元代对外政策的影响。朱元璋建立明朝后，以恢复华夏正统自居。何芳川先生认为，"自古帝王临御天下，中国属内以制夷狄，夷狄属外以奉中国，这就是历代中国封建帝王的世界观、宇宙观，也是中国封建主义皇权所追求的国际关系体系"。① 明代继承了"华夷秩序"的传统思想，同时又有所创新。华夷秩序的思想影响着中国整个封建社会，认为中国是天下之中心，周边蛮夷理应来天朝朝贡，接受辉煌的华夏文明。

"华夷秩序"思想在先秦就已经深入人心，经历秦、汉，魏晋南北朝，隋唐、宋元发展至明代，已经臻于完善。这种思想最早起源于先秦时期的"五服制"和"九服制"。天子是"天下共主"，更重要的是天子具有征伐大权，"伐不祀，征不享，让不贡，告不王，于是乎有刑法之辟，有攻伐之兵，有征讨之备，有威让之令，有文告之辞"②。"内夏外夷""以夏制夷""夷人奉夏"的思想在汉、唐、宋三朝发展趋于完善，虽然也有分裂时期以及元代背离这种思想的时期，但并没有丝毫削弱历代帝王的这种强烈的使命感。明朝继承了这种思想，称消除了"腥膻"之气，恢复了中国之旧制疆。明太祖挥师北伐中原的时候，由儒臣宋景濂起草的著名檄文中明确宣布："自古未闻以夷狄居中国而治天下者，自宋祚倾移，元以北狄入主中国，四海内外罔不臣服"。③

元代的外交实践也是影响明初外交政策形成的重要因素。元世祖忽必烈具有强烈的征服欲望，充分继承了其祖父大力扩张的传统。至元年间，明世祖数次派大军跨海远征南洋爪哇、占城、东洋日本等国。元代又推行开放的海外政策，派遣使者到东洋、西洋、南洋诸国招徕各国来华朝贡和贸易。有元一代，除了日本，"终世未相通"外，接受了元政府的宣敕符命，被称为"蕃邦属国"的南洋国家有真腊、暹国、南巫里、速木都剌、爪哇、三屿等。明代不仅继承了元代广袤的国土，而且也顺应了既成的国

---

① 何芳川.华夷秩序论[J].北京大学学报，1998（6）：37.
② （汉）司马迁.史记·卷四·周本纪第四[M].北京：中华书局，1959：136.
③ 《明太祖实录》，卷二十六，吴元年十月丙寅条.台北："中央研究院"历史语言研究所印，1962：401.

际环境①。纵观元代的外交政策，对外扩张比较多，穷兵黩武并不能给国家带来任何好处。元代数次征伐日本、占城、爪哇等国，战舰数千艘，用兵数十万，却都以失败而告终，这也给明朝以深刻的启示，深刻反思元代的外交政策的得失。另外，元代外交政策的惯性也给明代外交带来了深刻影响，这种惯性是指在明代初期，周边各国在并不了解新生的明政权及其外交政策时，往往习惯性用看待元朝的视野来看待明朝的对外政策，由于元代的海外政策与明代的海外政策截然不同，往往会造成误解。因此，明代的外交政策十分注重这一点，向周边各国表明其"不征"之原则。例如，明朝建立后，于洪武三年（1370）再派莱州府同知出使日本，持诏谕怀良亲王，怀良亲王却因为使者姓赵，误以为是元朝使者，造成了很大的困扰，经过赵秩的一再解释，才消除误解。

二、明初外交政策的确立

严峻的国内外形势、华夷秩序思想以及元朝外交政策的惯性是明代外交政策确立的背景，也影响着明代外交政策的内容。明代外交政策的基本格调是德威兼济，它不同于元代的以"威"面对世界，而是更多地继承以往汉唐王朝将"德"和"威"相得益彰的对外政策，明朝的对外政策具有明显的和平基调。②在当时的国内和国际形势下，明太祖时期的外交政策既继承了传统思想，又吸取了前朝外交政策的教训，最终确立了以和平、朝贡、平等、海禁为基本原则的对外政策，"形成了外交、海防和边防三位一体，以维护整个国家的安全为主旨的策略思想"。③ 具体表现在以下三个方面：

第一，确立以"不征"为基本原则的和平外交政策。洪武四年（1371），明太祖在奉天门召集群臣，郑重阐述了明朝对外政策，他认为，"海外蛮夷之国，有为患于中国者，不可不讨，不为中国患者，不可辄自兴兵，古人有言：'地广非久安之计，民劳乃乱之源'，得其地不足以供给，得其

---

① 翁惠明.论明代前期中国与南洋外交的演变[C]// 韩振华主编.中外关系史论丛第三辑.北京：世界知识出版社，1985：73.
② 张显清，林金树.明代政治史[M].桂林：广西师范大学出版社，2003：948.
③ 翁惠明.论明代前期中国与南洋外交的演变[C]// 韩振华主编.中外关系史论丛第三辑.北京：世界知识出版社，1985：73.

民不足以使令，徒慕虚名，自弊中土，载诸史册为后日讥，朕以诸蛮夷小国，阻山隔海，僻在一隅，彼不为中国患者，朕决不伐之，惟西北胡戎，世为中国患，不可不谨备之耳"。①

朱元璋为了让他的后代谨记其所定外交制度，多次重申其外交思想，在《皇明祖训》里面再次告诫其圣子神孙们，"四方诸夷，皆限山隔海，僻在一隅，得其地不足以供给，得其民不足以使令，若其不自揣量，来扰我边，则彼为不祥，彼既不为中国患，而我兴兵轻伐，亦不祥也，吾恐后世子孙倚中国富强，贪一时战功，无故兴兵，杀伤人命，切记不可，不征之国：东北：朝鲜国；正东偏北，日本国；正南偏东：大琉球国、小琉球国；西南：安南国、真腊国、暹罗国、占城国、苏门答剌国、西洋国、爪哇国、彭亨国、百花国、三佛齐国、渤泥国"。②太祖的外交政策更多的是想和周边的政权和平相处，维护国内的安定局面，不干涉内政，不强取豪夺贡品，认为贡品仅仅具有象征意义，他说，"朕肇事江左，扫群雄，定华夏，臣民推戴，已主中国，建国号曰大明，改元洪武。顷者克平元都，疆宇大同，已承正统，方与远迩相安无事，以共享太平之福"。③

第二，塑造"天下共主"形象，但放弃征伐之权，以平等的态度对待周边政权，尽量用外交手段解决纠纷。"朝贡"和"海禁"是明太祖时期乃至整个明代对外关系的两大支柱。然而，朝贡制度是以儒家正统思想为指导而形成的外交模式。朝贡制度实质是为了塑造华夏君主"天下共主"的形象，确立以中国为中心的华夷秩序。"万邦来朝，天下共主"也是历代有作为君主渴望达到的境界。在传统朝贡思维中，天子具有征伐大权，对于不遵守规则者有责任采取惩罚措施。然而，明太祖既继承了塑造"天下共主"的使命感，但又和前代有所不同。明太祖更加注重国内事务，其所塑造的"天下共主"形象仅仅具有象征意义。明太祖不仅放弃了天子征伐的权力，而且以大国之君身份处理外交关系。洪武元年（1368），派遣

---

① 《明太祖实录》，卷六十八，洪武四年九月辛未.台北："中央研究院"历史语言研究所印，1962：1277-1278.
② 《皇明祖训录》.明朝开国文献，第3册.台北：学生书局，1966：1686.
③ 〔明〕徐一夔.明集礼·卷三十二·宾礼三[M]//景印文渊阁四库全书本·史部·政书类·第650册.台北：商务印书馆，1986：65.

符宝郎偰斯奉玺书赐高丽国王王颛，"今年正月，臣民推戴即皇帝位，定有天下之号，曰大明，建元洪武，惟四夷未报，故遣使报王知之，昔我中国之君与高丽壤地相接，其王或臣或宾，盖慕中国之风，为安生灵而已，朕虽不德，不及我中国古先哲王使四夷怀之，然不可不使天下周知，余不多及"。①同时，太祖派知府易济颁诏于安南，"昔帝王之治天下，凡日月所照，无有远近，一视同仁，故中国奠安，四方得所，非有意于臣服之也"。②从以上两通诏书分析，明太祖强调一视同仁，并且直接表明非有意于令高丽、安南臣服之意，反映了明太祖平等看待周边外交政策的外交思想，尽量不干涉周边国家的内政。

当高丽王朝发生政变，李成桂请示太祖，太祖说，"尔恭愍王死，称其有子，请立之，后又说不是，又以王瑶为王孙正派，请立之，今又去了，再三差人来，大概要自做王，我不问，请他自做，自要抚绥百姓，相通来往"。③而对于安南、占城两国发生的矛盾，利用外交文书劝说双方和解，不要兵戎相见。针对琉球国三王并立的事实，也是利用使臣劝其重视内政，以休养生息为重。明太祖针对爪哇诱杀明朝使者事件，并没有采取武力手段，而是尽量和平解决。洪武十三年（1380）十月，爪哇国王八达那巴那务，遣其臣阿烈彝烈时奉金叶表来华朝贡，爪哇使臣在中国待了一个多月，然后安全返回其国，明太祖并没有采取报复措施或者武力手段对待爪哇及其使者，而是以文书的形式诏谕爪哇国王，"前者三佛齐国王，遣使奉表来请印绶，朕嘉其慕义，遣使赐之，所以怀柔远人，尔奈何设为奸计诱使者而杀害之，岂尔恃险远，故敢肆侮如是欤，今使者来本欲拘留，以其父母妻子之恋，夷夏则一，朕推此心，特令归国，尔二王当省己自修，端秉诚敬，毋蹈前非，干怒中国，则可以守富贵，其或不然自致殃咎，悔将无及矣"。④洪武末年，发生了三佛齐阻碍海上通道的事件，影响到了明朝的对外关系，

---

① 《明太祖实录》，卷三十七，洪武元年十二月壬辰．台北："中央研究院"历史语言研究所印，1962：749–750．
② 《明太祖实录》，卷三十七，洪武元年十二月壬辰．台北："中央研究院"历史语言研究所印，1962：750．
③ 吴晗．朝鲜李朝实录中的中国史料 [M]，北京，中华书局，1980：164．
④ 《明太祖实录》，卷一百三十四，洪武十三年十月丁丑．台北："中央研究院"历史语言研究所印，1962：2125．

明太祖考虑到三佛齐当时属于爪哇控制之下，就令礼部致书暹罗国王，转达爪哇、三佛齐，明之以义，示之以威，并明确说明，只要三佛齐改过自新，对其以前犯下的错误不再追究责任。

第三，加强与周边国家的官方贸易往来，在贸易中采取厚往薄来的原则。明代朝贡关系作为明初统治者羁縻远人，巩固统治的手段，基本上是明朝与东南亚国家之间政治交往的外交活动，洪武建文年间，它主要体现了双方在政治上的关系，而很少带有经济上的意义。① 既然属于一种羁縻远人的手段，明代的海外贸易就和唐宋时期的对外贸易截然不同。明太祖时期是这项政策的奠基时期，其主要内容就是官方控制海外贸易，重视政治效果而忽略经济利益，具体表现为在中外贸易中采取"厚往薄来"原则。明政府一方面要求朝贡国所贡物品不宜过多，另一方面回赐大量物品以示天朝友好之意。洪武三年（1370），太祖命督察御史张敬之、福建行省都司沈秩持诏往渤泥国宣谕，其国主马合漠沙找各种理由搪塞明朝使者，提出因为苏禄入侵，国力受损，等三年以后再到中国朝贡，沈秩反驳其国王，指出日本、高丽、占城、交趾等国皆已入贡，要求渤泥国尽快朝贡。渤泥国王最后说出其真实的理由，"地瘠民贫，愧无奇珍以献，故将迟迟尔，非有他也，秩曰：'皇帝富有四海，岂有所求于王？但欲王之称藩，一示无外尔'"。② 可见，明太祖招徕各国来华朝贡，更加注重其向明朝俯首称臣的象征意义，而对于其贡物多少并不介意，即在朝贡贸易中的"厚往薄来"之意。

明太祖时期，对于进贡者携带的商品，官抽六分，给价以偿之。而在实际操作中，往往免税以示"怀柔"之意。例如，洪武四年（1371）七月，谕福建行省，占城海舶货物，皆免其征，以示怀柔之意。洪武十六年（1383）五月，"上谓礼部臣，诸蛮夷酋长来朝，涉履山海，动经数万里，彼既慕义来，归则赍予之物宜厚，以示朝廷怀柔之意"。③ 洪武十七年（1384），

---

① 廖大珂.试论明朝与东南亚各国朝贡关系的性质[J] 南洋问题研究，1989（3）：99.

② 〔明〕严从简，余思黎点校.殊域周咨录·卷八·南蛮·渤泥[M].北京：中华书局，2000：302.

③ 《明太祖实录》，卷一五四，洪武十六年五月戊申.台北："中央研究院"历史语言研究所印，1962：2401-2402.

"命有司凡海外诸国入贡，有附私物者，悉蠲其税"。① 对朝贡者在华交易行为采取优待和宽容的措施。对于没有在会同馆出售完毕的商品，明政府出高价收买。洪武时期，明太祖虽然屡次下令禁止百姓从事海外贸易，但对百姓购买朝贡使团携带的商品则异常宽容。例如，洪武二十一年（1388）春正月，明朝再次严禁私人交通外夷，温州永嘉县民，因购买暹罗朝贡使臣所携带沉香等商品遭人告发，按察司论当弃市，明太祖说，"永嘉乃暹罗所经之地，因其经过与之贸易，此常情耳，非交通外夷之比也，释之"。② 同时，朱元璋对朝贡者谋求获利的心理并非不知，洪武十三年（1380），明太祖在发给爪哇国王的一通诏谕中明确指出，"尔邦僻居海岛，顷尝遣使中国，虽云修贡，实则慕利"。③

凡是来华朝贡者，明朝皇帝都会给予厚赏。入贡者获得赏赐的价值往往高于其进贡物品价值的数十倍，获利甚厚。也正因为如此，明代初期的对外政策取得了较大成就，周边来华朝贡者络绎不绝。明政府为了规范朝贡制度，针对不同的国家规定不同的贡期及贡使团的规模，在利益的驱使下，各国朝贡者大多都不遵守贡期及贡使人数的限定。有的朝贡国一年朝贡数次，使团人数达到千人以上。尽管如此，明太祖却极少因为朝贡国不遵守贡期、贡使规定而却贡。相反，对于朝贡者屡次来华表示极大欢迎，更对四夷使者要求明政府赐予冕服、历书、印台等给予满足。可见，明太祖时期的朝贡贸易更多是一种政治手段，就是以经济利益为诱饵，招徕周边国家来华朝贡。

第四，推行海禁政策。洪武时期的"海禁"是从属于其防御倭寇军事举措的政令，并非刻意封闭国家海岸线，也不是为了禁绝对外贸易，洪武时期的对外贸易仍然以多种方式在多个方向发生，民间海外贸易也未遭政府绝对禁止。④ 明初的海禁政策是一种维护东南国土安全的权宜之计，这

---

① 《明太祖实录》，卷一五九，洪武十七年正月丁巳. 台北："中央研究院"历史语言研究所印，1962：2459-2460.
② 《明太祖实录》，卷一百八十八，洪武二十一年正月甲午. 台北："中央研究院"历史语言研究所印，1962：2815.
③ 《明太祖实录》，卷一百三十四，洪武十三年十月戊午. 台北："中央研究院"历史语言研究所印，1962：2125.
④ 赵轶峰. 重谈洪武时期的倭患 [J]. 古代文明，2013（3）：83-95.

种政策通过官方控制贸易的手段加强对海外贸易的控制。海禁政策既不是导致倭寇发生的原因，也不是中国"闭关锁国"政策的肇始。明太祖时的海禁政策与近代批判意义上的闭关锁国政策不可同日而语。明初的"海禁"是为了防止倭寇的侵扰，防止逃窜海外的反明势力和国内反明势力相互勾结。为此，朱元璋多次发布禁海令，禁止濒海居民私自出海。为了配合海禁政策，朱元璋还把海防与边防为外交服务，加强海防建设，积极进行防御。洪武十七年（1384），"命信国公汤和，巡视浙江福建沿海城池，禁民入海捕鱼，以防倭故也"。① 同时，汤和还奉命在沿海建设防御设施，从登莱至浙江沿海建五十九城，籍绍兴等府，民四丁以上者以一丁为戍兵，凡得兵五万八千七百五十余人，先是命和往浙西沿海，筑城籍兵戍守，以防倭寇。洪武二十年（1387），又命江夏侯周德兴往福建，"命江夏侯周德兴，往福建，以福、兴、漳、泉四府民户三丁取一，为缘海卫所戍兵，以防倭寇"。② 明朝的海禁是和朝贡贸易直接联系在一起的，"明朝的朝贡贸易是官方唯一控制海外贸易的一种制度，只有厉行海禁，不准民间商人从事海外贸易，断绝外国政府及商人来华进行贸易的一切渠道，才能迫使海外诸国不得不走上朝贡贸易的这一条唯一途径"。③

三、明太祖外交政策的实践及其对外交机构的影响

明太祖确定了和平外交政策，但在实践中又有所调整，在不同阶段呈现不同的特征。万明女士将明太祖时期的外交诏令进行对比，把洪武元年（1368）至洪武三十一年（1398）的外交历程划分为四个阶段：洪武元年（1368）至洪武三年（1370）为明代外交开端期；洪武四年（1371）至洪武十一年（1378）为明代外交发展期；洪武十二年（1379）至洪武十八（1385）年为明代外交转型期；洪武十九年（1386）至洪武三十一年（1398）为明

---

① 《明太祖实录》，卷一百五十九，洪武十七年正月壬戌．台北："中央研究院"历史语言研究所印，1962：2460．
② 《明太祖实录》，卷一百八十一，洪武二十年三月戊子．台北："中央研究院"历史语言研究所印，1962：2735．
③ 李金明．明代官方对海外贸易的控制[D]．厦门大学，1987：7．

代外交持续期。①在开端期，明代外交姿态积极主动，派出大批使者颁布即位诏和平沙漠诏；在发展期，明代外交遭遇挫折；在转型期，明代外交姿态从积极转为消极；在持续期，明代外交基调最终确立。尽管，明太祖时期的外交政策并无实质变化，但也呈现出明显的阶段性特征，受内政治理情况及外交政策的影响，外交机构也呈现出较为明显的阶段性特征。

在洪武前期，中书省是最主要的外交决策机构，前面已经论及，在这里不再赘述。中书省被裁撤后，礼部是最主要的外交决策机构。前面三章已经分别论述了明代外交决策、专职及关涉机构的不同特点。然而，明太祖时期的外交机构又具有其独特性。下面将从太祖外交政策实践、外交出使机构、外交接待机构及朝贡贸易管理机构四个方面来分析它们的阶段性特征，以求探究明太祖时期外交机构的设置及运行情况。

（一）明太祖外交政策实践的阶段性特征

"往"和"来"是外交政策最重要的两个方面，所谓"往"是指派遣使者出使四夷，所谓"来"就是指招待来访的藩王及藩使。朱元璋十分重视出使四夷事务，洪武二十八年（1395）十二月，朱元璋在发给暹罗的敕谕中说，"朕自即位以来，命使出疆，周于四维，历诸邦国，足履其境者三十六，声闻于耳者三十一，风殊俗异，大国十有八，小国百四十九"。②从"往"的角度来看，洪武朝的外交实践可以分为以下三个阶段：

第一阶段，自洪武元年（1368）到洪武十二年（1379），明太祖外交政策既有前五年积极开拓的辉煌，又有后七年的消极对外交往。前五年，明太祖派遣使者出使国外，到洪武五年取得了相当大的成功，占城、琉球、高丽、三佛齐、渤泥、爪哇、暹罗、琐里等国纷纷来华朝贡，奉金叶表文贡方物。同时，各国使者还交纳元代所赐宣敕，接受明朝所赐印诰命、大统历等。但自洪武四年（1371）年底，明太祖下令禁止濒海居民下海之后，

---

① 万明.明代中外关系史论稿[M].北京：中国社会科学出版社，2011：70-71.
② 《明太祖实录》，卷二四三，洪武二十八年十二月戊午.台北："中央研究院"历史语言研究所印，1962:3534-3535.

又于洪武五年（1372）十二月给朝鲜使臣的上谕中，规定不得由海路入贡。洪武七年（1374）三月癸巳，暹罗斛国使臣沙里拔说他与同伴来华朝贡，却遭遇台风破坏所乘船只，漂至海南，当地官员收获漂余苏木、降香、兜罗绵等物来献，上怪其无表状，却之。同时，诏中书礼部曰，"古者中国诸侯于天子，比年一小聘，三年一大聘，九州之外，番邦远国则每世一朝，其所贡方物不过表诚敬而已，高丽稍近中国，颇有文物礼乐，与他番异是，以命依三年一聘之礼，彼若欲每世一见，亦从其意，其他远国，如占城、安南、西洋琐里、爪哇、浡尼、三佛齐、暹罗斛、真腊等处新附国土，入贡既频劳费太甚，朕不欲也，令遵古典而行，不必频烦，其移文使诸国知之"。①

明太祖刚刚建国，积极开展对外交往，派出大量的出使人员，洪武十三年（1380）以前，明朝并没有专门的出使机构。因此，明太祖从各部门抽调精干人才充当出使任务。行人一职在行人司设立之前就存在，洪武二年（1369）奉旨出使日本的杨载就是行人。行人在洪武初期属于礼部的临时出使人员来，不入流。另外，礼部官员、翰林院官员、地方官员、六科给事中、鸿胪寺官员、中官、锦衣卫等都曾充当出使人员，可谓来源非常广泛。明朝针对不同的国家、不同的任务，选择不同身份的出使人员，可谓十分谨慎。例如，对与明朝朝贡关系最为紧密的朝鲜和琉球两国尤其重视。据《万历野获编》记载，"本朝入贡诸国，唯琉球、朝鲜最恭顺，朝廷礼之亦迥异他夷，朝鲜以翰林及给事中往，琉球则给事中为正，行人副之"。②

第二阶段，自洪武十三年（1380）至洪武二十七年（1394），明太祖更加注重内政，海外政策趋于保守。海禁政策和限制朝贡措施损害了海外朝贡国的利益，遏制了其来华谋利的步伐。因此，洪武后期外交实践遭遇挫折，中外交往逐渐减少，对外出使任务也随之减少，大规模借调其他部门担当出使任务的现象逐渐减少。洪武十三年（1380），设立正九品衙

---

① 《明太祖实录》，卷八十八，洪武七年三月癸巳．台北："中央研究院"历史语言研究所印，1962：1565．

② 〔明〕沈德符．万历野获编·卷三十·外国·册封琉球[M]．北京：中华书局，1997：681．

门行人司，行人达到345人，但多孝廉出身。在实践中，明太祖对海外朝贡者谋利的实际目的越来越厌恶，随着中外交往的逐渐减少，行人司多达300多人的出使人员显得臃肿低效。明太祖于洪武二十七年（1394）改革行人司，升其品秩为正七品衙门，同时裁减人数至40人，皆以进士为之，非奉旨不得擅自差遣。

第三阶段，洪武二十七年（1394）以后，随着国内形势的好转，经济的恢复，明太祖的外交政策重新趋于积极。国内的反明势力也基本肃清，统治集团内部威胁皇权的实权人物也清理完毕。明太祖转向清理略显惨淡的外交事务。为了改变外交消极局面，朱元璋采取措施试图恢复明初的外交盛况。洪武三十年（1397）八月，礼部报告三佛齐梗阻贡道，"自后诸国道路不通，商旅阻绝"。① 朱元璋命令礼部移文暹罗国王，令暹罗国王遣人转达爪哇知之。礼部承旨所拟文中说，"可转达爪哇，俾其以大义告于三佛齐，三佛齐系爪哇统属，其言彼必信，或能改过从善，则与诸国咸礼遇之如初，勿自疑也"。② 但明太祖的努力并没有取得显著效果，到了洪武末年，只有少数几个国家来华朝贡。

（二）明太祖时期外交出使机构的阶段性特征

从"往"的角度看外交政策实践对外交出使机构的影响，呈现以下阶段性特征：从出使人员的来源机构来看，洪武朝出使人员的来源由多样化趋向单一，即从多部门承担出使任务到行人司承担出使任务的转变；从外交出使机构的出使任务及频率来看，出使任务由重到轻，出使频率由高到低。明太祖时期外交出使机构的阶段性特征具体表现在以下四个方面：

第一，洪武元年（1368）至洪武十二年（1379），在这一阶段，出使人员的来源非常广泛，既有中书省、礼部、翰林院、吏部、大理寺、御史台、国子监等中央部门，又有汉阳府、莱州府等地方部门，甚至还有天界寺、内使监等部门。这一阶段的出使任务比较特殊，使者到达的国家是和新王

---

① 〔明〕严从简，余思黎点校.殊域周咨录·卷八·南蛮·三佛齐[M].北京：中华书局，2000：298.
② 《明太祖实录》，卷二百五十四，洪武三十年七月丙午.台北："中央研究院"历史语言研究所印，1962：3673.

朝没有任何关系的化外之地。使者既需要说服所到之国废除和前元的朝贡关系，又需要劝说该国与明王朝建立新型的外交关系。元朝推行武力征服政策，企图以强大的军事实力征服周边国家；而明代则完全抛弃了前元的外交政策，推行和平交往政策。在这种背景下，明朝的使者在对外交往中起着更为重要的作用，他们以"口舌"代替"剑戟"，说服周边国家向中国朝贡。然而，在没有强大武力征服威慑的情况下，明朝使者肩上的任务更重。在洪武朝的前十二年，在《明太祖实录》中可以查到的出使次数就有36次。

尤其是洪武三年（1370），仅《明太祖实录》中可以查到有明确记载的出使次数就达到18次，这还不包括记录比较模糊以及没有记录在此的出使行为，具体参见表5-2：

表5-2 洪武三年（1370）外交出使情况表

使者	官职	机构	出使任务	所赐诏令
徐师昊	朝天宫道士	礼部	祭高丽国山川	《祭高丽山川文》
不见载	不见载	不见载	祀安南、占城山川	《祭安南、占城山川文》
赵秩	莱州府同知	莱州府	劝日本与华和平相处	《谕日本国王良怀诏》
夏祥凤	秘书监直长	秘书监	颁封建诏于占城安南	《颁封建诏于高丽安南诸国》
柏礼	礼部主事	礼部	颁封诸王诏于高丽	
王廉	翰林编修	翰林院	吊祭陈日煃	《祭安南国王陈日煃文》
林唐臣	吏部主事	吏部	封王、赏赐	《封日煃为安南国王诏》
塔海帖木儿	不见载	不见载	诏谕西洋琐里来朝贡	《谕西洋琐里国王诏》
偰斯	尚宝司丞	尚宝司	赏赐高丽国王	《谕高丽国王诏》
卜谦	侍仪舍人	侍仪司	颁科举诏	颁科举程式诏于高丽占城
夏祥凤	秘书监直长	秘书监	颁诏于安南高丽占城	《定岳镇海渎城隍诸神号诏》

(续表)

使者	官职	机构	出使任务	所赐诏令
常克敬	不见载	不见载	颁诏爪哇、招徕朝贡	《谕爪哇国王诏》
赵述	行人	礼部	颁即位诏于三佛齐	《谕三佛齐国王诏》
吕文燧	嘉兴知府	嘉兴府	颁即位诏于阇婆	《谕阇婆国王诏》
张敬之	御史	御史台	诏渤泥国来朝贡	《谕渤泥国王诏》
吕宗俊	不见载	不见载	颁诏暹罗、招徕朝贡	《谕暹罗国王诏》
孟原哲	宣使	中书省	诏谕高丽	《谕高丽国王诏》
郭徵	不见载	不见载	诏谕真腊	《谕真腊国王诏》

资料来源：郑麟趾.《高丽史》，卷42，《恭愍王五》.东京：国书刊行会，1908：1149-1150.

第二，从洪武十三年（1380）到洪武二十七年（1394），行人司设立之后，出使人员的选择开始倾向于行人司这一专门外交出使机构。在这一阶段，虽然仍有国子监助教、礼部郎中等官员担当正使出使外国，但行人司官员往往担任副使或者随从人员。其他部门承担出使任务的现象逐渐减少，大部分出使任务都由行人司来完成。经历了第一个阶段的积极开拓后，明太祖的外交实践已经相当成熟。即哪些国家事大之心最真诚，哪些国家不诚信，哪些国家不可交往已经相当清楚。在这一阶段，明太祖已经明显减少了派出使团的数目，而且使团的出使任务以赏赐为主。《明太祖实录》记载的仅有4次，其他未收入实录的也不多。而且，在第二阶段，出使的任务相对来说比较简单，是在第一阶段已经建立联系的基础上行使其交往职责的。比如，洪武二十一年（1388），明太祖派遣礼部郎中邢文博出使安南，行使赏赐任务，明王朝之前已经屡次派遣使者，两国关系已经相当稳固。因此，这一阶段的出使频率明显降低，出使任务明显减轻。

第三，洪武二十七年（1394）以后，随着明朝政治的稳定，经济的恢复，国内反明势力以及统治集团内部威胁皇权势力基本肃清，明太祖所制定的各项规章制度已经趋于完善。行人司更加受到重视，明太祖不仅升其为正七品衙门，精简其人员至40人，而且还规定非奉旨不得差遣，非进士出身不得担当行人一职。在这一阶段，行人司承担了几乎所有的出使任务。虽然，洪武二十八年（1395），礼部尚书任亨泰、监察御史组成的高规格使团担任了出使安南的任务，但这是特殊情况，由于明朝出兵讨伐与安南接境的龙州赵宗寿，担心引起安南的误会，故派使团说明情况。其他几乎所有出使任务都由行人司承担。到了后期，明太祖外交遇挫，对外交往国家锐减，仅仅和朝鲜、琉球、安南和暹罗等少数几个国家有交往，由于对日外交失败和三佛齐阻碍贡道，和日本及西洋国家的交往几乎中断。因此，这一阶段的外交出使频率相当低。出使对象也仅仅限于朝鲜、安南、暹罗等少数几个国家，出使任务几乎都是赏赐，所以职责在三个阶段中最轻。这一时间段，外交的低落和内政的成功成反比，一方面，明太祖的休养生息、整顿内治政策取得了相当大的成就；另一方面，明太祖的外交实践走向低谷。到了末年，明太祖试图整治走向低谷的外交关系，但由于殡天而没有来得及实施。经历了建文帝四年的过渡期，重整外交事务的历史重任落在了明成祖朱棣的身上。

第四，明太祖始终牢牢把握外交大权，亲自领导外交出使机构。明太祖非常重视外交工作，他在位的31年间，自始至终直接控制着外交决策权。从《明太祖实录》中统计，有详细记录的大规模出使活动有45次，其中皇帝直接下令并亲自指导或赐予诏书的达到42次。明太祖间接指导中央官僚机构处理外交事务的仅有3次，分别是洪武三年（1370）派遣使者出使高丽、安南、占城三国，礼部奉旨拟定了祭高丽、占城安南山川文，洪武六年（1373）中书省奉旨派遣使者调停安南、占城两国冲突以及洪武十七年（1384）户部承旨派遣使者到安南征粮饷。另外，朱元璋严防权臣侵夺其外交决策权，例如，洪武十二年（1379）九月，占城国王阿答阿者遣使臣阳须文旦进表及象马方物，中书省没有及时上奏皇上，内臣见到了占城使者后报告给了朱元璋。朱元璋立即召见占城使者，叹曰，"壅蔽之害乃至此哉，因敕责省臣曰，朕居中国抚辑四夷，彼四夷外国有至诚来贡者，吾以礼待之，今占城来贡方物，既至，尔宜以时告，礼进其使者，顾乃泛然若罔闻,知为宰相辅天子出纳帝命,怀柔四夷者,固当如是耶"。[①]而且,从这一事件之后,两位宰相相继遭受灭顶之灾,汪广洋因皇帝敕书切责,终日惶惧益甚。在遭受御史中丞涂节弹劾之后,皇帝斥责其对胡惟庸毒害刘基一事置若罔闻,在丞相之位无所成绩,汪广洋最终被迫自缢而亡,而胡惟庸则于洪武十三年(1380)以叛逆罪被处决。虽然两位丞相的被杀与明太祖加强君主专制等因素有关,但他们私自接待占城使者、企图包揽外交权的做法确实激怒了朱元璋,并成为明太祖处决省臣、废除宰相的导火索。

朱元璋对外交事务极端重视,对中书省企图独占外交决策权的行为极端仇视。当然,朱元璋毕竟精力有限,还是需要其他官僚机构辅佐他处理外交事务。但是,即使如此,朱元璋仍旧对外交事务事必躬亲,牢牢控制,许多对外的诏令都是他亲自执笔。可以说,明太祖时期的外交决策权自始至终都是是由朱元璋亲自掌控,明太祖亲自领导外交出使机构,这也成为这一时期的鲜明特点。

(三)明太祖时期外交接待机构的阶段性特征

明太祖时期外交接待机构的阶段性特征主要表现在以下两个方面:

一方面,接待机构的接待程序由繁杂到简单,朝贡仪式由复杂到简单。位于南京的龙江驿是接待藩王及藩使的首站,驿官还负责将来使情况上报应天府,应天府则将驿官上报情况报至中书省和礼部,最后上奏皇帝。明初的四夷朝贡上报程序是一个从下到上、逐级上报的过程。在这个上报过程中,不得越级上报,不得私自压制消息,必须尽快上奏至皇帝,否则将受到严惩,胡惟庸、汪广洋就是因为没有及时上报占城来贡情况而遭到严惩。侍仪司在接待程序中起着十分重要的作用,负责接伴、引导等具体事务。应天府知府则亲自到驿站以礼相待使者。礼部尚书、中书省官员以及应天府知府分别按照规定礼仪奉旨宴请四夷使者,宴会场所一般设在会同馆。

以"藩王朝见天子礼仪"为例,各官僚机构具体分工见表5-3:

[①] 《明太祖实录》,卷一百二十六,洪武十二年九月戊午.台北:"中央研究院"历史语言研究所印,1962:2016.

表 5-3　洪武二年（1369）定"蕃王朝见天子"接待礼仪

朝贡名称	上报程序	接待程序	朝见前的准备工作	仪式
藩王朝见天子	藩王至龙江驿，驿官报应天府，应天府报中书省及礼部。	侍仪通赞舍人二员接伴，应天府知府至驿礼待，会同馆陈设座次，应天知府、礼部尚书、中书省官员分别按照规定礼仪奉旨宴劳藩王。	于天界寺，习仪三日；内使监陈设御座香案于奉天殿；尚宝司设宝案于御座前；侍仪司设藩王及其从官的座次、设藩王及其从官的拜位、设定方物案的具体位置、设定方物状案的位置、设定受方物官、知班、引蕃王舍人、引藩王从官舍人的位置。	鼓初，严礼部陈方物于午门外，举案者就案次，严执事官俱入就位；接伴舍人、引班舍人引朝贡者于午门外，三严文武官具朝服入就侍立位，执事举方物案，藩王等从其后，由西门入奉天西门，至殿前丹墀西，俟立侍卫奉迎；皇帝服通天冠绛纱袍，御舆以出，大乐鼓吹，振作升座，乐止，卷帘鸣鞭报时；讫朝贡者各就拜位，执事者以方物案置藩王拜位前，赞拜乐作，朝贡者皆四拜，乐止，引班导藩王升殿，宣方物官取方物状，从行俱由西陛升，乐作，从殿西门入，内赞接引藩王至御前，乐止，赞拜，藩王再拜，跪称兹遇某节钦诣皇帝陛下称贺，致词讫，宣方物官跪于御座西，宣状承制官跪，承制诣藩王前，立宣制讫赞拜蕃王，俯伏兴再拜，蕃王及宣方物状官俱由西门出，乐作，复位，乐止，赞拜，乐作，蕃王及其从官皆四拜，乐止，礼毕鸣鞭；皇帝兴乐作，至谨身殿，乐止，引班导藩王及其从官俱出。

资料来源：《明太祖实录》，卷四十五，洪武二年九月壬子，台北："中央研究院"历史语言研究所印，1962：884-888.

四夷使者来中国朝贡，最为重要的是朝见皇帝。藩王或者藩使在朝见皇帝之前，首先要在天界寺学习礼仪。天界寺是善世院的办公场所，善事院是最高僧司衙门，后改称僧录司。四夷使者需要在天界寺学习朝贡礼仪三天，内使监、尚宝寺、侍仪司等机构提前设定座次。朝贡的仪式主要由礼部、侍仪司、光禄寺等机构完成。朝拜完毕，还有一套完整的送行仪式，按照惯例，在午门外，礼部官率应天府官，送使者至龙江驿，设宴如来朝贡之时，宴会结束后，俱还，应天府官或驿官送起行。如有赏赐物，礼部官将赏赐物放在午门外，执事者则服窄袖红衫，举案捧礼物，官员一律穿官服入，执事官陈案于丹陛东南，赐诏则设诏书案于礼物案之北，拱卫司用黄盖遮覆，使者行礼毕，礼部官捧礼物及诏书自丹墀中道出，至午门，付使者行。另外，洪武二年所定礼仪还包括"藩王朝见天子""藩王朝见太子"及"藩王朝见亲王"等，这些礼仪活动属于接待活动的重要组成部分，均需要众多官僚机构互相配合完成。

然而，到了洪武二十七年（1394），洪武朝的外交政策走向低谷，其外交实践也屡次遭受挫折，明太祖对外交事务的积极态度和热情也不如刚刚建国的前几年。为此，明太祖决定更定藩国朝贡仪，使朝贡仪式较洪武二年（1369）所制定的礼仪更加简化。当时向明朝朝贡除了周边少数民族政权之外，东有朝鲜、日本，南有暹罗、琉球、占城、真腊、安南、爪哇、西洋琐里、三佛济、渤泥、百花、览邦、彭亨、淡巴须文达那等十七个国家，西域则有撒马尔罕等国，朱元璋以旧仪颇烦，"故复命更定之，凡蕃国王来朝先遣礼部官劳于会同馆，明日各服其国服，如尝赐朝服者，则服朝服于奉天殿，朝见行八拜礼毕，即诣文华殿朝皇太子，行四拜礼，见亲王亦如之，亲王立受后，答二拜，其从官随蕃王班后行礼，凡遇宴会，蕃王班次居侯伯之下，其蕃国使臣及土官朝贡皆如常朝仪"。[1]经过这次改革，朝贡仪式明显简单很多，而且参与接待的外交机构也减少了很多。礼部官员直接派遣官员安顿使者于会同馆，龙江驿官员及应天府知府等官员不再参加接待事务。洪武二年（1369）所定的先期在天界寺习仪三日的规定也取消了，可见，朱元璋尝试整治外交事务的努力。朝拜程序也简化了很多，四夷使者在朝拜过天子后，可以立即见皇太子、亲王等其他统治集团成员，这样就大大提高了朝贡的效率，降低了门槛，有利于吸引更多的外国使者

---

[1] 《明太祖实录》，卷二三二，洪武二十七年三月庚辰．台北："中央研究院"历史语言研究所印，1962：3395-3396．

来朝贡。同时，由于朝贡程序的简化，相应的外交接待机构也明显减少，形成了众多机构参与，礼部主导所有接待事务的外交接待机制。

另一方面，礼部升格并主导外交事务，侍仪司被改为鸿胪寺，形成礼部、鸿胪寺为主导的外交接待机制。随着太祖外交政策的确定，洪武六年（1373）六月，礼部设总部、祠部、膳部、主客司部，每部设郎中、员外郎各一人，主事各三人。洪武二十二年（1389）改总部为仪部，洪武二十九年（1396）又改仪部为仪制，祠部为祠祭，膳部为精膳，主客司不变。礼部还管辖僧禄司和道禄司、教坊司和铸印局等衙门。洪武十三年（1380），朱元璋废除丞相一职，提升礼部为正二品衙门，其权力日重。尤其在对外交往中，礼部俨然成为执行皇帝旨意的最高外交决策机构。例如，洪武十四年（1381）七月，日本国王良怀遣僧如瑶等贡方物及马十匹，上命却其贡，仍命礼部移书责其国王曰：大明礼部尚书致意日本国王。在与朝鲜的交往中，很多诏令都是令礼部承旨意拟定的。

洪武六年（1373），侍仪司由从七品升格为从六品，洪武九年（1376）更名为殿庭仪礼司，洪武三十年（1397）正式设立鸿胪寺。无论是前期的侍仪司、殿庭仪礼司，还是后期的鸿胪寺，都是明王朝主要的外交接待机构，具体负责朝贡事务。明太祖时期是整个明代的各项内政、外交政策的奠基期，也正是在明太祖在位的31年时间里，在外交实践的影响下，最终行成了礼部为主导，鸿胪寺为辅助，光禄寺、会同馆、行人司、应天府、尚宝司、天界寺、内使监等部门配合的外交接待机制。

明太祖对"往"的重视不仅表现在重视派遣使者、亲自指导外交出使机构工作方面，还表现在对出使礼仪的极端重视。有指出朝贡制度具有虚幻性，或者是明朝一厢情愿的单方行为，那么言外之意就是明代的朝贡制度是有名无实，具有形式而无实质。那么朝贡制度的"名"就表现在行式上，为此，朱元璋命外交主管机构详细制定了遣使外国仪式。洪武朝，中书省没有废止之前，礼部隶属于中书省，所以作为外交管理机构的礼部受到中书省和皇帝的双重领导。到了洪武十三年（1380）之后，中书省被裁撤，礼部则直接听命于皇帝，减少了中间环节。但整个洪武朝，礼部都是最主要的外交机构，并负责整个外交事务的协调工作，具体协调各部门共同处理外交事务。洪武八年（1375）二月，制定了颁诏诸藩及藩国迎接仪式，具体程序如下：

"前期，百官于皇城守宿。至日鸣钟后，尚宝卿设宝案于御座之南，侍仪司设诏书案于宝案之南，承制官位于殿上之东及丹陛之东南，文武侍从班于殿上之左右，使者位于丹墀中，文武百官侍立位于文武楼之北，东西相向，将军立于殿上之左右及奉天门之左右，丹陛上之四隅，金吾卫陈设甲士军仗于午门外，拱卫司陈设仪仗于丹陛、丹墀之东西，和声郎设于丹墀之南，侍仪司设龙亭仪仗大乐于午门外，鼓初，严文武百官各具服入次，严各就位，三严侍仪奏外办，皇帝服通天冠绛纱袍出，御奉天殿，乐作，升座乐止，卷帘鸣鞭报时讫，礼部官捧诏书于宝案前，用宝，中书省官礼部官同捧至御前，呈奏以黄销金袱裹置盘中，置于案，引礼引使者就丹墀拜位，典仪唱鞠躬拜，乐作，使者四拜，兴乐止，承制官于御前跪，承制由中门出，至丹陛上称有制，使者跪承制官，宣制曰，皇帝敕使尔某奉诏往谕某国，尔宜恭承朕命，宣制讫，使者俯伏兴平身，乐作，四拜，乐止，礼部官诣案捧诏由殿中门出，降自中陛，以授使者大乐，振作，使者捧诏由奉天中门出，至午门外，置于龙亭中，侍仪奏礼毕，皇帝兴乐作，还宫，乐止，文武官以次出，各司以正官一员，送诏书出国门外。"①

洪武十二年（1379）正月，礼部尚书朱梦炎，奏定遣使外国仪注，颁之安南，这次所颁布仪注和洪武八年（1375）所定的藩国迎接仪式大同小异。具体礼仪如下：使臣到达所出使国家边境之前，首先派人报告其国王，而该国国王则遣官员出门远迎于郊外；迎接仪式非常讲究，首先预设香案于王府正堂之中，如赐酒物则别设案于香案之北，设龙亭彩仗于公馆，使者至公馆，王率众官至公馆迎接，鼓乐仪仗、众官及王俱走在前面引导，使者则从于龙亭之后；至王府正堂之中，使者站在龙亭之左，王率众官俱就位于拜位，行五拜三叩头之礼，然后与使者相见，使者在左边，王在右边，各行再拜礼，使者由中道出入王府，在王府正门外上下马，使者到达和离

---

① 《明太祖实录》，卷九十七，洪武八年二月壬寅．台北："中央研究院"历史语言研究所印，1962：1660-1661．

开时，夷王都要亲自出门迎送，序坐仍旧是使者在左边，王在右边。对于礼部奉旨制定如此详细、严格的外交出使礼仪，朱元璋作出了解释，目的不在于上述烦琐的仪式，而在于四夷对中国是否有诚意，"中国之于四夷，惟推诚待之，不在乎礼文之繁也，自今无故制诰文移，不须频至，安南彼若来贡，亦令三年一来，所遣之人不过五员，所贡之物务从简俭，且须来使自持，庶免民力，负戴之劳物不贵多，亦惟诚而已"。①

（四）朝贡贸易及海禁政策影响下的市舶司

明初海禁是由抗御倭寇侵扰这一具体时局而实行的权宜之计，贸易并未停止。②究竟"海禁"导致了"倭寇"还是"倭寇"导致了"海禁"，这个问题是已经无须争论，洪武时期正是日本内乱时期，倭寇勾结反明势力侵扰中国东部及东南沿海，给明王朝带来极大的安全隐患。倭寇的产生并非由于明朝海禁政策，在元朝末年倭寇已经成为一个极大的安全隐患。明太祖推行海禁政策有一个过程，这个过程和朝贡贸易的兴衰直接关联。海禁越严厉，海外诸国朝贡的次数就越频繁，从洪武三年（1370）至洪武三十一年（1398）海禁最严厉的二十九年中，暹罗朝贡达三十五次，平均每年至少一次，而从隆庆元年（1567）部分开禁到崇祯十七年（1644）明朝灭亡的七十八年间，暹罗朝贡仅有十四次，平均五年半一次。③因此，海禁政策不仅是维护国家安全的权宜之计，更是维护朝贡贸易的工具。

海禁迫使四夷只有通过朝贡贸易的方式才能获利，而明政府则以此作为怀柔远人的手段。洪武四年（1371）七月，"谕福建行省，占城海舶货物，皆免其征，以示怀柔之意"。④王士性曾说，"市舶司，国初置于太仓，以近京，后移福浙，虽绝日本而市舶不废，海上利之"。⑤为了更好管理

---

① 《明太祖实录》，卷一百二十二，洪武十二年正月己酉. 台北："中央研究院"历史语言研究所印，1962：1976.
② 赵轶峰. 重谈洪武时期的倭患 [J]. 古代文明，2013（3）：83-95.
③ 徐启恒. 两汉至鸦片战争期间的中泰关系 [C]// 北京大学亚非拉史教研室，中国与亚非国家关系史论丛. 南昌：江西人民出版社，1984：82.
④ 《明太祖实录》，卷六十七，洪武四年七月乙亥. 台北："中央研究院"历史语言研究所印，1962：1261.
⑤ 〔明〕王士性. 广志绎·卷四·江南诸省. 北京：中华书局，1981：76-77.

朝贡贸易，推行海禁政策，早在吴元年就设立了市舶司，严从简对明朝洪武朝市舶司的沿革讲得很清楚，"按夷中百货，皆中国不可缺者。夷必欲售，中国必欲得之。以故祖训虽绝日本而三市舶不废。市舶初设，在太仓黄渡，寻以近京师，改设于福建、浙江、广东。七年（1374），罢。未几，复设。盖北夷有马市，西夷有茶市，江南海夷有市舶"。① 洪武朝，市舶司仅仅存续七年，这和洪武七年（1374）以后明代外交实践遭遇挫折有关。明太祖对海外各国名为朝贡，实际上为了谋利的行为逐渐不能容忍，把更多的精力投入到了内政上面。

正是洪武朝奠定了明代市舶司制度的基础，明代的市舶司和唐、宋、元三代的市舶司有明显的不同。明人王圻说，"贡舶与市舶一事也，凡外夷贡者皆设市舶司领之，许带他物，官设牙行与民贸易，谓之互市，是有贡舶，即有互市，非入贡即不许其互市矣"。② 就是以市舶依附于贡舶，免市税，有贡则许开市，无贡则不允许开市贸易。李金明先生指出了市舶司作为明代朝贡贸易的管理机构与宋元时期的市舶司有显著不同；陈尚胜先生则从唐、宋、元、明四代王朝向清代海关制度和行商制度转变的角度论述了明代市舶司制度的特点；李庆新先生则着重论述了明代市舶司制度变态的政治文化意蕴。美国学者小约翰·D.郎洛瓦（John D.langlois）则指出，明代的市舶司制度是把"贸易系统和进贡系统结合了起来"。③ 市舶司在洪武朝存续的时间虽然比较短，却影响了整个明王朝市舶司制度，不同的是在不同阶段，随着朝贡贸易的兴衰，市舶司机构事务繁简不断变化。

洪武朝建立的市舶司是在朝贡贸易和海禁政策影响下设立的，其不同点主要体现在以下几个方面：首先，从设置市舶司的目的来看，明太祖设立市舶司是为了加强海防建设和政治上怀柔远人，几乎没有任何经济利益

---

① 〔明〕严从简，余思黎点校.殊域周咨录·卷八·南蛮·暹罗[M].北京：中华书局，2000：284.
② 〔明〕王圻.续文献通考·卷三十一·市籴考[M]//续修四库全书本.史部·政书类·第762册.上海：上海古籍出版社，2002：335.
③ （美）牟复礼，（英）崔瑞德.剑桥中国明代史[M].张书生，等译.北京：中国社会科学出版社，1992：185.

目的,这和宋元时代市舶为国家增加税收的目的截然相反;其次,从对待海外私商的态度来看,明太祖刚刚建立市舶司,就表明了对私商来华贸易的拒绝态度,规定只允许接待官方朝贡贸易使团,对于私人海商则严防之,这和宋元时代鼓励官私商人来华贸易的做法也明显不同;再次,从市舶司管理制度的内容来看,明代市舶管理不存在管理中国海商出海贸易的内容,也就是说,明太祖不允许私人从事海外贸易,不存在政府允许的私人海商,这和宋元时期也明显不同,也正因为如此,沿海商民不得不私自从事海外贸易,这也为明代后期市舶司的转变埋下了伏笔;最后,市舶司主持下的朝贡贸易仅仅限于官方,很多交易商品并不能流向社会,而成为统治阶层的消费品。① 这种转变明显不能促进生产力的发展,而且受到政治关系的制约,随着明太祖外交实践的趋于消极,和日本交往的失败,三佛齐阻碍贡道,琉球等国不遵守朝贡规定,超次数、超规模向明朝朝贡,针对日本而设立的浙江市舶司、针对琉球设立的福建市舶司以及针对东、西洋诸国而设立的广州市舶司失去了存在的意义,在洪武七年(1374)被裁撤。一直到永乐元年(1403),随着明朝外交政策的调整,朝贡贸易的兴起,市舶司重新设立,并进入最为辉煌的时期。

第二节 永乐时期的外交机构

经历三年的"靖难之役",朱棣从他的侄儿手中夺取了皇位。朱棣在位22年,是一位有作为的皇帝,他的统治时期被史家成为"永乐盛世"。朱棣登上皇位后,尽数恢复其父亲所定各项制度,彻底废除建文帝的各项改革措施。朱棣还采取一系列措施稳定其统治地位:疏浚大运河,以促进南北经济交流;迁都北京,以保持北部边境安定;派遣郑和、王景弘等率领庞大船队出使南海、印度洋沿岸国家和地区,以加强中外交流;设立奴儿干都司,五征漠北,南定安南,拓展了明朝疆域;命解缙等编纂大百科全书《永乐大典》,为后人所称道。明成祖无论在文治还是在武功方面都取得了巨大的成就。清人张廷玉等所编撰《明史》称赞,"知人善任,表

---

① 陈尚胜.论明代市舶司制度的演变[J].文史哲,1986(2):57–63.

里洞达，雄武之略，同符高祖，六师屡出，漠北尘清，至其季年，威德遐被，四方宾服，明命而入贡者殆三十国，幅陨之广，远迈汉唐"。① 明成祖时期的外交政策也同样有其自身的时代特点，这一时期的外交机构运行效率较高，随着中外交流频率的增加、范围的扩大，还设立了四夷馆等新的专职外交机构。

一、永乐"外向型"外交政策的确定

明成祖的外交政策基本延续了其父所定下的和平交往原则，但又有所创新，呈现出更加开放的外交姿态。朱元璋确定了明代外交政策的和平基调，并写进《皇明祖训》，要求后世子孙遵守。作为开国之君的朱元璋十分注重内政治理，外交姿态则逐渐趋于保守，但总体上仍呈现出开放的姿态，由于明初国内外复杂的形势以及国家实力还处在恢复之中，明太祖对外交事务的关注程度逐渐减退。尤其到了洪武末年，明太祖的外交实践连续遭遇挫折，只有朝鲜、琉球、暹罗和真腊等少数几个国家来华朝贡，各具有外交职能的衙门已十分冷清。

但到了明成祖时期，情况就大不相同了，首先国家实力已经相当强大，虽然经历了三年的"靖难之役"，但主战场在北方，并未波及江浙地区，因此，明王朝的税赋并未受大的影响。朱棣通过战争夺取了其侄儿的合法皇位，他登基以后，为了获得其统治的合法性，一方面全面恢复明太祖旧制，另一方面以积极的姿态、充沛的精力竭力建立不朽功业。总体上来看，永乐时期的外交政策更加外向和主动：在北方，朱棣对残元势力采取主动出击的防御方式，先后五次亲率大军出征沙漠，保持了永乐朝北方边境的长期安宁；在东方，朱棣修复了其父在位期间陷入僵局的中日关系，和足利义满幕府建立了外交关系，保持和朝鲜、琉球等国的友好朝贡关系；在西方，朱棣加强了和中亚各国的联系；在南方，朱棣多次派遣郑和等下西洋，和亚洲、非洲国家建立了广泛联系。明成祖时期对外关系的重点仍旧是南洋地区。

---

① 〔清〕张廷玉等.明史·卷七·本纪第七[M].北京：中华书局，1974：105.

明成祖既继承了其父宽待远人的外交政策，又强调，"广示无外，诸国有输诚来贡者，听"。①明成祖时期的外交政策与明太祖时期的外交政策有明显的不同点：第一，明成祖对朝贡的限制措施更少，广泛"招徕远人"，来华朝贡。洪武末年，明太祖出于多方面考虑，采取较为严格的措施，通过规定贡期、贡道及朝贡表文等手段，限制周边各国来华朝贡。朱棣刚刚登上大位，其外交姿态就呈现出积极主动的特点，这就明显区别于洪武末年的消极被动态度；第二，明成祖时期的中外交流更加频繁，明成祖的在位时间比明太祖短，但其在位时期的外交出使频率、外国朝贡次数都远远高于明太成祖时期。永乐年间，外交出使活动几乎从未停止过，甚至出现了"万国来朝"的盛世景象；第三，明成祖的外交政策更具有连续性，这一点与明太祖的外交政策明显不同。明太祖的外交政策在不同阶段变化较大，呈现出不同的特点。在前期比较积极主动，但随着外交实践的深入，不断从积极转向消极，采取诸多措施限制四夷来华朝贡，其外交政策逐渐趋于保守。明成祖在对外事务中一直比较积极主动，派遣大量超级使团出访国外，其外交政策自始至终都具有外向性，积极与各国加强联系；第四，明成祖对外交往的地理范围也大大超过了其父亲，派遣的外交使团足迹遍布亚非各国。第五，明成祖外交政策较明太祖更为成功，其积极开拓的对外政策在实践中成效非常显著。一方面，通好西域，改善对日关系，修补了这些在洪武时期趋于紧张的中外关系；另一方面，进一步加强了与传统友好国家的联系，满剌加国王、苏禄国王、渤泥国王和古麻剌郎国王等纷纷亲自带团来华朝贡。

二、永乐时期的外交机构

朱棣于永乐元年（1403）下诏改北平府为顺天府、改北平为北京，并于永乐四年（1406）下诏定于永乐五年（1407）五月建北京宫殿。紧接着朱棣派遣得力人选疏通会通河、开凿清江浦，使久废的运河重新畅通，以方便漕运，解决北京的粮食短缺问题。在疏通大运河、解决粮食问题后，

---

① 《明太宗实录》，卷十二上，洪武三十五年九月丁亥．台北："中央研究院"历史语言研究所印，1962：205．

迁都的条件已经成熟，朱棣于永乐十八年（1420）九月，正式下诏自永乐十九年（1421）改北京为京师。此后至明亡，北京一直是明朝的京师。因此，在朱棣完成迁都之前，六部等重要机构前面往往被冠以"行在"二字，但是四夷馆、市舶司及其他非一级中央机构往往不加"行在"二字。

明成祖时期的外交决策机构仍以行在礼部为主，但内阁参与外交决策的频率越来越高。受到开放型外交政策的影响，明成祖时期的外交出使机构四夷馆、市舶司及外交礼仪机构都呈现出不同的特点，具体表现在以下几个方面：

第一，明成祖外交政策的实践较为成功，使者也大都能出色完成出使任务，宦官在出使事务中扮演重要的角色。永乐朝的出使机构以行人司为主，众多官僚机构参与，事务非常繁忙。明太祖的实践已经使周边各国熟悉明朝的外交政策，已经打开了对外交往的大门，所以成祖时期的外交出使任务相对较轻，而且出使任务以赏赐为主。但是，明成祖的对外交往对象要远远多于明太祖。行人司是最主要的外交出使机构，即使行人司官员不担任正使，但往往也是使团成员。明成祖还重用中官，并派遣他们完成出使任务，虽然在明太祖时期也曾经有中官充当使者，但明太祖始终对宦官参政持忌讳态度，并明确规定内官不得干政。明成祖则重用宦官，而且派遣宦官充当正使出使四夷。明成祖积极扩大对外交往的范围，需要大量的外交人才完成出使任务。行人司的外交出使任务最多，翰林院、通政司、按察司、礼部等其他外交关涉机构也参与出使事务。以永乐元年（1403）为例，明成祖遣使者携带即位诏前往朝鲜、安南、暹罗、爪哇、琉球、日本、西洋、苏门答腊、占城等国，这些使者的来源非常复杂，但以行人司为主，参见表5-4：

表5-4 永乐元年（1403）外交出使情况

时间	出使人员	官职	机构	出使任务
二月甲寅	赵居任	左通政	通政司	出使朝鲜
四月辛酉	杨渤	行人	行人司	谕安南陪臣、耆老等
六月丁巳	杨春等12人	给事中	六科廊	颁诏安南、暹罗诸国

（续表）

时间	出使人员	官职	机构	出使任务
八月癸丑	吕让、丘智	行人	行人司	赏赐安南国王
八月癸丑	杨宾兴、王枢	行人	行人司	赏赐真腊、占城国王
八月癸丑	边信、刘元	行人	行人司	赏赐琉球国王
八月癸丑	闻良辅	按察副使	按察使	赏爪哇、西洋、苏门答腊等国国王
	宁善	行人	行人司	
八月癸丑	王哲	给事中	六科廊	赏赐暹罗国王
	成务	行人	行人司	
八月癸丑	王延龄	翰林待诏	翰林院	赏赐朝鲜国王
	崔彬	行人	行人司	
九月庚寅	马斌	中官	宦官机构	出使西洋、爪哇、苏门答腊等国
九月己亥	李兴	中官	宦官机构	赍敕劳暹罗国王
十月丁巳	尹庆	中官	宦官机构	谕满剌加、柯枝诸国，赏其国王
十一月丁卯	夏止善	礼部郎中	礼部	赍诏封胡奎为安南国王

资料来源：根据《明太宗实录》卷十七志卷二十五中相关记录绘制而成。

第二，明成祖时期外交机构的最典型特点就是多机构协同完成出使任务。郑和下西洋就是一个由多个部门共同派员组成的外交使团，各相关官僚机构派遣人员参加出使队伍，共同组成超大规模使团完成出使任务。郑和下西洋主要发生在永乐时期，只有第七次发生在宣德六年（1431）。每次都是以郑和为首，以王景弘等另外六名太监为贰，还有数名监丞、少监、内监为辅组成的宦官集团为领导核心，承担出使外国的责任，领导整个使团完成出使任务。郑和于永乐三年（1405）、永乐五年（1407）、永乐七年（1409）、永乐十一年（1413）、永乐十五年（1417）、永乐十九年（1421）及宣德六年（1431）先后七次率团出使西洋。关于这一世界伟大创举的原始资料比较多，曾经随团出使的通事马欢、费信分别写下了《瀛涯胜览》和《星槎胜览》，曾经参加第七次下西洋的巩珍则于宣德八年（1433）写成《西洋蕃国志》，这三部书的作者都是下西洋的亲历者，对所到国的风土人情、地理物产等情况都有叙述。另外,还有《明史》《菽园杂记》《郑和家谱》等著作都对郑和七下西洋有详细记载,而这些资料中对郑和使团的人数记录有细微差距,但均记录为两万人以上的庞大使团。

然而,对于郑和下西洋的组成人员的记录却基本一致,郑和使团人员的组成有宦官、军官、士兵、鸿胪寺官员、太医院医官、医士、户部官员、教谕通事以及阴阳生等。参与郑和下西洋的机构主要有三个系统:来自宦官系统的官员,充当正使、副使,是整个使团的领导核心,其中正使太监七员,副使监丞十员,少监十员,内宫内监五十三员;来自军队系统的官员:都指挥两员,指挥九十三员,千户一百零四员,百户一百零三员;来自中央各机构的官员,舍人两名,户部郎中一员,鸿胪寺序班一员,阴阳官一员,阴阳生四名,医士医官一百八十员,教谕一员,还有官校、勇士、舵工、水手等两万余名。① 另外,还有陈诚、李达为正、副使的出使西域外交使团,以侯显为首的出使西南诸国的外交使团,侯显的足迹遍布尼八剌、榜葛剌和沼纳朴儿,以海童为首的出使蒙古诸部落外交使团。大规模的外交使团当然需要多个机构配合抽调人员。

第三,外交机构更加完善,设立了新的外交机构四夷馆。明成祖的外向型政策取得了相当大的成功,明成祖派遣大量使团出使四夷,成效很显著,很多国家纷纷来到中国朝贡,尤其是永乐三年(1405)郑和第一次下西洋后,大量的四夷使者涌入中国,很多国家都是第一次来到中国朝贡。不同的国家有不同的语言,随着外国朝贡者的增多,需要大量的翻译人才。明成祖为了更好地推行他的外向型外交政策,扫清对外交往中的语言障碍,于永乐五年(1407)设立四夷馆,隶属于翰林院。永乐朝的四夷馆十分忙碌,四夷馆的通事不仅随使团出使国外,还负责翻译外国表文。随着永乐外交政策的越来越开放,大批的朝贡者来到中国,大量的外交使团出使国外,这都需要大量的外交翻译人才,为此朱棣对译字生的选用十分重视,要求必须从国子监监生中选人入馆学习。而且遇到科举考试,允许译字生参加,考试内容为翻译夷语,如果考试合格,可以赐予科举出身,登第后仍旧在四夷馆中工作。

---

① 郑鹤声,郑一均.郑和下西洋资料汇编[M].济南:齐鲁书社,1980:144.

第四，缓海禁，复设市舶司。明成祖外交姿态的转型还表现在对海禁政策的态度上，其在相对宽松的海禁政策下恢复了市舶司的建制。朱元璋出于安全、加强专制统治等方面的因素考虑，严格执行海禁政策，而且还把这一禁止私人贸易的政策定为永制，让他的后世子孙遵守。朱棣是从其侄儿手中夺取的江山，虽然在外交姿态上明显区别于明太祖，但还不敢公开违背其父亲制定的政策。因此，在对外贸易中，朱棣名义上仍旧执行海禁政策，但在实践中已经相当放松。朱元璋执政期间，关于海禁的政策每隔一两年就要重申一次，还不时派遣军政大员到沿海地区巡视。明成祖则仅仅于洪武三十五年（1402）七月一日颁布谕旨，"沿海军民人等，近年以来，往往私自下蕃，交通外国，今后不许，所司以遵洪武事例禁治"。[①]这次谕旨是在明成祖即位不到三个月时颁布的，很明显是表明其恢复太祖旧制的名义而故作姿态，自此以后，明成祖再也没有发布过禁海诏令。不仅如此，明成祖还于洪武三十五年（1402）年九月再次以恢复其父旧制的名义谕礼部臣，"太祖高皇帝时，诸番国遣使来朝，一皆遇之以诚，其以土物来市易者，悉听其便，或有不知避忌而误干宪条，皆宽宥之，以怀远人"。[②]因此，明成祖对海禁政策的态度已经与其父亲有很大的不同。明成祖放松了海禁政策，并不意味着放弃控制朝贡贸易。

受到明成祖放松海禁政策的影响，永乐元年（1403）八月，"于浙江、福建、广东设市舶提举司，隶布政司，每司置提举一员，从五品，副提举两员，从六品，吏目一员，从九品"。[③]明太祖时期，市舶司仅仅存续七年就被废除。明成祖不仅恢复了市舶司，而且于永乐三年（1405）在广州设置了怀远驿，在泉州设置了来远驿，在宁波设置安远驿，各设置官员负责接待和管理朝贡使臣。明成祖时期的朝贡贸易十分繁荣，市舶司机构也非常忙碌，永乐

[①]《明太宗实录》，卷十上，洪武三十五年七月壬午．台北："中央研究院"历史语言研究所印，1962：149．
[②]《明太宗实录》，卷十二上，洪武三十五年九月丁亥．台北："中央研究院"历史语言研究所印，1962：205．
[③]《明太宗实录》，卷二十二，永乐元年八月丁己．台北："中央研究院"历史语言研究所印，1962：409-410．

四年（1406），明成祖令市舶司官员，"凡外国朝贡使臣往来，皆宴劳之"。①永乐六年（1408）正月，明成祖在云南及交趾分设市舶司，置提举、副提举各一员，接待西南诸国贡使，十月再增云南市舶提举、吏目各一员，设新平、顺化两市舶司，这种在内陆边疆地区设置市舶司的做法，更明显表现出市舶司已由管理互市舶转变为专门管理朝贡贸易，只要有朝贡使者到达的地方，不论是港口还是内陆均设置市舶司。

第五，明成祖时期进一步完善了接待礼仪，但鸿胪寺并不居主导地位，而市舶司、地方政府、教坊司、精膳司及会同馆等众多机构共同参与，以完成外交接待礼仪程式，这和明代其他时期明显不同。明成祖和明太祖都十分重视发展对外友好关系，他们以及他们所领导的文官集团都受到儒家思想的深刻影响，奉行"天下大同，一视同仁，共享太平之福"的理念。明成祖非常欢迎各国使者来华朝贡，努力营造"万邦来朝"的氛围。为了更好招待各国使者，明成祖进一步完善了接待礼仪。一方面，明成祖完善了接待制度，以示礼仪：凡是由海陆来华的朝贡使者，首先沿各自规定的贡道入境，分别由相对应的广东、福建、浙江等三省的市舶司负责接待，提供住宿、饮食等服务。市舶司还需要派遣官员伴送贡使入京，所经各地方政府负责抽调民力运送贡物；凡由陆路来华的西域朝贡使者则先到哈密卫，然后哈密卫护送其入京朝贡，所经过地方政府仍旧负责运送贡物；各地使者入京后被安置在会同馆，皇帝一般会亲自接见朝贡使者。另一方面，朱棣对外国使者的热情更是超过了其父亲，在整个永乐时代，每逢"元旦""郊祀""圣寿""冬至"四大令节，外夷使者被邀请参加观礼活动，和文武群臣受到一样的待遇。除了以上四大节日外，每当有重大宴会时也会邀请各国来宾参见。宴会不但很讲究规格，而且菜肴非常丰盛。宴会由礼部精膳清吏司协同光禄寺提供菜肴，教坊司奏乐，其他部门共同参与完成接待任务。上述各种外事活动的礼仪事务仍由鸿胪寺负责，但其他官僚机构在整个外交接待工作环节中也起着非常重要的作用。

---

① 《明太宗实录》，卷五十二，永乐四年三月甲寅.台北："中央研究院"历史语言研究所印，1962：785.

第三节 洪熙、宣德时期的外交机构

明成祖的大儿子朱高炽身患残疾,行动不便,而明成祖的二儿子汉王朱高煦酷似其父,作战勇敢,在靖难之役中屡立战功,在军队中相当有威望,再加上朱棣依靠武力夺取皇位,所以汉王对皇位虎视眈眈,对太子的威胁最大。但是,在朱棣带领军队出征时,朱高炽则负责处理后方事务,担任了多年的监国,也形成了自己的势力。朱棣更加器重汉王朱高煦,但他本人及官僚集团又都深受儒家思想影响,信奉嫡长子继承大统的原则,在皇位继承问题上不敢轻易破坏定制。朱高炽在做了多年皇太子后,终于在永乐二十二年(1424)八月登上了皇位。尽管朱高炽在位不到一年,但"用人行政,善不胜书"。① 明宣宗即位之后,迅速平定了汉王朱高煦的叛乱,稳定了国内形势。宣德时期,"吏称其职,政得其平,纲纪修明,仓庾充羡,闾阎乐业,岁不能灾"。② 仁、宣两帝的宽松治理以及"息兵养民"政策使国家实力明显上升,形成了历史上的"仁宣之治"。"仁宣之治"是在洪武、建文、永乐三朝经济恢复的基础上出现的经济繁荣时代,在这一时期内阁制正式确立,三杨执掌朝政,多有善政,是明代政治清明、经济繁荣、社会稳定的历史时期。内政影响外交,正因为内政的稳定,造就了仁、宣时期的外交政策,并对外交机构产生了极大的影响。

一、洪熙、宣德"守成型"外交政策的确立

洪熙、宣德的外交政策一反永乐时期大举开拓海外的外交姿态,转为十分注重内政建设,趋于稳打稳扎,对外交往采取收缩政策。一方面,积极巩固与周边国家已经建立的友好关系;另一方面,但又不盲目开拓,并不主动"招徕远人",停止了大规模派遣使团活动。仁、宣两帝的政策保持了连贯性,而仁宗在位时间不到一年,通过考察宣宗时期的外交政策就可以了解这一阶段外交政策的总体特征。明宣宗的外交思想可以在他的御制帝训中体现出来,试看下段史料:

---

① 〔清〕张廷玉等.明史·卷八·本纪第八.北京:中华书局,1974:112.
② 〔清〕张廷玉等.明史·卷九·本纪第九.北京:中华书局,1974:125.

"四夷非可以中国，概论天地为之区别，夷狄固自为类矣，夷狄非有诗书之教，礼义之习好，则人怒则兽，其气习素然，故圣人亦不以中国治之，若中国乂安，声教畅达，彼知慕义而来，王斯为善矣，然非我族类，故其心叛服不常，防闲之道不可不谨，故国家置边围简将帅励兵甲，严守备，使不能为中国患而已，盖圣人以天下为家，中国犹堂宇，四夷则藩垣之外也，堂宇人所居有礼乐，有上下，藩垣之外，草木昆虫从而生长之，亦天道也，夷狄为患，必乘中国之弊，使朝廷之上，君臣同德，法度昭明，中国安，兵食足，边围固，彼虽桀骜，何患之能为，是故，能安中国者，未有不能驭夷者也，驭夷之道，守备为上，春秋之法，来者不拒，去者不追，盖来则怀之以恩，畔而去者不穷追之，诚虑耗弊中国者大也，诗曰薄伐玁狁至于太原，可为帝王驭夷之法。"①

根据以上史料可以看出明宣宗的外交政策已经和其祖父明显不同：首先，他承认了中国与"四夷"之间的不同，强调"圣人亦不以中国治之"，这实际上就放弃了中国历史上长期形成的"以夏治夷"思想，承认了"四夷"存在的价值；其次，强调在中外交往的过程中，中国要想免受"四夷"之害，关键在于朝廷之上，君臣同德、法度昭明，军民丰衣足食，这实际反映了宣德帝更重视内政治理的治国思想；最后，在对待各国的朝贡问题上，主张来者不拒，去者不追，这已经和明成祖明显不同。

仁、宣时期"守成型"外交政策的特点主要有以下两个方面：

一方面，强调国内事务重于国外事务，加强安全防御，维护国家安全，不再大规模"招徕远人"。宣宗即位以后，面临着自明建国以来极好的国内外形势，但他居安思危，时刻没有忘记加强防御，宣德元年（1426）十二月，朱瞻基驾临奉天门，并告诫身边诸臣，"今四夷顺服，边境晏然，古人尝曰：'儆戒无虞，又曰祸生于懈怠'，若守边将士稍有息，心少失防，闲将有意外之患，遂遣玺书戒励缘边守将，令尽心防守不可息忽"。②可见，明宣宗有着极强的忧患意识，尽管周边各国顺服，纷纷前来朝贡，边境安宁，

---

① 《明宣宗实录》，卷三十八，宣德三年二月壬午．台北："中央研究院"历史语言研究所印，1962：951-952．
② 《明宣宗实录》，卷二十三，宣德元年十二月壬申．台北："中央研究院"历史语言研究所印，1962：613．

但他并没有沉迷于"四夷顺服"的表象,仍告诫臣子时刻保持警惕,防患于未然。

另一方面,减少赐予朝贡者物品的数量,并简化四夷朝贡礼仪。洪武、永乐时期,统治者为了"怀柔远人",对来华朝贡者格外优待,对他们的赏赐从来都是"毫不吝惜"。然而,到了宣德时期,尽管仍遵循"优待夷人"的原则,但赏赐物的数量已经明显减少。自洪武四年(1371)就开始入贡的暹罗每次进贡都获得极为丰厚的赏赐,为了限制其进贡次数,减轻明政府负担,朱元璋于洪武十六年(1383)颁给暹罗勘合文册,令其按期进贡。朱棣即位以后,赐予暹罗的物品更加丰厚,并于永乐十五年(1417)令暹罗三年一贡,但到了宣德年间,"稍减赐物,著令"。① 由于明宣宗的对外政策重归保守,改变了其祖父的开拓型外交政策,注重内政建设,趋于守成,所以在具体外交礼仪上也由繁杂到简单。例如,宣德八年(1433)四月,朱瞻基命行在礼部,"自今四夷朝贡之使在京者,止朝朔望,光禄赐酒馔,先是每五日一朝,至是乃简其礼"。② 这就由原来的五天一朝见改为十五天一朝,每次朝见都要有宴请,按照原来的朝贡频率,每月至少宴请六次,宣德改制后,每月至多宴请两次,这就不仅节省了大量的人力物力,还减少了光禄寺、鸿胪寺等机构的工作量。

二、洪熙、宣德时期的外交机构

仁宗登上皇位后,希望把都城迁回其做太子监国时的南京,因此重新把北京的六部等重要机构前面均加上"行在"两字,而对诸如鸿胪寺、行人司、四夷馆及会同馆等机构并非一定要加上"行在"二字,洪熙、宣德两朝均是如此。但是,在洪熙、宣德时期,回迁南京的计划并未能落实,明朝的政治中心仍在北京,北京的官僚机构仍发挥主导作用。在这一时期,外交决策机构已经由原来的礼部逐渐向内阁过渡。鸿胪寺、行人司、四夷馆、会同馆及市舶司等外交政策执行机构也各有其时代特征。

---

① 〔明〕郑晓.吾学编·卷六十七·皇明四夷考上卷[M]//续修四库全书本.史部·诏令奏议类·第452册.上海:上海古籍出版社,2002:183.
② 《明宣宗实录》,卷一百一,宣德八年夏四月戊申.台北:"中央研究院"历史语言研究所印,1962:2275.

（一）洪熙、宣德时期的内阁及司礼监

内阁地位在洪熙、宣德时期逐渐提高，并成为真正的外交决策机构。尽管仁宗在位时间很短，但却进行了一系列政治改革，其中一项改革就是由翰林学士担任内阁大臣，从而提高了内阁的威望，并且使内阁逐渐从咨询机构演变为掌握实权的决策机构和审议机构。按照洪熙帝先例，皇帝要内阁大臣直接向他呈递密封的奏议以确定适当的行动。此外，皇帝采用了一种称之为"条旨"或"票拟"的正规办事程序，规定大学士们审议官员呈递的奏议，并提出适当答复贴在每道草拟的诏令上以供御批。皇帝一般采纳他们的建议，并将诏令分送给主管部门去贯彻，内阁逐渐成为皇帝和六部之间的桥梁，成了行政中枢机构。

宣德元年（1426年），明宣宗下令，设置"内书堂"，教导宦官们读书，不仅如此，还设置了司礼监秉笔太监、司礼监掌印太监等职，这一方面减轻了皇帝的工作量，另一方面却为宦官干政埋下了隐患。洪熙、宣德时期的内阁已经成为权力中枢机构，并成为外交决策机构，司礼监秉笔太监已经开始代皇帝"批红"，基本形成了明代外交决策机制，但由于两代帝王都属于勤政、清明君主，整个外交机构运行效率比较高。

（二）洪熙、宣德时期的礼部

明成祖迁都北京后，在南京仍旧保留一套官僚机构，以示对其父的尊敬，但由于皇帝在北京，所以实际权力掌握在北京的官僚机构手中。这一时期的礼部有时也被称为"行在礼部"。宣德五年（1430）二月，朱瞻基首先建造行在礼部公署于北京大明门之东，当时五府六部皆未建，"以礼部所典者，天地、宗庙、社稷之重及四方万国朝觐会同者皆有事于此，故首建之，其地位规制皆如南京加弘壮焉"。[①] 这也标志着宣德皇帝放弃了他父亲把朝廷迁回南京的计划，仍留北京为帝都，彻底打消了回迁南京的念想，紧接着其他衙门的公署也纷纷建成。

洪熙、宣德时期外交机构的最显著特点是礼部在整个外交机构运行机

---

① 《明宣宗实录》，卷六十三，宣德五年二月癸未．台北："中央研究院"历史语言研究所印，1962：1481．

制里面扮演双重角色。一方面，礼部作为外交决策机构参与外交决策；另一方面，礼部及其下辖四个清吏司之一的主客司还具体执行外交政策，主管具体外交事务。

一方面，礼部参与外交决策。礼部全程参与外交决策，处理涉外事务。大多数情况下，涉外事务都由礼部负责奏请皇帝，然后皇帝向礼部大臣垂询对策，再由礼部向皇帝谏言，最后被皇帝采用，以诏令的形式发布，产生最高效力。在这个过程中，礼部起着非常关键的作用。例如，宣德元年（1426）四月，"行在礼部奏，琉球国中山王使臣郑义才告，初来朝时，遭海风坏舟，因附内官柴山舟，至今归，乞赐一舟以归，且得朝贡为便，上命行在工部与之。"① 可见，礼部的奏报为宣德帝的决策提供了重要参考。再如，宣德二年（1427）正月，"行在礼部奏，昨爪哇国贡使亚烈、郭信等言，所乘舟因海风损坏，今归，乞为修理，上曰：'船坏不可载，况涉海乎'，令所在有司修治。"② 在这里，礼部就不仅向皇帝奏明了所涉外交事务，还提出了解决办法，而礼部的建言只有得到皇帝的同意后才能付诸实施。

但是，由于洪熙、宣德两帝都是比较开明的君王，他们都亲自操纵权柄。在大多数情况下，皇帝往往把他的外交决策直接告知礼部大臣，在这种情况下，礼部在外交决策中居于辅助地位。例如，洪熙元年（1425）十二月，渤泥国王遐旺派他的叔叔沙那万喏耶，率头目坐阿烈等来朝贡方物，皇帝告诉礼部大臣，"夷人涉海道远来艰险，且时当寒冻，凡宴劳赐予，皆宜加厚"。③ 渤泥使臣沙那万喏耶等朝贡后向皇帝辞行，皇帝又直接将其外交决策告诉礼部大臣，"渤泥国王遐旺之父在皇祖太宗皇帝时，举家来朝及还，没于路，因命遐旺袭爵朝，廷待之既优，彼之忠诚逾笃，今复遣使远来可嘉，宜优赐之"。④ 于是，礼部秉承皇帝旨意，赐予渤泥国王遐旺

---

① 《明宣宗实录》，卷十六，宣德元年夏四月丁丑．台北："中央研究院"历史语言研究所印，1962：431-432．
② 《明宣宗实录》，卷二十四，宣德二年春正月甲寅．台北："中央研究院"历史语言研究所印，1962：644-645．
③ 《明宣宗实录》，卷十二，洪熙元年十二月戊辰．台北："中央研究院"历史语言研究所印，1962：320．
④ 《明宣宗实录》，卷十五，宣德元年三月庚子．台北："中央研究院"历史语言研究所印，1962：398．

的文锦、金织文绮、彩币、纱罗等物的数量是其他诸藩国的数倍。宣德元年（1426）七月，苏门答腊等国通事冯哈撒还国，在向皇帝辞行的时候提到缺少冬衣御寒，于是皇帝立刻告知礼部曰："远人之来，涉海万里，当厚加抚恤，常赐外，正副使加绵衣各一袭，头目绵衣各二件，并靴袜，从人俱给御寒之服。"①

另一方面，礼部在有明一代都是外交事务的主管机构。礼部及其属衙主客司的涉外职责包括出使外国、承旨赏赐来使、宴请朝贡者管理朝贡事务等。

首先，出使外国、承旨赏赐来使及宴请朝贡者。宣德二年（1427）十一月，"命行在礼部左侍郎李琦、工部右侍郎罗汝敬为正使，通政司右通政黄骥、鸿胪寺卿徐永达为副使，赍诏抚谕安南"。②礼部官员按照皇帝谕旨，执行赏赐来贡使者任务。宣德元年（1426）正月，骁骑右卫指挥佥事刘兴等二百二十人，奉使忽鲁谟斯等国还，进方物，命行在礼部计直赐钞。宣德元年（1426）三月，琉球国中山王尚巴志派遣使者上奏，"臣祖父昔蒙朝廷大恩，封以王爵，赐皮弁冠服，洪熙元年，臣奉诏袭爵，而冠服未蒙颁赐"。③看到奏疏后，明宣宗命行在礼部稽定制，赏赐尚巴志。礼部官员还负责秉承皇帝旨意宴请朝贡者，宣德元年（1426）正月，"行在礼部奏请，宴劳外夷朝贡使臣，上曰，四夷宾服，世所贵也，其使臣今不远万里而来者，皆有慕于中国，饩廪赐宴必丰，庶昭朝廷优待之意"。④

其次，礼部还负责管理朝贡事务。明成祖时期，大规模派遣使团出访外国，同时四夷朝贡者络绎不绝，按照规定，一旦朝贡者进入中国，其住宿、饮食、运输贡物等均由沿途驿站和地方政府负责。由于明成祖努力营造"万邦来朝"的氛围，其对朝贡者的热情程度也远远高于其他明代皇帝。正因

---

① 《明宣宗实录》，卷十九，宣德元年秋七月辛丑．台北："中央研究院"历史语言研究所印，1962：502.
② 《明宣宗实录》，卷三十三，宣德二年十一月乙酉．台北："中央研究院"历史语言研究所印，1962：835.
③ 《明宣宗实录》，卷十五，宣德元年三月丙辰．台北："中央研究院"历史语言研究所印，1962：414.
④ 《明宣宗实录》，卷十三，宣德元年春正月壬子．台北："中央研究院"历史语言研究所印，1962：353.

为如此，在明成祖时期，夷人为了谋利，往来道路，贡无虚月，给沿路军民带来了沉重的负担。更有甚者，一些商人假进贡之名，以骗取赏赐。洪熙、宣德二帝并没有明成祖那样要万邦来朝的欲望，不求朝贡者络绎不绝。受到洪熙、宣德二帝收缩型外交政策的影响，礼部加强了朝贡管理，严格按照朝贡程序辨验贡使是否符合贡道、贡期及朝贡表文要求，对于假朝贡者坚决回绝。通过永乐二十二年（1424）十二月，礼科给事中黄骥的奏章可以看出礼部在管理朝贡事务中的重要地位，其奏章内容如下：

"西域使客多是贾胡，假进贡之名，藉有司之力，以营其私，其中又有贫无依者往往投为从人，或贷他人马来贡，既名贡使，得给驿传，所贡之物劳人运至，自甘肃抵京师，每驿所给酒食刍豆费之不少，比至京师又给赏及予物，直其获利数倍，以此胡人慕利，往来道路，贡无虚月，缘路军民递送一里，不下三四十人俟候于官，累月经时，防废农务，莫斯为甚，比其使回，悉以所得贸易货物以归，缘路有司出军载运，多者至百余辆，男丁不足役，及女归，所至之处，势如风火，叱辱驿官，鞭挞民夫，官民以为朝廷方招怀远人，无敢与其为，骚扰不可胜言。乞敕陕西行都司除哈密忠顺王及亦力把里、撒马儿罕等处番王遣使朝贡，许令送赴京来不过一二十人，正副使给与驿马，余以驿骡。乞自今有贡马者，令就甘肃给军士，余一切勿受，听其与民买卖，以省官府之费。"①

通过上述史料可以看出来，作为言官的黄骥对朝贡带来的弊端深恶痛绝，他希望通过行使其纠劾朝政的职责来纠正错误。黄骥在奏章中直言不讳地指出沿路军民每递送朝贡使者一里，耗费人力不少于三四十人，长此以往将影响农务，等到使者回国时，带着大量的货物和赏赐品，沿路地方政府仍又要出动军民提供上百辆的车马运输，男丁不够用，就要女人补充不足，而且朝贡者所至之处，军民恐慌，视如"蝗虫"。黄骥向还皇上提出两条建议：一是令陕西行都指挥司下敕于各朝贡藩王，明确规定每次朝

---

① 《明仁宗实录》，卷八，永乐二十二年十二月壬寅. 台北："中央研究院"历史语言研究所印，1962：246.

贡人数不能超过一二十人，这样可以减少沿路人民的负担；二是对西域所贡之物品，除了马匹有助国用之外，其他无用之物品一律不接受。对于黄骥的建议，洪熙皇帝非常赞赏，并且以其奏示礼部尚书吕震曰，"骥尝奉使西域故具悉西事，卿陕西人有不悉耶，为大臣当存国体恤民穷，无侵削本根，骥所言，其皆从之"。①可见，皇帝对礼部加强朝贡管理、减轻人民负担寄予厚望，并将礼部看作朝贡管理机构。

（三）洪熙、宣德时期的行人司及鸿胪寺

洪熙、宣德时期的行人司仍为出使机构，其最主要职责是奉旨出使外国。但是，在这一时期，行人司官员一般作为副使或者使团成员出使外国。洪熙、宣德时期的行人司最大的特点是在处理安南事务中发挥着巨大的作用，行人司官员不仅多次出使安南，而且还在吊唁安南国王黎利时充当正使。另外，行人司官员还参与了赏赐日本国王等出使任务。

宣德皇帝采取收缩政策，宣德二年（1427），交趾总兵王通向黎利求和，率军民十余万退出交趾，宣德三年（1428），宣德帝撤销交趾承宣布政使司，这样，自永乐五年（1407）设立，存续22年的交趾承宣布政使司不复存在，安南问题重新由内政转化为外交。行人司官员屡次参加了涉及安南的外交事务，例如，宣德四年（1429）三月，宣宗命令行在礼部侍郎李琦、鸿胪寺卿徐永达、行人张聪等人赍敕谕安南头目黎利及其耆老。行人司行人张聪作为重要的使团成员协助李琦代表明朝颁诏于安南，以协调两国关系。再如，宣德八年（1433）五月，宣宗赏赐安南使臣陈舜俞等绮袭衣并钞，遣其返国，"命兵部侍郎徐琦、行人郭济赍敕谕黎利与舜俞偕行，盖申谕利令上顺天道，下造民福，以保令终"。②由于安南刚刚脱离明朝的直接统治，还涉及军事问题，所以这次出使任务由行人郭济辅助兵部侍郎徐琦完成；宣德九年（1434）十月，黎利病死，安南臣子黎察等推荐黎麟暂管国事，黎麟遣陪臣阮宗胄，耆老戴良弼奉表请命于朝，命礼部侍郎章敞、行人侯

---

① 《明仁宗实录》，卷八，永乐二十二年十二月壬寅．台北："中央研究院"历史语言研究所印，1962：247．
② 《明宣宗实录》，卷一百五，宣德八年闰八月庚午．台北："中央研究院"历史语言研究所印，1962：2350．

瑢赍敕往谕之曰："朕昔念安南军民皆朝廷赤子，俯徇舆情，命尔父利权署国事以抚绥之，今尔父既卒，特命尔权署安南国事，尔其敬顺天道，诚以事上，仁以抚下，庶几保境土于靖宁，享禄位于长久，钦哉，赐敞等道里费及宗胄等钞令随敞归"。①

行人司官员还行使出外赏赐外国国王之职责。例如，宣德八年（1433）五月，鸿胪少卿潘赐、行人高迁、中官雷春等出使日本国，赐其王源义教，白金彩币等物，"初，太宗皇帝时日本国王源道义恭事朝廷，勤修职贡，道义卒使，命不通已久，上尝赐敕抚谕，至是义教嗣爵，遣使道渊奉表来朝，并献方物故,遣赐等报之"。②可见，行人司是出使外交事务中最为主要的机构。

洪熙、宣德时期的鸿胪寺仍是主管礼仪的外交机构，其主要职责是引导朝贡使臣按照规定礼仪进行朝拜。但是，这一时期的朝贡频率已经明显低于永乐时期，因此该机构事务繁忙程度也较永乐时期轻。另外，在这一时期，鸿胪寺官员也偶尔参与出使任务。

（四）洪熙、宣德时期的四夷馆、会同馆及市舶司

洪熙、宣德时期四夷馆的招生制度作了重大调整，生源更加广泛，从永乐时期仅限于国子监监生转为兼招官民子弟。永乐时期的外交活动特别多，需要大量的翻译人才，所以十分重视译字生的选用，从国子监监生中选人入馆习译。明成祖担心举人、监生习会由于在馆习译，"妨旷本业，乃命会试卷尾识译书数十字，三场毕送出，翰林定去取，仍送入场填榜"。③如果举人、监生登第，仍官居四夷馆。然而，洪熙、宣德两帝注重内政建设，采取外交收缩政策，但正常的中外交往并未中断，仍旧需要大量的翻译人才，而永乐时期培养的翻译人才又大多垂老不堪用。为此，朱瞻基于宣德元年（1426），兼选官民子弟，委官教肄，学士稽考程课，这就改变了四夷馆的招生制度，招生对象不仅限于国子监学生，官民子弟也可以入学习

---

① 《明宣宗实录》，卷一百十三，宣德九年冬十月甲寅.台北："中央研究院"历史语言研究所印，1962：2543.
② 《明宣宗实录》，卷一百二，宣德八年六月壬辰.台北："中央研究院"历史语言研究所印，1962：2298.
③ 〔清〕纪昀等.历代职官表·卷十一·礼部会同四译馆[M].上海：上海古籍出版社，1989：211.

译。宣德九年（1434）八月，选监生王瑄等及官民子弟马麟等各三十人，"命指挥李诚、丁全等教之，翰林学士程督之，人月支米一石，光禄寺日给饭食，习一年能书者与冠带，惰者罚之，全不通者黜之"。①

洪熙、宣德时期的会同馆仍是接待四夷使者的机构，北京会同馆和南京会同馆共同发挥作用，这一时期的会同馆皆由兵部车驾司下属会同馆大使、副使负责管理。但受到洪熙、宣德两帝"休养生息"和外交收缩政策的影响，会同馆并没有扩大规模，仅仅做了些日常维修工作。洪熙元年（1425）七月，"北京会同馆奏雨坏堂屋墙垣，上谕行在工部尚书吴中曰，四方使命往来，宜有依庇，其速缮理"。②宣德四年（1429）十月，行在工部上奏，四方藩夷将于下年正月依例朝贡，而北京会同馆可能不能容下那么多使者，请求皇帝批准增加会同馆规模，皇帝未批准该奏折，而且说，"四夷朝贡皆承祖宗之旧，昔能容矣，今日岂便不足，但修葺其坏者，不必增创劳民。"③朱瞻基还于宣德八年（1433）八月修缮了南京会同馆。这一时期，北京会同馆是主要的接待机构，南京会同馆相对北馆接待事务比较少，而且凡是来朝使者所贡方物，皆送北京会同馆。

洪熙、宣德时期时期的市舶司是朝贡贸易的专管机构，仅在广东、福建、浙江三处保留市舶司。在这一时期，市舶司仍旧以接待贡舶为其首要职责。洪熙、宣德两帝一改明成祖大规模派遣使者出使外国的政策，以息兵养民为原则，简化了市舶司的上报程序。按照规定，凡是西南诸。来华朝贡，地方官员首先负责封识贡舶，然后派人上奏，一直等到皇帝允许才能开封起运，在当时的交通运输条件下，使者往往要在当地滞留数月，而使者的饮食、住宿等费用均由当地政府提供，耗费巨大。明宣宗为了减少地方政府的接待费用，于宣德五年（1430）六月，"令广东、福建、浙江三司，今后蕃舡至，有司遣人驰奏，不必待报，三司官即同市舶司称盘，明注文籍，

---

① 《明宣宗实录》，卷一百十二，宣德九年八月戊辰．台北："中央研究院"历史语言研究所印，1962：2522．
② 《明宣宗实录》，卷四，洪熙元年七月癸未．台北："中央研究院"历史语言研究所印，1962：119．
③ 《明宣宗实录》，卷五十九，宣德四年冬十月癸未．台北："中央研究院"历史语言研究所印，1962：1481．

遣官同使人运送至京，庶省民间供馈"。① 这样，就可以大大缩短使者在华滞留的时间，不必再等市舶司官及布政司官的上奏得到回复，即可启程。

明宣宗重农务、整内治，却对市舶司及驿站的扩建及整修工作很不热心，除非到了非修不可的程度。例如，宣德七年（1432）四月，浙江温州府知府何文渊上奏，瑞安县耆民说洪武永乐年间，由于琉球贡船停靠宁波，所以宁波设有市舶提举司和安远驿，驿站用来贮上贡方物、馆縠使者。近来朝贡使者为了便利，将贡船停泊于瑞安，而瑞安并没有馆驿，造成所贡方物无收贮之所，而赴京的道路又经过冯公岭等地，崎岖艰险，请求贡船仍旧停泊在宁波。行在礼部则言，永乐年间，来自琉球的贡船，或者停泊在福建，或者停泊在浙江宁波，或者听停泊在瑞安，"而今其国贡使之舟凡三，二泊福建，一泊瑞安，询之盖因风势使然，非有意也，所言瑞安无馆驿，宜令工部移文浙江布政司于瑞安置公馆及库以贮贡物"。② 可见，瑞安耆民、温州知府、行在礼部官等请求皇帝扩建浙江市舶司，按照实际需求在瑞安建造馆驿，然而宣宗却说，此非急务，宜俟农隙为之。最后，这件事也不了了之，琉球贡船逐渐都停靠在福建。再如，宣德九年（1434）八月，广东市舶提举司奏，"怀远驿乃永乐初所置，以馆海外蕃国贡使，今厅堂门庑颓坏，使臣往来皆无所寓"。③ 即使这样，宣宗也没有动用工部，只是命令当地军队卫所和地方政府协同修缮。

---

① 《明宣宗实录》，卷六十七，宣德五年六月庚午．台北："中央研究院"历史语言研究所印，1962：1571．
② 《明宣宗实录》，卷八十九，宣德七年夏四月甲寅．台北："中央研究院"历史语言研究所印，1962：2052．
③ 《明宣宗实录》，卷一百十二，宣德九年八月丁丑．台北："中央研究院"历史语言研究所印，1962：2529-2530．

第六章 明王朝国力趋于下降时期的外交机构

内政决定外交，外交又是内政的延伸。正统元年（1436）至崇祯十七年（1644），明朝国力总体呈下降趋势，并最终走向崩溃。在这一时期，大多数皇帝的内政治理都比较差，朝贡体系也随着明朝国力的下降而逐渐瓦解。正统、景泰、天顺、成化、弘治、正德、嘉靖、隆庆八朝为明朝国力总体趋于衰落的中期；万历、泰昌、天启、崇祯四朝为明朝国力全面衰退的末期。需要说明的是，明代各个历史时期的国力变化都不是"直线形"的，而是"曲线形"的。例如，明代中期和末期，其国力总体呈下降趋势，但并非直线下降，在国力总体趋于下降的中期出现了"弘治中兴"，在国力全面衰退的末期也出现了短暂的"万历中兴"。

第一节 正统、景泰、天顺时期的外交机构

正统时期是大明王朝从盛到衰的转折点，经历了洪武、建文、永乐、洪熙、宣德五朝的积累，明王朝国力强盛，但经历土木堡之变，明王朝元气大伤，国势急转直下，进入衰落期。明宣宗理政的十年是令人称道的太平盛世，而其早亡，不足十岁的朱祁镇继承大统，实际权力旁落他人。

一、明朝国力的衰退及外交政策的调整

在正统初年，"三杨"内阁及王振控制的司礼监实际掌握着国家的最

高决策权。内阁和司礼监均是辅助皇帝处理政务的机构，均从属于皇权，但由于皇帝未成年，尚不能亲政，这就给内阁和司礼监在正统初年掌握决策权提供了机会。在张太后的支持下，内阁虽然具有"票拟"权，但"三杨"、张辅、胡濙等人年事已高，随着英宗的成年以及阁臣的致仕，王振利用皇帝的信任及司礼监代笔"批红"的权力，逐渐掌握了决策权，也为明朝历史上第一次权阉之祸埋下了伏笔。

英宗"北狩"之后，被释放回京，又被软禁于南宫，于景泰八年（1457）复位后，仍旧不反省，对王振念念不忘。由此可见，英宗对王振的感情至深，王振专权时期，他甚至可以左右皇帝的意志。正统朝外交决策权除了前几年掌握在内阁手中，正统五年（1440）以后，就掌握在王振和他控制的司礼监手中。王振利用代皇帝"批红"的权力，压制内阁，拒绝采纳合理建议。例如，侍读刘球针对征伐麓川之役上言，"帝王驭夷狄，不穷兵于小敌，以伤生灵，惟防患于大寇，以安中国，今北虏脱欢、也先父子并吞诸部，深谋入寇，而思任发依阻山谷，悔过乞降，议者乃释豺狼攻犬豕，舍门庭之近，图边徼之远，非计之得也。臣愚以为麓川僻陋，灭之不为武，释之不为怯。至于西北诸边，宜谨烽堠，修墩堡，选将帅，练士卒，丰粮饷，有备无患。"① 而王振没有采纳刘球的建议，可见翰林院侍读学士刘球仅仅具有建议权，决定权掌握在王振手中。《天顺日录》对此也有记载，"麓川初叛，适王振操柄，欲逞其忿，阁下议谓：'远夷不足较，且为耕守计'，振不从，与兵部谋"。②

正统时期是明王朝由盛到衰的转折点，正统初年，王振实际掌握着外交决策权，其外交政策也明显违背了洪熙、宣德两帝的既定原则，从"保守型"转向盲目"开拓型"。这种盲目"开拓型"外交政策和永乐时期的"开拓型"外交政策有着本质区别，后者是建立在强大国家实力的基础之上；而前者是指不考虑自身实力和后果，只顾耀武扬威、追求虚荣的外向型政策。在这种政策指导下，王振主张南征麓川，鼓动皇帝冒然亲征北虏，

---

① 〔明〕严从简，余思黎点校.殊域周咨录·卷九·西戎·云南百夷[M].北京：中华书局，2000：332.

② 〔明〕李贤.天顺日录[M]//续修四库全书本·史部·杂史类·第433册.上海：上海古籍出版社，2002：231.

在极短的时间里就将明朝拖入濒临灭亡的境地。明代宗恢复了"保守型"外交政策，执政八年后，又被明英宗赶下台。明英宗执政后期，外交政策已经和其执政前期明显不同，重新回归务实和保守。

二、正统、景泰、天顺时期的外交机构

正统、景泰、天顺三朝始终都面临"北房"的直接威胁，疲于应付外敌，内政治理也较差，外交姿态也趋于全面收缩。在这一时期，内阁已经正式成为外交决策机构，在对外决策中有极大的发言权。然而，司礼监也在这一时期崛起，并一度居于内阁之上。礼部的外交决策权呈收缩状态，其主要职责为执行外交政策，处理具体外交事务。鸿胪寺、行人司、市舶司、四夷馆及会同馆等外交执行机构也呈现出明显的阶段性特征。

（一）正统、景泰、天顺时期的礼部

正统六年（1441）以前，仍称为"行在"礼部，政治相对清明，外交上则延续了明宣宗时期的和平友好外交政策。受到友好外交政策的影响，行在礼部仍发挥巨大作用。正统六年（1441）以后，恢复"礼部"的称谓。景泰帝时期，国家刚遭受土木堡之变，虽然赶走了北部强敌，但威胁还时刻存在，在外交上对瓦剌采取以预防为主的防守型外交政策，以大量赏赐换取与瓦剌的和平相处。在这一时期，礼部的外交决策权几乎完全被内阁取代，其外交职责主要体现在以下几个方面：

第一，进一步简化接待朝贡使者的程序，协调市舶司等部门接待四方来使。洪熙、宣德两帝已经对接待程序进行了改革和简化，不待市舶司上报得到回复即可启程进京朝贡，减少了使者滞留地方的时间，节省了招待费用。朱祁镇刚即位就在阁臣的辅佐下制定了一系列纠正前朝弊端的改革措施。实际上，由于皇帝年幼，不得不委政于内阁，正统初年的改革措施大多出自内阁大臣之手，王振尚在张太后的震慑下不敢胡作非为。在众多改革措施中，就有简化接待朝贡使者程序的内容。例如，正统初年，行在礼部尚书胡濙谏言，为了节省一切不必要的开支，息兵养民，针对当时四夷使臣动辄数以百计，给沿途人民带来沉重负担的弊政，请求皇帝，"宜敕诸路总兵官并都布按三司，继今审其来者，量遣正、副使，从人一二十

人赴京，余悉留彼处，如例给待，庶免往复供送之费"。① 礼部倡导的这个改革措施中，采取从众多使团成员中选择少数代表进京朝贡的做法，实际上进一步简化了接待朝贡使者的程序，确实能够为明王朝减少不少开支。

第二，负责辨验贡物质量优劣，并对贡物进行估价。正统二年（1437），行在礼部奏报，琉球国进贡的马匹个头矮小，应该进贡高大的马匹，以示恭敬之意，礼部的上奏并没有得到批准，"上以远人慕义入贡，不必计物优劣，其听其自贡"。② 正统四年（1439）七月，撒马尔罕使臣劄法儿等进贡玉石等物，但在贡物中掺杂大量次品，行在礼部辨明贡物质劣，奏请所给价值减半，皇帝再次强调，"以远人来贡，嘉其诚耳，物之美恶奚足计为命，视前给直毋减"。③ 正统六年（1441）二月，"行在礼部言广东都司南海卫等衙门指挥佥事等官曹忠等，送占城国进贡象犀，赴京一年，死于道，当治忠等不谨之罪"。④ 皇帝赦免了曹忠等的罪责。正统十二年（1447）八月，礼部上奏，暹罗国使臣冲普论直进贡西洋贸易所获碗石一千三百八十斤，要求按照正统二年（1437）例，每斤价钞二百五十贯，而根据正统九年（1444）例，暹罗使坤臣沙群等贡碗石八千斤至京，礼部以每斤给价钞五十贯，每钞二百贯，折支绢一匹，通计绢二千匹给价，最后皇帝在礼部上奏给价的基础上减半，每斤给价钞二十五贯。因为正统二年（1437）、正统九年（1444）分别有不同的给价标准，礼部不敢轻定，请示皇上，而皇帝回答，"碗石中国素有，非奇物也，每斤给钞五十贯，自后其免贡之"。⑤

第三，调停周边各国之间的纠纷、执行赏赐夷人等外交职能。例如，正统初年，暹罗使臣奈三铎等赴京朝贡，途中遭遇台风而漂至占城港口，

---

① 《明英宗实录》，卷三，宣德十年三月丙申. 台北："中央研究院"历史语言研究所印，1962：77-78.
② 《明英宗实录》，卷三十一，正统二年六月甲子. 台北："中央研究院"历史语言研究所印，1962：611.
③ 《明英宗实录》，卷五十七，正统四年秋七月辛未. 台北："中央研究院"历史语言研究所印，1962：1098-1099.
④ 《明英宗实录》，卷七十六，正统六年二月己卯. 台北："中央研究院"历史语言研究所印，1962：1489.
⑤ 《明英宗实录》，卷一百五十七，正统十二年八月乙酉. 台北："中央研究院"历史语言研究所印，1962：3066.

船只和朝贡人员皆被占城扣留，奈三铎乘小舟逃脱至北京，并告诉明廷其所带领的朝贡使团被占城扣留的情况。到了正统三年（1438）十月，暹罗使团仍旧被占城扣留，暹罗国又另外派遣使臣坤思列弗来华朝贡，正好占城国使臣逋沙怕济等也来华朝贡，礼部就秉承皇帝旨意发敕书给占城国王，要求其尽快归还所扣留暹罗使团。但是，礼部还了解到一个情况，即正统元年（1436），占城国遣往须文剌那国的使者朱离你那等被暹罗贼人坤须末奈等拘留，两国互不相让，针对这种情况，皇帝采纳礼部的建议，令各自归还所扣对方人船，"各安其生，用副朕一视同仁之意"，① 从而成功化解了矛盾，缓和了暹罗、占城两国之间的关系，并且稳定了两国和中国的朝贡关系。再如，天顺四年（1460）八月，黎琮遣陪臣程封等来华朝贡方物，皇帝给予招待和赏赐，并且仍旧命令程封等携带赏物归赐黎琮，礼部大臣则建议皇帝利用这次机会调解安南和占城之间的矛盾，劝诫安南不要扰害占城，乘程封等还国，皇帝听从了礼部的建议。礼部还要根据皇帝旨意执行赏赐夷人任务。例如，正统三年（1438）十月，行在礼部上奏，榜葛剌国通事陈得清请求皇上赐予御寒冬衣，"上以远人当厚抚之，即命行在礼部勿拘常例，赐与绵衣及诸御寒之具"。②

第四，负责安排朝贡使臣回国事务。正统五年（1440）七月，撒马儿罕使臣劄法儿准备去哈密进行贸易，请求明政府派人护送，礼部考虑到专门派人护送一定为劳扰边军，于是命令劄法儿随同当时在京哈密使臣脱脱不花一起去哈密。景泰元年（1450）五月，琉球国朝贡使者欲往暹罗国购买苏木等物，不料遭遇风浪，船只被毁坏，琉球国通事程鸿请求允许其以获得的赏赐来购置造船用的材料以及请工匠造船，礼部谏言，"宜从所言，移文福建三司，听其自造，不许侵扰军民"，③ 皇帝采纳了礼部的建议。景泰二年（1451）正月，琉球国使臣王察都等朝贡后回国，称其回程缺少船只，准备自己在福建造船，而负责朝贡使臣归国事务的礼部则建议皇帝

---

① 《明英宗实录》，卷四十七，正统三年冬十月壬戌．台北："中央研究院"历史语言研究所印，1962：912．
② 《明英宗实录》，卷四十七，正统三年冬十月丁卯．台北："中央研究院"历史语言研究所印，1962：916．
③ 《明英宗实录》，卷一百九十二，景泰元年五月丁卯．台北："中央研究院"历史语言研究所印，1962：4018-4019．

要考虑到福建地方人民艰窘的现实，令其候本国进贡通事李敬等回日，顺搭回国。皇帝采纳了礼部的建议。景泰五年（1454）二月，礼部向皇帝陈述日本国使臣允澎等的种种劣行，已经受重赏而迟迟不归国，而且不知道珍惜对其以礼相待之诚意，不感恩于对其厚赏之情谊，贪得无厌，肆无忌惮，沿途扰害军民，殴打朝廷职官，在会通馆居住期间，不遵守禁约，殴打馆夫，傲慢无礼。礼部请求皇帝下旨严加惩治，以震慑诸番藩，"宜令锦衣卫能干官员带领旗校人等示以威福，催促行程，如仍违拒，宜正其罪"。①皇帝听从了礼部的建议，催促日本朝贡使者归国。

第五，安顿滞留中国的外籍人员。正统十一年（1446）五月，礼部上奏，苏门答腊国人鬻淹告，正统元年（1436），苏门答腊朝贡使臣叔宋允被爪哇国藩人打昔等谋杀，叔宋允的妻子眉妹打歪诉于官，"今眉妹打歪并女使人等见，在广东寓居无族属之亲，服食之资，度日艰窘，零丁无依，欲行广东都布按三司，令其起送复国"。②皇帝批准了礼部的建议。正统十二年（1447）九月，礼部奏会同馆收养朝鲜国海军漂流到中国的洪承龙等十三人，上命给与胖袄、裤子、鞋自各一套。遣返逃亡中国的外国违法者，正统十二年（1447）九月，礼部奏，"暹罗国使臣坤普论直等告，本国正统九年进贡通事奈霭，负国王财本，不肯回国，将家属附爪哇国使臣马用良船，逃去，今又跟随爪哇使来，在于广东，上命广东三司拘马用良并奈霭审实，以奈霭付坤普论直领回"。③

第六，负责接收贡物及回赐物品等事务，辨别朝贡者的真实进贡意图。首先，礼部负责接收贡物及回赐事务。景泰三年（1452），礼部上奏皇帝，原有吏部、户部、礼部三部堂的直房三间用于收贮各处进贡赏赐等物，"今瓦剌使臣数多，赏赐动经万计，收贮不尽，遂使各官每日候朝无地可处，看得吏科北廊房六间，是府军等卫带刀上直官军所处，犹有空者，乞将带

---

① 《明英宗实录》，卷二百三十八，景泰五年二月乙巳．台北："中央研究院"历史语言研究所印，1962：5192．
② 《明英宗实录》，卷一百四十一，正统十一年五月己巳．台北："中央研究院"历史语言研究所印，1962：2783．
③ 《明英宗实录》，卷一五八，正统十二年九月壬寅．台北："中央研究院"历史语言研究所印，1962：3075-3076．

刀官军并作三间，其余三间拨与本部"。①皇帝同意了吏部的奏折，批准从吏科北廊房六间中拨出三间用于存放贡物及赏物。其次，礼部还负责辨别朝贡者的真实意图，判断他们来华朝贡是否真有诚意。例如，正统六年（1441）十二月，礼部尚书胡濙等奏，"忽鲁谟斯国王速鲁檀土兰沙言，其居处极边，在先朝时，累蒙遣使往来，以通上下之情，今久不复遣使矣，迩因撒不即城，哈只阿里回获知，大明皇帝为天下生灵主宰，不胜欢忭，遂遣哈只阿里来朝贡马，伏望朝廷宽恩，仍如旧遣使以通道路"。②皇帝最终听从了礼部的建议，没有轻信忽鲁谟斯国王，并未轻易允许其来华朝贡，仅仅对其贡马向化之意进行赏赐，并降敕谕告诫其安分守法，乐处边陲。礼部判定忽鲁谟斯名义上是为了来华朝贡，实质上是为了谋取利益，获得丰厚的赏赐，礼部的建议最终获得皇帝的赞同，并转化为诏令，这就减轻了明政府的财政负担。

（二）正统、景泰、天顺时期的四夷馆

四夷馆是明代重要的专职外交机构之一，其主要业务为翻译朝贡表文、培养翻译人才，在这一时期，北方强敌时刻威胁着明政权，明政府亟须了解周边情况，所以十分重视对四夷情况的了解，这就需要大量的翻译人才。明英宗十分重视四夷馆的作用，多次亲自指导该馆馆务，该机构呈现出以下较为明显的阶段性特征：

第一，在这一时期，明政府进一步加强了对四夷馆官员及译字生的考核和管理，并且制定了规范的考核制度。从正统元年（1436）至天顺七年（1463），明朝皇帝多次强调严格四夷馆考核制度：正统元年（1436），行在礼部尚书胡濙等奏，四夷馆旧习夷字者及新习者共计六四人，俱照例会官考试，出身分为三等，"上命一等者冠带为译字官，逾年再试，得中

---

① 《明英宗实录》，卷二百二十四，景泰三年十二月戊申．台北："中央研究院"历史语言研究所印，1962：4877.
② 《明英宗实录》，卷八十七，正统六年十二月辛酉．台北："中央研究院"历史语言研究所印，1962：1755-1756.

授职,其二等三等及有新习者,亦逾年再试,遂著为令";①正统三年(1438)九月,行在礼部上奏,经过考核四夷馆中通晓回族字的译字官、国子监监生及世家子弟冀舞等三十二人,成绩分为三等,请皇帝根据成绩定其赏罚,"上命一等有官者,月加折钞米二石,无官者与冠带,二等三等月减折钞米一石,使知自励";②正统六年(1441),礼部尚书胡濙会官考核翰林院四夷馆通晓百夷等字国子监监生以及世业子弟共十九人,根据成绩分为三等上报给皇帝,"上曰一等者为译字官,仍加俸钞,二等三等者令再习夷字,俟期年考之";③天顺七年(1463)五月,礼部上奏皇帝,本部与其他各部、都察院堂上官以及译字官共同考核翰林院四夷馆学习藩文的世业子弟,"蔡蕙等十人为一等,应授以译字官,蔡振等六人为二等,仍习学二年再试,傅泰等二人为三等,仍习学三年再试,不支月米饭食张昂等三人不中,应黜为民"。④

第二,加强了对四夷馆生源的管理,严禁私自学习藩文。景泰四年(1453)八月,礼部上奏,近年来官员军民匠役之家子弟,往往私自投师学习藩文,以此作为进入翰林院四夷馆的捷径,然后以此为跳板以求科举中第,然而这些人往往字画粗拙,文理不通,不堪重用,"今后乞依永乐年间例,于国子监拣选年幼聪俊监生,送馆习学三年,依例考试,中式者授以译字官,不中者仍令习学,以待再试,庶革奔竞之风,而得实才之用"。⑤皇帝批准了这个建议,因此,自景泰四年(1453)起,明朝四夷馆的生源重新限定于国子监监生,但在实际执行过程中却大打折扣,官员军民匠作厨役子弟投托教师私自习学的现象仍旧存在。天顺三年(1459)二月,礼

---

① 《明英宗实录》,卷二十三,正统元年冬十月甲子.台北:"中央研究院"历史语言研究所印,1962:457.
② 《明英宗实录》,卷四十六,正统三年九月壬辰.台北:"中央研究院"历史语言研究所印,1962:892.
③ 《明英宗实录》,卷八十五,正统六年十一月庚申.台北:"中央研究院"历史语言研究所印,1962:1713.
④ 《明英宗实录》,卷三百五十二,天顺七年五月丙辰.台北:"中央研究院"历史语言研究所印,1962:7065.
⑤ 《明英宗实录》,卷二百三十二,景泰四年八月己酉.台北:"中央研究院"历史语言研究所印,1962:5083.

部左侍郎邹干等上奏，再次指出近年以来，官员军民匠作厨役子弟私自习学带来的极大危害，"况番字文书多关边务，教习既滥，不免透漏夷情，乞敕翰林院今后各馆有缺，仍照永乐间例，选取年幼俊秀监生送馆习学，其教师不许擅留各家子弟，私习及循私举保"。① 皇帝令以后再有敢私自教习夷语、走漏夷情者，皆治以重罪。

第三，四夷馆在这一阶段非常受重视，明廷不仅特许该馆官员参加科举考试，以拓宽其升迁渠道，还为该馆建设了新馆舍。由于这一时期对翻译人才需求量比较大，朝廷对四夷馆非常重视，依照永乐年间旧例，允许四夷馆译字官和监生参加科举考试，由翰林院对其进行考试，其所作文字也都是藩书，中第者送回科场，直接进入正榜，科场考官并无权决定其是否中第，这样译字官和监生的中第率要远远高于其他参加科考人员。景泰七年（1456）八月，华盖殿大学士兼文渊阁大学士陈循、谨身殿大学士王文等奏，"今顺天府乡试送译字官刘淳、马琪二人三场文字到院，臣等委本院修撰陈鉴从公考得一人中试，一人不中，发回试场施行，及科场已毕，而二人皆不中"。② 二位大学士向皇帝告状，指责科举考试官员严重失职，不应当破坏成法，皇帝也支持两位大学士，要求遵守旧制。优抚四夷馆内工作人员，正统十二年（1447）十二月，"四夷馆教译书达官、都指挥瓦剌歹卒，赐祭，命有司给棺"。③ 这一时期该机构还极力挽留人才，出现了虽然升迁至其他部门，仍旧在馆办事的事例。正统十一年（1446）四月，擢翰林院庶吉士刘文为中书舍人，仍于四夷馆办事。正统十三年（1448）四月，擢庶吉士倪让为中书舍人，仍于四夷馆译字。这一时期还对四夷馆进行了改造，景泰三年（1452）八月，督译书郎中刘文等请，"先是译书子弟俱于东安门外廊房肆业，建馆于廊房之南隙地，从之"。④

---

① 《明英宗实录》，卷三百，天顺三年二月辛巳. 台北："中央研究院"历史语言研究所印，1962：6379.
② 《明英宗实录》，卷二百六十九，景泰七年八月辛酉. 台北："中央研究院"历史语言研究所印，1962：5708.
③ 《明英宗实录》，卷一百六十一，正统十二年十二月壬午. 台北："中央研究院"历史语言研究所印，1962：3136.
④ 《明英宗实录》，卷二百十九，景泰三年八月壬午. 台北："中央研究院"历史语言研究所印，1962：4737.

（三）正统、景泰、天顺时期的市舶司

明代市舶司主要是针对东部、东南部邻国而设立的外贸控制机构，其职能主要是管理朝贡贸易。市舶司作为管理朝贡贸易的专职外交机构，也在朝贡事务中发挥重要作用。由于这一时期的战略防御重点在北方，统治者通过赏赐北方少数民族政权大量物品的手段来换取和平，以求北方边境安全。与北方相比，南方则无大的安全隐患，随着国家实力趋于衰退，明政府也没有力量大规模"招徕远人"，市舶司已经十分冷清，逐渐沦落为"冷衙门"。正统元年（1436）八月，浙江右布政使石执中等言，"近年日本诸国来贡者少，其市舶提举司官吏人等冗旷，乞裁减三之二，从之"。[①] 浙江市舶司在正统初年一次裁员三分之二，足可见该衙门的尴尬状况。受国力下降及外交战略重心转移的影响，中国与海外各国的交往频率明显下降，这一时期的浙江市舶司实质基本无业务可做，仅保留一个驱壳。由于朝贡频率的降低，福建市舶司及浙江市舶司的业务量也明显减少。

另外，在这一时期，宦官开始掌握市舶司的实际领导权。市舶司虽为主管朝贡贸易的专职外交机构，但却受到广东、福建及浙江等地方布政使领导。但在这一时期，宦开始侵占地方布政使司对市舶司的领导权。景泰四年（1453）十二月，"召镇守福建少监戴细保还京，命奉御来住代之，仍兼领市舶司事"。[②] 可见，镇守福建少监戴细保不仅镇守一方，管理地方事务，还直接干涉市舶司事务，控制着福建市舶司。不仅如此，宦官控制地方政务的做法还形成了长期机制。戴细保刚被召回，就又派遣内使监奉御来住前往，仍兼领市舶司事。这样，宦官对市舶司的控制就形成了长期机制，在加上宦官是皇帝的近臣，地方政府官员大多屈从于他们。

这一时期的朝贡贸易虽然走向衰落，但并没有完全中断，一些传统的朝贡国还是按照约定贡期来中国朝贡，市舶司作为重要的外交机构仍然在管理朝贡贸易事务中发挥重要作用。例如，正统二年（1437）二月，浙江舶提举司提举王聪上奏朝廷，琉球国中山王遣使载海巴螺壳来华朝贡，请

---

① 《明英宗实录》，卷二十一，正统元年八月甲申．台北："中央研究院"历史语言研究所印，1962：416.

② 《明英宗实录》，卷二百三十六，景泰四年十二月丙午．台北："中央研究院"历史语言研究所印，1962：5152.

求将贡物入官,"上谓礼部臣曰,海巴螺壳,夷人资以货殖,取之奚用,其悉还之,仍著为令"。①再如,正统五年(1440)八月,爪哇国通事八致昭阳等回国,遭遇飓风,船毁,头目曾奇等五十六人溺死,而通事八致昭阳等八十三人仍旧滞留广东,"命市舶提举司与廪给口粮,抚养住坐,候有本国便船,附之以归"。②

(四)正统、景泰、天顺时期的会同馆

会同馆是专司接待事务的外交专职机构,在这一时期,中外交往的频率总体趋于下降,但主要是指中国与东部、东南部各国的交往次数减少,但与北方的交流却有增无减。明政府为了接待大批迤北使臣,不断扩建会同馆,从而扩大其接待规模。明英宗执政前期先后三次修建会同馆:第一次于正统四年(1439)七月,修北京会同馆;第二次于正统六年(1441)下令玉河西堤再建馆舍一所,该所共有一百五十间房,专门接待迤北使臣,再加上原有的馆舍,达到了九所,其中,北馆六所,南馆三所,分别接待来自不同国家的朝贡使者;第三次于正统七年(1442)修建会同馆及观星台。"土木堡之变"以后,明朝的军事实力与瓦剌相比处于劣势,于谦虽然力挽狂澜,守住了北京,避免了重蹈北宋南迁的命运,但是威胁还时刻存在。为了稳住北方强敌,明朝统治者采取重赏、优待瓦剌朝贡使者的安抚政策,不断加强双方朝贡往来。瓦剌等迤北使臣名为朝贡,实际上为了获利,每次朝贡都动辄数千人,沿途索要财物,进京获取赏赐。明政府为了稳定边境局势,也不敢"却贡",只能令会同馆做好接待工作,并对使臣进行赏赐。

在这一时期,会同馆还加强了对该馆所住夷人的管理,严惩违规的互市行为,进一步严格了门禁管理制度。例如,正统四年(1439)十月,在会同馆门外以及贡使往来所经道路上张榜谕众,"其后又以在京军民与瓦

---

① 《明英宗实录》,卷二十七,正统二年二月壬申.台北:"中央研究院"历史语言研究所印,1962:539.
② 《明英宗实录》,卷七十,正统五年八月己卯.台北:"中央研究院"历史语言研究所印,1962:1354.

剌贡使交易，恐其透漏中国虚实，悉罪之，所得马匹貂皮，俱追入官"。①
这就再次意味着明政府不允许军民私自与贡使交易的行为；再如，正统十三年（1448）十一月，朵林山等卫野人女直，不遵守门禁制度，径出街市，强夺民货，会同馆提供薪炭给他们，不待均分，就起来哄抢，还殴打制止他们哄抢的明朝官员，会同馆大使姬坚上奏皇帝，要求严惩这种无礼行为，皇帝回复，"朝廷怀柔远人，加恩优待此辈，不体恩意，违法扰人，令都指挥昌英等于会同馆追问违法者，人杖三十，今后来朝贡者赏赐后，方令于街市买卖，五日永为定制，敢有恃恩玩法者，重罪不宥"。②这就明确了得赏之后方可以互市以及互市的时间以五日为限，并且明确规定凡是违反规定，必定严惩不贷。还有，正统十三年（1448）正月，"四川长河西番人及琉球国番伴相殴会同馆门外，有重伤者，事闻，上命殴至死者抵死"。③

（五）正统、景泰、天顺时期的行人司及鸿胪寺

在这一时期，行人司的外交职责已经开始被其他机构所侵，该机构官员屡次上奏抗议，但效果不明显，这也为成化、弘治时期行人司外交职能的逐渐丧失埋下了伏笔。正统时期的行人司行人刘浣抗议礼部郎中叶蓁侵夺行人司职掌的行为，在其奏章中提到：

"朝廷设官分职，各有所掌，臣下奉行而不敢违者以有成宪故也，本司额设行人三十三员，职专赍捧诏敕，出使四夷及赏赉、祭祀、禁茶等事，已有定例，近占城国使臣回还，应遣行人伴送，礼部郎中叶蓁辄遣进士钱森伴送，侵讨职掌，显有受嘱之情，且大同、甘肃、瓦剌、哈密边远处，专遣行人，南方腹里通舟楫处，专遣进士，如此差遣不一，实为变乱成法。"④

从行人司行人刘浣的奏章中可以看出，该机构对礼部选派出使人选的

---

① 《明英宗实录》，卷六十，正统四年冬十月戊戌.台北："中央研究院"历史语言研究所印，1962：1150.
② 《明英宗实录》，卷一百七十二，正统十三年十一月庚戌.台北："中央研究院"历史语言研究所印，1962：3319.
③ 《明英宗实录》，卷一百六十二，正统十三年春正月戊子.台北："中央研究院"历史语言研究所印，1962：3151.
④ 《明英宗实录》，卷一百四，正统八年五月丙子.台北："中央研究院"历史语言研究所印，1962：2113.

做法十分不满。皇帝令将此事下礼部定议，尚书胡濙则驳斥了刘浣的说法，指出伴送朝贡使臣并非行人的专属职责，皇帝又令都察院考洪武、永乐年旧例，监察御史曹泰根据旧例，应当首先考虑差遣行人，行人不足再考虑差遣他官，并且应当惩处礼部郎中和行人司行人刘浣，皇帝宽恕了二人，令以后遣使应遵守旧例。景泰时期的行人司司正李宽对朝廷差遣其他衙门官员出使的做法也十分不满，指出按照惯例，凡有差遣，必先考虑行人，行人不足才以他官充数，要求朝廷派遣公正的科道官员严查请托出使的违规行为。皇帝下诏命令礼部稽查洪武、永乐朝规定，礼部则上奏，"旧例有差郎中、员外郎主事者，差有行人、署丞、监事、序班者亦有，差进士办事者，官有轻重，差遣不一"。① 这就直接否定了李宽的言论，礼部认为差遣任务并非行人司的专属。

鸿胪寺是具体负责外交接待礼仪的重要外交关涉机构，在这一时期，该机构仍然负责处理外交接待礼仪事务，并无明显的阶段性特征。鸿胪寺除了掌管外交礼仪的基本职能外，还是四夷馆译字官的入仕台阶。如果译字官生考试成绩优秀，可以被授予从九品鸿胪寺序班职衔。

第二节 成化、弘治时期的外交机构

在成化、弘治时期，明王朝的国力总体仍呈下降趋势，但这种下降趋势已经明显减缓，甚至在弘治时期出现反弹，呈上升趋势。明宪宗在位二十三年，宠爱万贵妃，重用太监汪直，朝政混乱，但由于重用商辂、王钺等一批大臣，国无大乱，边境相对安宁。明孝宗在位十八年，重用阁臣王恕、马文升、刘大夏，政治比较清明，对明太祖时期的苛政多有修正，"明之一代立法创制，皆在太祖之世，至孝宗朝，始有修明之举"。② 成化、弘治时期的外交政策更多类似于洪熙、宣德时期，在这一时期，外交决策机构主要是内阁，礼部已经很少参与外交决策。礼部及其属衙主客清吏司是最主要的外交主管机构，四夷馆、市舶司及会同馆等外交专职机构也呈

---

① 《明英宗实录》，卷二百五十，景泰六年二月丁丑. 台北："中央研究院"历史语言研究所印，1962：5406.

② 孟森. 明史讲义[M]. 上海：上海古籍出版社，2002：179.

现各自的阶段性特征,鸿胪寺及行人司等外交关涉机构也各自在外交事务中发挥着重要的作用。

一、成化、弘治时期的外交主管机构

在这一时期,礼部主要作为外交主管机构运行,极少参与外交决策。礼部采取更具体的措施加强朝贡管理,更加严格辨验各国的贡道、贡期、贡使人数等是否符合规定。但为了"怀柔远人",礼部又不敢轻易建议皇上"却贡",还是照样接收周边各国进贡物品。为了维护国家安全,皇帝听从礼部的建议,多次告谕各国按照既定的要求进贡。例如,成化十四年(1478)十二月,皇帝在礼部的建议下,敕辽东镇守官,"自明年十月始,凡各夷入贡,人数悉如旧勿,得朦胧冒赏,仍降敕于会同馆,谕各夷遵守之"。① 这就明确要求控制贡使人数,不得擅自增加。再如,成化十八年(1482)四月,礼部上奏,按照惯例,琉球进京朝贡使团的人数少则四五十人,多则六七十人,而由于近来各国进贡使者多有冒充及违法者,所以限定每国的进京朝贡人数,一般只允许五到七人入贡,最多不能超过十五人,余下的均留在边境等待,"今福建以例,止容正议大夫梁应等十五人赴京,既已给赏,余六十七人俱留之布政司,宜发官廪"。② 琉球是最为忠实的朝贡国之一,即使如此,明朝仍旧限制其进京人数。还有,弘治元年(1488)三月,琉球国使臣皮扬那从浙江来朝贡,礼部就明确指出,琉球国这次朝贡不但不符"两年一贡"的贡期规定,而且还没有走既定的贡道来华,应当退还其贡物。

在这一时期,礼部了解到各国贡使沿途索要财物的事实,并尽力纠正朝贡带来的弊端。由于国力的衰弱,朝贡体系越来越受到挑战,朝贡者的态度越来越傲慢,名义是朝拜天朝大国,实质上是索取钱物,礼部则尽力纠正,试图维持这种外交模式。例如,成化十七年(1481)十月,礼部奏请皇帝敕谕朝贡国国王,要求惩治其使臣沿途索船马、夹带货物、装载私盐、

---

① 《明宪宗实录》,卷一百八十五,成化十四年十二月丁未.台北:"中央研究院"历史语言研究所印,1962:3323.

② 《明宪宗实录》,卷二百二十六,成化十八年四月甲子.台北:"中央研究院"历史语言研究所印,1962:3883.

收买人口、酗酒逞凶、骚扰驿递等非礼违法的行为。皇帝听取了礼部的建议，"今特降敕开谕，继今以后，王遣使臣，必选晓知大体，谨守礼法者，量带傔从，严加戒饬，小心安分，毋作非为，以尽奉使之礼，以申纳款之忱，俾奉使者得以保全，供应者得免烦扰，岂不彼此两全哉"。[①]礼部在这一时期还承担奉旨宴请等外交任务，例如，成化十九年（1483）四月，撒马儿罕及亦思罕地面锁鲁檀阿哈麻等复进西马、藩刀、糖霜等物，皇帝赐宴于礼部，礼部官员奉旨宴请朝贡使者；礼部开始派遣专职官员管理会同馆。成化五年（1469）二月，增设礼部主事一员，专门管理会同馆，以整治馆夫偷盗夷人财物问题。

二、成化、弘治时期的外交专职机构

除礼部主客清吏司以外，四夷馆、市舶司及会同馆均为重要的外交专职机构，在这一阶段，明朝统治者进一步规范了四夷馆、会同馆的管理制度，加强了对四夷馆译字生的考核。另外，市舶司在这一阶段仍由宦官控制，会同馆得以扩建。

（一）四夷馆

在成化、弘治时期，四夷馆进一步完善了其考核制度和管理制度，其馆舍还先后得到两次修缮，具体表现在以下四个方面：

第一，完善了对不同出身译字生的考核制度。首先，对官民子弟出身译字生的考核制度如下：译字生习学三年以后，礼部会同翰林院考核，考中者为食粮子弟，月给米一石；又历三年后，仍进行综合考核，中优等者与冠带为译字官，月米如旧；又历三年会考，中优等者授以序班之职。另外，译字生初试不中者，可以复读三年以后再考，再试不中者允许再复读三年参加考试，如果译字生三次都没有考中，就要贬黜为民；其次，对国子监监生出身译字生的考核制度如下：国子监监生一入馆，就允许"食粮"；三年后，考中者月与米一石，家小粮如旧；又三年再考中者，与冠带；九

[①] 《明宪宗实录》，卷二百二十，成化十七年十月壬寅．台北："中央研究院"历史语言研究所印，1962：3801．

年考中优等者，授以从八品之职，习译备用。国子监监生出身的译字生初试再试不中，也允许复读后再考，不同于官民子弟身份译字生的是，如果三次都没有考过，仍送还国子监，"其兼习举业者，非精通本业亦不许入试，庶使人有定志译学，可精其八馆名数，鞑靼馆监生五名，子弟二十五名，女直馆监生四名，子弟十八名，西番馆监生二名，子弟十五名，西天馆生一名，子弟二名，回回馆监生二名，子弟十名，百夷馆监生二名，子弟十四名，高昌缅甸馆各监生二名，子弟八名，议，上从之"。①

第二，纠正了译字生以"习译"为入仕捷径的投机行为。成化四年（1468）七月，文渊阁大学士彭时在其所上奏章中提到，"近年译字人员俱系民间子弟，仍前考试事有未当，既开幸门以示人，孰不假此出身，其间固有文学宜在中列者，而人亦概视为侥幸，贤否混淆，亦复何益，今后子弟入馆，俱令专习本业，如有志科举者，宜如科场例告试，不必仍写番字送内阁，如此庶习译者不必习举，而分其志，中举者不必兼译，损其名，译书科目两无所误，若系监生举人选充者仍如前例"。②可见，彭时认为，翰林院四夷馆教习译写藩字虽然事轻，但关系重大，凡是朝廷颁下诏谕于四夷以及四夷来贡所奉表文，都需要翻译，若翻译的不清楚或者错误，不但不能掌握夷情，而且还有损国体，指出现在在四夷馆内的翻译人员，大多是新入馆人员，少数年深者则早已荒废，所以需要尽快改变这种状况。为了彻底改变这种状况，官民及世家子弟必须专心学习翻译，精通夷语，谙晓藩文，不许假以习举为由，别图出身。皇帝批准了彭时的建议，从而有效杜绝了译字生以"习译"为入仕台阶的投机行为，有效遏制了四夷馆译字生"奔竞入仕"风气的蔓延，有利于稳定翻译人才队伍，提高其业务素质。

第三，四夷馆提督官所带官衔逐渐形成定制。由于四夷馆工作的特殊性，四夷馆的官员即使得到升迁，也仍旧留在馆内办事，而提督四夷馆的官员则往带其他官职头衔。也正因为如此，四夷馆的隶属问题引起了比较大的争议。实际上，四夷馆一直隶属翰林院，但由于其提督官的官衔在弘

---

① 《明孝宗实录》，卷三十八，弘治三年五月戊午．台北："中央研究院"历史语言研究所印，1962：803．
② 《明宪宗实录》，五十六，成化四年秋七月丙戌．台北："中央研究院"历史语言研究所印，1962：1154-1155．

治七年（1494）以前不断变化，导致了历代学者对此存在争议。成化、弘治年间部分提督四夷馆官员所带官衔情况见表6-1。自弘治七年（1494）开始，四夷馆提督官带太常寺卿、少卿衔成为定制。

表6-1 1465-1494年年间部分提督四夷馆官官衔

上任时间	姓名	所挂主要官衔	职务	任职原因
成化元年（1465）	刘文	吏部验封司郎中	提督四夷馆	大学士陈文推荐
成化十七年（1481）	王璩	太仆寺少卿	提督四夷馆	久年任满升职
弘治七年（1494）	李温	太常寺卿	提督四夷馆	升任
弘治七年（1494）	王佐	太常寺少卿	提督四夷馆	升任

资料来源：根据《明宪宗实录》《明孝宗实录》相关内容整理而成。

第四，确定了选拔四夷馆师生的方法，不允许私自"习译"，修缮了四夷馆馆舍。弘治三年（1490），定四夷馆考选之法：礼部及内阁大学士等访举世业子弟及国子监监生充任八馆教师，根据文书繁简确定各馆名额；礼部选年龄在二十五岁以下监生二十名，年龄在二十岁以下官民家子弟及不限年龄的世业子弟共计一百名，送馆分拨习学。在这一时期，还存在着私自习学夷语的现象，一些教师违规私自招收学生教习夷语。例如，成化三年（1467）二月，"礼部奏四夷馆译字官并子弟见有一百五十四员名，今教师马铭又违例私收子弟张睿等一百三十六名，教习番书，以希进用"。[1]另外，明政府还先后两次修缮了四夷馆馆舍：弘治三年（1490）六月，修整四夷馆公廨，"初，宣德间设四夷馆于东安门外，年久废弛，是增选习译生徒，乃命工部修治，从大学士刘吉等奏也"。[2]弘治十三年（1500）九月，再次修缮四夷馆。

---

[1] 《明宪宗实录》，卷三十九，成化三年二月癸丑．台北："中央研究院"历史语言研究所印，1962：789.

[2] 《明孝宗实录》，卷三十九，弘治三年六月乙巳．台北："中央研究院"历史语言研究所印，1962：827-828.

（二）市舶司

在成化、弘治时期，市舶司的实际控制权仍掌握在宦官手中，由于宦官背后是至高无上的皇权，所以，布政使长官及市舶司提举均居其下。例如，成化十二年（1476），巡按福建监察御史叶稠及都、布、按三司奏，福建市舶提举司专理琉球一国贡物，事务不繁，"内官施斌既卒，宜勿更差，而兼属之镇守太监卢胜，庶民不扰，上不从，即敕内官韦查以往"。① 皇帝重用太监，明显偏袒内使，这就造成了内官倚仗至高无上的皇权打压地方官员，凌驾于其上，胡作非为，扰乱正常的政府治理方式的现象。再如，成化十六年（1480）三月，提督广东市舶内官韦眷奏总督两广军务都御史朱英专权自恣、玩忽贼情等事，朝廷命科道官员审勘，发现内官韦眷罔察虚实，理当问罪，皇帝却偏袒内官，下旨，"二人既无重情，姑宥之，仍命兵部移文，务令协和无贻边患"。② 广东左布政使陈选则没有那么幸运，在与太监韦眷产生矛盾后，最终被逮入京，死于途中。到了弘治年间，政治比较清明，采取了一系列限制宦官的措施，但宦官仍旧控制着市舶司的实际领导权。

（三）会同馆

成化、弘治时期的会同馆仍旧承担着接待朝贡使者的任务，成化十一年（1475）八月，增设会同馆副使一员，弘治时期的会同馆在馆舍配备及管理制度等两个方面发生了较为明显的变化。

一方面，会同馆新配置了南馆宴会厅，修缮了颓坏馆舍。弘治三年（1490），太傅兼太子太师英国公张懋在《陈禁革处置夷情事宜》中提到，"京城原设两会同馆，各有东西前后九照厢房，专以止宿各处夷使及王府公差内外官员，但北馆有宴厅，后堂以为待宴之所，而南馆无之，每赐宴，只在东西两照房分待，褊迫不称，乞敕工部将近日拆卸永昌等寺木料改造宴厅于南馆"。皇帝听从了英国公张懋的建议，敕工部将拆卸永昌寺等庙

---

① 《明宪宗实录》，卷一百五十二，成化十二年四月乙未. 台北："中央研究院"历史语言研究所印，1962：2780.
② 《明宪宗实录》，卷二百一，成化十六年三月壬辰. 台北："中央研究院"历史语言研究所印，1962：3529.

宇的木料，用以修南馆宴会厅和会同馆颓坏墙屋。弘治十四年（1501）五月，修会同馆，增设房间四十三间。

另一方面，会同馆进一步完善了其管理制度。弘治五年（1492）二月，会同馆馆夫盗窃朝贡者的财物，兵部请求设专官管理，于是设礼部主事一员，专门提督会同馆，这也标志着从礼部、兵部共同管理会同馆向以礼部为主的转变。弘治十四年（1501）正月，提督会同馆礼部主事刘纲针对会同馆管理制度提出三条意见：首先，刑部等衙门奏行新例规定，朝鲜、琉球两国的使臣也要遵守五日放出一次的规定，旧例给予两国任意出外贸易的优待取消，刘纲认为这种做法不妥当，应当恢复对朝鲜、琉球两国的优待；其次，按照旧例，夷人获得赏赐后，如果想进行贸易，可以让店铺商行等人直接持货入会同馆两平交易五日，而新例则遇夷人开市，只允许宛平、大兴两县选送铺户入馆交易，而铺户和夷人两不相投，铺户所卖物品往往都不是夷人需要的东西，刘纲建议恢复旧例。最后，新条例规定，如果外夷入馆有违规行为，错不分轻重，一律追究提督主事及通事伴送人等的责任，刘纲认为这种做法也不妥当。经礼部议，同意刘纲所提前两条意见，对第三条意见作适当修改，即如果外夷到馆犯杀人等重大过错，则追究提督主事的责任，其余微小过错则追究通事及伴送人员的责任。

三、成化、弘治时期的外交关涉机构

在成化、弘治时期，参与外交事务的外交关涉机构很多，但行人司及鸿胪寺作为主要外交关涉机构表现出最为显著的时代特点。其中，行人司在外交出使活动中仍然发挥着重要的作用，几乎参加所有的外交出使活动，但大多数情况下均担任副使。成化、弘治时期的国力虽有所提升，但总体仍呈下降趋势。统治者对外交事务仍持保守态度，这一时期的出使频率虽较正统、景泰天顺时期有所提高，但较洪武、永乐年间仍明显减少。在所有出使任务中，几乎没有行人司官员担当正使的情况。礼部郎中、户部郎中、兵部郎中、宦官、六科给事中等官员担任正使，成为明朝派出使团的主要角色，行人司官员大多担任副使，已经沦落为配角。成化、弘治时期的主要出使情况参见表6-2。

表 6-2　1472—1495 年主要出使情况表

出使时间	正使及来源机构	副使及来源机构	出使任务
成化八年（1472）	工科右给事中陈峻	行人李珊行人司	封槃罗茶悦袭占城国王
成化十一年（1475）	郎中祁顺、乐章户部和礼部	左司副张瑾、行人张廷纲行人司	开读太子册立诏，赏安南国王
成化十四年（1478）	兵科给事中董旻	右司副张祥行人司	封世子尚真为中山王赏赐
成化十七年（1481）	礼科给事中林荣	行人黄乾亨行人司	封满剌加国王
成化二十年（1484）	吏科右给事中张晟	行人左辅行人司	封满剌加国王
成化二十年（1484）	户科给事中李孟旸	行人叶应行人司	封占城国王
弘治五年（1492）	兵部郎中艾璞	行人高胤先行人司	颁诏朝鲜诏
弘治八年（1495）	太监金辅李珍	行人王献臣行人司	封朝鲜国世子

资料来源：据"中央研究院"史语所1962年印《明宪宗实录》《明孝宗实录》相关内容整理而成。

虽然行人司官员大多数情况担任副使，但由于其是相对比较专业的外交出使机构，熟悉业务，在职权被侵袭的情况下仍然发挥着巨大作用。在这一时期的出使事务中，行人司官员虽为副使，但却承担着重要责任。成化、弘治时期的行人司官员很少因为出使事务而受到提拔或者奖赏，不仅如此，一些行人司官员还因出使事务而获罪，更有甚者，在出使途中丧命。例如，成化时期的行人司左司副张瑾在出使占城时，擅封提婆苔，被判处斩刑，他先后五次上奏辩解，到成化二十年（1484）十月，经审理才免其死罪，改谪戍广西边卫。[1]再如，成化十八年（1482）四月，行人司行人王勉因

---

[1] 《明宪宗实录》，卷二百二十，成化十七年十月丙辰. 台北："中央研究院"历史语言研究所印，1962：3807.

为赴广西等处"勘处安南事情,下锦衣卫狱"。[①]还有,成化十七年(1481)七月,礼科给事中林荣充正使、行人司行人黄乾亨充副使,往满剌加国册封其王,航海途中遭遇风暴,两人溺亡,同行者也大多溺水而亡。鸿胪寺在这一时期仍是主管礼仪的涉外机构,在这一阶段,鸿胪寺除了行使其基本职能外,还参与了伴随朝贡使臣回国等外交事务。

第三节　正德、嘉靖、隆庆时期的外交机构

正德、嘉靖、隆庆时期是世界发生巨大变化的时期,葡萄牙人沿着达伽马的足迹来到了东方,首先于正德五年(1510)占据了印度西海岸的果阿,并于正德六年(1511)攻占了马来半岛的满剌加。满剌加的陷落对东南亚的历史及与中国关系的发展都产生了深远的影响,打破了东亚地区长期以来形成的以中国为中心的朝贡体系,增加了明朝统治者对"外夷"的不信任感,从根本上改变了东南亚国际关系格局。[②]正由于明朝统治者对西方的不信任,再加上国内矛盾已经相当严重,原有的朝贡关系交往模式已经不适应新形势,而为朝贡关系服务的众多外交机构也逐渐徒有虚名,部分机构沦落为名副其实的"冷衙门"。

一、中国与西方各国在非朝贡关系模式下的接触

正德以前,中外交流都是在朝贡模式下进行,所有来华朝贡者都在形式上认同以中国为中心的朝贡体系,并遵守朝贡秩序。但到了正德年间,情况发生了巨大变化,自正德十一年(1516)葡人拉斐尔·佩雷斯德罗(rafael perestrello)乘欧洲船只到中国后,中西交往不断,开启了中外交往的新时代。但是,这种交往方式和传统的朝贡交往模式有着本质的区别,并非在朝贡模式下进行。自正德十一年(1516)至隆庆元年(1567)的具体中外交往事件参见表6-3。

---

① 《明宪宗实录》,卷二百二十六,成化十八年四月辛酉.台北:"中央研究院"历史语言研究所印,1962:3881.
② 廖大珂.满剌加的陷落与中葡交涉[M].南洋问题研究,2003(3):84.

表6–3　正德十一年（1516）至隆庆元年（1567）的中西交往事件

事件	中西交往事件
正德十一年（1516）	葡人拉斐尔·佩雷斯德罗（rafael perestrello）乘欧洲船只到中国
正德十二年（1517）	葡萄牙人安拉德（andrade）至上川岛经商
正德十二年（1517）	葡萄牙人玛加兰黑斯（mascarenhas）至福建
嘉靖二十四年（1545）	葡萄牙商人与宁波人发生流血冲突
嘉靖二十八年（1549）	葡萄牙商人与泉州人发生流血冲突
嘉靖三十一年（1552）	圣芳济（francis xavier）卒于上川岛
嘉靖三十六年（1557）	葡萄牙政府以澳门为殖民地
隆庆元年（1567）	俄国首次遣使臣彼得罗夫（petroff）、雅礼叙夫（yallysheff）至北京

资料来源：曾友豪.中国外交史[M].台北：文海出版社，1975:1-2.

以上这些交往关系大多数是非官方的，更不是朝贡关系。西方人并不遵守东亚区域内长期形成的朝贡交往规则；相反，他们还要依靠武力打破这种规则。葡萄牙使者更是如此，他们已经征服了果阿、满剌加等地，企图向东亚进一步延伸。正德十二年（1517），葡萄牙官方使团来华，时任广东按察司佥事带管海道事的顾应祥报告如下：

蓦有番舶三只至省城下，放铳三个，城中尽惊，盖前此番舶俱在东莞千户所海澳湾泊，未有经至城下者。市舶提举吴洪赐禀，予亲至怀远驿审视，其通事乃江西浮梁人也，禀称此乃佛朗机国遣使臣进贡，其使臣名加必丹，不曾相见。予即差人往梧州呈禀，三堂总镇太监宁诚、总兵武定侯郭勋俱至。其头目远迎俱不跪拜，总督都御史陈金独后至，将通事责治二十棍，分付提举：远夷慕义而来，不知天朝礼仪，我系朝廷重臣，着他去光孝寺习仪三日方见。第一日跪左腿，第二日跪右腿，三日才叩头，始引见。总督衙门分付：《大明会典》原不载此国，令在驿中安歇，待奏准方可起送。①

---

① 〔明〕顾应祥.静虚斋惜阴录·卷一二·杂论[M]//续修四库全书本·史部·杂家类·第1122册.上海：上海古籍出版社，2002：511.

由上述史料可以知道，葡萄牙使者并非来进攻，而是以武力作为威胁，探听明朝虚实。但明朝统治者仍以朝贡思维看待葡人的到来，海道、市舶提举及总督等官都参与了这次外交事件。葡萄牙使者先被安置在怀远驿，市舶官员向海道及总督报告葡萄牙使者的情况，总督陈金专程从广西驻所来到广州，准备接见，按照礼仪，海外各国使臣来明朝朝贡有"习仪三日"的规定。可见，地方政府作为首先接触夷人的官僚机构也具有一定的外交处理权。

随着中西直接交流的增多，明统治者的朝贡思维方式也逐渐改变。面对不遵守朝贡秩序的西方各国，明政府对他们的反感情绪与日俱增，但同时又对西方较为先进的火器保持畏惧。明朝统治者对西方殖民者侵略满剌加的行为持以消极应对的态度，请看下面一段史料：

> 正德间，海夷佛朗机逐满剌加国王苏端妈末，而据其地，遣使加必丹木等入贡，请封，会满剌加国使者为昔英等亦以贡至，请省谕诸国王及遣将助兵复其国，礼部已议，绝佛朗机，还其贡使，至是广东复奏，海洋船有称佛朗机国接济使臣衣粮者，请以所赍蕃物如例抽分，事下礼部覆，言佛朗机非朝贡之国，又侵夺邻封，犷悍违法，挟货通市，假以接济为名，且夷情叵测，屯驻日久，疑有窥伺，宜敕镇巡等官，亟逐之，毋令入境，自今海外诸夷及期入贡者抽分如例，或不赍勘合及非期而以货至者，皆绝之，满剌加求援事宜，请下兵部议，既而兵部议，请敕责佛朗机，令归满剌加之地，谕暹罗诸夷，以救患恤邻之义，其巡海备倭等官，闻夷变，不早奏闻，并宜逮问，上皆从之。①

据上述材料可知，明朝政府一方面对满剌加的陷落非常震惊，并处置了没有及时上报"夷变"的巡海备倭等官；另一方面又不愿意直接出兵干预，运用"部议"的外交决策方式，决定口头抗议佛郎机（葡萄牙），并呼吁暹罗等国挽救满剌加。然而，口头抗议和呼吁暹罗出兵的做法都收效甚微，

---

① 〔明〕徐日久. 五边典则·卷二十四·倭 [M]. 北京：中央民族学院图书馆印制本，1985：330.

事实上，明政府对满剌加的陷落并未采取任何强有力的应对措施，而满剌加原为中国在东南亚地区最为重要的朝贡国之一，这也反映了明朝统治者当时相对保守的外交策略。

葡萄牙占领满剌加以后，明朝政府对于葡萄牙等西方各国保持高度警惕状态。在正德、嘉靖、隆庆三朝，各外交机构对不遵守朝贡礼制的西方各国基本采取不接待的态度。例如，正德十三年（1518），佛郎机国使臣加必丹末等贡方物，"请封，并给勘合，广东镇抚等官以海南诸番无谓佛朗机者，况使者无本国文书，未可信，乃留其使者以请，下礼部议，得旨，令谕还国，其方物给与之"。① 再如，正德十六年（1521），"会满剌加国使为昔英等亦以贡至，请省谕诸国王，及遣将助兵复其国，礼部已议决佛朗机，还其贡使"。② 两次进贡，礼部均承旨议定不接受葡萄牙等国贡物，不接待其使，这也反映出明朝统治者逐渐认清葡萄牙等国的真面目，了解到这些国家并不遵守朝贡秩序的真相。

二、正德时期的外交机构

正德时期的外交决策机构仍以内阁为主，礼部为辅，并无变化。但是，在这一阶段，礼部仍具有参与外交决策及执行外交政策的双重职能，而四夷馆及市舶司等两个外交专职机构具有明显的阶段性特征，行人司及鸿胪寺也呈现出不同于其他时期的显著特点。

（一）礼部的双重职能

礼部的双重职能是指该机构既是外交事务的决策者，又是外交政策的执行者。一方面，礼部参与具体的外交决策，其建议一旦获得皇帝的批准，便可转化为诏令付诸实施。例如，正德五年（1510），日本国使臣宋素卿来华朝贡，结果被族人认出是浙江鄞县人朱缟，他因犯法于弘治年间随日本使臣汤四五郎逃走，后被日本国王纳为婿，这次充当正使来华朝贡，被

---

① 《明武宗实录》，卷一百五十八，正德十三年正月壬寅.台北："中央研究院"历史语言研究所印，1962：3022.
② 〔明〕徐日久.五边典则·卷二十四·倭[M].北京：中央民族学院图书馆印制本，1985：331.

人告官。皇帝将此事下礼部议，礼部认为，"素卿以中国之民，潜从外夷，法当究治，但既为使臣，若拘留禁制，恐失外夷来贡之心，致生他隙，宜宣谕德威，遣之还国，若素卿在彼反覆生事，当族诛之，仍行镇巡等官，以后进贡夷使，宜详加译审，毋致前弊"。[1]皇帝最终听从了礼部的建议，足可见礼部在外交决策中的巨大作用。另一方面，礼部及其属衙主客清吏司又是外交政策的具体执行者，主客清吏司作为主管外交事务的外交专职机构具体负责外交事务。例如，正德三年（1508），"满剌加国贡使火者亚刘等回，以船为飓风所坏，请令广东布政司代造。"[2]礼部作为朝贡主管机构，遂令镇巡官查验真实情形，如果船只还能用，就不必重新建造；如果船只真被飓风所坏，必须要重新建造，造船材料也应该令满剌加国使者自备。可见，礼部还负责朝贡者回国等具体外交事务。

（二）正德时期的四夷馆及市舶司

正德时期，四夷馆仍属于翰林院管理，内阁大学士以及礼部对其进行监督。在这一阶段，四夷馆在教师选拔制度及提督官官衔等两个方面具有显著特征：一方面，教师选拔制度更加严格。正德四年（1509）正月，大学士李东阳等认为，四夷馆教师必须通晓藩字、藩语以及汉字，才能称职，在四夷馆内推选或者各边访保，一定要找到合适的人选，四夷馆缺少教师，应当令四夷馆提督官从公考试，选取优秀者送内阁再试，按照缺额补充，同时，令陕西、云南等边境地区镇守、巡抚等官员，访取精晓鞑靼、西藩、高昌、西天、百夷言语文字兼通者及通汉字文意之人，照例起送吏部，奏请量授官职，与四夷馆教师共同进行教习，"务使译学有传，不致临期误事，诏可"；[3]另一方面，四夷馆的提督官并非一定仅带太常寺官衔，这就打破了弘治年间形成的惯例。例如，正德四年（1509）九月，"以提督四夷

---

[1] 《明武宗实录》，卷六十二，正德五年夏四月庚子．台北："中央研究院"历史语言研究所印，1962：1360．
[2] 《明武宗实录》，卷四十五，正德三年十二月乙亥．台北："中央研究院"历史语言研究所印，1962：1028．
[3] 《明武宗实录》，卷四十七，正德四年二月辛未．台北："中央研究院"历史语言研究所印，1962：1065．

馆太常寺少卿李逊学,兼翰林院侍讲,本院办事"。① 再如,正德五年(1510),"升大理寺右寺丞蔡中孚为左寺丞,以暂提督四夷馆,大理寺右寺丞张禬回寺管事"。②

在这一时期,市舶司的最显著特点是其业务内容发生重大变化,从专管"贡舶"向兼管"商舶"及"贡舶"转化,获得了对"商舶"的管理权。正德以前,明王朝对非朝贡船只来华控制非常严格,能顺利来华的"商舶"很少。到了正德时期,随着明王朝国力的日渐衰落,来华朝贡者越来越少,每年来华的"贡舶"也屈指可数,但来华贸易的"商舶"却越来越多。按照惯例,镇守、巡抚会同三司官员对非贡船进行抽分征税,市舶司并不参与对"商舶"的管理。

在正德时期,市舶司仍由宦官实际控制。市舶太监为了获得征税权,不断上奏皇帝,请求管理"商舶"。正德四年(1509)三月,"暹罗国商船飘泊至广东境,镇巡官会议,税其货以备军需,市舶司太监熊宣计得预其事,以要利乃奏请于上,礼部议阻之,诏以宣妄揽事权,令回南京管事以内官监太监毕真代之"。③ 到了正德五年(1510)七月,广东市舶司太监毕真上奏,"旧例,泛海诸船俱市舶司专理,迩者许镇巡及三司官兼管,乞如旧便,礼部议,市舶职司进贡方物,其泛海客商及风泊蕃船非,敕书非载,例不当预,奏入,诏如熊宣旧例行,宣先任市舶太监也,常以不预满剌加等国蕃船抽分奏请兼理,为礼部所劾而罢,刘瑾私真谬以为例云"。④ 市舶司本为主管朝贡贸易的外交专职机构,却要插手非朝贡贸易事务,实际上为了获利。镇守、巡抚及三司官等地方官员管理泛海客商及风泊藩船,这已经形成惯例,但由于正德皇帝犹如顽童,少理政务,对镇巡及三司官管理商舶的事实并不知情,而操持朝政大权的刘瑾当然偏袒宦官,颠倒事

---

① 《明武宗实录》,卷五十四,正德四年九月己未.台北:"中央研究院"历史语言研究所印,1962:1227.
② 《明武宗实录》,卷六十二,正德五年夏四月甲寅.台北:"中央研究院"历史语言研究所印,1962:1378.
③ 《明武宗实录》,卷四十八,正德四年三月乙未.台北:"中央研究院"历史语言研究所印,1962:1082-1083.
④ 《明武宗实录》,卷六十五,正德五年七月壬午.台北:"中央研究院"历史语言研究所印,1962:1430-1431.

实真相。这样，市舶司就获得了对"商舶"的征税权。

（三）正德时期的行人司及鸿胪寺

正德时期的行人司已经极不受重视，该机构很多官员感觉前途渺茫，对出使任务毫无兴趣，甚至想尽办法逃避、推脱，这已经明显不同于明初争相出使的情形。例如，正德五年（1510）八月，封占城国世子沙古卜洛为占城国王，行人司行人刘宓充副使，按照次序左给事中李贯当行，而司礼监披红改为于聪，"盖贯因其乡人嘱刘瑾以免，才数日，瑾败，聪以为言，仍令贯往，贯至徐州遇盗割其发，奏乞养疾于家，俟发长乃行，许之，后宓亦卒于路，贯至广东屡奏迁延，七年不行，乃议令其国人领封册而还"。[①] 可见当时对出使活动的极端不受重视，不仅行人司官员不愿意出使外国，其他机构承担出使任务的官员也尽量拖延时间，而皇帝却对这种极为反常的现象不管不问。

正德时期鸿胪寺仍旧掌管朝贡礼仪等事务，但并没有获得对通事人员的管理权。尽管鸿胪寺的下属衙门司宾署设有十八国通事，但这些通事却由大通事来管理。而大通事并不隶属于鸿胪寺，该职官自洪武、永乐以来设立，直接听从于皇帝。为此，鸿胪寺多次请求收回管理通事的权力。例如，正德三年（1508）十月，鸿胪寺在其奏章中提出，希望十八国通事能够学习"朝仪"，兼通夷语，而便于行礼，大通事王喜则辩驳，"各国通事勿于该寺画卯，则事无统属，非祖宗设官之意"。[②] 可见，大通事王喜反对鸿胪寺干涉其管理通事的事务，皇帝下诏仍由大通事主管十八国通事，鸿胪寺并没有获得对通事人员的管理权。

三、嘉靖、隆庆时期的外交机构

进入嘉靖时期，明朝国力衰退已经非常明显，再加上倭患的不断激化，周边各国朝贡使团锐减，就连来自朝鲜等较为"恭谨"国家的朝贡使团也

---

① 《明武宗实录》，卷六十六，正德五年八月丙戌.台北："中央研究院"历史语言研究所印，1962：1434.
② 《明武宗实录》，卷四十三，正德三年冬十月丙子.台北："中央研究院"历史语言研究所印，1962：993.

开始忽略朝贡礼仪。在这一时期，内阁仍为外交决策机构，礼部仅作为外交执行机构运行，已经不参与外交决策。四夷馆及市舶司都是重要的外交专职机构，这两个机构呈现出明显的阶段性特征，行人司及边境地区的军政机构都是重要的外交关涉机构，它们在外交事务中也发挥着极为重要的作用。

（一）嘉靖时期的礼部

嘉靖时期，礼部仍作为朝贡事务的主管机构运行，肩负维护朝贡秩序的重任，具体表现在以下四个方面：

第一，礼部负责判定入境朝贡使团是否符合贡期、贡道及贡使人数规定，对不符合规定的朝贡行为提出具体的解决办法。例如，嘉靖十七年（1538）正月，天方国遣使臣写亦狭西丁等入贡，请求游览中国，礼部议奏，"非例，疑有狡心，诏绝之，还其贡物"。[①] 再如，嘉靖二十七年（1548）六月，日本国贡使周良等六百余人，驾海舟百余艘，入浙江界，请求入贡，巡抚朱纨以闻，礼部言，"倭夷入贡旧例，以十年为期，来者无得逾百人，舟无得三艘，乃良等先期求贡，舟人皆数倍于前，蟠结海滨，情实叵测，但其表词恭顺，且去贡期不远，若概加拒绝，则航海重译之劳可悯，若猥务含容，则宗设宋素卿之事可鉴，宜令纳循十八年例，起送五十人赴京，余者留嘉宾馆，量加赏犒，省令回国，至于互市防守事宜俱听斟酌处置，务期上遵国法，下得夷情，以永弭边衅，报可"。[②]

第二，礼部负责辨验朝贡表文及贡物是否符合规定，并纠正不遵守朝贡秩序的无礼行为。例如，嘉靖二十三年（1544）八月，日本国夷使释寿光等又来朝贡，礼部言，"日本例十年一贡，今贡未及期，且无表文并正使难以凭信，宜照例阻回"。[③] 可见，携带朝贡表文是朝贡使团能够顺利

[①] 《明世宗实录》，卷二百八，嘉靖十七年正月庚寅. 台北："中央研究院"历史语言研究所印，1962：4316.

[②] 《明世宗实录》，卷三百三十七，嘉靖二十七年六月戊申. 台北："中央研究院"历史语言研究所印，1962：6155.

[③] 《明世宗实录》，卷二百八十九，嘉靖二十三年八月戊辰. 台北："中央研究院"历史语言研究所印，1962：5561.

进贡的必要条件之一。再如，嘉靖十二年（1533）二月，"令申凡外夷进贡方物，边臣验上其籍，礼部按籍收进给赏，其籍所不载，例准自行贸易，贡事既竣，即有余货，责令带归，愿入官者，部为奏闻给钞"。①另外，礼部还负责纠正不遵守朝贡秩序的无礼行为。嘉靖二年（1523）四月，朝鲜国遣使臣入贺，到辞朝的时候，朝贡使团四十余人中有一大半都未到，礼部遂承旨，令逮捕序班赵文用等人。

第三，礼部还负责考核鸿胪寺、四夷馆的通事人员。嘉靖九年（1530）十二月，礼部将是否精通外语作为考核鸿胪寺通事人员的首要标准，同意按期对四夷馆通事进行考核，但四夷馆通事一旦被授予职位，就不应该再参加"季考"，并建议，免去九年"授职"及六年"冠带"通事参加"季试"。嘉靖二十五年（1546）十月，历汝进的奏章请，礼部应当将会同众大臣，公平考核译字官、译字生及通事人员，甄别去留，而官生在馆人数很少，如果再进行查革，未免一时乏人，而且翻译是否通达全靠四夷馆教师教习，应当听内阁裁酌去取，精选得人，"通事食粮冠带授职等项，俱以三、六、九年为期，通将在馆官员人等一并考试，不通者黜为民"。②

第四，礼部仍旧负责管理会同馆，但是兵部下属会同馆大使等总想插手会同馆事务。嘉靖十年（1531）十月，礼部上奏皇帝，礼部提督会同馆主事负责管理馆夫，总理会同馆事务，这是惯例，"今兵部司官乃辄干预阻挠，统摄不专，易至嫌隙，请申明旧例，凡两馆事务及夫役悉听提督官处分，兵部不得勾取，其大使以下役占及亡逃通员等毙亦听提督官查究"，③皇帝从其所言。这一时期，礼部仍旧对朝鲜、琉球贡使在会同馆居住时的门禁较其他国宽松。按照惯例，四夷贡使来京师朝贡，皆五日一出馆，平常皆闭馆不出，唯对朝鲜、琉球两国使臣颇为宽松，而在嘉靖十三年（1534）十一月，"亦令五日一出，至是朝鲜国王李怿以五日之禁，乃朝廷所以待

---

① 《明世宗实录》，卷一百四十七，嘉靖十二年二月癸巳．台北："中央研究院"历史语言研究所印，1962：3398．
② 《明世宗实录》，卷三百六，嘉靖二十五年十月庚子．台北："中央研究院"历史语言研究所印，1962：5909．
③ 《明世宗实录》，卷一百三十一，嘉靖十年十月辛丑．台北："中央研究院"历史语言研究所印，1962：3121．

虏使而已，礼部以请，诏弛其禁"。①

（二）嘉靖时期的四夷馆及市舶司

在嘉靖时期，四夷馆提督官的设置情况发生了较大变化，从原来的两人改由太常寺少卿一人提督。嘉靖二十五年（1546）以后，裁撤管理四夷馆的太常寺卿，只存太常寺少卿，这样就由正四品的太常寺少卿一人提督四夷馆，更有利于集权管理，提高效率。市舶司彻底没落，闽、浙两市舶司被裁撤。嘉靖二年（1523）六月，日本左京兆大夫内艺兴派遣宗设充当使臣来华朝贡，右京兆大夫高贡也派遣瑞佐、宋素卿等来华朝贡。宋素卿贿赂宁波市舶司太监赖恩，不但先于宗设货船受检，而且座次还在宗设之上，宗设不但杀掉瑞佐，还追杀宋素卿，沿途劫掠而去，明备倭都指挥刘锦、千户张镗战死，浙中大震，史称"争贡之役"。给事中夏言奏倭祸起于市舶，乃裁闽、浙两市舶司，唯存广东一处。嘉靖四十三年（1564）六月，"添设广东海防金事一员，广东旧设海道副使驻扎省城，兼理市舶，会倭乱，海道遂专备惠潮，以市舶委之府县，于是提督两广都御史吴桂芳请，自东莞以西，直抵琼州属副使摄之，仍制蕃夷，而更设海防金事巡历东莞以东海丰惠潮等处，专御倭寇，有诏如议暨设，俟事宁已之"。②自此以后，海道副使对市舶司的管理权转给地方府县官员。

（三）嘉靖时期的外交关涉机构

行人司及边境地区的军政机构都是重要的外交关涉机构。这一时期的行人司官员仍旧担任副使参与出使事务。例如，嘉靖十一年（1532），"遣吏科左给事中陈侃为正使，行人司行人高澄为副使，往琉球封故中山王尚真子清为中山王"。③边境地区的都指挥使司也具有外交职能，承担伴送

---

① 《明世宗实录》，卷一百六十九，嘉靖十三年十一月己巳.台北："中央研究院"历史语言研究所印，1962：3696.
② 《明世宗实录》，卷五百三十五，嘉靖四十三年六月戊寅.台北："中央研究院"历史语言研究所印，1962：8687.
③ 《明世宗实录》，卷一三八，嘉靖十一年四月癸亥.台北："中央研究院"历史语言研究所印，1962：3245-3246.

使者回国等任务。例如，嘉靖四年（1525），天方等藩国使臣来华朝贡，陕西都指挥使司在半年多之后才上奏，而其所进贡玉石又质量非常差，但夷使所带私货却质量很好，奏请下巡按御史，"核都司稽留之故，其伴送千户陈钦及通事人等俱宜下法司论治"。①

（四）隆庆时期的外交机构

隆庆开海后，明朝于福建海澄月港局部开放海禁，允许海商告给文引出洋兴贩，标志着明代的民间海外贸易开始从"非法"转为"合法"的活动。②由于商人不需要再披着"朝贡外衣"进行私下贸易，这就导致了很多以朝贡为名义的外国进贡使团不再朝贡，众多以接待供使为首要任务的外交机构也因此处于"闲置"状态。隆庆时期的外交决策机构、外交专职机构及外交关涉机构都非常清闲，仅接待了朝鲜、琉球等少数几个国家的朝贡使团。在这一时期，外交机构最显著的特点有两个方面：一方面，四夷馆官员破例可以转迁至其他衙门任职；另一方面，浙江市舶司再次被裁撤。

第四节 明代国力全面衰退时期的外交机构

万历时期已经是明王朝的末期，各种社会矛盾激化，社会贫富分化严重。为了缓和矛盾，张居正实施了多项改革措施，并取得一定成效，呈现出"万历中兴"的景象。但一些改革措施损害了既得利益集团的利益，张居正死后不久，在万历皇帝的许可下，迅速废除了张居正主导推行的各项改革措施。从万历十五年（1587）开始，在册立太子问题上，皇帝和朝中大臣产生了极大的矛盾，即所谓的"争国本"事件。皇帝不理朝政，造成统治危机。日本丰臣秀吉于1592年派兵侵略朝鲜，明政府派兵支援朝鲜，虽进行了一系列的和谈活动，但是和谈最终破裂。丰臣秀吉于1598年病死，德川家康主政，遂与福建总督联系，谋求中国允许和日本通商，福建总督并没有理会德川家康的请求，但广东、福建、浙江、江苏等省的商人多往

---

① 《明世宗实录》，卷五十四，嘉靖四年八月乙未.台北："中央研究院"历史语言研究所印，1962：1331.
② 聂德宁.明代隆、万年间的海寇商人[J].厦门大学学报，1992（2）：46.

来于日本长崎鹿儿岛、平户诸港，非常活跃。

自万历二十年（1592）至万历二十八年（1600）年，明王朝在西北、朝鲜和西南边疆展开了三次大规模军事行动：万历二十年（1592），蒙古人哱拜在西北宁夏统兵叛变，李如松临危受命，用七个月时间便平息叛乱，史称"宁夏之役"；"朝鲜之役"则是指李如松、麻贵等领导的抗击日本丰臣秀吉政权入侵的援朝战争，分两个阶段进行，自万历二十年（1592）至万历二十一年（1593）为战争的第一阶段，自万历二十五年（1597）至万历二十六年（1598）为战争的第二阶段；万历二十七年（1599），西南苗疆土司杨应龙叛变，明廷令李化龙、秦良玉及刘綎等平叛，战事于万历二十八年结束，史称"播州之役"。明虽三战皆胜，但国力蒙受极大耗损，"东事之坏始于三大征，竭天下之财，耗天下之兵，朝鲜一役，始调辽东劲旅，迨东事起，仓卒遂无以应敌，然万历用兵，非必得已者也"。① 从此至其灭亡，再无安宁之日。到了万历后期，税监到处扰民，民不聊生，民变四起，"迨帝崩始用遗诏罢之，而毒痛已遍天下矣，论者谓：'明之亡不亡于崇祯，而亡于万历'"。② 因此，自万历后期开始，明朝国力严重衰退，已经到达全面崩溃的边缘。随着国力的衰退，国内矛盾越来越突出，民变、辽东等诸多事务使统治者无暇顾及外部事务。面对西方势力不断向明朝的传统朝贡国渗透，统治者只能听之任之，却束手无策，而原为朝贡服务的众多外交机构也逐渐丧失职能，名存实亡。

一、明末的中西交往

明代在中国历史上占据非常重要的地位，"中国的明代时期，是地球上'区域史'开始走向'世界史'的关键时期"。③ 实际上，"区域史"向"世界史"过渡的时期正是明末。万历至崇祯时期，西方殖民者开始进行疯狂的殖民扩张。

以欧洲为主力的殖民主义势力，进行着前所未有的"世界史"的扩张，

---

① 〔明〕茅瑞征. 万历三大征考·卷首·邓序 [M]. 台北：华文书局，1969：5.
② 〔清〕赵翼. 廿二史札记·卷三十五·万历中矿税之害 [M]. 台北：世界书局，1962：502.
③ 陈支平. 从世界发展史的视野重新认识明代历史 [J]. 学术月刊，2010（4）：116.

中国一方面对西方国家保持高度警惕；另一方面积极应对，在经济领域和思想领域都较前代有比较大的突破，并在明末出现了资本主义萌芽。正是在明代，中国开始真正与西方人接触，但是令明代官员及皇帝感到"惊讶"的是，这些蛮夷竟然不懂礼数，不受归化，有违天朝礼制，因此西方人与中国的首次接触屡受挫折，反倒是和中国沿海地区从事海盗及走私的民间商人建立了合作关系。明末的中西交往方式已经打破了原来的朝贡往来模式，自万历元年（1573）至崇祯十二年（1639）中西主要交往事件见表6-4：

表6-4 万历元年（1573）至崇祯十二年（1639）的中西交往事件

年代	中外交往事件
万历元年（1573）	明政府于澳门附近筑墙与葡萄牙分界
万历三年（1575）	西班牙人至广州
万历三十一年（1603）	菲律宾西班牙人屠杀华人
万历三十二年（1604）	荷兰船到广州
万历四十七年（1619）	俄使彼得凌（pettLin）到北京
天启二年（1622）	荷兰人攻澳门不胜退居澎湖岛
天启四年（1624）	荷兰人弃澎湖岛进据台湾
崇祯十年（1637）	英国人威代尔（weddell）抵达广州
崇祯十二年（1639）	菲律宾西班牙人再次屠杀华人

资料来源：曾友豪.中国外交史[M].台北：文海出版社，1975：1-2.

可见，到了明末，中国已经和葡萄牙、西班牙、荷兰、英国都有接触。但这些国家均非为朝贡而来，不仅如此，还将众多朝贡国纳入其势力范围，甚至还以武力威胁明王朝。在这种情况下，众多外交机构根本不起作用，而兵部及边境军事防御机构却发挥了极为重要的作用。欧洲各国从海道来到中国的最初是葡萄牙人，万历四十五年（1617）五月，兵部针对葡萄牙占据澳门一事复文，"澳夷去故土数万里，居镜澳六十年，驱之未必脱屣，歼之恐干天和，且地仅弹丸黑子，无险可恃，所通止香山一路，有贡可绝，仅同孤雏腐鼠，仍可相安无事，第狼子野心，终属叵测，凡所以防患未然，随宜禁戢，在该督按加之意耳"。①这实际上一方面强调了澳门的葡萄牙

---

① 《明神宗实录》，卷五百五十七，万历四十五年五月辛巳.台北："中央研究院"历史语言研究所印，1962：10511.

人并不能给明政府造成安全威胁，另一方面又主张对其保持高度防范。葡萄牙人为了留居澳门，不仅"助剿"，而且当时还遣使明朝，使节是葡萄牙国王巴斯蒂安秉承其祖父若奥三世遗命，命印度总督派来的，但结果失败。万历元年（1573），明统治者在澳门附近建筑墙界，俨然默认界外为葡萄牙人自治地，从此澳门为葡萄牙人所占领，首开外国人在华占有租界的记录，此后，西班牙、荷兰和英国，均先后派遣使者来华，要求通商，但均被葡萄牙人所间阻。

无论是从陆路来到中国的俄罗斯人还是从海路来到的西欧各国，都打乱了东亚地区长期存在的朝贡体系。这些国家不仅不遵守朝贡制度，还侵占了遵守朝贡秩序的满剌加等国。明朝末期，国力衰退，内部矛盾突出，农民起义、建州女真等问题更使明朝统治者无暇顾及众多朝贡国的求援。因此，到了明末，很多传统的朝贡外交机构已经有名无实，职能逐渐丧失。

二、万历时期的外交机构

内政治理状况影响外交政策及外交机构的运行，万历时期的对外交往国数量明显减少，只有朝鲜等少数几个国家。礼部等外交机构的主要业务内容也大多是涉朝事务，例如，万历三年（1575），"礼部覆朝鲜国王李昖奏，将国祖李成桂宗系弑逆等被诬情节，乞载世宗皇帝实录及新纂会典，为之昭雪，许之"。① 万历十六年（1588）十一月，礼部请如例给赐朝鲜国历日一百本，万历十九年（1591），"礼部题朝鲜供报倭奴声息，与琉球所报相同，宜奖赏激劝，从之"。② 在取得了抗倭援朝胜利后，"谕礼部东倭荡平，宜诏告天下，其择日具仪来行"。③

万历时期的礼部等外交机构还首次接触了西方传教士，万历二十九年（1601）二月，御用监少监解进大西洋利玛窦进贡土物并行李，礼部对于

---

① 《明神宗实录》，卷四十，万历三年七月辛丑．台北："中央研究院"历史语言研究所印，1962：920．

② 《明神宗实录》，卷二百三十九，万历十九年七月癸卯．台北："中央研究院"历史语言研究所印，1962：4433．

③ 《明神宗实录》，卷三百三十三，万历二十七年四月辛未．台北："中央研究院"历史语言研究所印，1962：6166．

其侵权行为表示不满,指出之前有西洋国及西洋琐里国的记载,并不知还有大西洋国,真伪难辨,而且在中国寄住二十年才来朝贡,"乃不赴部译,而私寓僧舍,臣等不知其何意也,但查各夷必有回赐,贡使必有宴赏,利玛窦以久住之夷,自行贡献,虽从无此例,而其跋涉之劳,芹曝之念,似宜加赏赉以慰远人,乞比照暹罗国存留广东有进贡者赏例,仍量给所进行李价值,并照例给与利玛窦冠带,回还,勿令潜住两京与内监交往,以致别生枝节,切使眩惑愚民,不报"。① 万历时期的鸿胪寺仍旧负责朝贡礼仪事务,但其通事还承担伴送朝贡使臣回还的任务。万历四年(1576),"安南使臣黎如虎等朝贡还,上命鸿胪寺通事官伴送。令由广西凭祥州咘村镇南关出"。②

万历时期的市舶司受国内外局势变化的影响,其职责发生了较大的变化。一开始,市舶司以服务朝贡为唯一目的,并不重视经济利益,到了万历时期,市舶不仅服务朝贡,而且还兼具有执行海禁政策、征收船税等职能。明初,在闽、广、浙三处设市舶司,不仅仅是为了督理朝贡事宜,也是为了控制海外贸易,意义深远。后来,因倭患加剧,罢黜了浙江市舶司,仅剩下闽、广两处市舶司。但是,南藩船只可以直达广东市舶司,禁令易行,福建市舶司却在福州,仅仅针对琉球朝贡,而商船多从漳州、泉州两府,告给引文为依据。沿海居民富者出资,贫者出力,懋迁居利,积久弊滋,私人海外贸易非常发达,万历六年(1578)十月,兵部题:

今总督凌云翼议,将下藩船舶一一由海道挂号,验其丈尺,审其货物,当出海回籍之,候俱欲昭数盘验,不许夹带违禁货物,巡抚福建刘忠问,一谓漳州澳船,须令赴官告给船由文引,并将货物登记,二谓泉漳商船无可辨查,要行该有司将大小船只编刻字号,每船十只立一甲长,给文为验,三谓沿海居民间有通贼接济,宜立保甲互相稽察,如一家接济,则九家报官,敢有容隐则九家连坐,其甲保长另行重处,四谓南日山寨新移吉了巡

---

① 〔明〕沈德符. 万历野获编·卷三十·外国·大西洋[M]. 北京:中华书局,1997:784.
② 《明神宗实录》,卷四十七,万历四年二月辛未. 台北:"中央研究院"历史语言研究所印,1962:1061.

司之旁，道里不均应接不及，须移置平海卫南哨澳地方，以便策应，臣窃谓近日剧贼林道乾林凤等逋逃岛外，尚漏天诛，更有黠猾豪富，托名服贾勾通引诱伪造引文收，买禁物，藉寇兵而赍盗粮为乡导，而听贼用，诚有如，督抚二臣所言者，伏乞敕下闽广，该地方官查炤前议斟酌施行，得旨海禁事宜，著该省抚按官会议停当具奏。①

从上段材料可以看出，万历时期的市舶司仍是统治者执行海禁政策的工具，却明显力不从心。尤其是"隆庆开海"以后，私人海外贸易发展迅速，并成为沿海居民的生计，但明朝统治者并没有完全放弃海禁政策，还一直强调市舶司的海禁政策职能。然而，在实际执行海禁政策的过程中，万历时期的市舶司逐渐成为皇帝及宦官获取船税的工具。

万历二十七年（1599）二月，以百户张宗仁奏，复置浙江市舶，遣内官刘成征收课税。浙江市舶司在宁波府，因为日本藩船进贡而设，有内官监一人、文职提举官一人，嘉靖初年裁革内监，后来因为倭乱贡绝而裁撤市舶提举官。大学士沈一贯认为，"倭奴久已绝迹，贡无市无舶，定海一关不本地鱼船及近境商船出入，税额不过两千两，而且都用来充兵饷，需利甚薄，一设市舶尚不足以充本监公费，又安得取盈而上供，既不足于上供，势必遍搜各府，巧征横索，祈免皇上之谴责，不顾小民之怨，咨恐利未得，而徒亵朝命辱国体也，乞收回成命，不报"。②可见，万历时期复设浙江市舶司是为了征税获利，而在市舶太监的横征暴敛下，严重影响了沿海居民的生计，并引起了一些内阁大臣的担忧。另外，万历时期的市舶司大部分时间由宦官控制，例如，万历二十七年（1599），设市舶于福建，内监高采负责市舶司事宜。再如，万历三十一年（1603）正月，广东市舶由太监李凤督理，李凤还请得巡历南雄府桥税，可谓位高权重，生财有道。

---

① 《明神宗实录》，卷八十一，万历六年十一月辛亥．台北："中央研究院"历史语言研究所印，1962：1724．
② 《明神宗实录》，卷三百三十一，万历二十七年二月庚申．台北："中央研究院"历史语言研究所印，1962：6120．

三、泰昌、天启、崇祯年间的外交机构

明朝末年，统治阶级内部矛盾激化，党争不断，农民起义此起彼伏，统治阶级自顾不暇，外事活动几乎处于停顿状态，这一时期除了和少数几个邻国保持联系外，几乎没有任何外交活动。在明代走向崩溃的过程中，国家实力已经衰退至最低谷，国家财政状况也极为糟糕，各外交机构几乎处于停滞状态。纵观《明光宗实录》《明熹宗实录》及《明思宗实录》，仅在《明熹宗实录》中能发现少数关于礼部、四夷馆等机构参与外交事务的记载，而《明光宗实录》及《明思宗实录》无任何外交机构参与外交事务的记载，足可见当时外交机构职能丧失的情形。

明天启朝，礼部作为非常重要的外交机构之一，其外交职责主要体现在参与外交接待、重定琉球国朝贡贡期、规范朝贡礼仪等方面：首先，礼部参与外交接待活动。例如，天启元年（1621）十一月，"命礼部左侍郎周道登待安南国陪臣筵宴"。① 天启二年（1622）八月，宴朝鲜国陪臣命礼部侍郎周道登招待；其次，礼部还承旨重新制定了琉球国朝贡贡期。礼部还于天启三年（1623）三月，重新规定了琉球国的朝贡贡期，琉球国中山王世子尚丰派遣使臣蔡坚等贡硫黄和马匹，按照之前的规定，琉球为每两年朝贡一次，由于万历年间，日本侵略琉球，并俘虏其国王，遂下诏停贡，"今十年，世子请封请贡，礼部议本国休养未久，暂拟五年一贡，待册封国王后，另议，从之，蔡坚等宴赏如例"；② 最后，礼部还进一步规范了朝贡礼仪。由于国力衰退，很多朝贡国家不遵守朝贡规定，为此，礼部主客司添注主事毕自肃于天启三年（1623）五月谏言，"贡夷宜择贡约，宜明贡道，宜清贡限，从之"。③ 礼部还负责协调各部门监督朝贡者来华活动，禁止私自交易违禁物品，天启六年（1626）四月皇帝传话给礼部，近来有奸民为了谋取利益将铁器等违禁物品物卖与进贡夷人，责问四夷馆

---

① 《明熹宗实录》，卷十六，天启元年十一月丁未．台北："中央研究院"历史语言研究所印，1962：797．
② 《明熹宗实录》，卷三十二，．天启三年三月丁巳．台北："中央研究院"历史语言研究所印，1962：1672．
③ 《明熹宗实录》，卷四十二，天启三年五月甲寅．台北："中央研究院"历史语言研究所印，1962：2357．

提督官职掌何在,"著设法密搜转置他处,毋令带去,又闻三河县等处居民,私造兵器,待夷人车过,公然卖与,此系地方官之责,作速移文顺天巡抚,严行禁约有司纵容者,参奏重治"。[①] 这样,礼部就需要协调四夷馆、顺天府等机构,共同规范朝贡夷人的进贡活动。

---

① 《明熹宗实录》,卷七十,天启六年四月癸巳. 台北:"中央研究院"历史语言研究所印,1962:3383.

第七章　明代外交机构的运行机制及其制约因素

　　明代外交机构设置较前代完善，已经形成了一个比较完整的体系，这个体系包括外交决策机构、外交专职机构及外交关涉机构三种类型。这三种类型的外交机构均以"动态"的方式参与外交事务，并形成了各自的运行机制。外交决策机构运行机制以外交决策为核心，包括外交决策方式、外交决策过程及运作框架三个要素。外交专职机构实质是外交决策的执行机构，包括主客司、市舶司、四夷馆及会同馆，这些机构在戒谕、考课、勘实、考成及弹压等下压手段下运行。外交关涉机构则是整个运行机制的有益补充，分为主要外交关涉机构和辅助外交关涉机构两类。行人司和鸿胪寺都是主要的外交关涉机构，行人司以外交出使为职责，在皇帝领导下运行，鸿胪寺主管朝贡礼仪，与礼部仪制司配合运行。辅助外交关涉机构包括光禄寺和督饷馆等为朝贡使者提供多种服务。

　　明代外交机构的运行受到多种因素制约，在不同时期其运行的情况也不同。在封建社会，皇帝无疑是影响外交机构运行的最重要因素，当皇帝勤政、政治清明时，外交运行机制就会发挥作用，运行流畅。如果皇帝怠政，政治黑暗，外交机构就难以发挥作用，更谈不上运行机制。另外，时代背景也是制约外交机构运行的重要因素，当处于国力上升、中外交往频繁的时期，外交机构的业务就比较多，相互配合也比较默契。当国家处于崩溃边缘、危机四伏的时期，外交机构的职能也会随之丧失，更谈不上运行顺畅。

第一节 明代外交机构的运行机制

运行机制，是指在人类社会有规律的运动中，影响这种运动的各因素的结构、功能及其相互关系，以及这些因素产生影响、发挥功能的作用过程和作用原理及其运行方式。所谓外交机构的运行机制是指各外交机构的分工合作关系及运行方式，具体到明代，就是指各外交决策机构、外交专职机构及关涉机构的运行方式及过程。明代外交运行机制包括各外交机构及其分工、外交决策机构运行机制及外交执行机构运行机制三个组成部分。其中，外交执行机构是指外交专职机构及外交关涉机构。

一、明代的外交机构及其分工

中书省、礼部及内阁等不同时期的外交决策机构通过集议等方式，将其外交决策上奏皇帝，经过皇帝批准后，以诏令的形式发布。外交决策一旦形成诏令，就具有至高无上的权威。外交诏令需要具体的外交专职机构去实施，这些执行机构既包括传统的主客司及鸿胪寺等机构，也包括明代新设的四夷馆等机构。同时，明代还有很多外交关涉机构，根据这些机构在外交事务中的作用不同可以分为主要外交关涉机构和辅助外交关涉机构两类。主要外交关涉机构主要包括市舶司和行人司，这两个机构分别在还外贸易及出使四夷事务中发挥极为重要的作用，又由于这两个机构兼具有很多的国内职能，所以没有将它们定位为外交专职机构。凡是参与外交事务的官僚机构都可以称为辅助外交关涉机构，包括太医院、国子监及光禄寺等众多官僚机构。各机构分工及外交职掌见表7-1。

表7-1 明代外交机构职责分工及运行方式

类型	机构名称	职责分工及运行方式
决策机构	中书省	草拟政策，请旨以诏令形式下达相关机构执行
	礼部	决议，请旨以诏令形式下达相关机构执行
	内阁	决议，请旨以诏令形式下达相关机构执行
专职机构	主客司	主管朝贡事务，上接外交招令，下协调各机构
	四夷馆	主管翻译外交文书，在内阁领导下运行
	市舶司	管理海外贸易，运行过程受多重约束

（续表）

类型	机构名称	职责分工及运行方式
专职机构	会同馆	主管朝贡接待，在礼部领导下运行
主要外交关涉机构	行人司	以外交出使为职责，皇帝领导下运行
	鸿胪寺	主管朝贡礼仪，与礼部仪制司配合运行
中央辅助外交关涉机构	光禄寺等	为使者提供饮食等服务
地方辅助外交关涉机构	督饷馆等	管理私人海外贸易等事务

资料来源：根据1962年台湾"中央研究院"史语所校印历朝《明实录》整理而成。

二、明代外交决策机构运行机制

外交决策机构主要是指在各不同阶段辅佐皇帝处理政务的中枢机构，包括中书省、礼部以及内阁等，其运行机制以外交决策为核心，包括外交决策方式及外交决策过程两个要素。在外交决策过程中，也有其他机构的参与，但起主导作用的仍是中书省、礼部及内阁等中枢机构。在外交决策方式中，"御决"是皇帝亲自决策，但也离不开外交决策机构的章奏建议，因此，该决策方式也被包含在外交运行机制之内。

（一）明代的外交决策

明代政府的决策包括中央决策和地方决策两种类型，"凡上之达下，曰诏，曰诰，曰制，曰册文，曰谕，曰书，曰符，曰令，曰檄，皆起草进画，以下之诸司。下之达上，曰题，曰奏，曰表，曰讲章，书状，曰文册，曰揭帖，曰制对，曰露布，曰译，皆审署申覆而修画焉，平允乃行之"。[①] 这一文移过程展示了明代政府的决策过程，上之达下的决断过程，即中

---

① 〔清〕张廷玉，等.明史·卷七十二·志第四十八[M].北京：中华书局，1974：1732.

央的决策过程，而下之达于上的提议过程，也就是地方的决策过程。① 明代封建君主的权力空前加强，内阁及六部的行政权及六科十三道的审议权都需要依附于皇权之下才能发挥作用。地方政府实质为中央政府的派出机构，并无独立的决策权。

外交决策事务属于国家大政，即使昏庸的皇帝也往往亲自操持决策权。但是，皇帝一人精力有限，需要宰辅机构协助其处理政务。永乐七年（1409）二月，"车架发京师，巡幸北京，明皇太子监国，庶务惟文武除拜、四夷朝贡、边境调发，上请行在，余常务，悉启闻处分"。可见，明成祖在离开京城，让太子代为处理政务时，仍把四夷朝贡事务与人事权和调动军队权牢牢控制在自己手中，足可见外交事务的重要性。礼部是中央外交主管机构，但其决策权本身附属于皇权，还要受到内阁、六部、六科、都察院等其他部门的掣肘。在不同时期，中书省、礼部及内阁分别在外交决策中起主导作用。明初，中书省辅佐皇帝掌握外交决策权，洪武十三年（1380）废中书省之后，随着六部地位的提高，礼部一度掌握外交决策权，但内阁崛起以后，实质成为权力中心，并通过"票拟权"掌握外交决策事务。

（二）明代外交决策的方式

明代外交决策权集中在皇帝、内阁、部臣及科道官员之间，洪武十三年（1380）之前还有中书省臣的参与。无论内阁大臣、部臣组成的行政机构还是以科道官员组成的参议机构都难以独立发挥作用，都需要在皇权的基础上才能参与外交决策。外交机构参与外交决策方式有以下几种，部议、朝仪及御决等。

第一，部议。礼部是最重要的外交机构之一，所以，"下礼部议"是最重要的外交决策方式之一。废相之后，六部成为直属于皇帝的中央机构。礼部是职掌外交事务的中央机构，皇帝将涉及外交问题的奏章下该部讨论，并征求建议，这个过程就是"部议"。部议是外交决策的重要方式，可以为皇帝减轻政务负担。皇帝一人身系天下，建立了庞大的文官系统分担其庶务。开国皇帝朱元璋勤于政务，即便如此也明显力不从心，先后设立了

---

① 唐克军. 不平衡的治理：明代政府运行研究[M]. 武汉：武汉出版社，2004：9.

四辅官和殿阁学士辅助他处理政务。朱棣夺取皇位，积极向外开拓，建立以明朝为中心的朝贡体系。永乐元年（1403）四月，安南权理国事胡氏遣使贺即位，另外贡方物，上表言陈日煃死后绝嗣，"现胡氏为陈之甥，为众人所推理国事已有四年，所以请明朝正式册封胡氏为安南国王，"礼部议，安南绝远多诈难信，宜遣使廉察之"。①仁、宣二帝之后的皇帝都生于深宫，和外界几乎隔绝，于是部议成为普遍的议政方式。天顺二年（1458）二月，山东东昌府聊城县民李焕奏，窃观四夷来朝，多是贪图朝廷之赏赐，窥觇中国之虚实，未必皆诚心慕义也，若海外诸夷，其来有限，固不甚为民害，唯有各处喇嘛藩僧贪婪无厌，递年进贡去而复来，经过驿传，凡百需索，稍不满其所欲，辄持刀棍杀人甚至乘山东饥荒之际，盗买流民子女，满载而去，害民亏国，良可痛恨，乞敕有司今后夷人入贡，"有骚扰驿传，盗买子女者，悉治以法，庶夷虏慑服，中国奠安，事下礼部议，从之"。②成化十四年（1478）。广西守臣奏称，安南朝贡赍装甚多，而边境民少不足运送，以致构怨，事下礼部议，"其国朝贡使人多挟私货营利，殊为边境之苦，乞严加禁约"。③

弘治十四年（1501），琉球国使臣奏，守臣虐削，事下礼部议，"令福建守臣今后琉球国进贡方物，除胡椒苏木每一百斤准令加五十斤以备折耗，番锡不必加增外，其余附带物货召商变卖者，不许劝借客商银两及夷商私出牙钱，其布政司等衙门、市舶太监等官俱不许巧取以困夷人，违者罪之，著为令"。④正德十三年（1518），佛郎机国差使臣加必丹末等贡方物，请封，并给勘合，广东镇抚等官以海南诸藩无谓佛朗机者，况使者无本国文书，未可信，乃留其使者以请。嘉靖四十四年（1565），有夷目哑喏唎归氏者浮海求贡者，初称满剌加国，已复易辞称蒲丽都家。两广镇巡官以闻。

---

① 〔明〕徐学聚．国朝典汇·卷一百六十八·兵部三十二[M]．北京：书目文献出版社，1996：2039．
② 《明英宗实录》，卷二百八十九，天顺二年三月乙巳．台北："中央研究院"历史语言研究所校印，1962：6185．
③ 〔明〕俞汝楫．礼部志稿·卷九十二·朝贡备考·优夷[M]//景印文渊阁四库全书本·史部·职官类·第598册．台北：商务印书馆，1986：680．
④ 〔明〕俞汝楫．礼部志稿·卷九十二·朝贡备考·优夷[M]//景印文渊阁四库全书本·史部·职官类·第598册．台北：商务印书馆，1986：680-681．

下礼部议，南藩国无所谓蒲丽都家者，或佛朗机诡托也，请下镇巡官详审，若或诡托，即为谢绝，或有汉人通诱者，以法治之。由于礼部是外交主管机构，所以大部门涉外事务都下礼部议，但涉及国家安全的涉外事务也会下兵部议论，成化十六年（1480），"朝鲜贡使为建州虏邀劫，请改道从鸭绿江抵前屯以入山海关，下兵部议，将从之，大夏曰，朝鲜入贡道自鸦骨关由辽阳纡广宁过前屯径三四大镇而后至山海者，此祖宗微意，使外夷不易窥中国也"。①

以上例子仅仅是一部分，之所以不厌其烦地列举个案是为了证明"礼部议"是明朝外交决策的重要方式。部议的主题往往是皇帝不能拿定主意的事情，交给礼部讨论并提出处理意见。对于部议的结果，最终还是由皇帝裁决，大多数情况下皇帝都会批准部议的结果，正德十五年（1520），佛郎机入贡，"御史邱道隆言，满剌加乃敕封之国，而佛郎机敢并之，且峽我以利邀求封贡，决不可许，御史何鳌言，佛郎机最凶狡，兵械较诸蕃独精，前岁驾大舶突入广东会城，炮声殷地，留驿者违制交通，入部者桀骜争长，今听其往来贸易，势必争斗杀伤，南方之祸殆无纪极，祖宗时贡有定期，防有常制，近因布政吴廷举谓，缺上供香物，不问何年来即取货，致番舶不绝，禁防益疏，佛郎机遂乘机突至，乞悉驱在澳番舶及番人潜居京师者，疏下礼部议论，从之"。②虽然大部分时间，皇帝都会听从部议的结果，但也有不赞同的例外情况。弘治三年（1490），吐鲁番又偕撒马尔罕贡狮子及哈喇虎忽剌诸兽，因请献还哈密城及金印以赎使臣，巡按甘肃御史陈瑶论其靡费烦扰，"请勿纳礼部议，如瑶言帝命，姑纳之"。③礼部部议的结果是却贡，但皇帝最终没有采纳礼部部议的结果。

部议就是该部所有重要官员参与议论，讨论解决问题的意见，是一种非常好的决策方式，从制度史的角度来看还具有"民主决策"的性质，有利于发挥集体智慧的优势。但是，这种决策方式在明代还存在明显的不

---

① 〔明〕何乔远.名山藏·卷六十八·臣林记[M].福州：福建人民出版社，2005：4060.

② 〔清〕龙文彬.明会要·卷七十七·外蕃一·佛郎机[M].北京：中华书局，1956：1506.

③ 〔清〕陈鹤.明纪·卷二十一·孝宗纪一[M].北京：中华书局，1989：208.

足，难以真正发挥作用。其一，在大多数情况下，部议的真正操纵者是尚书，其集体决策的公开性大打折扣。据《谷山笔尘》记载，"本朝六部奏疏，例皆三堂同署，而谋画源委左右二卿往往不得与闻，惟奏牍已成，吏衙纸尾请署二卿，以形迹顾避，亦不问所从，至於铨曹进退人才，颇关要秘，甚或在廷已闻，而两堂不知，惟太宰一人与选郎决之，此非与众共之之义也，正卿与郎吏为密，视同列如外人，及有不当上心，奉旨对状，左右二卿又难以不知为解，是不使之与其谋而使之同其谴也"。① 可见，尚书实际上是部议结果的真正操纵者，甚至左、右侍郎都不知道该部参议的内容，表面上是集体决策，实际上是尚书一人决策；表面上是公开性的参议，实际上是秘密决策。其二，礼部议的结果往往受到其他强势权力部门的干预，难以形成独立意见。嘉靖时期吏部尚书桂萼言，"夷狄苟以诚归朝廷，亦当以诚待之，今不乘其来而怀之，则哈密之地何时可归，边鄙之患何时可息，臣谓当留质牙木兰，遣译者单骑谕速坛满速儿，责以访哈密之后，归其金印城池之旧，改过自新，方许通贡，上深纳其言，第以夷情甚重，令礼、兵二部议之，萼会礼部尚书方献夫、兵部尚书王时中等议"。② 可见，由于外交事务的重要性，单凭礼部一个部门的决议很难形成最终的决定，往往受到其他部门的制约，尤其是在明代，阁臣、宦官等官员都严重削弱部议的权力效力。

第二，朝议。朝议是比部议更高一级的决策方式，其参与议政的官员更多，其决定的外交事务也较部议所决事务重大。朝议也有中央其他机构参与，但起主导作用的是内阁大臣。朝议分集议和廷议两种，如果皇帝没有当朝决断，而是下各部门共同参议，提出处理意见，称为集议。廷议也是重要的外交决策方式，是指皇帝号召大臣针对某一个问题展开讨论，并在朝廷直接作出决定的议政方式。

在明代，集议是非常重要的外交决策方式。"凡大事论议矛盾者，下廷臣集议。"③ 关于嘉靖二年（1523）的争贡之役，前面已经多次提到，

---

① 〔明〕于慎行.谷山笔尘·卷四·相鉴[M].北京：中华书局，1984：34.
② 〔明〕徐日久.五边典则·卷十六.北京：中央民族学院图书馆印制本，1985：313-314.
③ 〔明〕陈子壮.昭代经济言·卷十一·孙懋[M].北京：中华书局，1985：222.

明人黄凤翔在《嘉靖大政类编》中记载这件事如下：

嘉靖二年（1523）六月，日本国夷人，僧宗设等赍方物入贡，泊浙之宁波，已而僧瑞佐、宋素卿等后至，互争真伪，宗设遂杀瑞佐，而素卿者故宁波叛民也，率其党窜慈溪，纵火大掠，杀指挥刘锦，蹂躏宁绍，间宗设等夺舟遁，携指挥袁琎以去，事闻，上切责镇巡等官，令督兵追捕，其入贡当否，事宜下礼部议，报兵科给事中夏言言，丑夷恣逆，沿海无备，宜遣风力近臣，由山东循淮扬历浙闽以及两广，会同抚臣，按视预为区画，其倭夷应否通贡，乞下廷臣集议。①

从上面一段材料中可以发现两个细节描述，即针对嘉靖二年（1523）两个日本朝贡使团来华朝贡是否合法，皇帝令"下礼部议"，针对是否和倭夷通贡的问题则"下廷臣集议"，很明显前者仅仅是针对一次外交冲突进行参议，而后者则是针对是否和日本断绝来往进行参议。显然，后者规格更高，所议事务较前者更重要。

集议作为一种重要的外交决策方式往往由阁臣主持，召集"九卿"、科道官员以及更多的其他官员参与，确实更能够集思广益，征求各方面的意见，作出相对正确的决策。弘治时期，"占城国王古来奏，累被安南侵地杀人，虽蒙朝廷降敕谕使敦睦，而阳顺阴逆，稔恶弗悛，因遣从子沙古诣阙，请命大臣往为讲解，词甚哀，下廷臣集议，谓故事无遣大臣为外国讲和者，请下两广守臣移文安南，谕令敦睦邻好，返其侵地，兼谕古来抚绥人民，修饬武备，为自立之计，事定令两国各具实以闻，议上，上意欲违官，大学士徐溥等言，占城国乞差大臣往本国将安南所侵境土尽数退还，各衙门两次会议皆以为不必请"。② 孝宗本打算派遣大臣前往调解，但在廷臣集议结果的影响下，最终没有派遣大臣前往。可见，对外交大事进行集议，有利于形成正确的决策。正如徐溥所言，"若遣使往，万一抗令，

---

① 〔明〕黄凤翔.嘉靖大政类编·南倭[M]//景印文渊阁四库全书本·史部·杂史类·第433册.台北：商务印书馆，1986：748.

② 〔明〕徐日久.五边典则·卷二十一[M].北京：中央民族学院图书馆印制本，1985：363.

亏损国体，问罪兴师则坐耗中国，非计之得也"。①

集议作为外交决策的方式也同样存在着不足，叶盛在《水东日记》里面谈到，"盖例，凡中外陈言奏，皆礼部于内府会六部、都察院、大理寺、通政司、堂上六科掌印官会议，礼部侍郎宣言其要，诸部院正官面决可否，自正官外，更无出一言者，则旧习然也"。②可见，集议也同样存在着参议权过于集中的问题，正如叶盛所说，除了各机构正官，其他官员一言不敢发。

廷议也是一种重要的外交决策方式，由于廷议是当场作出决定的决策方式，所以难免会发生决策事务不当的情形。倘若廷议的决定不妥当，在相关大臣的建议下，皇帝也有可能改变廷议结果，重新作出外交决策。例如，正德二年（1507），朝鲜世子夭死，"国王憸哀恸成疾，请以国事付其弟怿，其国人复奏请封怿，礼部议，命怿权国事俟，憸卒乃封，既陪臣卢公弼等以朝贡至京，复请封怿，廷议不允"。③这件事情是朝鲜李朝历史上一个重大事件，其第十代王李憸荒淫残暴，引起了朝鲜国内不满，所以请求明朝改封其同父异母弟李怿，礼部议的结果是命怿先权理国事，等李憸死后再封其为王，而廷议的结果则是直接否决了朝鲜的请封要求。显然，礼部议的结果更优于廷议的决策，由于正统思想的根深蒂固，明朝皇帝对朝鲜王位非正常变化极端仇视，所以廷议中直接否决。同年（1507）十二月，李憸的母妃上奏，"怿且长且贤，堪付重寄，于是礼部奏，憸以痼疾辞位，怿以亲弟承托，授受既明，友爱不失，通国臣民举无异辞，宜顺其请"。④皇帝最终改变了廷议的结果，听从了礼部的建议，改封李怿为朝鲜第十一带王，维护了中朝朝贡关系的稳定性。

在诸多涉及明代的古籍中，朝议和廷议往往具有同样的含义，都是指皇帝号召大臣针对某一个问题展开讨论，并在朝廷直接作出的决定。例如，成化十二年（1476），云南镇守中官钱能怙势贪纵，遣其麾下指挥郭英取

---

① 〔清〕万斯同.明史·卷二百三十七·列传八十八[M]//续修四库全书本·史部·别史类·第326册.上海：上海古籍出版社，2002：223.
② 〔明〕叶盛，魏中平点校.水东日记·卷四·记会议异同诸事[M].北京：中华书局，1980：44.
③ 〔清〕陈鹤.明纪·卷二十四·武宗纪一[M].北京：中华书局，1989：240.
④ 〔清〕陈鹤.明纪·卷二十四·武宗纪一[M].北京：中华书局，1989：242.

捷径从云南往安南求贿赂，按照惯例明朝朝使皆从广西去安南，从来没有经云南到安南的先例，于是安南君臣骇愕，"欲因间启途，遣一酋以兵尾其后，将近边，英绐其酋，请先白守关者，因脱归，边吏戒严，安南兵始去，事传籍籍，谓英勾引外夷窥边，朝议命恕巡抚其地，恕至即捕英治之，英惧赴井死，没其宝石于官，械其党至京诛之，恕在云南几阅月疏二十上，声动天下"。① 通过朝议的方式，选出王恕这样能干的官员到云南处理外交事宜，取得了非常好的效果。

第三，御决。所谓"御决"是指皇帝自己决策。皇帝拥有至高无上的权力，无论何种议政方式，其最终的决策只有通过皇帝的批准才能真正产生效力。一切奏章要想转化为国家意志都必须经过皇帝，任何官僚机构都无独立的决策权。开国皇帝朱元璋不仅在中央机构设置上废除中书省，散权于六部，而且在地方政府机构设置上煞费苦心。朱元璋不但改前元的行中书省为承宣布政使司，而且还在地方设置设布政使司、按察使司和都指挥司分别掌管行政、司法和军政。朱元璋在《承宣布政使诰》中表达了他加强皇权、弱化各级官僚机构权力的思想，他说：

昔者二帝三王之设官也，爵分五等，列国天下，使守其土，子其民，世禄给焉，惟周诸侯不法，为秦所有，秦监周事，遂罢列国为郡县，而治之斯法也，制也，自汉承而行，唐宋皆然，元蹈中国体之然也，郡县之多，寰宇之广，其中书不能一一总其事，又设方面大臣流其职，理方隅之务，所职之名，汉曰州牧刺史，唐因之，宋改而曰安抚，元亦改名曰行省，此皆历代总郡邑而专方隅者也！迩来，朕有天下，更行省为承宣布政使司，所以承者朕命也，宣者代言之也，布者张陈之也，所以政者军民休戚国之利病，所以使者必去民之恶，而导民之善，使知有畏，从於斯之职，可不重乎，若非其人，则方隅之军民失所仰瞻，若得其人，则方隅之事，军足食民乐耕，其鳏寡孤独不失其所焉。②

---

① 〔明〕陈建.皇明通纪法传全录·卷二十三·宪宗纯皇帝纪[M]// 续修四库全书本·史部·编年类·第357册.上海：上海古籍出版社，2002：396-397.
② 《明太祖文集》，卷四，《承宣布政使诰》.景印文渊阁四库全书本，集部，别集类，第1223册.台北：商务印书馆，1986：39-40.

在这里，朱元璋明确指出地方布政使的职责是承"皇帝之命"和传达"皇帝之言"，其强化皇权之用心十分明显。因此，皇帝决策是最为重要的外交决策方式，无论是部议、集议还是廷议的决策方式都需要得到皇帝的批准来实施。但是，在皇帝拿不定主意或者无暇理政的情况下，待决外交事务则以皇帝下令的形式移至礼部或者朝廷由群臣讨论决策。如果皇帝勤政而且善于决断，则由皇帝直接对外交事务决策，这种外交决策方式成为御决。实际上，在洪武、永乐年间，大部分外交事务都是采取"御决"的方式，由皇帝直接决策；在宣德、弘治等皇帝比较清明的时期，皇帝往往将外交事务下"部议"或者"集议"，然后慎重定；在正统、正德、万历、天启等皇帝年幼或者怠政的情况下，外交决策权则被宦官或者权臣把持，"御决"实际上是权臣决策或者权阉决策。

（三）明代外交决策的过程

明代的外交决策一般要经过地方政府上奏通政司、通政司上奏皇帝、皇帝下部议、集议或者廷议、内阁票拟、批红、六科抄出付部等六个阶段，但上述六个阶段只是一般的外交决策过程，实际操作中往往省略很多程序。

第一，地方政府上奏夷情是第一个阶段。在古代尚无现代无线通信工具的条件下，明朝政府不可能事先得知朝贡使团的详细入境时间。四夷朝贡使团从边境地区入境之后，边境地区的地方政府才上报朝廷。这样，边境地区的军政机构及沿海地区的布政使司上奏夷情就成为外交决策的第一个步骤。例如，明代重臣王琼在《晋溪本兵敷奏》中指出，"镇巡官具奏已到关求贡夷人马黑麻火者等，并以后再有来贡夷人，俱令镇巡官督同副参三司等官，逐起审验明白，查例相应量数存留起送"。[①] 地方长官要首先安置使者，同时迅速上报朝廷，然后根据旨意安排朝贡使团进京朝觐。然而，如果地方官员上奏夷情不实，会给外交决策带来很大的麻烦。再如，永乐二年（1404）九月，福建布政司奏，"有番船泊岸，询是暹罗遣使通好琉球，因风漂至，已籍船中物，请命，上曰，'乡有善人犹能振人于德，夷国通好，

---

① 〔明〕王琼.晋溪本兵敷奏·卷七·陕西甘肃类下[M]// 续修四库全书本·史部·诏令奏议类·第475册.上海：上海古籍出版社，2002：782.

不幸漂泊，可利而籍之，舟坏为治，乏食粟焉，便风欲归，或往琉球即导之去"。① 地方政府有些情况下也会先上报给礼部，然后礼部再通过通政司或者直接上奏皇帝。宣德元年正月，礼部奏请宴劳外夷朝贡使臣，皇帝回复，"四夷宾服，世所贵也，共使臣今不远万里而来，者皆有慕於中国，饩廪宴赐必丰庶，昭朝廷优待之意"。② 但也有地方政府官员甚至个人直接上奏皇帝的情况。成化五年（1469），山东济宁人李巘奏，"外夷朝贡经过者，扰害有司驿递"。③

第二，通政使司接纳各地奏章之后上奏皇帝，这是外交决策的第二阶段。通政使司设立于洪武十年（1377）七月，专门负责出纳诸司公文、敷奏、封驳等事务，设有正三品通政使一人，左、右通政各一人，左、右参议各一人。设立于洪武三年（1370）三月的察言司是通政使司的前身，设司令二人，吏二人，掌受四方奏章。朱元璋非常重视通政使司的作用，十分重视对该机构长官的选任，亲自任命刑部主事曾秉正为首任通政使，应天府尹刘仁为首任左通政，并告诫他们：

壅蔽于言者，祸乱之萌，专恣于事者，权奸之渐，故必有喉舌之司，以通上下之情，以达天下之政，昔者虞之纳言、唐之门下省皆其职也，今以是职，命卿等官以通政为名，政犹水也，欲其常通无壅遏之患，卿其审命，令以正百司、达幽隐，以能庶务，当执奏者勿忌避，当驳正者勿阿随，当敷陈者无隐蔽，当引见者无留难，毋巧言以取容，毋苛察以邀功，毋谗间以欺罔，公清直亮，以处厥心，庶不负委任之意。④

可见，通政使司实为皇帝的喉舌，具有通达上下之情，避免政令不通

---

① 〔明〕何乔远.名山藏·卷六·典谟记[M].福州：福建人民出版社，2005：206.
② 〔明〕徐学聚.国朝典汇·卷一百七·礼部五[M].北京：书目文献出版社，1996：1373.
③ 〔明〕雷礼等.皇明大政纪·卷十四[M]// 续修四库全书本·史部·政书类·第354册.上海：上海古籍出版社，2002：115.
④ 〔明〕徐学聚.国朝典汇·卷五十六·吏部二十二[M].北京：书目文献出版社，1996：1005.

的使命。各边境地区按惯例都会将本地涉外事务上报给通政使司，通政使司收到奏章后，再将各地奏章分类上奏皇帝。例如，唐顺之自嘉靖三十八年（1559）开始担任通政使司右通政，皇帝为了及时了解夷情，令唐顺之会同胡宗宪经略兵务，唐顺之奏，"据总兵官卢镗手本内一款，抚处夷情，以尊国体，开称祖宗以来，给与日本金印勘合，十年一贡，船不得过三只，人不得过百名，既申远夷慕义之情，远夷亦得交易中国之货以为利，而中国亦以羁縻远夷，使常驯服不为寇贼百余年来"。① 可见，地方军事将领卢镗首先将倭寇情况上报通政使司，再有通政使司官员唐顺之奏报皇帝，这有利于皇帝及时、准确了解平倭事务，防止瞒报、虚报等情况的发生。

第三，皇帝获得通政使司所呈奏章后，大致有两种情况。一种情况是皇帝直接下诏，无须臣下讨论，还有一种情况是皇帝将奏章下相关机构讨论，并提出对策。对于外交事务来讲，除了明太祖及明成祖等少数几个有作为的皇帝有时会直接决策外，大部分明朝皇帝都会令臣下议论后，提出对策上奏。因此，部议、集议或廷议都属于外交决策的第三个阶段。例如，成化三年正月，西戎毛里孩乞通贡，"制曰无约而请，和者谋也，其令各边谨备虏，毛里孩不得贡，渡河东侵大同，廷议，杨信兵少不足制虏，于是，以抚宁侯朱永为平胡将军，率京兵往"。② 再如，不费一兵一卒于嘉靖十九年（1540）平定安南的毛伯温就是通过廷议的方式被委以重用的。嘉靖十五年，皇太子出生，世宗准备向各国颁布诏书，大学士夏言认为安南长期不来朝贡，应当治其罪，廷议之后，"上命咸宁侯仇鸾总督军务，兵部尚书毛伯温参赞军务，往征之"。③

第四，内阁"票拟"是第四个阶段，一般情况下是由内阁直接对上奏文书进行票拟，然后呈报皇上。内阁主要通过"票拟"参与决策，内阁本身不是一个独立的官僚机构，在正统六年（1441）以前属于翰林院，后来

---

① 〔明〕胡宗宪.筹海图编·卷十二·通贡道[M]//景印文渊阁四库全书本·史部·地理类·第584册.台北：商务印书馆，1986：392.
② 〔明〕徐学聚.国朝典汇·卷一百七十一·兵部三十五[M].北京：书目文献出版社，1996：2168.
③ 〔明〕严从简，余思黎点校.殊域周咨录·卷六·南蛮·安南[M].北京：中华书局，2000：217.

权力逐渐上升，甚至出现了权力和丞相不相上下的内阁首辅。夏言、严嵩、徐阶、高拱及张居正都是非常有实权的内阁首辅。内阁首辅的权力主要是通过票拟权实现的，"内阁之职，同于古相者，以其主票拟也"。① 谢肇淛有一段论述如下：

太祖诛胡惟庸后，罢丞相不复设，而以九卿分治，凡事可否听自上裁，当时岂有内阁及票本之事哉，永乐初以万机多，故于词臣中选数人入阁办事，军国重事面与商确，而当时九卿亦召预议，不独阁臣也，其后稍倦勤，遂令票拟以进，习以为常，三杨当英庙之初，主少国疑，权由己出，天下遂以相名归，之而实非也，夫以大学士爲相，则学士不过词林殿阁之职，秩止五品，非相也，如以处百僚之上，则其尊多由兼官或六卿或宫保，非本等职业也，票拟不过幕宾记室之任，可否取自朝廷，何权之有，而其后如分宜江陵之爲者，如猾吏之市权窃之也，非真权也。②

可见，内阁的票拟权受到多方因素的制约，内阁要想在外交决策中发挥作用，需要取得皇帝的信任，还要得到宦官的支持，同时最好能控制科道官员，否则，内阁就难以发挥作用。

第五，封建社会皇权至高无上，所有的官僚机构都是围绕皇权而设立的。因此外交决策权的最为关键一环，就是"批红"。所谓"批红"是指皇帝审阅内阁提出的意见，然后用朱笔进行批示。只有经过皇帝批准的外交决策才能生效，但是批红权往往旁落宦官之手，这也是明朝政治的一大特色。朱元璋为了收拢权力，废除了丞相一职，所有政务系于皇帝一身。像洪武、永乐这样精力充沛的开拓型皇帝还能勉强应付，但到了中后期，年幼、昏庸的皇帝则没有精力处理政务。宣德年形成的内阁制在很大程度上减轻了皇帝的政务负担，但批红还是需要皇帝亲力为之，但即便如此，皇帝也感力不从心，于是宦官成了最佳的人选。

---

① 〔清〕龙文彬.明会要·卷二十九·职官一[M].北京：中华书局，1956：467.
② 〔明〕谢肇淛.五雜俎·卷十四·事部二[M].北京：中华书局，1959：402–403.

第六，六科抄出付部是外交决策的最后一个阶段。批旨到六科，六科抄出发给各部，这也就意味着外交决策的结束，开始进入执行阶段。但六科还有"封驳"和"抄参"的权力以纠正政令之失。明代给事中对政令的纠正权表现在两个方面，即对大的过失直接封驳，对小的过失则抄参。"六部有子部，都察院有十三道，大理有左右寺丞，惟通政无属，闻之前辈博洽者，如临朐冯宗伯、交河余宗伯辈云，六科乃通政司属官，以承内旨封驳，故列署於内府以后，事权渐重，仅有文移往还其文，犹用呈字，今则判然不相关涉矣"。① 所以，到了明代，六科独立成为一个衙门，事权较前代重。

所谓"封驳"就是驳回皇帝诏书不行，以纠正政令之不当，"凡制敕宣行，大事复奏，小事署而颁之，有失，封还执奏，凡内外所上章疏下，分类抄出，参署付部，驳正其违误"。② 六科的封驳权有利于纠正政令之不当，往往任用新人充任科臣，不受旧制约束，敢于发言，敢于纠正错误。"我朝太祖深识此意，重六科封驳与天子抗议，而特卑其衔，超越前古之见，其能一洗诸弊，初设科官始示名元士，又名士源，盖言系之重也，弘治前以进士筮仕注铨，意在初出山，人无世情入心，必能恪守成法，真率不惧，弘治十五年（1502）马公文升题议，始开行人博士兼除之例，而推官知县行取入选，则正德中始也"。③ "抄参"也是六科的职掌之一，是指对皇帝所下之疏，认为不合理者，抄参到部，让部参处，一般针对小问题。明代的封驳与抄参都是对政令的审查，具有积极意义。凡是经过六科审议后的外交决策，都会毫无争议地被执行，而被六科"封驳"或者"抄参"的决议则往往被纠正，有利于纠正事务，科学决策。

三、推动明代外交政策执行机构运行的手段

完成外交决策之后，就进入了执行阶段。外交专职机构及关涉机构均

---

① 〔明〕沈德符.万历野获编·卷二十·通政司官[M].北京：中华书局，1997：517.
② 〔清〕张廷玉，等.明史·卷七十四·志第五十[M].北京：中华书局，1974：1805.
③ 〔明〕涂山.明政统宗·卷十[M].台北：成文出版社，1969：2821.

为外交决策的执行者,因此也可以将外交专职机构和外交关涉机构统称为外交政策执行机构。中央为保证政令的彻底执行,采取了层层下压的运作方式。①推动外交政策执行机构运作的最高权力来自皇帝,然后逐级下压。外交专职、关涉机构运行机制的最核心要素是下压的运作手段。内阁等外交决策机构拟定的外交政策经过皇帝批准后便转变为国家意志,如何将这些政策付诸实施,需采取下压的运作手段,令主客司、鸿胪寺、四夷馆及会同馆等外交机构出色完成其职责。下压的手段主要包括诰敕、考课及勘实等。

(一)诰敕

在明代,预备官员的道德教育工作由各级学校完成,而在职官员的德育工作则由皇帝亲自负责。皇帝为了激励各级官吏,通过赐予诰敕、袭封、荫叙及封赠等手段引导他们坚守道德底线,兢兢业业完成本职工作,其中皇帝发给各级官吏诰敕是最为重要的道德激励手段。京官任职满一年,才可以获赐诰敕。洪武十六年(1383),吏部试侍郎刘逢吉建言,"自今除授在京官员,俱令试职一年后考核,称职者实授,颁给诰敕,不称职者罢黜"。②外官任职满三年,皇帝才赐予其诰敕。早在洪武四年(1371),朱元璋就听从了吏部的建议,"天下有司官员,到任未久,贤否未明,今后历任三年考核,称职无私过者,然后给诰"。③

根据洪武二十六年(1392)所定,"一品至五品皆授以诰命,六品至九品皆授以敕命,妇人從夫品级,诰用制诰之宝,敕用敕命之宝,一品官诰用玉轴,二品官诰用犀轴,三品、四品官用抹金轴,五品以下用角轴,凡诰敕轴数,正统十二年(1447)定,一品五轴,二品三轴,三品二轴,四品至七品俱一轴,天顺元年(1457)奏定,一品四轴,二品、三品三轴,

---

① 唐克军.不平衡的治理:明代政府运行研究[M].武汉:武汉出版社,2004:72.
② 《明太祖实录》,卷一五七,洪武十六年冬十月戊子.台北:"中央研究院"历史语言研究所校印,1962:2435.
③ 《明太祖实录》,卷六十二,洪武四年三月庚戌.台北:"中央研究院"历史语言研究所校印,1962:1202.

四品至七品二轴"。① 后来虽经过屡次改革,但均是对一些授予诰敕的细节问题进行补充,并未发生大的变化。根据洪武二十六年(1392)标准,外交专职机构及部分涉外机构的堂官被赐予诰敕情况如下表7-2所示:

表7-2 主要外交机构正官被赐予诰敕情况②

机构	机构类型	正官	品秩	赐予诰敕情况
主客司	外交专职机构	郎中	正五品	二份角轴诰命
四夷馆	外交专职机构	提督官	正四品	二份抹金轴诰命
市舶司	外交专职机构	提举	从五品	二份角轴诰命
会同馆	外交专职机构	提督主事	正六品	二份角轴敕命
行人司	主要外交关涉机构	司正	正七品	二份角轴敕命
鸿胪寺	主要外交关涉机构	卿	正四品	二份抹金轴诰命
光禄寺	辅助外交关涉机构	卿	从三品	三份抹金轴诰命
督饷馆	辅助外交关涉机构	税务官	从八品	一份角轴敕命

资料来源:〔明〕申时行等.《大明会典》,卷六,《吏部五》.续修四库全书本,史部,政书类,第789册.上海:上海古籍出版社,2002:111-119.

推动明代外交机构运行的另一重要手段是考课。明代外交机构官员均属于文官,因此,对其的考核由吏部考功清吏司负责。京官初入仕者还需要试职一年,经考核堪用者,才可以实授,地方官员则一般没有试用期。考课的周期一般为三年,"满三年为一考,六年再考,九年通考黜陟,即古三载考绩,三考黜陟,幽明遗意"。③ 考课包括考满及考察两种类型,二者相辅而行。所谓考满是指任职期满,对其业绩进行考核,并根据考核结果确定实授、升、调或者降黜。考察又名大计,分为京察和外察两种形式,主要考察各级官员是否有渎职行为、是否达到致仕年龄及身体状况等。

---

① 〔明〕申时行,等.大明会典·卷六·吏部五[M]//续修四库全书本·史部·政书类·第789册.上海:上海古籍出版社,2002:119.
② 个别外交机构的正官品秩在不同时期有微小变化,此表所列均指专职机构及主要外交关涉机构形成定制后的正官品秩。
③ 〔明〕申时行,等.大明会典·卷十二·吏部十一[M]//续修四库全书本·史部·政书类·第789册.上海:上海古籍出版社,2002:195.

京察又分为南察、北察两类。①

考满的结果分为三等，"曰称职，曰平常，曰不称职，为上、中、下三等考满之法，三年给由，曰初考，六年曰再考，九年曰通考"。② 对于获得不同考核结果的官员给予不同的待遇，例如，洪武十一年（1378），朱元璋将经吏部考核最称职而无过失的官员定为上等，并在朝觐宴会上赐予其座位；把经吏部考核有过失而称职者定为中等，准予其参加朝觐宴会，但不赐座；将有过失且不称职的官员定为下等，并不准其入朝觐宴会酒席，只能站在宴会大厅门口，等入席的官员依次退出之后方能离开。考察结果区分更加细致，分为贪、酷、浮躁、不及、老、病、罢及不谨八类，并给予致仕、降调、冠带闲住及削职为民等不同处分。洪武年间规定，四品以上各机构堂官，九年任满由皇帝亲自决定黜陟。因此，四夷馆、鸿胪寺及光禄寺等外交机构的正堂官九年考满均由皇帝亲自决定其赏罚。万历元年（1573），"令以后各官考满，例该升级者，止许开具应升缘由，以俟朝廷裁予，毋得辄自定拟职任"。③ 根据洪武二十六年（1393）定制，对于在京各衙门属官，则由本堂正官考核，并且要出具考语，送都察院并本部复考，如原来考语得当，都察院可以给予同样的考语。如果考语不符合事实，则需听复考官从公考核。

主客司及会同馆都属于礼部属衙，对这些机构的考满均由礼部尚书负责。根据洪武二十六年（1393）规定，"凡行人司官考满，行人以一年为满，从本司正官考核，分豁称职、不称职，呈送礼部，转送本部复考，称职者于从九品内升用，不称职者于未入流品官内叙用，有过罚差一年，其正官从本衙门将行过事迹，并应有过犯备细开写送本部考核"。④ 后来，行人的考满期限改为三年一考，仍由行人司司正负责考核，然后将考核结果呈

---

① 明代实行两京制，而本文所研究的外交机构主要指掌握实权的北京官僚机构，故以"北察"为研究对象。
② 〔清〕张廷玉，等.明史·卷七十一·志第四十七[M].北京：中华书局，1974：1721.
③ 〔明〕申时行，等.大明会典·卷十二·吏部十一[M]//续修四库全书本·史部·政书类·第789册.上海：上海古籍出版社，2002：197.
④ 〔明〕申时行，等.大明会典·卷十二·吏部十一[M]//续修四库全书本·史部·政书类·第789册.上海：上海古籍出版社，2002：197.

送礼部，再转送吏部咨都察院行河南道，如果考核结果被驳回，则重新考核，司副与正官的考核一样，主要由礼负责考核，并需要将考核结果呈送都察院。

（三）勘实

明代的勘实制度主要针对地方官，主要是皇帝亲自派员或者令抚按核实地方官的治理情况。地方官上报的书面报告可能会存在虚报、瞒报的情况，勘实制度可以有效防止这种情况发生，有利于皇帝更真实地了解地方官员完成中央政令及抚字情况。勘实制度也被用于外交事务中，这就能够有效推动外交机构正常运作。例如，嘉靖十五年（1536），唐胄任户部左侍郎，"时议征安南，胄疏言，事体至重，决不可征，疏奏为遵祖训、崇内修，以隆治安事，礼、兵二部会同五府、九卿、科道等官议处安南废贡事宜，谓黎譓、黎廒既非故主黎晭应立之嫡，且蒙难而不告闻，莫登庸、陈暠、陈升、阮时雍、杜温润、郑绥皆借翀孺譓、廒国派之名分争，以肆割据，故先选差锦衣卫职官，勘实久不入贡缘由"。① 嘉靖皇帝通过派遣锦衣卫官员勘实了安南久不入贡缘由，并了解了各外交机构在此事务的处理方式，并最终认可了唐胄的七条不伐安南之理由。再如，万历二十二年（1594）三月兵部尚书石星奏，"料敌宜审当机贵断，贡市严绝，则窥窃无由，禁约严明，则勾引可杜，在彼有不测之情，在此无可乘之隙，制人之术，端不外此，故令小西飞至京羁留详审，以待督抚奏报，倭退之日，再遣科道各官一员前去勘实"。② 石星建议皇帝派遣科道官员勘实倭情，若倭尽退则和解，若还不退，则示之以威，倘一面待封，一面入犯则斩日本使者小西飞。以上两例，皇帝实际上撇开了众多外交专职机构和关涉机构，直接派员勘实夷情，这一方面弥补了外交机构运行缓慢的不足；另一方面也会给各外交机构带来危机感，从而提高整个外交执行机构的运转效率。明代外交机构运行机制示意图参见7-1：

---

① 〔明〕焦竑.国朝献征录·卷三十·户部三·户部左侍郎唐公胄传[M]//续修四库全书本·史部·传记类，第527册.上海：上海古籍出版社，2002：1255.
② 〔明〕王圻.续文献通考·卷二百三十四·四裔考[M]//续修四库全书本·史部，政书类·第762册.上海：上海古籍出版社，2002：551.

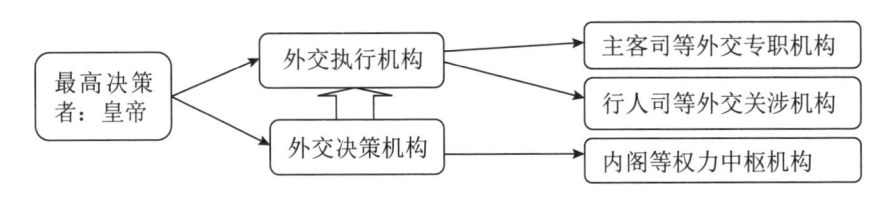

图 7-1　1368-1644 明代外交机构运行机制示意图

第二节　明代外交机构运行的制约因素

明代外交机构的运行受到多重因素的制约,其中最重要的因素是时代背景及皇帝的理政风格。所谓"时代背景"是指依据明朝国力变化及中外交通情况将明代分为前期、中前期、中后期及后期四个时期。[1]所谓"皇帝理政特点"是指依据明朝历代皇帝对待国家政务的态度及是否勤政等要素将其分为不同的类型。无论是时代背景还是皇帝理政特点都影响着外交机构的运行情况。

一、时代背景

对于明代的历史分期,不同的学者根据不同的标准有不同的观点。明末清初的儒学大家顾炎武从社会习俗演变与政治兴衰互相影响的角度,将明代政治分为四个时期:

> 国家厚泽深仁,重熙累洽,盖綦隆矣。于是家给人足,居则有室,佃则有田,薪则有山,艺则有圃,催科不扰,盗贼不生,婚媾依时,闾阎安堵,妇人纺绩,男子桑蓬,臧获服劳,比邻敦睦,诚哉一时之三代也,岂特宋太平、唐贞观、汉文景哉,诈伪未萌,讦争未起,纷华未染,靡汰未臻,此正冬至以后春分以前之时也!寻至正德末嘉靖,则稍异矣,出贾既多,土田不重,操赀交捷,起落不常,能者方成,拙者乃毁,东家已富,西家已贫,高下失均,锱铢共竞,互相凌夺,各自张皇,于是诈伪萌矣,纷华染矣,靡汰

---

[1]　本文研究时间段限于洪武元年(1368)至崇祯十七年(1644),未将南明王朝包括在内。

臻矣,此正春分以后夏至以前之时也!迨至嘉靖末隆庆间,则尤异矣,末富居多,本富尽少,富者愈富,贫者愈贫,起者独雄,落者辟易,资爱有属,产自无恒,贸易纷纭,诛求刻核,奸豪变乱,巨滑侵年,于是诈伪有鬼蜮矣,讦争有干戈矣,纷华有波流矣,靡汰有邱壑矣,此正夏至以後秋分以前之时也!迨今三十餘年则夐异矣,富者百人而一,贫者十而九,贫者既不能敌富,少者反可以制多,金令司天,钱神卓地,贪婪罔极,骨肉相残,享受于身,不堪暴殄,因人作报,靡有落毛,于是鬼蜮则匿影矣,戈矛则连兵矣,波流则襄陵矣,丘壑则陆海矣,此正秋分以后,冬至以前之时也。①

根据上述材料可知,顾炎武借用一年不同时节将明代分为四个时期:一是冬至以后、春分以前时期,该时期是指明朝建立的初期,包括洪武、永乐、洪熙、宣德、成化及弘治等朝,政治相对清明,民风比较淳朴;二是春分以后、夏至以前时期,该时期是指正德至嘉靖初年社会发生的微妙变化时期,在这一时期,奢侈之风开始萌芽,民风逐渐从明初的淳朴向奢侈转变;三是夏至以后、秋分以前时期,该时期是指嘉靖末年至隆庆末年,在这一时期,明代社会发生深刻变化,贫富分化开始凸显,一方面奢靡之风大兴,另一方面出现大量饥民流散各地;四是冬至以后、春分以前时期,该时期是明朝走向崩溃的时期,包括万历、泰昌、天启及崇祯四朝,在这一时期,社会发生剧变,贫富对立演变成互相冲突,并最终不可调和。

张显清先生则以明代政治大势的变化为主线,兼顾经济、军事、文化以及社会生活等方面的因素,也将明代政治史划分为四个阶段:第一阶段:自洪武元年(1368)至宣德十年(1435),这一时期,政治形成确立并稳步发展。仁宗、宣宗二帝治国方针从开拓向守成转变,在北部边疆的经营和对外交往中,他们都采取了收缩性的政策;第二阶段:自正统元年(1436)至正德十六年(1521),这一时期,明代政治退化倒退,社会秩序日趋混乱;第三阶段:自嘉靖元年(1522)至万历十年(1582),这是明代政治改革逐渐深入,改革势力与腐败势力激烈斗争的时期;第四阶段:自万历十一年(1583)

---

① 〔清〕顾炎武.天下郡国利病书·凤宁徽备录[M]//续修四库全书本·史部·地理类·第595册.上海:上海古籍出版社,2002:130.

至崇祯十七年（1644），这是明代政治迅速败坏，局面逐步失控的时期。①以上所举对明代分期的两种方式仅仅是众多分期方式的代表，但无论是从哪个角度分期，都有利有弊，一方面，采用大的分期方式有助于我们从宏观方面理解政治发展的历程；另一方面，也可能使我们忽略政治发展的具体细节。

从内政的角度看某个时期的外交政策及外交机构，要从宏观和微观两个方面进行把握。从宏观方面，把洪武、建文、永乐、洪熙、宣德五朝列为国力总体上升的前期，历时六十八年；把正统、景泰、天顺、成化、弘治五朝列为国力趋于下降的中前期，历时七十年；将正德、嘉靖、隆庆三朝列为国力总体趋于衰落的中后期，历时六十七年；把万历、泰昌、天启、崇祯四朝列为国力走向崩溃的后期，历时七十二年，以上所分四个历史时期均大约历时七十年。从微观方面，具体分析这四个大的时期下的朝贡频率及外交机构事务繁简情况，从而有助于理解内政、外交及外交机构之间的互动关系。在明代前期的六十八年里，不但出现了明太祖、明成祖等有作为的"创业型"皇帝，而且还出现了明仁宗、明宣宗等"守成型"皇帝，政治清明，民风淳朴，社会治理较好，国家实力也随之不断增强。在国力上升的背景下，中外交往非常频繁，据不完全统计，暹罗先后进贡三十七次，占城先后进贡四十六次，安南、苏门答腊先后各进贡十七次，满剌加进贡十五次，真腊先后进贡十四次，爪哇先后进贡二十六次，三佛齐先后进贡六次，撒马尔罕先后进贡九次，渤泥进贡十次。

在明代中前期的七十年里，正统、景泰、成化及弘治四帝均较为保守，对中外交往都无很大的兴趣。尤其是正统时期，发生了"土木堡之变"，皇帝被俘虏，明王朝大伤元气，更无精力经营海外事务。弘治皇帝较为英明，但也难挽回国力下降的趋势。在这一时期，中外交往较明代前期已经明显减少，暹罗先后进贡十六次，较前期下降了大约百分之五十七；占城先后进贡二十三次，较前期下降了百分之五十；苏门答腊进贡仅一次，较前期下降了大约百分之九十五；满剌加进贡八次，较前期下降了大约百分之四十七；爪哇先后进贡十一次，较前期下降了大约百分之五十八。

在明代中后期，正德、嘉靖及隆庆三帝各有特点，但均面临着极为复

---

① 张显清，林金树.明代政治史[M].桂林：广西师范大学出版社，2003：8–16.

杂的外部形势，倭寇更是在嘉靖年间成为国家大患，不仅如此，西方殖民范围的不断扩大，逐渐危及到了明朝传统的朝贡国。在这样的背景下，中外朝贡关系处于低潮，周边各国来贡者寥寥无几。在长达六十七年的明代中后期，仅有暹罗、安南、占城及撒马尔罕等少数几个国家进贡。其中，暹罗共计进贡五次，安南共计进贡九次，占城共计进贡三次，撒马尔罕共计进贡十二次。在明代后期的七十二年里，万历时期出现了资本主义萌芽，形成了一些手工业比较发达的市镇，但落后的封建生产关系无法适应生产力发展的要求，再加上明晚期社会矛盾尖锐，贫富分化对立严重到无法调和的境地。泰昌、天启两帝在位时间很短，不关心政事，政局持续恶化，崇祯皇帝试图挽救明王朝，但已经于事无补。在这一时期，中外交往几乎停滞，只有安南、暹罗及撒马尔罕等国来贡。其中，安南先后进贡十三次，暹罗先后进贡十二次，撒马尔罕先后进贡三次。①

可以粗略地将明代二百七十六年的历史分开成为四个"七十年"，四个时期的时代特征对明代外交机构的运行具有巨大的影响：在第一个"七十年"，国力上升，内政、外交建设都取得了巨大的成就，各国朝贡不绝，主要朝贡国家进贡次数达到了二百零九次，平均每年至少有三个国家来华朝贡，在这样的时代背景下，外交机构当然比较繁忙，而且运行也会比较顺畅；在第二个"七十年"，国力已经趋于下降，北边的少数民族政权时刻威胁着明朝统治的稳定，相应的朝贡频率也明显加强，主要朝贡国家进贡次数为一百零七次，减少了几乎一半，平均每年的进贡频率也不足两次，在这样的时代背景下，外交机构的业务量较前代肯定要少很多；在第三个"七十年"，主要朝贡国的朝贡次数仅为二十九次，较前两个时期下降明显，每隔两三年才有一个朝贡使团来华朝贡，在这样的情况下，很多外交机构，都沦落为冷衙门，甚至成为被取笑的对象。例如，在嘉靖时期，市舶司经过屡次裁撤，隆庆开海后，更是出现了没有国家来朝贡的形势；在第四个"七十年"，主要国家的朝贡次数更少，仅仅为二十八次，而且行人司、

---

① 对明代各时期主要朝贡国进贡次数的统计数据均来自《明实录》。另外，之所以没有将朝鲜、琉球两国统计在内，是因为这两个国家进贡最为"恭谨"，无论明朝国力强弱，都按照明朝规定的贡期、贡道朝贡，因此这两个国家的进贡频率不足以反映明代国家实力、外交政策及外交机构运转的变化情况。

四夷馆等外交机构基本处于濒临被裁撤的边缘,多年没有任何业务,更谈不上运行。因此,时代背景是决定外交机构运转效率的重要因素。明代四个历史时期主要朝贡国朝贡频率及外交机构事务繁简情况,参见表7-3：

表7-3　1368-1644年各主要朝贡国朝贡频率及外交机构事务繁简表

时期	年号及在位时间	主要朝贡国以及朝贡次数	合计次数	进贡频率	事务繁简
明代前期68年	洪武建文35	暹罗19、占城18、安南13、真腊8、爪哇7、三佛齐6、撒马尔罕3、渤泥1	75	每年3次	周边各国进贡较为频繁,外交机构事务繁忙
	永乐洪熙23	暹罗18、占城19、爪哇14、苏门答腊13、满剌加12、渤泥9、撒马尔罕6、真腊6、安南1	98		
	宣德10	占城9、暹罗6、撒马尔罕6、爪哇5、苏门答腊4、安南3、满剌加3	36		
明代中前70年	正统14	占城12、安南9、暹罗4、爪哇4、撒马尔罕3、满剌加3	35	每年1.5次	进贡频率明显下降,外交机构事务由繁至简
	景泰7	安南4、爪哇3、暹罗2、占城1、撒马尔罕1、满剌加1	12		
	天顺8	暹罗1、占城3、安南5、爪哇1、满剌加1	11		
	成化23	安南10、暹罗6、撒马尔罕4、占城3、满剌加3、爪哇1、苏门答腊1	28		
	弘治18	安南7、撒马尔罕5、占城4、暹罗3、爪哇2	21		
明中后期67年	正德16	安南5、撒马尔罕5、占城2	12	每年0.4次	事务极少,运转不灵
	嘉靖45	撒马尔罕7、暹罗5、安南4、占城1	17		
	隆庆6	无	0		
明后期72年	万历泰昌69	安南8、暹罗6、撒马尔罕3	17	每年0.3次	外交机构几乎不运转
	天启7	暹罗2、安南2	4		
	崇祯17	暹罗4、安南3	7		

资料来源：李云泉.朝贡制度史论[M].北京：新华出版社,2004：77-78.

二、明朝历代皇帝的不同理政特点

采取大分期方式的同时,也不能忽略每个帝王的不同理政特点。从微观方面,以一个帝王的理政特点为考察对象,具体分析不同帝王的治理状况、对待政务态度、对国家事务投入精力多寡及外交姿态，从而理解各帝王的理政风格对外交机构运行的影响。要区分不同帝王的统治风格。根据内政治理特点、对待政务态度、对国家事务投入精力多寡及外交姿态等四个变量可分别将明朝历代皇帝分为不同的类型。

第一，明朝历代皇帝内政治理情况呈现不同的特点：明太祖作为开国皇帝十分有作为，精力充沛，在内政治理方面取得了巨大成就；建文帝仅仅在位年，大部分时间花在应对"靖难之役"上，很多内政治理措施都被朱棣废除，在内政治理方面几乎无任何作为。明成祖夺取皇位后，为了突出他的"正统"地位，一方面恢复了明太祖旧制；另一方面积极开拓，无论是"文治"还是"武功"均成绩不凡。明仁宗在位时间很短，但很多政策都被明宣宗继承，两帝的内政治理较好，成就了明代历史上的"仁宣之治"；明英宗在位期间被俘虏，虽后复位，但由于其任内始终遭受北虏的威胁，其内政治理也无任何可圈可点之处。景泰皇帝在危机时刻登大位，在于谦的辅佐下挽救了明朝，避免了其重蹈北宋王朝的覆辙。明宪宗在内政治理方面无突出成就。明孝宗在位期间，政治清明，呈现出"弘治中心"的太平盛世景象。明武宗则不喜政务，将朝政当儿戏。明世宗热衷道术，忙于"斋醮"事务。明穆宗部分开放"海禁"，允许私人从事海外贸易。明神宗统治时间很长，但在"国本"问题上与众臣长期对峙。明光宗在位时间极短。明熹宗则喜欢木工，终年不倦，任内"党争"不休，宦官把持朝政。明思宗在明末危机无法克服的情况下登大位，虽励精图治，但已无力回天。

第二，根据帝王对待政务的态度将各皇帝分为积极主动型、积极被动型、消极主动型和消极被动型四种类型。积极主动型皇帝热衷帝业，文治武功都有所建树。明太祖、明成祖、明宣宗及明孝宗四帝都热衷政务，积极主动理政，并取得不俗的政绩，均属于积极主动型皇帝；积极被动型皇帝牢牢控制皇权，不允许权力旁落他人，但并不热衷国家政务。建文帝、明仁宗、明英宗、景泰帝、明宪宗及明穆宗六帝虽不热衷政务，但也不允许权力旁落他人，均属于积极被动型皇帝；消极主动型皇帝并不喜欢皇位，但按血统关系继承了皇位，却面临严峻的形势，虽然全身心处理政务，但也难以扭转形势。明世宗、明神宗、明思宗三帝虽继承了皇位，但并不喜欢该职位，在位期间也全身心理政，但并未取得明显成效，均属于消极主动型皇帝；消极被动型皇帝虽继承了皇位，但对"君临天下"不感兴趣，也没有任何建树，却对其他非政治事务表现出极大的兴趣。明武宗、明光宗、明熹宗三帝虽继承了皇位，但都是非常荒唐的皇帝，均属于消极被动型皇帝。

第三，根据各帝王投入国家事务的精力多寡将各皇帝分为勤政、精力充足及怠政、精力不足两种类型。从明代各帝王投入国家政治事务的精力多寡来看：明太祖、明成祖、明仁宗、明宣宗、明孝宗及明思宗六帝对国家政务投入精力较多，均属于勤政型皇帝；明英宗、明宪宗、明武宗、明世宗、明穆宗、明神宗、明光宗及明熹宗八帝对国家政务投入精力严重不足，均属于怠政型皇帝；而建文帝、景泰两个皇帝虽属于过渡型皇帝，但也比较勤政，投入精力较多。在明代，凡是比较勤政的皇帝都投入国家事务的精力也比较多，凡是比较怠政的皇帝投入国家的精力也会严重不足。另外怠政皇帝也具有不同的特点，以明神宗和明熹宗为例，明神宗虽然长期不理朝政、对官员的升降放任自流，但却牢牢掌握国家最高权力，在重大问题上毫不含糊，比如著名的"万历三大征"均在其亲自领导下进行。明熹宗则与明神宗明显不同，他不仅长期不理朝政，还对皇权不感兴趣，导致魏忠贤长期把持朝政，是名副其实的怠政型皇帝。

第四，根据各帝王的外交姿态还可以将明朝历代皇帝分为外向型、过渡型及内向型三类。明太祖在建国初期就确定了和平外交政策，并设立了礼部主客清吏司及行人司等众多外交机构，从外交姿态来看，明太祖属于"外向型"皇帝；朱棣的外交姿态也比较开放，但更加注重拓宽对外交往的范围，也属于"外向型"皇帝；明仁宗、明宣宗两帝均实施了明显不同于明成祖的外交政策，从对外开拓转向"守成"，从外交姿态来看，仁、宣二帝均属于"内向型"皇帝。明英宗前期，在太监王振的怂恿下，外交姿态呈现盲目开拓特征。建文帝、景泰帝、明光宗的外交姿态则属于"过渡型"。英宗后期的外交姿态重归"内向"；明宪宗、明孝宗、明武宗、明世宗、明穆宗、明神宗、明熹宗及明思宗的外交姿态均呈现"内向型"特征。尽管，明穆宗允许私人从事海外贸易，明神宗、明熹宗及明思宗也都延续了这种政策，但总体外交姿态仍呈现"内向型"特征。

表 7-4　1368-1644 年明朝历代皇帝的理政特点

姓名及年号	在位年数	内政治理	对待政务态度	投入精力多寡	外交姿态
朱元璋 洪武	31	有作为、内政治理良好	积极主动型	勤政、精力充足	外向型
朱允炆 建文	4	政策未及实施、内政治理无建树	积极被动型	勤政、精力充足	过渡型
朱棣 永乐	22	十分有作为、文治武功	积极主动型	勤政、精力充足	外向型
朱高炽 洪熙	1	在位时间短、制定了较合理的政策	积极被动型	勤政、精力充足	内向型
朱瞻基 宣德	10	注重内政建设、致平之世	积极主动型	勤政、精力充足	内向型
朱祁镇 正统	14	在位被俘虏、内政治理无建树	积极被动型	怠政、精力不足	内向型
朱祁钰 景泰	7	特殊时期登基、内政治理成就平平	积极被动型	勤政、精力充足	过渡型
朱祁镇 天顺	8	内政治理情况较上一任期有改善	积极被动型	怠政、精力不足	内向型
朱见深 成化	23	内政治理成就平平	积极被动型	怠政、精力不足	内向型
朱佑樘 弘治	18	国家稳定、矛盾较少、致平之世	积极主动型	勤政、精力充足	内向型
朱厚照 正德	16	国家治理较差、矛盾突出	消极被动型	怠政、精力不足	内向型
朱厚熜 嘉靖	45	内外矛盾都很突出、倭寇肆虐	消极主动型	怠政、精力不足	内向型
朱载垕 隆庆	6	允许私人海外贸易	积极被动型	怠政、精力不足	内向型
朱翊钧 万历	48	前期在张居正辅佐下内政治理很好，后来问题逐渐突出、每况愈下	消极主动型	怠政、精力不足	内向型
朱常洛 泰昌	1月	在位时间短	消极被动型	怠政、精力不足	过渡型

（续表）

姓名及年号	在位年数	内政治理	对待政务态度	投入精力多寡	外交姿态
朱由校 天启	7	喜欢木工、党争不休、宦官长期把持朝政、政治黑暗、内政治理很差	消极被动型	怠政、精力不足	内向型
朱由检 崇祯	17	危机重重、励精图治、生不逢时、无力回天	消极主动型	勤政、精力充足	内向型

资料来源：迈克尔·罗斯金等.政治科学[M].北京：华夏出版社,2001：300-312

总之，在封建时代，帝王的权力至高无上，无论是内政治理还是外交决策都统属于皇帝，即李调元所说，"治道隆于一世，政权统于一人，夫政之所在，治之所在也，礼乐征伐皆统于天子"。[①] 所有的官僚机构和整个文官集团都是在贯彻皇帝的意志，皇帝治理的好坏决定着他整个统治时期的治理水平。历代统治者起关键作用，政治清明则包括外交机构在内的封建官僚体制将运转正常，如果皇帝昏庸无道，则治理将无从谈起，外交机构也很难有所作为。因此，明朝历代皇帝理政特点也是制约其外交机构运行的重要因素。

---

① 〔清〕李调元辑：制义科琐记·卷一·开过元墨[M].北京，中华书局，1985：15.

结 语

古代外交机构萌芽于先秦时期，形成于秦汉时期，成熟于隋唐时期。先秦至唐，主客司和鸿胪寺逐渐成为最主要的外交机构，隶属于尚书系统的主客司逐渐凌驾于鸿胪寺之上，成为最主要的外交事务主管机构。宋元时期的外交机构设置则一反前代发展趋势，主客司和鸿胪寺形同虚设，有名无实。国信所、都亭西驿、怀远驿、礼宾院及同文馆等职责非常明确的分支机构成为宋代最主要的外交机构。元代则裁撤主客司及鸿胪寺，仅有会同馆、侍仪司、廪给司、蒙古翰林院及市舶司等机构具有涉外职能。

明代外交机构既延续了前代外交机构的设置特点，又具有自己的特色。明代是古代外交机构设置最为完善的阶段，已经形成了一个比较完整的体系。这个体系包括外交决策机构、外交专职机构及外交关涉机构三个子系统：外交决策机构就是指在明朝不同阶段居于权力中枢地位的官僚结构，包括中书省、礼部及内阁三个官僚机构；主客司、四夷馆、市舶司及会同馆都是主司外交事务的外交专职机构，这四个机构分工很明确，主客司是外交主管机构，四夷馆是外交翻译机构，市舶司是管理朝贡贸易的机构，会同馆是外交接待机构；明代的外交关涉机构包括了行人司、鸿胪寺、督饷馆、国子监、太医院、礼部仪制司、礼部精膳司、礼部铸印局、光禄寺及边境地方政府等众多机构。根据所理涉外事务的多寡可以将这些关涉机构分为两类，一类是行人司、鸿胪寺等主要外交关涉机构，一类是礼部仪制司、礼部精膳司、督饷馆、国子监、太医院及光禄寺等诸多辅助外交关涉机构。

关于明代外交机构的分类研究需要说明以下三个问题：第一，分类标准问题。本书根据明代各外交机构业务内容的不同将其分为外交决策机构、外交专职机构及外交关涉机构。这种分类法仅仅是众多分类法之一，还可以根据不同的标准将明代外交机构进行不同的分类。例如，根据各机构所处权力层级的不同，可分为中央外交机构和地方外交机构两类；根据各机构在外交事务中作用的不同，可分为主导型外交机构和参与型外交机构等。第二，礼部的双重角色问题。礼部是明代最为重要的外交机构，它既是外交决策者，又是外交政策的执行者。一方面，礼部作为外交决策机构参与外交政策的制定；另一方面，其属衙主客清吏司又是外交专职机构，主管朝贡事务，负责执行外交政策。因此，要考察礼部的外交职能必须将其放在特定的历史背景下，考虑其双重角色。第三，外交专职机构和外交关涉机构的区分标准问题。外交专职机构和外交关涉机构市都是外交政策的具体执行者，可以统称为外交政策执行机构。之所以将主客司、四夷馆、市舶司及会同馆等机构称为外交专职机构，是因为这些机构尽管也具有国内职能，但均以涉外事务为主，国内职能为辅；而将行人司、鸿胪寺称为主要外交关涉机构，是因为这两个机构都兼具国内、国外双重职能，而且两方面的职能不分主次，而礼部仪制司、礼部精膳司、督饷馆、国子监、太医院及光禄寺等之所以被称为辅助外交关涉机构，是因为这些机构均以国内事务为主，涉外事务为辅。

　　对外交机构进行分类是为了更好研究其设置及运行状况，但不能孤立地考察这些机构的存废及运转效率，要结合当时的内政治理、外交政策进行综合分析。

　　从内政的角度来看某个时期的对外政策及外交机构，有助于更深刻理解不同时期外交政策变化的原因以及外交机构运行效率的高低。本书以正统时期为界限将明朝分为国力上升、国力趋于下降两个大的历史时期。洪武（建文）、永乐、洪熙、宣德四个时期，国家实力不断提升，外交机构设置逐渐完善，运转效率逐渐提高。正统至崇祯时期，国家实力总体趋于下降，但国力下降阶段的外交机构又分别呈现出不同的特点，大致可以又分为四个时段：第一阶段，正统、景泰、天顺时期，外交机构设置趋于完善，运转效率比较高；第二阶段，成化、弘治时期，外交机构设置较为合理，运转较好；第三阶段，正德、嘉靖、隆庆时期，外交机构设置不适应变化的国际形势，运转失灵；第四阶段，万历、泰昌、天启、崇祯时期，外交机构设置徒有虚名，运转不畅。需要指出的是，本书从宏观的角度分析明朝国力变化下的外交政策和外交机构。

国家实力及外交政策直接决定着外交机构的设置及运行状况。"弱国无外交"在今天已经成为共识。现代现实主义理论学者直接以国家实力强弱来论证国与国之间的关系。在明代，虽然没有现代意义上的国际关系理论，但却存在着符合这一理论的国与国交往的事实。明朝内政的好坏直接影响着其外交政策的实践及其外交机构运行的效率。当某一阶段，明朝国力上升时，其外交一般会积极开拓，朝贡体系也持续而行之有效，受此影响，外交机构运行顺畅，运转效率比较高。例如，在永乐时期，国家实力上升，外交政策趋于"外向型"姿态，外交机构设置更加完善，不仅设立了中国历史上第一个专门负责翻译外交文书及培养翻译人才的四夷馆，还形成了众多机构分工协作的外交机构体系；当内政危机、国力下降时，其外交必然收缩，朝贡体系也极不稳定，甚至徒有虚名，受此影响，外交机构运行效率也会降低，甚至形同虚设。例如，到了明朝末期，国家实力下降，国内矛盾突出，外部威胁日益加剧，统治阶级对外部世界充满警惕，朝贡体系也趋于瓦解，四夷馆、市舶司等外交专职机构纷纷沦落为无人问津的"冷衙门"，整个外交机构运系统逐渐陷入停滞状态。

从总体上来看，明代外交机构已经形成比较成熟的体系和运行机制。明代外交机构运行机制包括各外交机构的分工、明代外交决策运行机制及推动明代外交政策执行机构运行的手段三个核心要素。其中，外交机构的分工是指各外交机构在整个外交机构体系中扮演的角色，外交决策机构的运行机制主要包括外交决策的过程及方式，推动明代外交政策执行机构运行的手段包括"诰敕""考课""勘实"等。

明代外交机构实质上是维持朝贡体系的工具，随着朝贡体系影响的强弱而不断调整其职能。朝贡体系具有多重性特征，不单指外交事务，也包括国内事务，正因为如此，大多明代外交机构也兼具国内职能。明代的朝贡体系可比作四个同心圆，圆心是以天子为中心的中央统治集团，地方政权位于第一层圆的圆周上，周边少数民族政权位于第二层圆的圆周上，与明朝具有实质藩属关系的朝贡国位于第三层圆的圆周上，和明朝有联系的外国政权则位于最外层圆的圆周上面，向心力由里到外越来越小。明代外交机构主要处理与位于第三层和最外层上面朝贡国之间的关系。美国学者费正清评价这种朝贡体系说，"中国人倾向于将对外关系想象为中国国家与社会内部社会与政治秩序原则的外部表现，中国的对外关系也就相应具有等级，大体相当于欧洲形成的国际秩序。"[1]

在中国封建社会，华夏中心意识是中原王朝处理与周边"蛮夷"关系的指导思想，这种意识包括地理中心和文化中心两层含义，居于中心位置的中国有责任向周边蛮夷传播先进文化，使其融入到中华文化圈中。在明代，各外交机构也同样承担着"教化"周边蛮夷的职责。礼部是明代最重要的外交机构，它既是外交决策机构，又是外交主管机构，而礼部又具有封建教化功能，这也体现出封建统治者希望礼部能够"教化"四夷的期望。四夷馆、市舶司、会同馆及众多外交关涉机构均以服务朝贡使者为首要职责，执行历代皇帝希望"怀柔远人"的旨意。

然而，在正德以前，中国与周边各国的交往基本都在朝贡模式之下进行，以朝贡事务为最主要业务的各外交机构设置合理，运转正常，符合当时的实际需要。然而，自正德以后，世界发生了重大变化，西方各国并不遵守朝贡秩序，而且还要打破这种朝贡模式，在这种情况下，仍作为朝贡管理机构运行的明代外交机构已经脱离当时的实际情况，机构设置不合理，运行不畅。以主司翻译事务的四夷馆为例，该馆初设鞑靼、女真、西藩、西天、回族、百夷、高昌、缅甸等八馆，后因为朝贡需要增加暹罗、八百，而这些分馆所对应的国家均为向明朝皇帝上表称臣的朝贡国。实际上，由于正德之后，中西交往不断增多，亟须懂得西语的翻译人才，但统治者并没有设置新的西语译学机构，这应该和传统的朝贡思维方式有关，对不遵守秩序的西方国家非常排斥。

明代外交机构各机构之间分工协作，形成了比较成熟的体系及运行机制。时代背景及各帝王的治理方式都是影响明代外交机构设置及运行的重要因素。然而，明代外交机构行使职责的效率并不理想，各机构之间互相侵权的事件时有发生，各机构为了招待贡使滥用民力，扰民害民事件屡见

---

[1] J.K. Fairbank, ed, The Chinese World Order: Traditional China's Foreign Relations, Cambridge: Harward University Press, 1968, p.2.

不鲜。从一定意义上讲，明代的外交机构设置及运行制度几乎全盘被清代继承，其弊端也在清代表现最为突出，最终导致闭关锁国，造成了近现代中国的落后，这也带给我们深刻的启示：外交机构的设置及运行都应该以国家利益为中心，要注重实际利益，避免给老百姓带来不必要的负担，不要盲目追求"万国来朝"的虚假景象；外交机构要各司其职，分工明确，并要根据局势发展进行适时调整。

参考文献

一、中文史籍

[1]〔周〕姜尚. 白话六韬 [M]. 长沙：岳麓书社，1995.

[2]〔汉〕班固. 汉书 [M]. 北京：中华书局，1962.

[3]〔晋〕陈寿. 三国志 [M]. 北京：中华书局，1959：675-676.

[4]〔南朝宋〕范晔. 后汉书 [M]. 北京：中华书局，1965.

[5]〔梁〕沈约. 宋书 [M]. 北京：中华书局，1974.

[6]〔北齐〕魏收. 魏书 [M]. 北京：中华书局，1974.

[7]〔北魏〕杨衒之. 洛阳伽蓝记 [M]. 上海：上海古籍出版社，1993.

[8]〔隋〕王通. 元经 [M]// 景印文渊阁四库全书本. 台北：商务印书馆，1986.

[9]〔唐〕李林甫，等. 唐六典 [M]. 北京：中华书局，1992.

[10]〔唐〕杜佑. 通典 [M]. 北京：中华书局，1988.

[11]〔唐〕房玄龄，等. 晋书 [M]. 北京：中华书局，1988.

[12]〔唐〕李延寿. 南史 [M]. 北京：中华书局，1975.

[13]〔唐〕李百药. 北齐书 [M]. 北京：中华书局，1972.

[14]〔唐〕萧嵩. 大唐开元礼 [M]// 景印文渊阁四库全书本. 台北：商务印书馆，1986.

[15]〔唐〕魏征等. 隋书 [M]. 北京：中华书局，1973.

[16]〔后晋〕刘昫，等. 旧唐书 [M]. 北京：中华书局，1975.

[17]〔宋〕杨侃. 两汉博闻 [M]// 景印文渊阁四库全书本. 台北：商务印书馆，1986.

[18]〔宋〕江少虞.新雕皇朝类苑[M].日本元和七年活字印本.

[19]〔宋〕王钦若等.册府元龟[M].北京：中华书局，1960.

[20]〔宋〕徐天麟.东汉会要[M].上海：上海古籍出版社，1978.

[21]〔宋〕欧阳修等.新唐书[M].北京：中华书局，1975.

[22]〔宋〕李昉等.文苑英华[M].北京：中华书局，1966.

[23]〔宋〕王溥.唐会要[M].北京：中华书局，1955.

[24]〔宋〕王應麟.玉海[M]//景印文渊阁四库全书本.台北：商务印书馆，1986.

[25]〔宋〕王谠.唐语林[M]//景印文渊阁四库全书本.台北：商务印书馆，1986.

[26]〔宋〕宋敏求.唐大诏令集[M].北京：商务印书馆，1959.

[27]〔宋〕李焘.续资治通鉴长编[M].北京：中华书局，1995.

[28]〔元〕郝经.黎传纪[M]//续后汉书.济南：齐鲁书社，2000.

[29]〔元〕马端临.文献通考[M].北京：中华书局，1986.

[30]〔元〕脱脱等.宋史[M].北京：中华书局，1977.

[31]〔明〕俞汝楫.礼部志稿[M]//景印文渊阁四库全书本.台北：商务印书馆，1986.

[32]〔明〕陈耀文.天中记[M]//景印文渊阁四库全书本.台北：商务印书馆，1986.

[33]〔明〕湛若水.格物通[M]//景印文渊阁四库全书本.台北：商务印书馆，1986.

[34]〔明〕柯维骐.宋史新编[M]//续修四库全书本.上海：上海古籍出版社，2002.

[35]〔明〕王鸣鹤.登坛必究[M]//续修四库全书本.上海：上海古籍出版社，2002.

[36]〔明〕宋濂，等.元史[M].北京：中华书局，1973.

[37]〔明〕吕维祺.四译馆则·增定馆则[M].台北：文海出版社，1985.

[38]〔明〕陈建.皇明通纪法传全录[M]//续修四库全书本.上海：上海古籍出版社，2002.

[39]〔明〕吴亮.万历疏钞[M]//续修四库全书本.上海：上海古籍出版社，2002.

[40]〔明〕尹守衡.皇明史窃[M]//续修四库全书本.上海：上海古籍出版社，2002.

[41]〔明〕申时行等.大明会典[M]//续修四库全书本.上海：上海古籍出版社，2002.

[42]〔明〕高岱.鸿猷录[M]//续修四库全书本.上海：上海古籍出版社，2002.

[43]〔明〕沈德符.万历野获编[M].北京：中华书局，1997.

[44]〔明〕张天复.鸣玉堂稿[M]//续修四库全书本.上海：上海古籍出版社，2002.

[45]〔明〕严嵩.南宫奏议[M]//续修四库全书本.上海：上海古籍出版社，2002.

[46]〔明〕郑晓.吾学编[M]//续修四库全书本.上海：上海古籍出版社，2002.

[47]〔明〕凌迪知.万姓统谱[M].上海：上海古籍出版社，1994.

[48]〔明〕徐一夔.明集礼[M]//景印文渊阁四库全书本.台北：商务印书馆，1986.

[49]〔明〕严从简.殊域周咨录[M].北京：中华书局，2000.

[50]〔明〕陆容.菽园杂记[M].北京：中华书局，1985.

[51]〔明〕谈迁.国榷[M].北京：中华书局，1988.

[52]〔明〕陈侃.使琉球录[M]//续修四库全书本.上海：上海古籍出版社，2002.

[53]〔明〕黄训.名臣经济录[M].清文渊阁四库全书本.

[54]〔明〕郑晓.今言[M].北京：中华书局，1984.

[55]〔明〕陈子龙.明经世文编[M].北京：中华书局，1962.

[56]〔明〕林文俊.方斋存稿[M]//景印文渊阁四库全书本.台北：商务印书馆，1986.

[57]〔明〕萧崇业，等.使琉球录[M]//续修四库全书本.上海：上海古籍出版社，2002.

[58]〔明〕张燮.东西洋考[M].北京：中华书局，1981.

[59]〔明〕何乔远.闽书[M].福州：福建人民出版社，1994.

[60]〔明〕章潢.图书编[M]//景印文渊阁四库全书本.台北：商务印书馆，1986.

[61]〔明〕王世贞.弇州史料[M].明万历四十二年刻本.

[62]〔明〕王士性.广志绎[M].北京：中华书局，1981.

[63]〔明〕王圻.续文献通考[M].北京：现代出版社，1991.

[64]〔明〕顾应详.静虚斋惜阴录[M].上海：上海古籍出版社，1996.

[65]〔明〕徐学聚.国朝典汇[M].北京：书目文献出版社，1996.

[66]〔明〕何乔远.名山藏[M].福州：福建人民出版社，2005.

[67]〔明〕于慎行.穀山笔尘[M].上海：上海古籍出版社，1996.

[68]〔明〕陈子壮.昭代经济言[M].北京：中华书局，1985.

[69]〔明〕黄凤翔.嘉靖大政类编[M].上海：上海古籍出版社，1996.

[70]〔明〕叶盛.水东日记[M].北京：中华书局，1980.

[71]〔明〕陈建.皇明通纪法传全录[M]//续修四库全书本.上海：上海古籍出版社.

[72]〔明〕雷礼等.皇明大政纪[M]//续修四库全书本.上海：上海古籍出版社，2002.

[73]〔明〕谢肇淛.五杂俎[M].北京：中华书局，1959.

[74]〔明〕涂山.明政统宗[M].台北：成文出版社，1969.

[75]〔明〕焦竑.国朝献征录[M].续修四库全书本.上海：上海古籍出版社，2002.

[76]〔明〕毕自严.度支奏议[M].上海：上海古籍出版社，2008.

[77]〔明〕陈诚.西域番国志[M].北京：中华书局，1991.

[78]〔明〕巩珍.西洋番国志[M].北京：中华书局，1961.

[79]〔明〕皇甫录.明纪略[M].北京：中华书局，1985.

[80]〔明〕黄佐.革除遗事[M].上海：上海古籍出版社，1996.

[81]〔明〕孔贞运.皇明诏制[M].上海：上海古籍出版社，1996.

[82]〔明〕李贽.藏书[M].北京：中华书局，1959.

[83]〔明〕刘若愚.酌中志[M].北京：北京古籍出版社，1994.

[84]〔明〕马欢.瀛涯胜览[M].北京：中华书局，1985.

[85]〔明〕茅瑞徵.皇明象胥录[M].台北：华文书局，1968.

[86]〔明〕王鏊.震泽纪闻[M].北京：中华书局，1991.

[87]〔明〕薛俊.日本考略[M].北京：中华书局，1985.

[88]〔明〕佚名.皇明诏令[M].上海：上海古籍出版，1996.

[89]〔明〕谈迁.国榷[M].北京，中华书局，1958.

[90]〔明〕雷礼.国朝列卿纪[M].台北：成文出版社，1970.

[91]〔明〕王世贞.弇山堂别集[M].北京：中华书局，1985.

[92]〔明〕叶向高.四夷考[M].北京：中华书局，1991.

[93]〔明〕余继登.典故纪闻[M].北京：中华书局，1981.

[94]〔明〕邓元锡.皇明书[M].上海：上海古籍出版，1996.

[95]〔明〕黄佐.翰林记[M].北京：中华书局，1985.

[96]〔清〕纪昀，等.历代职官表[M].上海：上海古籍出版社，1989.

[97]〔清〕嵇璜，等.钦定续通典[M]//景印文渊阁四库全书.台北：商务印书馆，1986.

[98]〔清〕阎镇珩.六典通考[M]//续修四库全书本.上海：上海古籍出版社，2002.

[99]〔清〕徐松.宋会要辑稿[M].上海：上海古籍出版社，2014.

[100]〔清〕张照.石渠宝笈[M]//景印文渊阁四库全书本.台北：商务印书馆，1986.

[101]〔清〕吴广成.西夏书事[M]//.续修四库全书本.上海：上海古籍出版社，2002.

[102]〔清〕张廷玉，等.明史[M].北京：中华书局，1974.

[103]〔清〕庄廷鑨.明史钞略[M]//续修四库全书本.上海：上海古籍出版社，2002.

[104]〔清〕万斯同.明史[M]//续修四库全书本.上海：上海古籍出版社，2002.

[105]〔清〕孙承泽.春明梦余录[M].北京：北京古籍出版社，1992.

[106]〔清〕余敏中，等.日下旧闻考[M].北京：北京古籍出版社，1983.

[107]〔清〕孙承泽.天府广记[M].北京：北京古籍出版社，1982.

[108]〔清〕谷应泰. 明史本末 [M]. 北京：中华书局，1977.

[109]〔清〕顾炎武. 天下郡国利病书 [M]. 上海：上海古籍出版社，2002.

[110]〔清〕李调元. 制义科琐记 [M]. 北京：商务印书馆，1936.

[111]〔清〕龙文彬. 明会要 [M]. 北京：中华书局，1956.

[112]〔清〕陈鹤. 明纪 [M]. 上海：世界书局，1935.

[113]〔清〕黄宗羲. 明文海 [M]. 上海：上海古籍出版社，1994.

[114]〔清〕计六奇. 明季南略 [M]. 上海：上海古籍出版社，1996.

[115]〔清〕张岱. 石匮书 [M]. 北京：中华书局，1959.

[116]〔清〕段玉裁. 明史十二论 [M]. 上海：上海古籍出版社，1996.

[117]〔清〕邹漪. 明季遗闻 [M]. 上海：上海古籍出版社，1996.

[118]〔清〕刘承干. 明史例案 [M]. 北京：文物出版社，1982.

[119]〔清〕陈鼎. 东林列传 [M]. 扬州：江苏广陵古籍刻印社，1983.

[120]〔清〕文庆，等. 钦定国子监志 [M]. 北京：文物出版社，1998.

[121]〔清〕钱大昕. 廿二史考异 [M]. 北京：中华书局，1985.

[122]〔清〕夏燮. 明通鉴 [M]. 北京：中华书局，1959.

[123]〔清〕查继佐. 罪惟录 [M]. 杭州：浙江古籍出版社，2012.

[124]〔清〕谈迁. 枣林杂俎 [M]. 北京：中华书局，2006.

[125]〔清〕万斯同. 历代宰辅彙考 [M]. 济南：齐鲁书社，1997.

[126]〔清〕俞正燮. 癸巳类稿 [M]. 北京：商务印书馆，1957.

[127] 历朝. 明实录 [M]. 台北：台湾"中央研究院历史语言研究所"，1962.

二、中文著作

[128] 陈尚胜，陈高华. 中国海外交通史 [M]. 北京：文津出版社，1997.

[129] 陈尚胜. 中国传统对外关系的思想、制度与政策 [M]. 济南：山东大学出版社，2007.

[130] 陈尚胜. 儒家文明与中国传统对外关系 [M]. 济南：山东大学出版社，2008.

[131] 陈尚胜. 中国传统对外关系研究 [M]. 北京：中华书局，2015.

[132] 晁中辰. 明成祖传 [M]. 北京：人民出版社，1993.

[133] 晁中辰. 明代海外贸易研究 [M]. 北京：故宫出版社，2012.

[134] 晁中辰. 明朝对外交流 [M]. 南京：南京出版社，2015.

[135] 崔来廷. 明代首辅叶向高与海洋社会 [M]. 南昌：江西高校出版社，2005.

[136] 戴裔煊. 明代嘉隆间的倭寇海盗与中国资本主义的萌芽 [M]. 北京：中国社会科学出版社，1982.

[137] 戴鸿义. 明代庚戌之变和隆庆和议 [M]. 北京：中华书局，1982.

[138] 丁易. 明代特务政治 [M]. 上海：上海书店出版社，2011.

[139] 范中义，仝晰纲. 明代倭寇史略 [M]. 北京：中华书局，2004

[140] 范金民. 国计民生：明清社会经济研究 [M]. 福州：福建人民出版社，2008.

[141] 方志远. 明代国家权力结构及运行机制 [M]. 北京：科学出版社，2008.

[142] 冯承钧. 中国南洋交通史 [M]. 北京：商务印书馆，1998.

[143] 高伟浓. 走向近世的中国与"朝贡"国关系 [M]. 广州：广东高等教育出版社，1993.

[144] 郭培贵. 明史选举志考论 [M]. 北京：中华书局，2006.

[145] 关文发，颜广文. 明代政治制度研究 [M]. 北京：中国社会科学出版社，1995.

[146] 龚延明. 中国古代制度史研究 [M]. 杭州：浙江大学出版社，2013.

[147] 何芳川. 澳门与葡萄牙大商帆 [M]. 北京：北京大学出版社，1996.

[148] 何芳川. 中外文化交流史 [M]. 北京：国际文化出版公司，2008.

[149]〔美〕黄仁宇. 万历十五年 [M]. 北京：生活·读书·新知三联书店，1997.

[150]〔美〕黄仁宇. 中国大历史 [M]. 北京：生活·读书·新知三联书店，1997.

[151] 姜龙范，刘子敏. 明代中朝关系史 [M]. 牡丹江：黑龙江朝鲜民族出版社，1999.

[152] 孔远志、郑一钧. 东南亚考察论郑和 [M]. 北京：北京大学出版社，

[153] 李光壁. 明代御倭战争 [M]. 上海：上海人民出版社，1956.

[154] 李金明. 明代海外贸易史 [M]. 北京：中国社会科学出版社，1990.

[155] 李金明，廖大珂. 中国古代海外贸易史[M]. 南宁：广西人民出版社，1995.

[156] 李云泉. 朝贡制度史论 [M]. 北京：新华出版社，2004

[157] 刘迎胜.《回回馆杂字》与《回回馆译语》研究 [M]. 北京：中国人民大学出版社，2008.

[158] 黎虎. 汉代外交体制研究 [M]. 北京：商务印书馆，2014.

[159] 廖大珂. 福建海外交通史学 [M]. 福州：福建人民出版，2002.

[160]〔美〕牟复礼，〔英〕崔瑞德. 剑桥中国明代史 [M]. 北京：中国社会科学出版社，1992.

[161]〔美〕迈克尔·罗斯金，等. 政治科学 [M]. 北京：华夏出版社，2001.

[162] 孟森. 明史讲义 [M]. 长沙：岳麓书社，2010.

[163] 毛佩琦，张自成. 中国明代政治史 [M]. 北京：人民出版社，1994.

[164] 毛佩琦，陈金陵. 明清行政管理制度 [M]. 太原：山西人民出版社，1995.

[165] 毛佩琦. 新编中国明代史 [M]. 北京：人民出版社，1995.

[166] 南炳文. 明清考史录 [M]. 北京：人民出版社，2013.

[167] 牛平汉. 明代政区沿革综表 [M]. 北京：地图出版社，1997.

[168] 聂德宁. 全球化下中国与东南亚经贸关系的历史、现状及其趋势 [M]. 厦门：厦门大学出版社，2006.

[169] 欧阳琛，方志远. 明清中央集权与地域经济 [M]. 北京：中国社会科学出版社，2002

[170] 潘星辉. 明代文官铨选制度研究 [M]. 北京：北京大学出版社，2005.

[171] 庞乃明. 明代中国人的欧洲观 [M]. 天津：天津人民出版社，2006.

[172] 秦佩珩. 明代经济史述论丛初稿 [M]. 郑州：河南人民出版社，1959.

[173] 钱茂伟.明代史学的历程[M].北京：社会科学文献出版社，2013.

[174] 商传.明代文化史[M].上海：东方出版中心，2007.

[175] 商传.明永乐大帝[M].桂林：广西师范大学出版社，2010.

[176] 谭天星.明代内阁政治[M].北京：中国社会科学出版社，1996.

[177] 唐克军.不平衡的治理——明代政府运行研究[M].武汉：武汉出版社，2004.

[178] 田澍.嘉靖革新研究[M].北京：中国社会科学出版社，2015.

[179] 田培栋.明代社会经济史研究[M].北京：北京燕山出版社，2008.

[180] 王天有.明代国家机构研究[M].北京：北京大学出版社，1992.

[181] 王其榘.明代内阁制度史[M].北京：中华书局，1989.

[182] 王仪.明代平倭史实[M].台北：中华书局，1984.

[183] 万明.明代中外关系史论稿[M].北京：中国社会科学出版社，2011.

[184] 万明.中葡早期关系史[M].北京：社会科学文献出版社，2001.

[185] 吴晗.朱元璋传[M].天津：百花文艺出版社，2000.

[186] 吴晓萍.宋代外交制度研究[M].合肥：安徽人民出版社，2006.

[187] 温功义.明代宦官[M].北京：紫禁城出版社，2010.

[188] 韦庆远.明代的锦衣卫和东西厂[M].北京：中华书局，1979

[189] 卫建林.明代宦官政治 增订本[M].石家庄：花山文艺出版社，1998.

[190] 谢国桢.史料学概论[M].福州：福建人民出版社，1985.

[191] 谢必震.明清中琉航海贸易研究[M].北京：海洋出版社，2004.

[192] 谢贵安.明实录研究[M].上海：上海古籍出版社，2013.

[193] 徐玉虎.明代琉球王国对外关系之研究[M].台北：学生书局，1982.

[194] 杨树藩.明代中央政治制度[M].台北：商务印书馆，1978.

[195] 杨国桢，陈支平.明史新编[M].北京：人民出版社，1993.

[196] 杨正泰.明代驿站考[M].上海：上海古籍出版社，1994.

[197] 杨绍猷，莫俊卿.明代民族史[M].成都：四川民族出版，1996.

[198] 喻常森.元代海外贸易[M].西安：西北大学出版社，1994.

[199] 庄国土，[荷兰]包乐史.《荷使初访中国记》研究[M].厦门：厦门大学出版社，1989.

[200] 郑鹤声，郑一均.郑和下西洋资料汇编[M].济南：齐鲁书社，

1980.

[201] 郑梁生. 明代中日关系研究 [M]. 台北：文史哲出版社，1985.

[202] 赵中男. 明代宫廷典制史 [M]. 北京：紫禁城出版社，2010.

[203] 赵子富. 明代学校与科举制度研究 [M]. 北京：北京燕山出版社，2008.

[204] 周一良. 明代援朝抗倭战争 [M]. 北京：中华书局，1962.

[205] 张显清，林金树. 明代政治史 [M]. 桂林：广西师范大学出版社，2003.

[206] 朱亚非. 明代中外关系史研究 [M]. 济南：济南出版社，1993.

[207] 李小林，左丰力. 浅析明代光禄寺职能与管理 [C]// 明长陵营建600周年学术研讨会论文集. 北京：社会科学文献出版社，2010.

[208] 特木勒. 迁都前明朝四夷馆方位小考 [C]// 元史及民族史研究集刊. 上海：上海古籍出版社，2009.

[209] 余定邦. 明代的四夷馆 [C]// 庆祝中山大学建校六十周年〔1924-1984〕东南亚历史论文集. 广州：中山大学出版社，1985.

三、中文期刊

[210] 白斌，王慕民. 明代浙江市舶司废止考 [J]. 海交史研究，2008（1）.

[211] 陈支平. 嘉靖年间闽、浙市舶司废置时间考 [J]. 厦门大学学报，1981（S）.

[212] 陈支平等. 明史在中国历史上的地位 [J]. 学术月刊，2010（6）.

[213] 陈尚胜. 明代太仓、交阯市舶司考辨 [J]. 苏州大学学报，1986（1）.

[214] 陈尚胜. 论明代市舶司制度的演变 [J]. 文史哲，1986（2）.

[215] 陈尚胜. 明代浙江市舶司兴废问题考辨 [J]. 浙江学刊，1987（2）.

[216] 陈尚胜. 朝贡制度与东亚地区传统国际秩序——以16—19世纪的明清王朝为中心 [J]. 中国边疆史地研究，2015（2）.

[217] 陈彝秋. 从朝鲜使臣的中国行纪看明代中后期的玉河馆 [J]. 南京晓庄学院学报，2014（3）.

[218] 陈伟明，何兰娟. 略论明代外交专职机构 [J]. 广西社会科学，2004（12）.

[219] 陈志刚. 论明代中央政府权力结构的演变 [J]. 江海学刊, 2006（2）.

[220] 陈明德. 试论明代福建市舶司移置福州的原因及其影响 [J]. 福建论坛, 1999（6）.

[221] 程尼娜. 羁縻与外交：中国古代王朝内外两种朝贡体系 [J]. 史学集刊, 2014（4）.

[222] 邓端本. 明代广东市舶司征税考略 [J]. 岭南文史, 1991（2）.

[223] 范金民. 明清时期福建商帮在江南的活动 [J]. 闽台文化研究, 2014（4）.

[224] 方志远. 明代内阁的票拟制度 [J]. 江西师范大学学报, 1987（4）.

[225] 葛治伦. 我国最早的一所外文学校——明代的四夷馆 [J]. 外语教学与研究, 1987（2）.

[226] 郭培贵. 明代外国官生在华留学及科考》质疑 [J]. 历史研究, 1997（5）.

[227] 郭昌远. 浅析明代太医院的属衙 [J]. 华中人文论丛, 2013（3）.

[228] 管彦波. 明代的舆图世界：天下体系与华夷秩序的承转渐变 [J]. 民族研究, 2014（6）.

[229] 何芳川. "华夷秩序"论 [J]. 北京大学学报, 1998（6）.

[230] 黄才庚. 明代司礼监专权对奏章制度的破坏 [J]. 故宫博物院院刊, 1982（2）.

[231] 黄明光. 明代外国官生在华留学及科考 [J]. 历史研究, 1995（3）.

[232] 韩霜, 陈光玖, 陈鹏. 管窥明代四夷馆中的学生评价体系与考核制度 [J]. 兰台世界, 2015（27）.

[233] 廖大珂. 试论明朝与东南亚各国朝贡关系的性质 [J]. 南洋问题研究, 1989（3）.

[234] 廖大珂. 试论宋代市舶司官制的演变 [J]. 历史研究, 1998（3）.

[235] 廖大珂. 早期葡萄牙人在福建的通商与冲突 [J]. 东南学术, 2000（4）.

[236] 廖大珂. 满剌加的陷落与中葡交涉 [J]. 南洋问题研究, 2003（3）.

[237] 廖大珂. 朱纨事件与东亚海上贸易体系的形成 [J]. 文史哲, 2009（2）.

[238] 梁希哲. 明代内阁与明代的官僚政治 [J]. 史学集刊, 1992（2）.

[239] 刘悦. 明代礼部尚书人数考 [J]. 黑龙江史志, 2013（19）.

[240] 刘迎胜. 宋元至清初我国外语教学史研究 [J]. 江海学刊, 1998(3).

[241] 刘军. 明清时期"闭关锁国"问题赘述 [J]. 财经问题研究, 2012(11).

[242] 李善洪. 明代会同馆对朝鲜使臣"门禁"问题研究 [J]. 黑龙江社会科学, 2012（3）.

[243] 李云泉. 明代中央外事机构论考 [J]. 东岳论丛, 2006（5）.

[244] 李红梅. 明代四夷馆的设立与外语教学活动考辨 [J]. 兰台世界, 2015（15）.

[245] 李庆新. 明代市舶司制度的变态及其政治文化意蕴 [J]. 海交史研究, 2000（1）.

[246] 林桦. 略论明代翰林院与内阁的关系 [J]. 史学月刊, 1990（3）.

[247] 李小波. 明代庶吉士制度拾遗 [J]. 史林, 2015（4）.

[248] 李登峰. 明代行人司与行人考 [J] 韶关学院学报, 2002（1）.

[249] 林子. 明代的官办语言学校——四夷馆 [J]. 新疆教育学院学报, 1989（2）.

[250] 黎虎. 殷代外交制度初探 [J]. 历史研究, 1988（5）.

[251] 孟昭晋. 有趣的《明代行人司书目》[J]. 图书馆杂志, 1988（2）.

[252] 马炎心. 明代国子监述论 [J]. 许昌师专学报, 1988（4）.

[253] 欧阳琛. 明代的司礼监 [J]. 江西师院学报, 1983（4）.

[254] 任小波. 明代西番馆职司与史事述考 [J]. 西藏大学学报, 2012(3).

[255] 任萍. 明代四夷馆的学生管理模式考证 [J]. 浙江树人大学学报, 2014（1）.

[256] 孙卫国. 试说明代的行人 [J]. 史学集刊, 1994（1）.

[257] 孙立楠. 论明代的翰林院 [J]. 东北师大学报, 1998（6）.

[258] 宋佳. 明代内阁、司礼监与皇权之间的关系 [J]. 黑龙江史志, 2011（15）.

[259] 万明. 明代白银货币化：中国与世界连接的新视角 [J]. 河北学刊, 2004（3）.

[260] 万明. 传统国家近代转型的开端：张居正改革新论 [J]. 文史哲, 2015（1）.

[261] 吴琦, 唐金英. 明代翰林院的政治功能 [J]. 华中师范大学学报, 2006（1）.

[262] 吴建军. 明代内阁与中央政权体制演变的互动关系 [J]. 郑州大学学报, 2006（3）.

[263] 王日根. 明代海防建设与倭寇、海贼的炽盛 [J]. 中国海洋大学学报, 2004（4）.

[264] 王斌. 明朝鸿胪寺制度 [J]. 长治学院学报, 2010（4）.

[265] 王伟凯. 明行人司机构性质辨析 [J]. 北方论丛, 2006（6）.

[266] 王静. 明朝会同馆论考 [J]. 中国边疆史地研究, 2002（3）.

[267] 王建峰. 明代会同馆职能考述 [J]. 兰州大学学报, 2006（5）.

[268] 王建峰. 明朝"提督会同馆主事"设置探微 [J]. 辽宁大学学报, 2006（6）.

[269] 王川. 论明代市舶太监牛荣走私案 [J]. 海交史研究, 2000（1）.

[270] 王剑, 李忠远. 有明之无善政自内阁始：论明初政治变动中的内阁政治文化 [J]. 求是学刊, 2015（3）.

[271] 魏华仙. 论明代会同馆与对外朝贡贸易 [J]. 四川师范学院学报, 2000（3）.

[272] 乌云高娃. 明四夷馆"女真馆"和朝鲜司译院"女真语学" [J]. 中国史研究, 2005(1).

[273] 乌云高娃, 刘迎胜. 明四夷馆"鞑靼馆"研究 [J]. 中央民族大学学报, 2002（4）.

[274] 晓苏. 支费浩繁的明代光禄寺 [J]. 中国史研究, 1985（4）.

[275] 薛国中. 论明王朝海禁之害 [J]. 武汉大学学报, 2005（2）.

[276] 肖立军. 明代内阁的设立、职掌及地位 [J]. 历史教学, 2005（9）.

[277] 肖立军, 吴琼. 明代鸿胪寺职掌演变及对宫廷决策的介入 [J]. 故宫学刊, 2015（2）.

[278] 张德信. 明代中书省、四辅官、殿阁学士废立述略 [J]. 史学集刊, 1988（1）.

[279] 张文德. 王宗载及其《四夷馆考》[J]. 中国边疆史地研究, 2000(3).

[280] 张文德. 明代天方国使臣来华考——兼议明人对天方国的认识 [J].

西域研究，2015（4）.

[281] 张美平. 明代四夷馆翻译教学述略 [J]. 中国科技翻译，2011（2）.

[282] 周平平. 明代四夷馆的设立与海外贸易 [J]. 金田，2014（6）.

[283] 赵子富. 明代的翰林院与内阁 [J]. 北京师范大学学报，1988（12）.

[284] 赵克生. 黄仁宇和"大历史观" [J]. 中国图书评论，2002（3）.

[285] 赵轶峰. 论明代中国的有限开放性 [J]. 四川大学学报，2014（4）.

[286] 朱溢. 北宋外交机构的形成与演变 [J]. 史学月刊，2013（12）.

[287] 庄国土. 略论朝贡制度的虚幻：以古代中国与东南亚的朝贡关系为例 [J]. 南洋问题研究，2005（3）.

[288] 庄国土. 中国海洋意识发展反思 [J]. 厦门大学学报，2012（1）.

[289] 郑永常. 郑舜功日本航海之旅 [J]. 国家航海，2014（4）.

[290] 展龙. 明代诣阙上诉与国家政治研究 [J]. 求是学刊，2015（3）.

四、民国期刊

[291] 向达. 瀛涯琐志——记巴黎本王宗载《四夷馆考》[J]. 图书季刊，1940（2）.

[292] 翦伯赞. 明代海外贸易的发展与中国人在南洋的黄金时代 [J]. 时事类编，1941（63）.

[293] 张德昌. 明代广州之海舶贸易 [J]. 清华学报，1932（2）.

[294] 朱胜愉. 明代之朝贡贸易制度 [J]. 商业月报，1935（10）.

[295] 管照微. 明代的朝贡贸易制度 [J]. 贸易，1943（7）.

[296] 内田直作著. 明代朝贡贸易制度 [J]. 王怀中，译. 食货，1935（1）.

[297] 百濑弘作. 明代之外国贸易 [J]. 袁干君，译. 中国经济，1936（1-2）.

[298] 梁方仲. 明代国际贸易与银的输出入 [J]. 中国近代经济史研究集刊，1939（2）.

[299] 秦佩珩. 明代的朝贡贸易 [J]. 经济研究，1941（2）.

[300] 陈昆池. 明代中外交通史 [J]. 南风，1935（4）.

[301] 李长傅. 明代中国满剌加交通史考 [J]. 南洋研究，1941（2）.

[302] 陈祖源. 明代葡人入居濠镜澳考略 [J]. 历史学报，1936（1）.

[303] 萨士武. 明成化嘉靖间福建市舶司移置福州考 [J]. 禹贡，1937

（1-3）.

[304] 胡寄馨. 明代福建市舶司及漳州舶税征收机关考 [J]. 社会科学, 1945（4）.

[305] 于登. 明代国子监制度考略 [J]. 金陵学报, 1936（2）.

五、学位论文

[306] 李曰强. 明代礼部教化功能研究 [D]. 天津: 南开大学, 2012.

[307] 刘宝石. 明代司礼监对中枢决策之干预 [D]. 兰州: 西北师范大学, 2008.

[308] 张云飞. 明朝会同馆研究 [D]. 西安: 陕西师范大学, 2012.

[309] 张振. 明朝市舶制度研究 [D]. 济南: 山东大学, 2010.

[310] 王丹. 明代对外贸易管理机构的变迁及影响 [D]. 南昌: 南昌大学, 2008.

[311] 张光莉. 明代国子监研究 [D]. 郑州: 河南大学, 2006.

[312] 张博. 明代光禄寺研究 [D]. 长春: 东北师范大学, 2011.

[313] 夏逸群. 明代太医院制度研究 [D]. 济南: 山东中医药大学, 2013.

[314] 朱欢勋. 明代外交管理机构述略 [D]. 昆明: 云南师范大学, 2005.

[315] 刘纪勇. 明代外事机构研究 [D]. 济南: 山东师范大学, 2009.

六、外文参考文献

[316] ALBERTC. *The glory and fall of the Ming Dynasty*. Norman: University of Oklahoma Press, 1982.

[317] ETIENNEB. *Political theory and administrative reality in traditional China*. London: School of Oriental and African Studies, University of London, 1965.

[318] ROBERTBC. rawford, B. *Eunuch power in the Ming Dynasty*. Toung Pao, 49. No. 3（1961）. pp.115-148.

[319] HARRY E C. *South American bullion production and export, 1550-1750*. Workshop paper, Workshop in pre-modern World-Monetary History, University of Wisconsin, Madison. 28 August-1 September, 1977.

[320] John W D. *Confucianism and Autocracy: Professional Elites in the*

founding of the Ming Dynasty. Berkeley, Losangeles, and London: University of California Press, 1983.

[321] John W D. *The transformation of Messiantic Revolt and the founding of the Ming Dynasty*. Journal of Asian Studies, 29, No. 3（1970）.pp. 539-558.

[322] BARY W D. Theodore. *Self and Society in Ming Thought*. Studies in Oriental Culture, No. 4. New York and London: Columbia University Press, 1970.

[323] HEER P D. *The caretaker emperor:Aspects of the imperial institution in the fifteenth century China as reflected in the political history of the reign of Chu Chi-yu*. Leiden: E. J. Brill，1985.

[324] EDWARD L D. *The Chi-shih-lu of Yu Pen: A note on the sources for the founding of the Ming Dynasty*. Journal of Asian Studies, 31（1972）. pp.101-904.

[325] EDWARD L D. *Early Ming China: A Political history 1355-1435*. Stanford, Calif.: Stanford University Press, 1982.

[326] EDWARD L F. *Early Ming government: The evolution of dual capitals*. Cambridge, Mass.: Harvard University Press, 1976.

[327] DAVID M F. *Oirat-Chinese tribute relations, 1408-1466*. In Studia Altaica, Festchrift fur Nikolaus Poppe zum 60. Geburtstag am 8. August 1957. Ural-altaische Bibliothek, Series No. 5, ed. Julius von Farkas and Omeljan Pritsak. Wiesbaden: Harrassowitz, 1957, pp.60-68.

[328] CARNEY T F. *The great ritual controversy in Ming China*. Ann Arbor Mich.: University Microfilms International, 1978.

[329] JOSEPH F F. *China and Central Asia, 1368-1884. In The Chinese world order: Traditional China's foreign relations, ed*. John K. Fairbank. Harvard East Asian Series, No, 32. Cambridge, Mass.: Harvard University Press, 1968, pp. 206-224.

[330] MERRILYN F. *Local administration in northern Chekiang and the response to the pirate invasions of 1553-1556*. Diss. Australian National University, 1976.

后 记

感谢出版社的成晓春编辑、忽晓萌编辑及郑州航院的甄尽忠教授，他们为本书的出版做了大量的工作；感谢中国历史研究院的李国强院长，他作为我的博后合作导师，毫无保留地向我传授做人、治学的道理，感谢北京大学亚非研究所的梁英明教授，梁先生花费大量时间通读了全文，并给出了十分宝贵的意见；感谢南京大学社会学系的范可教授，他提出的要注意区分现代国家和古代国家的建议给我很大的启发，为对本书所涉及子课题作进一步深入研究提供了众多灵感；感谢郑州大学马克思主义学院的于向东教授，他提出要准确界定本书所用"外交"的含义，这对本书来说具有十分重要的意义；感谢厦门大学的聂德宁老师、范宏伟老师、施雪琴老师，他们的建议使本书的结构更趋合理。

写完本书感觉收获很大，并对学术研究有了更深刻的理解；同时，在写作的过程中，我体会到了耐心和毅力的重要，对学术研究也有了全新的认识。作研究是一项十分严谨的事业，应当投入全部的精力；学术研究不能浅尝辄止，要用一辈子的时间去不断探索。另外，由于本人学术积累还远远不够，疏漏之处还请各位专家及读者批评指正！

孙魏

2016 年 5 月 29 于厦门大学初稿

2019 年 7 月 21 日郑州修订稿